聊城大学运河学研究院研究丛书

聊城大学运河学研究院藏文献精品图录

王玉朋 吴欣 丁延峰 编

全国百佳图书出版单位
时代出版传媒股份有限公司
黄山书社

图书在版编目(CIP)数据

聊城大学运河学研究院藏文献精品图录 / 王玉朋，吴欣，丁延峰编. —合肥：黄山书社，2024.11
ISBN 978-7-5737-0952-3

Ⅰ.①聊… Ⅱ.①王… ②吴… ③丁… Ⅲ.①运河-文献-中国-图录 Ⅳ.①K928.42-64

中国国家版本馆 CIP 数据核字(2023)第 200797 号

聊城大学运河学研究院藏文献精品图录
LIAOCHENG DAXUE YUNHEXUE YANJIUYUAN CANG WENXIAN JINGPIN TULU

王玉朋　吴　欣　丁延峰　编

出 品 人　葛永波
责任编辑　周振华
装帧设计　熙宇文化
责任印制　李　磊
出版发行　黄山书社
地　　址　安徽省合肥市蜀山区翡翠路 1118 号出版传媒广场 7 层　邮编：230071
印　　刷　安徽新华印刷股份有限公司
版　　次　2024 年 12 月第 1 版
印　　次　2024 年 12 月第 1 次印刷
开　　本　700 mm×1000 mm　1/16
字　　数　200 千字
印　　张　20.25
书　　号　ISBN 978-7-5737-0952-3
定　　价　128.00 元

服务热线　0551-63533706
销售热线　0551-63533761
官方直营书店(https://hsss.tmall.com)

序

自20世纪90年代起，聊城大学就开始中国大运河及区域社会史研究。2006年，山东省教育厅批准成立“聊城大学运河文化研究基地”。2008年，聊城大学成立运河文化研究中心。2013年初，聊城大学运河学研究院正式成立，成为我国成立最早的运河学专门科研实体机构。研究院自成立以来，主持“民间文献与京杭运河区域社会研究”“京杭运河文献整理与研究”等国家级课题20余项，出版专著30余部，发表论文300余篇；先后完成“运河地名文化数据库”、《中国大运河历史文献集成》、《中国运河志》、《京杭大运河山东段志》等大型项目，主编有《中国大运河蓝皮书》《中国大运河年鉴》《运河学研究》，建有“中国运河文物文献展览馆”和“中国大运河文化数据平台”等。

研究院高度重视对运河文献文物的搜集、整理与研究。在李泉、吴欣、丁延峰等教授的带领下，研究院同人足迹遍布运河沿线，搜集了大批隋唐以来的碑刻、家谱、契约、科仪书、村志等民间文献资料；还从运河区域旧书及古玩市场、拍卖市场等，购得大量文献及文物。2015年12月1日至7日，研究院李泉、丁延峰、吕德廷三位老师赴日本大阪、东京考察，购回一批珍贵善本、运河专书及日籍学者研究专著。研究院还接收多批社会捐赠的各类文献，包括聊城傅氏家谱、钱氏家族文献等。经过多年的不懈努力，目前研究院已累计收藏文献文物4000余件。

2019年初，原院长吴欣提议编纂《聊城大学运河学研究院藏文献精品图录》，即从研究院藏品中挑选精品，予以出版。具体工作由王玉朋老师负责遴选编目，丁延峰院长负责审订。本书共收录研究院收藏的各类文献224件，包括“契约文书”“碑刻拓片”“家族谱牒”“古籍”“档案资料”等五部分。契约文书104件，包括清代以来的地契、典当契、土地证、房产证、分家单、遗书等，涵盖内容广泛，对于了解清代以来运河区域普通百姓日常经济生活，具有很高的史料价值。碑刻拓片 75 件，包括墓志铭、河工水利碑、神庙信仰碑、匾额、捐资碑等，最早为唐武则天称帝时期的万岁通天二年（697），最晚至民国九年（1920），时间跨度 1200 余年。家族谱牒 8 部，涉及聊城钱氏家族、聊城傅氏家族、微山王氏家族等。其中傅氏家族族谱为道光二十三年（1843）刻本，详细介绍了这一涌现出清代首位状元傅以渐、江苏巡抚傅绳勋、民国大学者傅斯年的聊城望族的传衍情况，文献价值颇高。古籍 19 种（含民国时期的典籍 8 种），包括黄河与运河治理、漕帮组织运作、运河区域社会生活等内容。档案资料 18 种，包括会议纪要、手稿档案、内部资料等完整的第一手文献，内容涉及黄河、徒骇河等河道治理、农业开发规划等。

由于我们编辑水平有限，难免有误，望方家多多雅正。

编委会

2022 年 7 月 1 日

目 录

契约文书

碑刻拓片

家族谱牒

古 籍

档案资料

契约文书

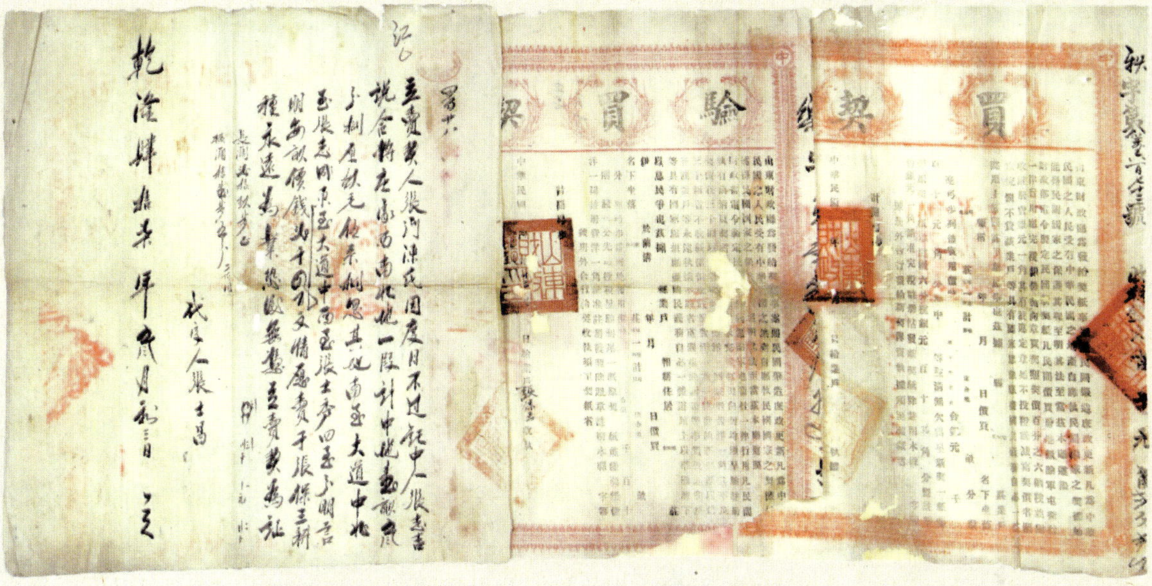

1 张陈氏卖给张宝山地契

乾隆四十七年（1782）三月初三日

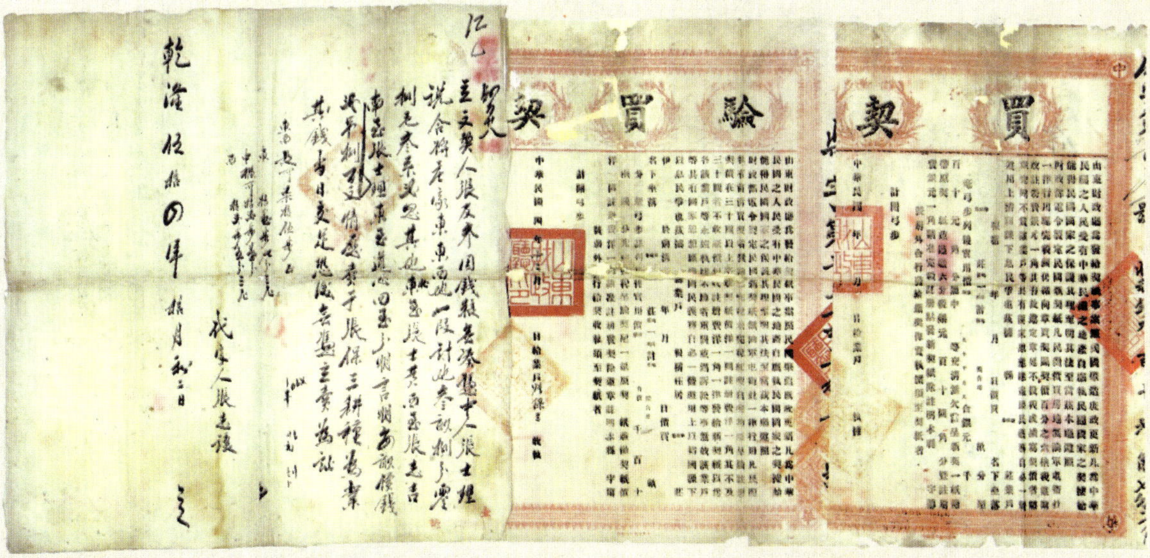

2 张友参卖给张保三地契

乾隆五十四年（1789）十月初二日

3 王加善卖给吕元名地契

嘉庆三年（1798）十二月十二日

4 孙郝氏卖给孙怀礼地契

嘉庆六年（1801）二月

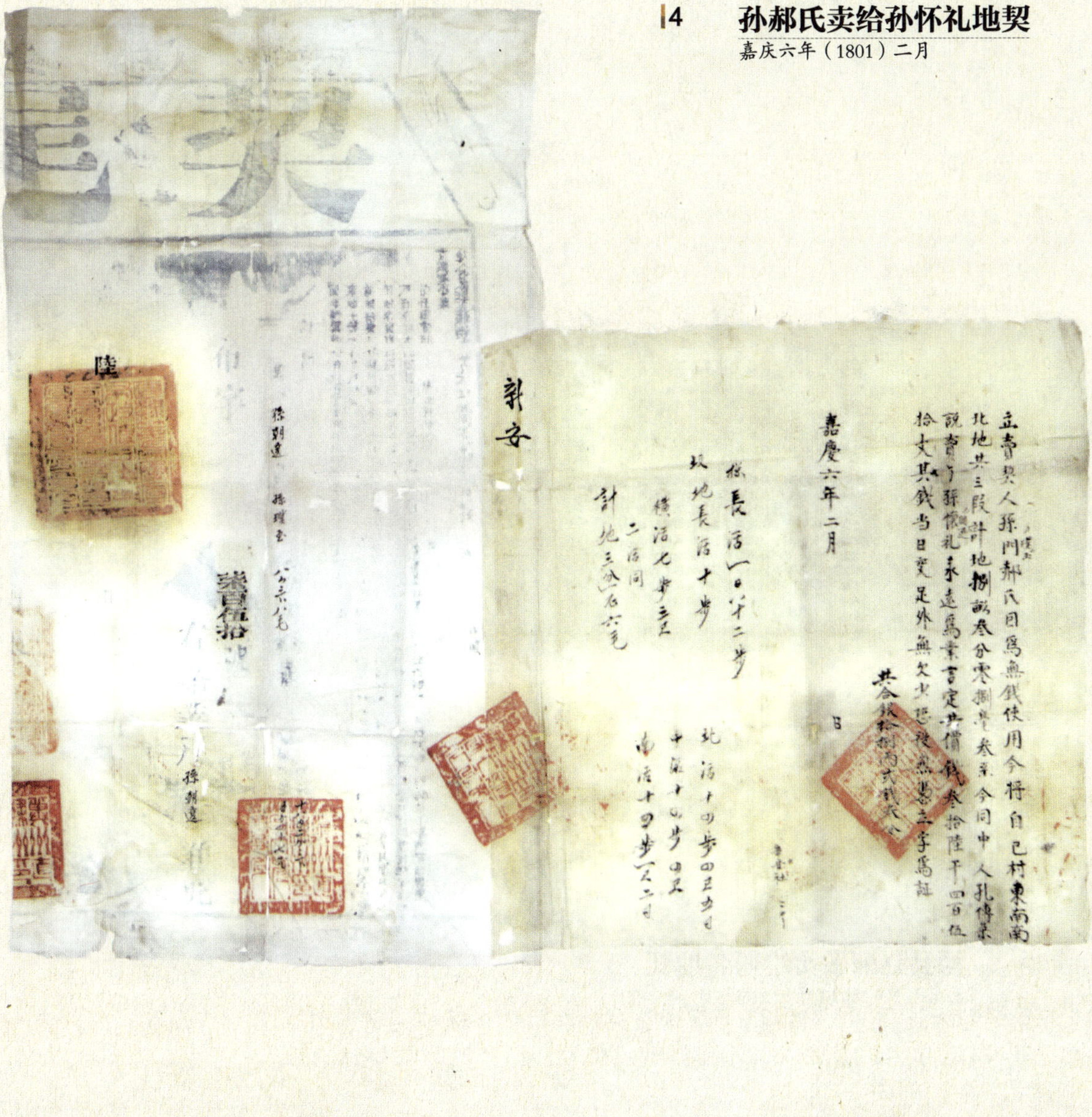

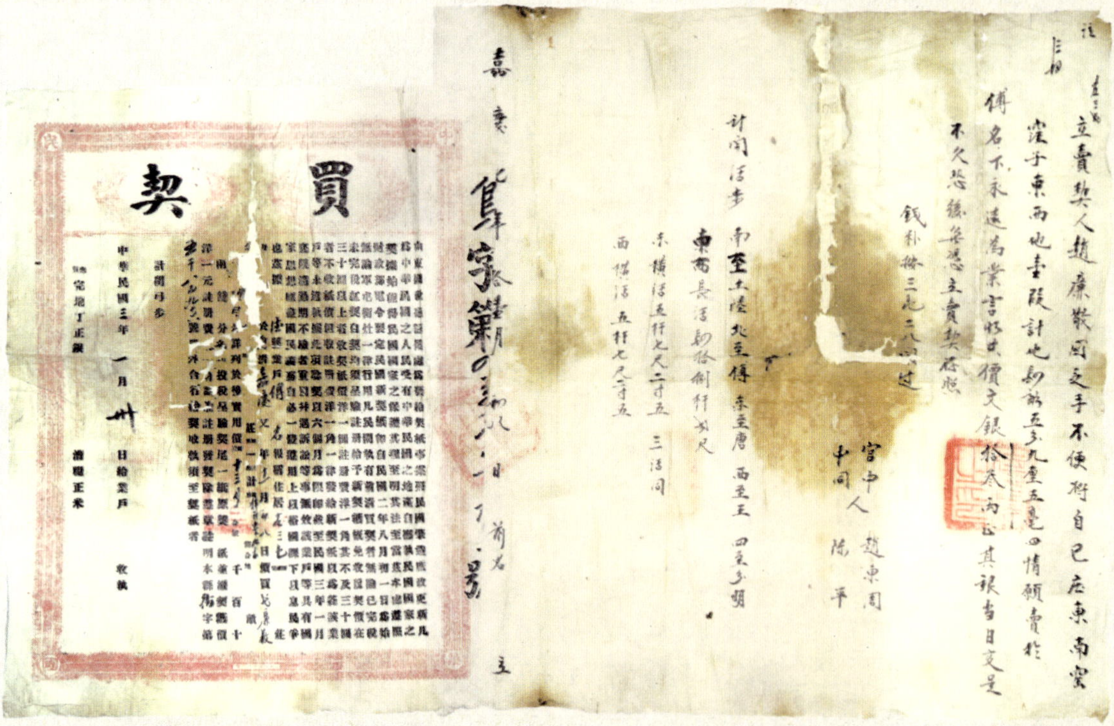

買契

立賣契人趙廉敬因乏手不便將自己庄東南窪
窪子東西地壹段計地約畝五分九厘五毫四情願賣於
傅名下永遠為業言明共價文銀拾叁兩正其銀當日交足
不欠恐後無憑立賣契存照
錢糧撥三九二八[illegible]過
官中人 趙東周
中間人 陳平
計開清步 南至土塔 北至傅 東至唐 西至王 四至分明
東西長清約拾捌仟四尺
東横清五仟七尺二寸五 三清同
西横清五仟七尺二寸五

5 德县赵廉敬卖给傅名地契

嘉庆七年（1802）十一月初八日

6 枣强县顾开甲卖给顾寅地契

嘉庆八年（1803）十月初五日

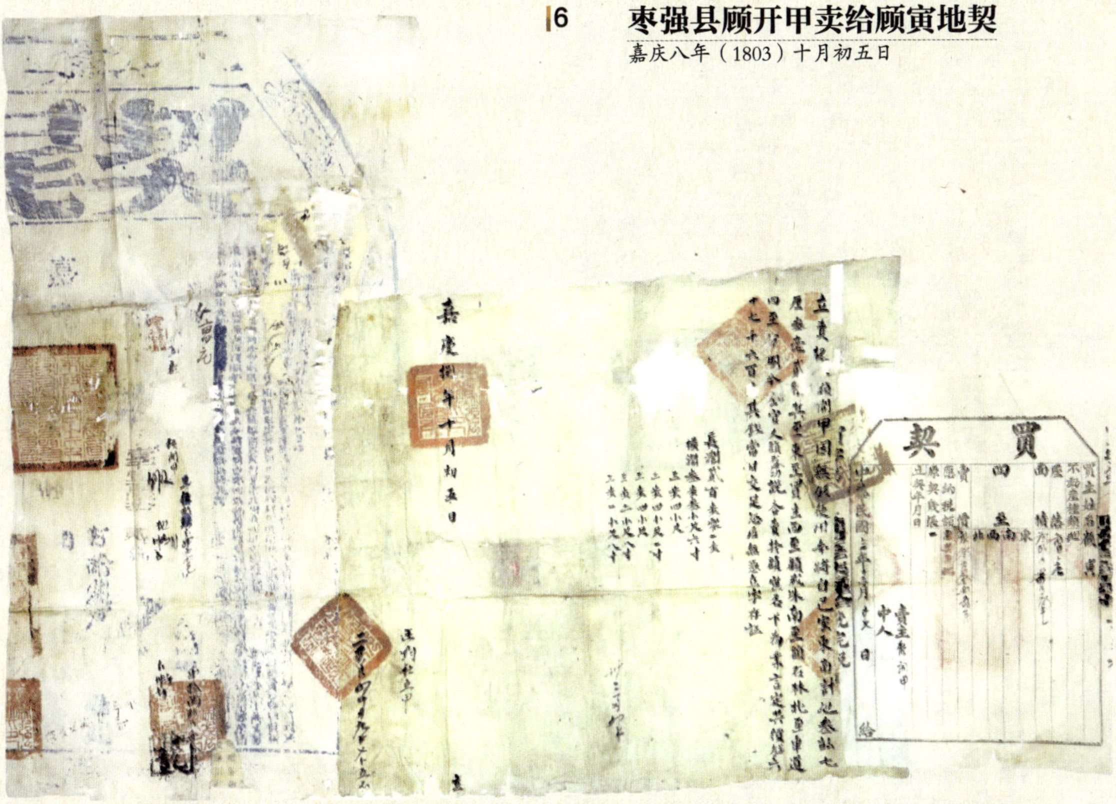

7 陈贵良卖给吕封年地契

嘉庆十九年（1814）十一月初四

8 曹志凤卖给曹元林地契

嘉庆二十年（1815）十二月十四日

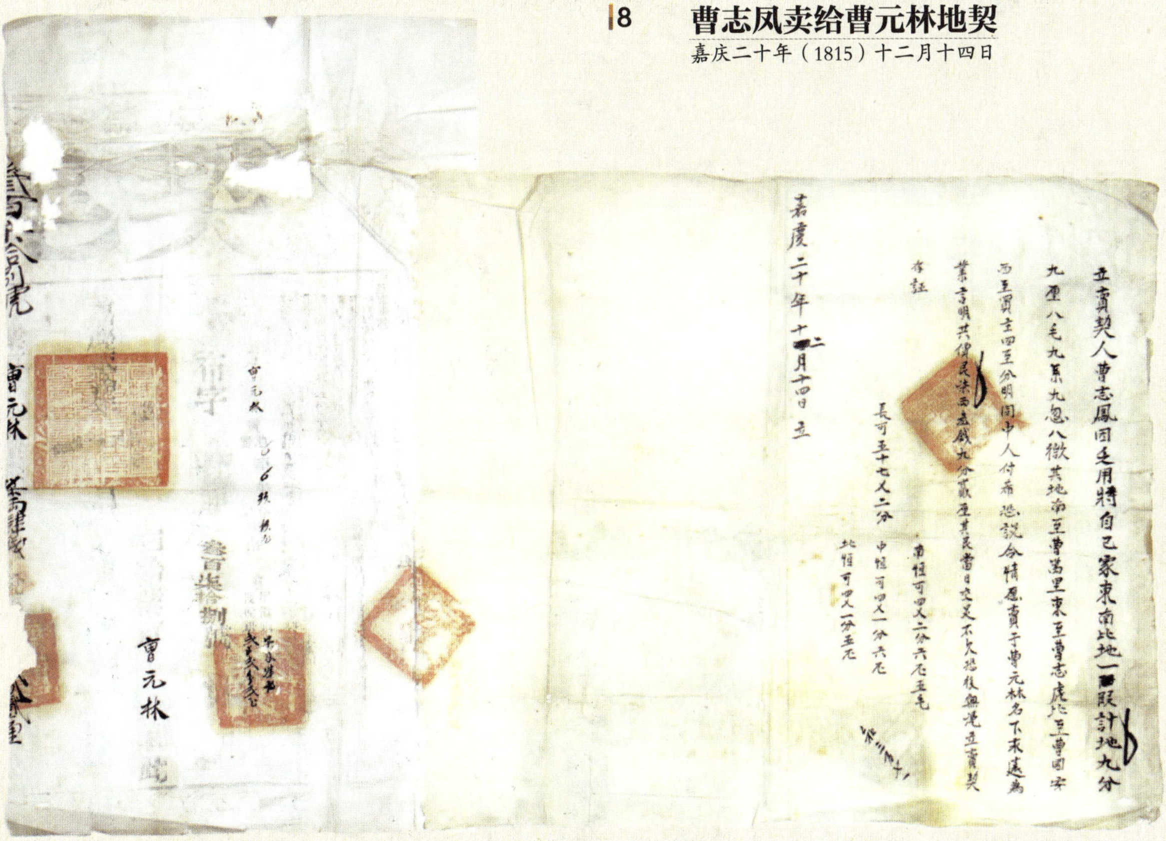

9

盈琏分家地契

嘉庆二十五年（1820）二月二十五日

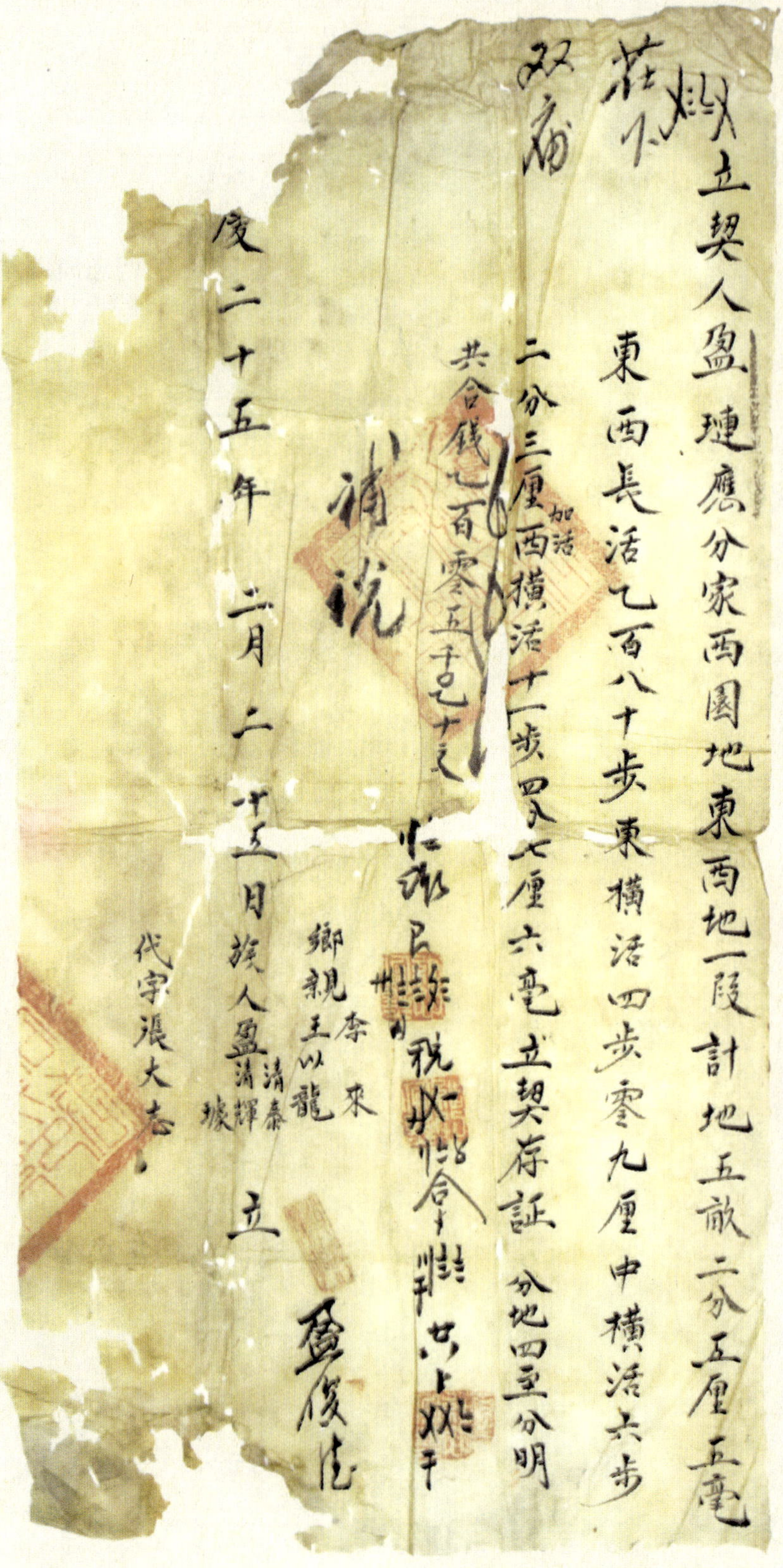
立契人盈璉應分家西園地東西地一段 計地五畝二分五厘五毫
東西長活乙百八十步東橫活四步零九厘中橫活六步
二分三厘西橫活十一步四分七厘六毫 立契存証 分地四至分明
加活
共合錢七百零五千乙十文
補說
慶二十五年二月二十五日 立
族人盈清輝 清泰 璩
鄉親 李來 王以龍
代字浪大志

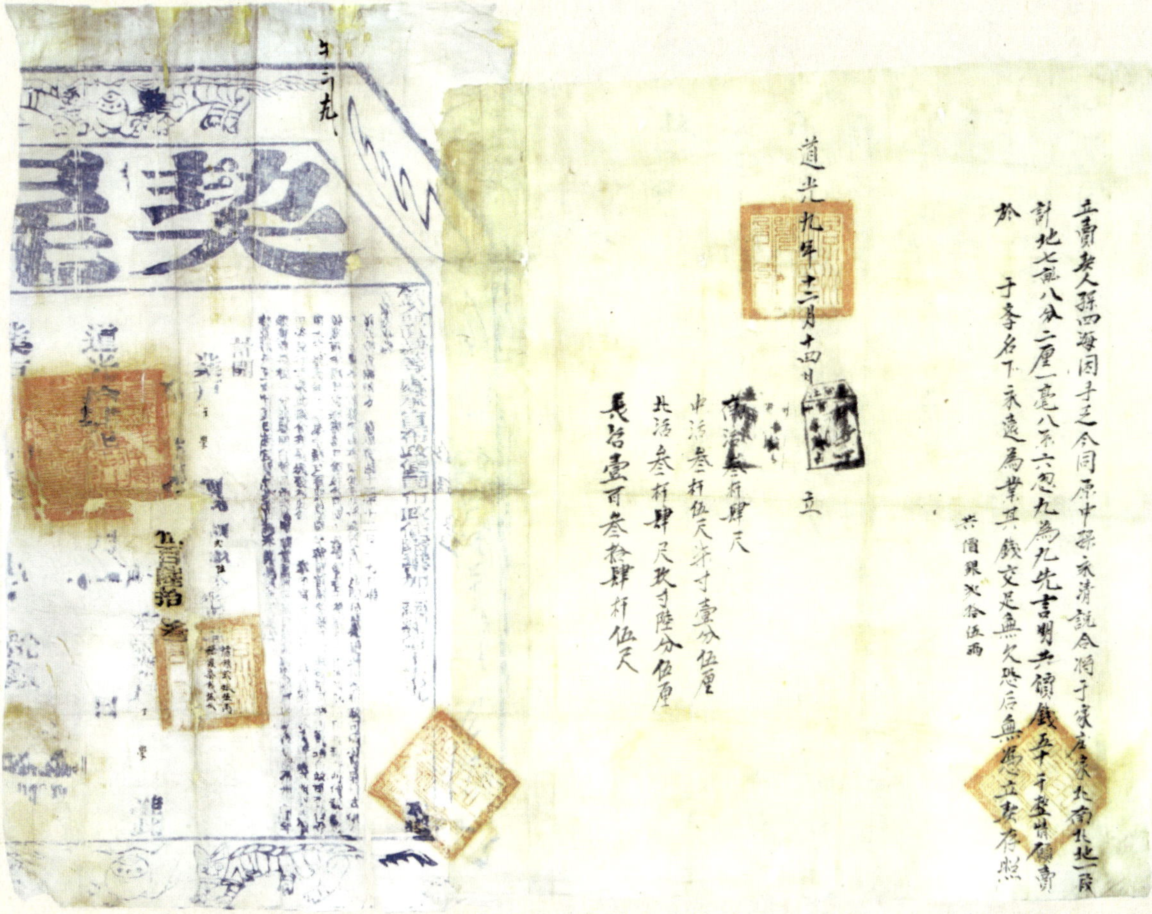

10 孙四海卖给于学地契

道光九年（1829）十二月十四日

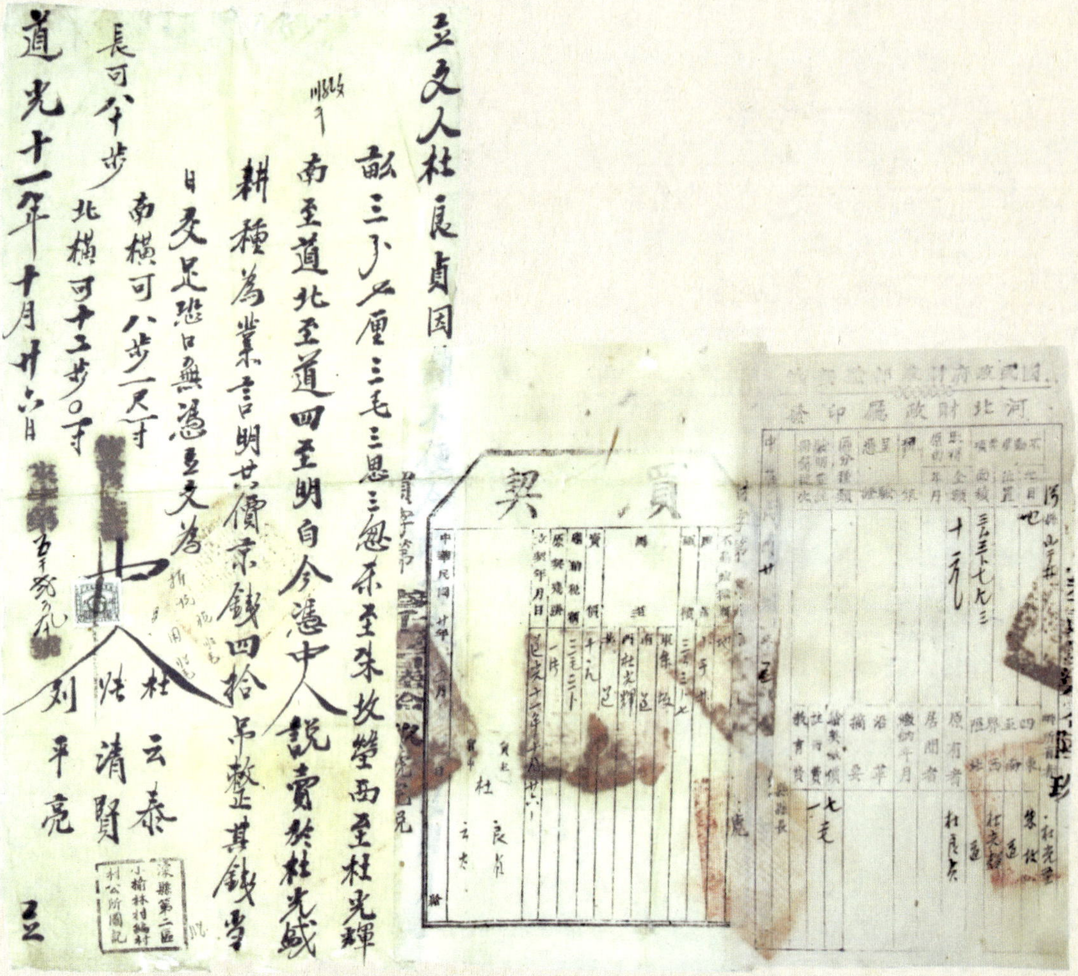

11 深县小榆林村杜良贞卖给杜光盛地契

道光十一年（1831）十月二十六日

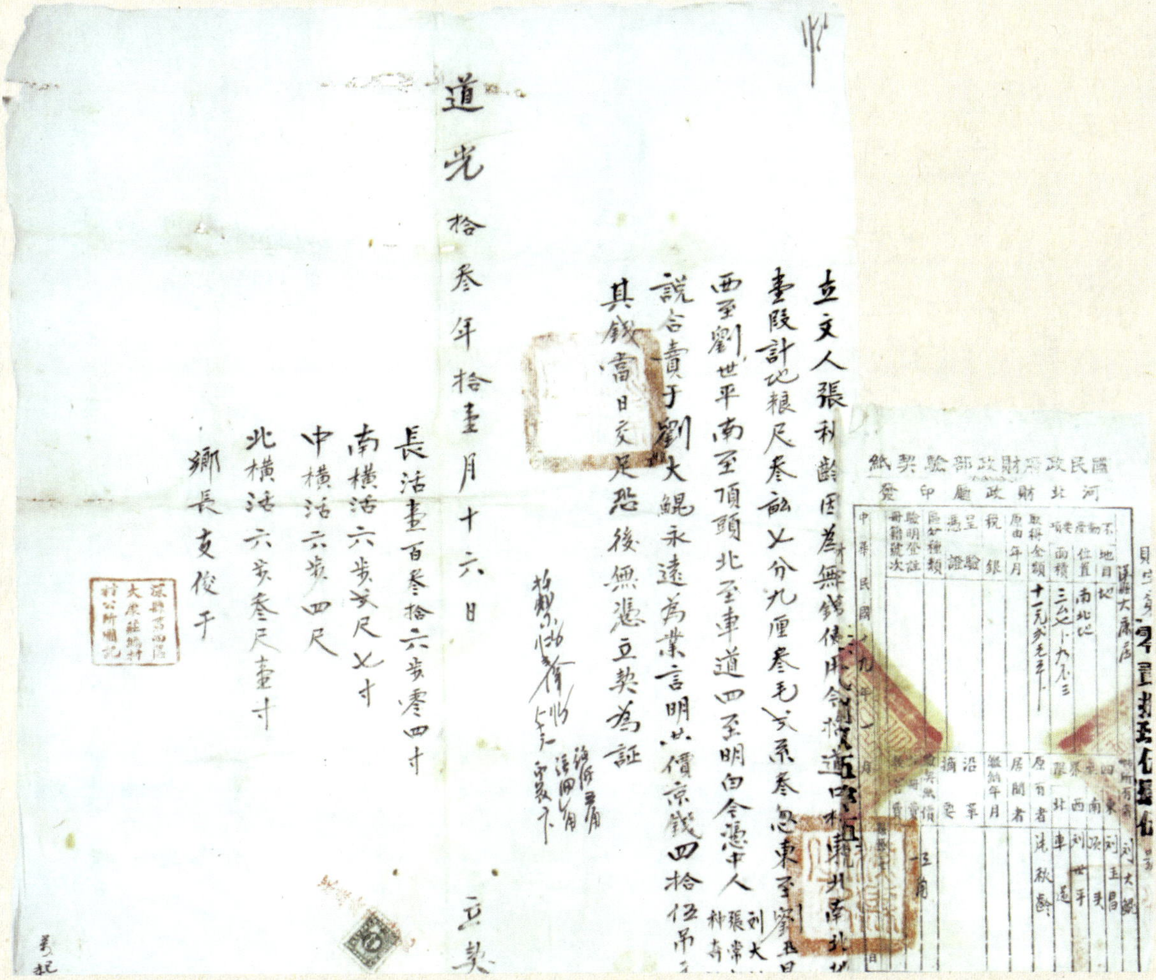

12 **深县大康庄张秋龄卖给刘大鲲地契**

道光十三年（1833）十一月十六日

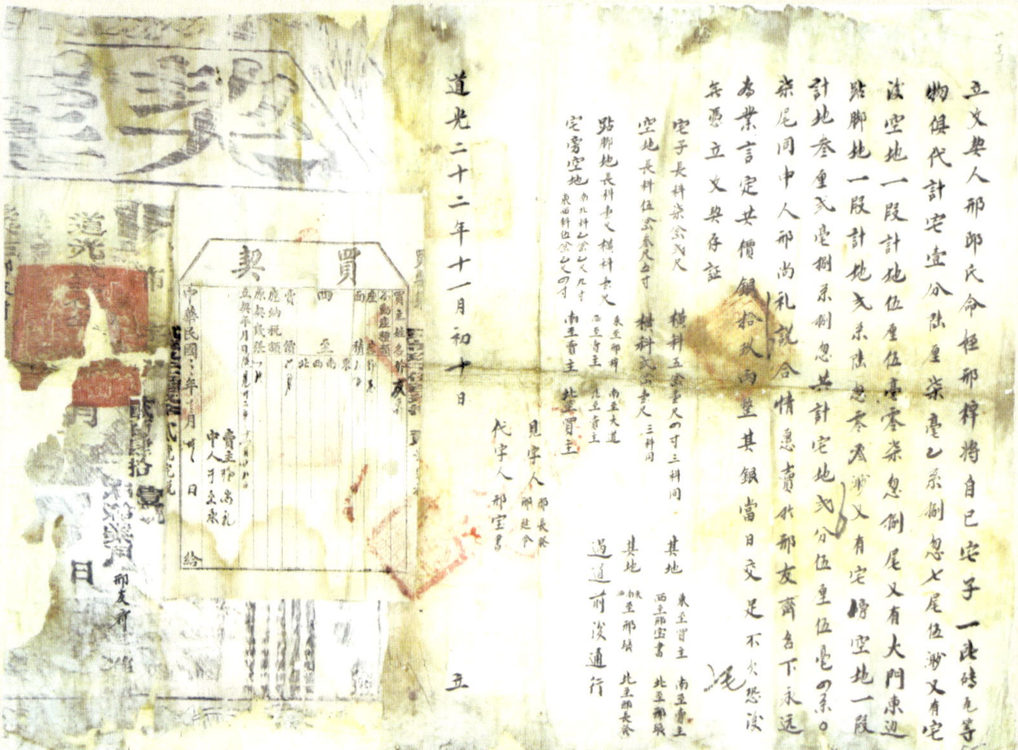

13 **邢邱氏卖给邢友齐地契**

道光二十二年（1842）十一月初十日

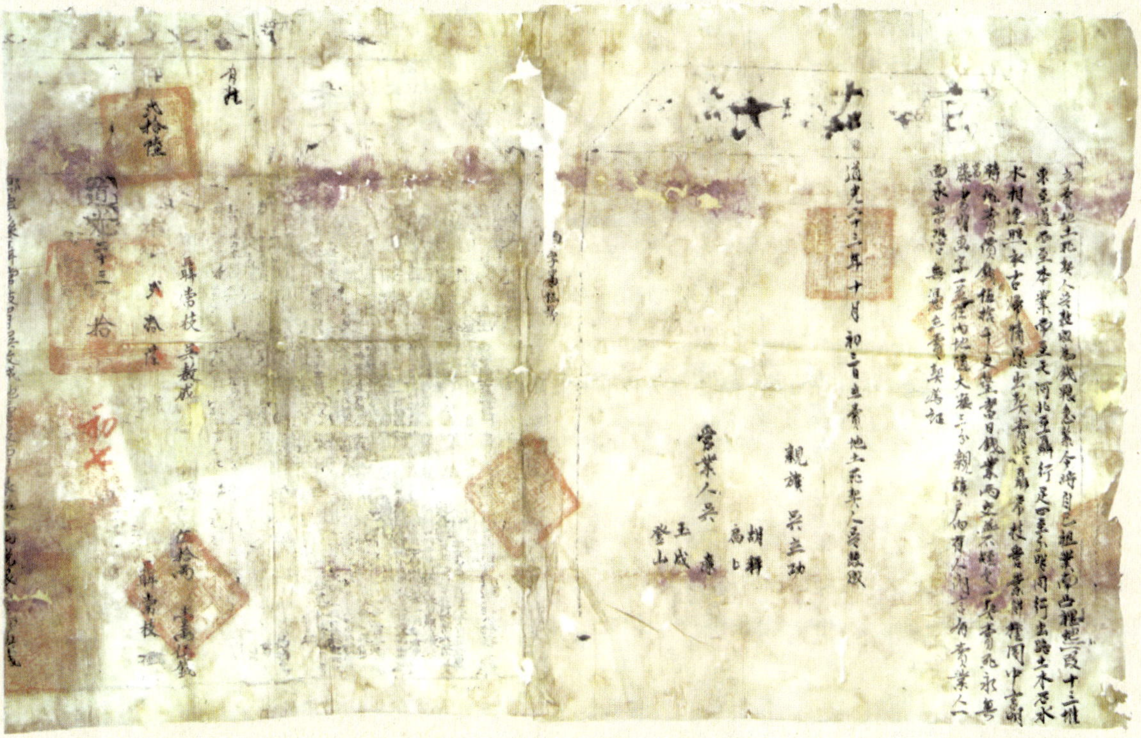

14　吴敖成卖给聂常枝地契

道光二十三年（1843）十月初三日

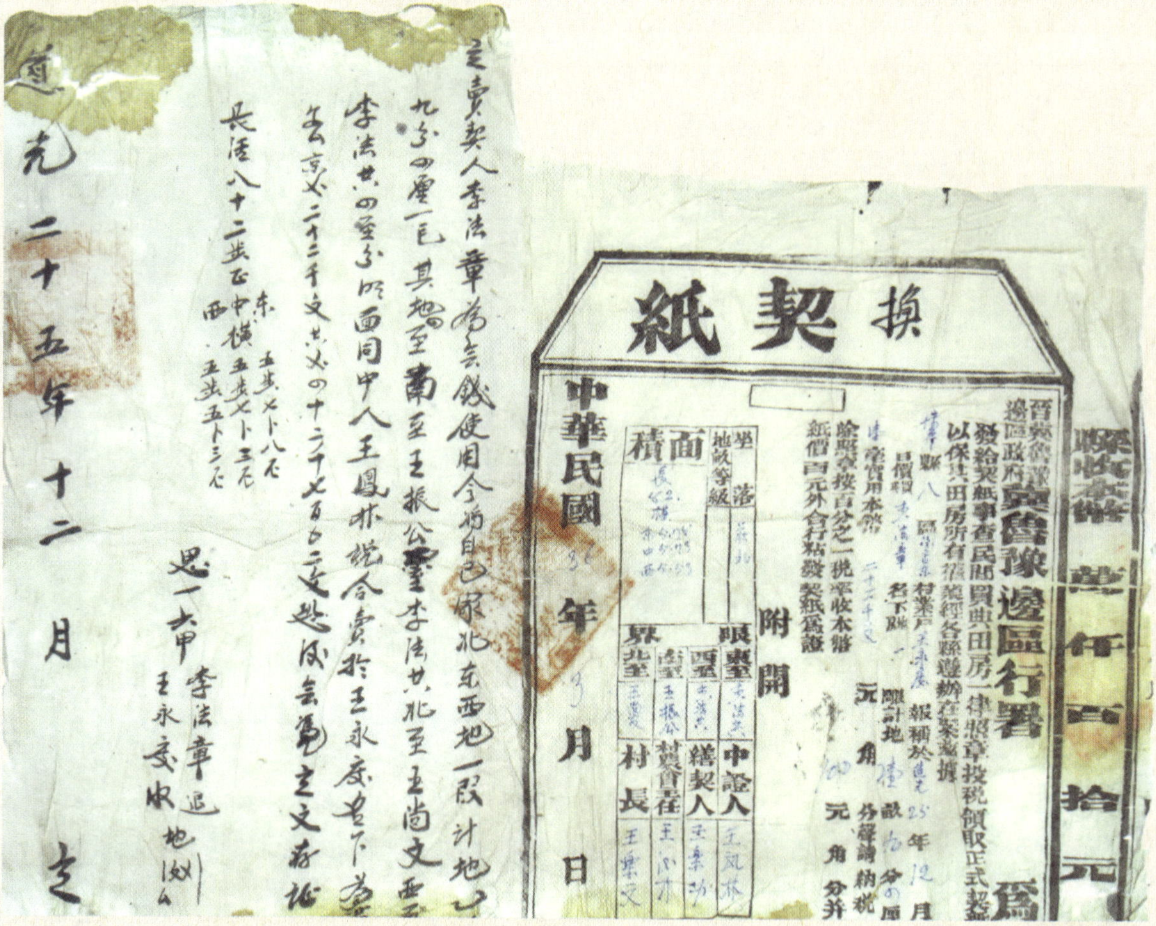

15 博平县汶店东村李法章卖给王永度地契

道光二十五年（1845）十二月

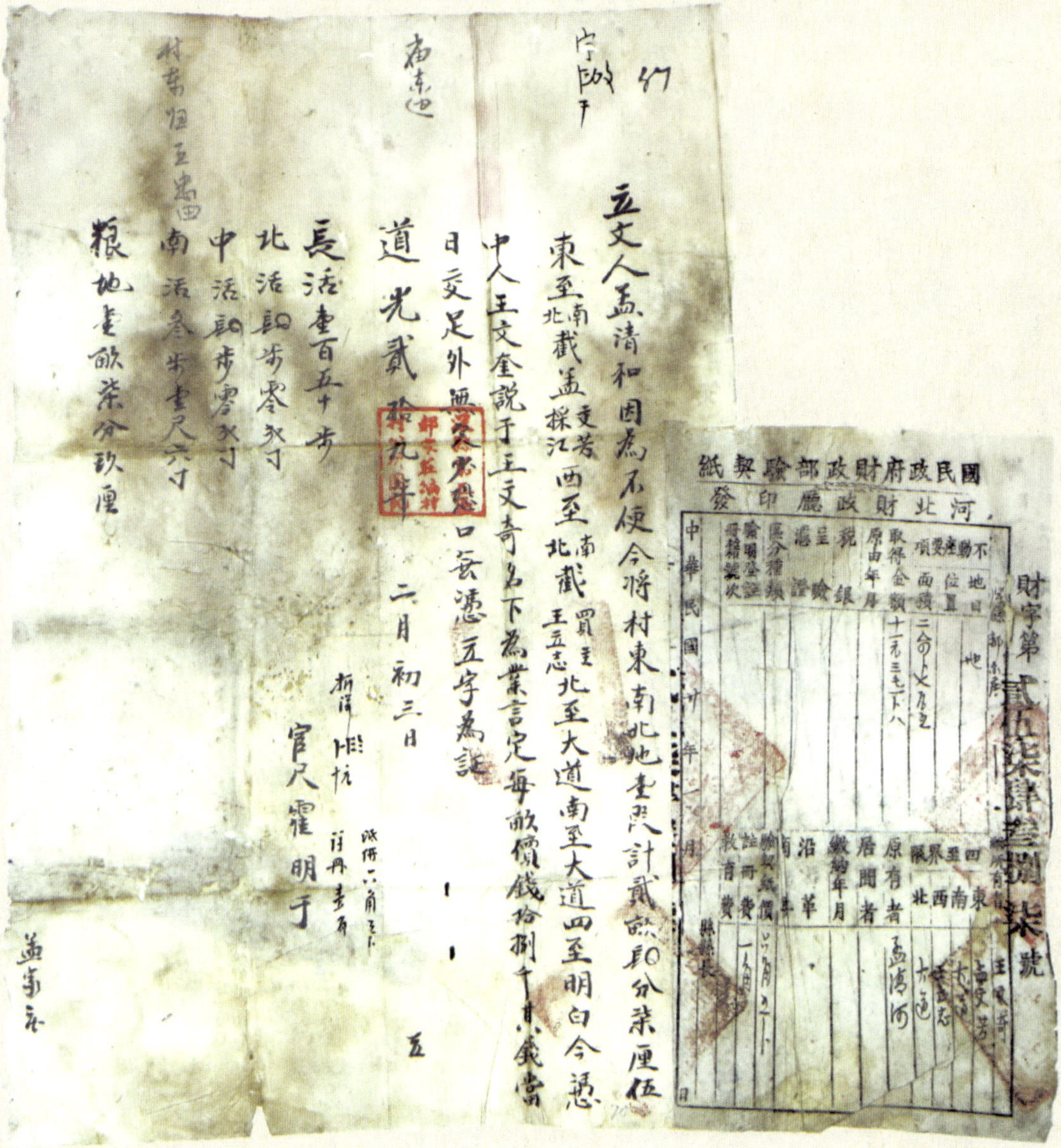

16 深县郝家庄孟清和卖给王文奇地契

道光二十九年（1849）二月初三日

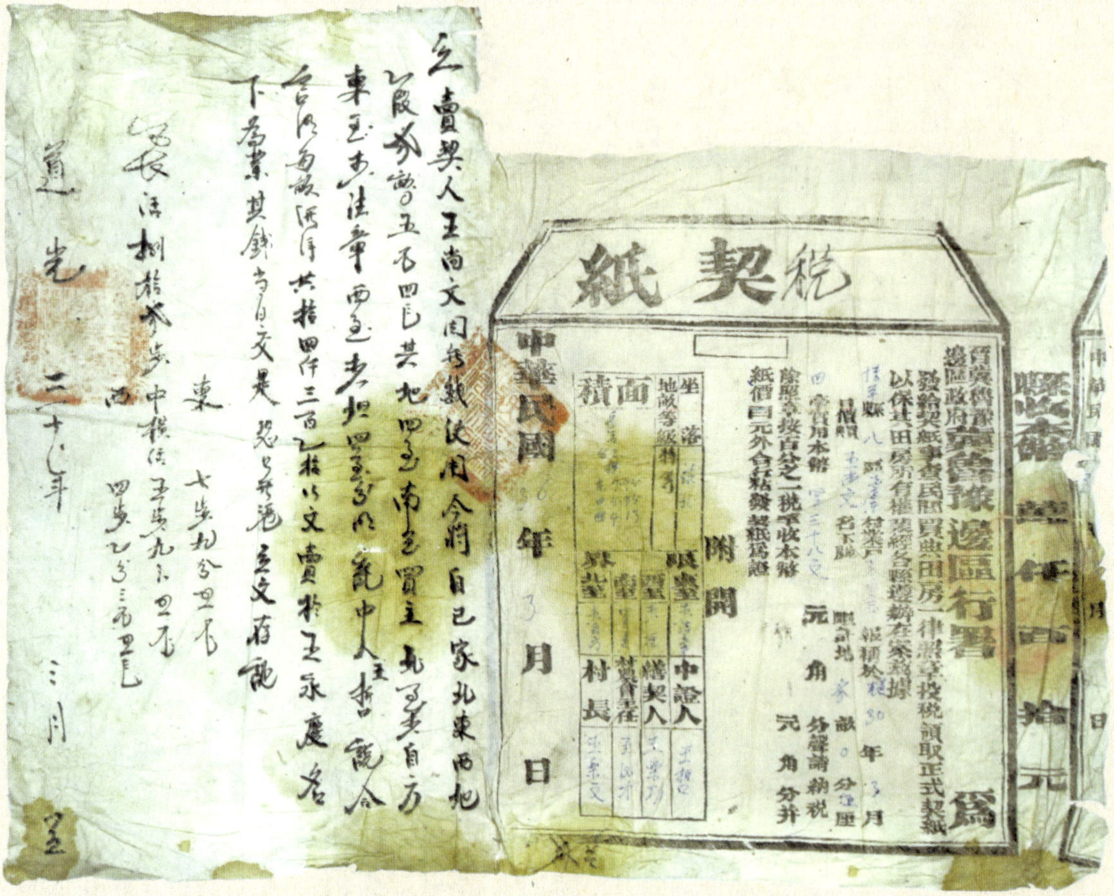

17 博平县汶店东村王尚文卖给王永庆地契

道光三十年（1850）三月

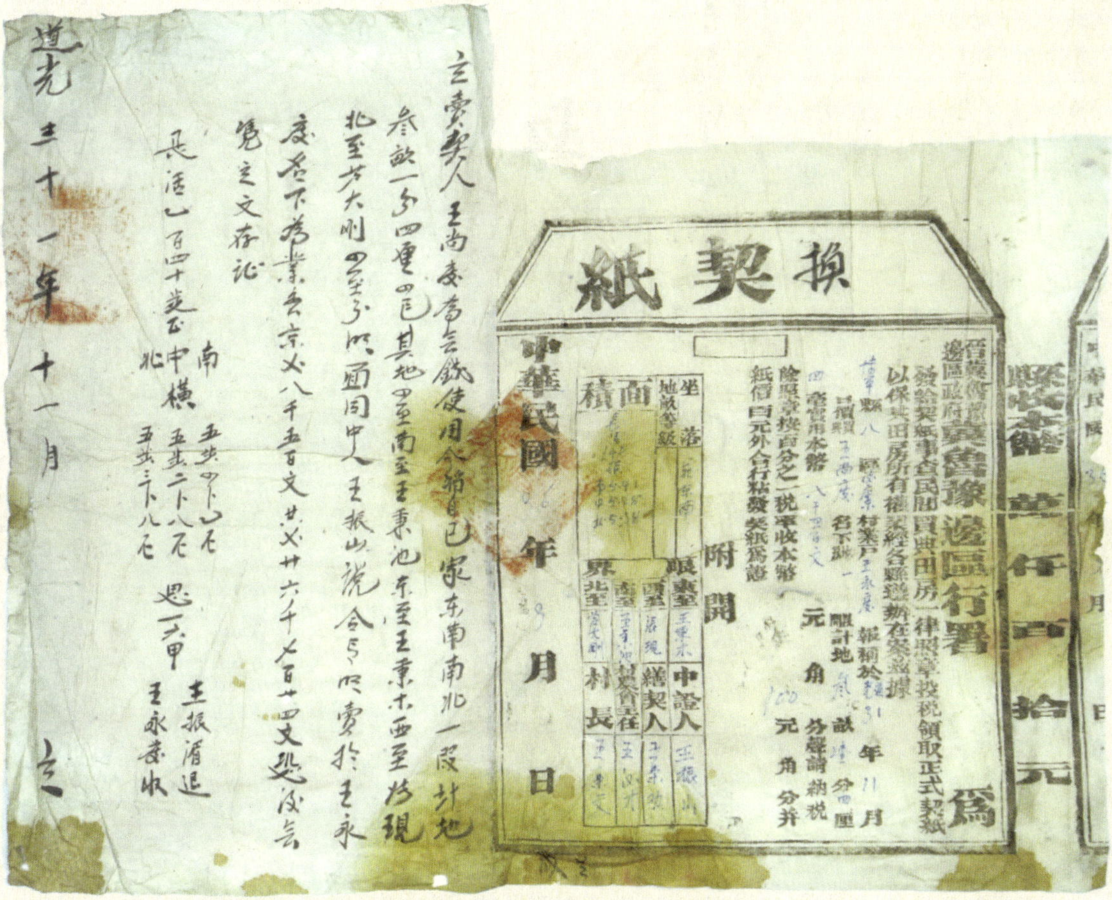

18 **博平县汶店东村王尚庆卖给王永庆地契**

道光三十一年（1851）十一月

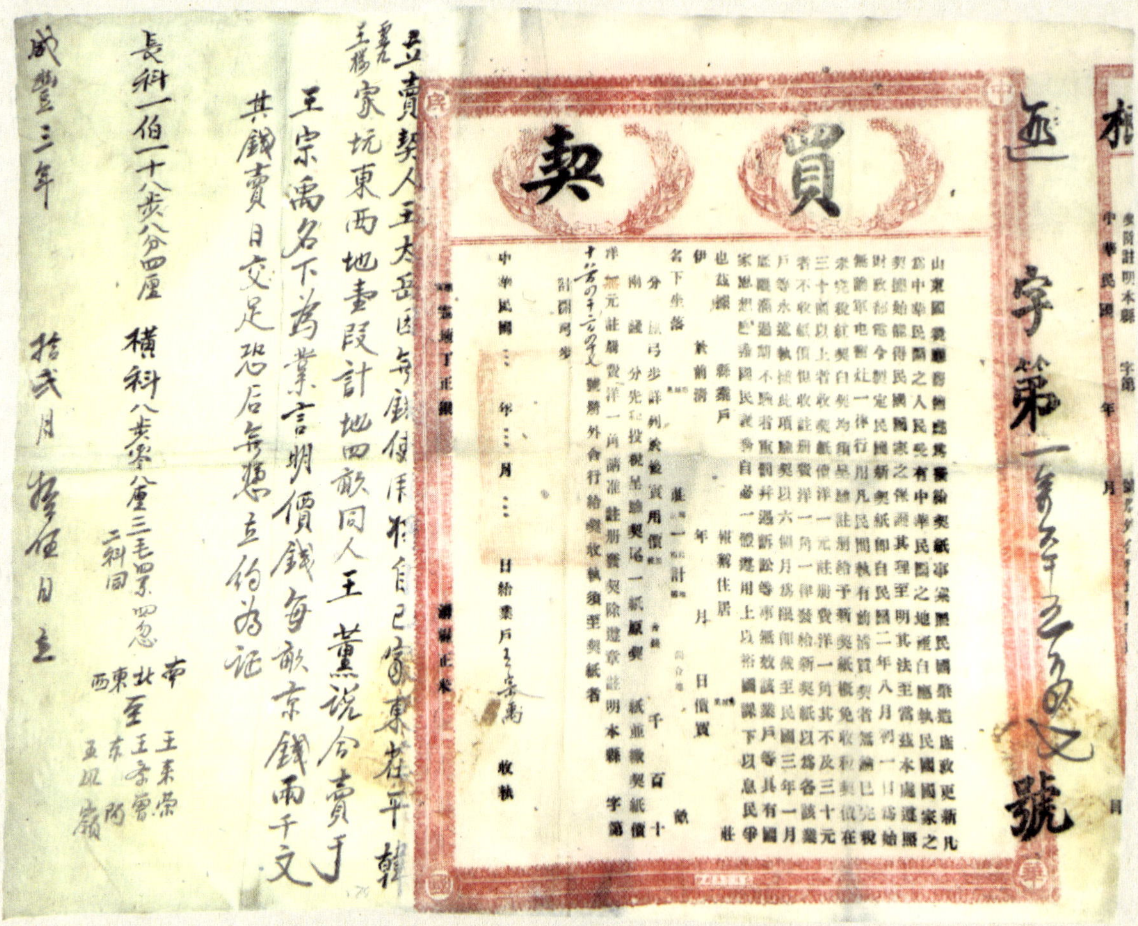

19 **茌平县王太岳卖给王宗禹地契**

咸丰三年（1853）十二月十五日

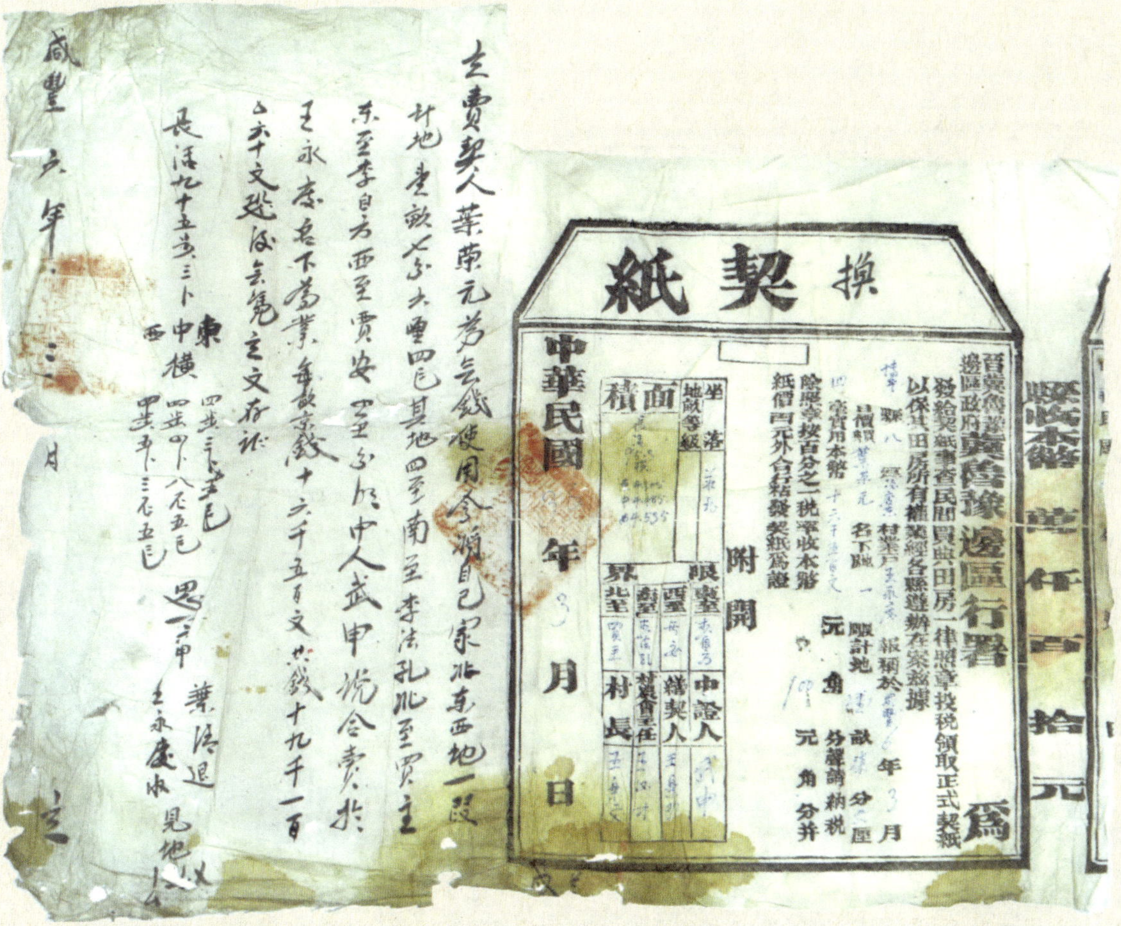

換契紙

晉冀魯豫邊區政府 冀魯豫邊區行署 為發給契紙事查民間買典田房一律照章投稅領取正式契紙以保其田房所有權業經各縣遵辦在案茲據

縣 村業戶 報稱於 年 月 日價買 名下地 畝 分 厘 毫實用本幣 元 角 分當照章按百分之 稅率收本幣 元 角 分并除照 紙價 元外合行給發契紙為證

附開

坐落

地畝等級

面積

四至：東至 西至 南至 北至

中證人

經契人

村農會主任

村長

中華民國 年 月 日

20 博平县汶店东村叶荣元卖给王永庆地契

咸丰六年（1856）三月

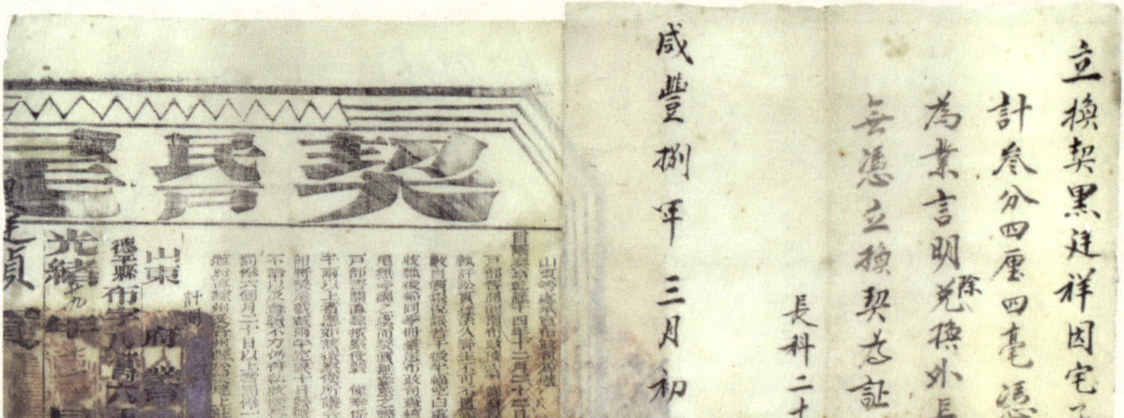

立換契黑廷祥因宅子不便今將自己門前閒宅壹段共八
計叁分四厘四毫憑仲人李竹林治同說合換於黑廷楨永遠
為業言明兌換外長作價共銀拾五兩當日交足恐後
無憑立換契為証
長科二十一杆子一尺
南橫科三杆子三尺四寸
中橫科三杆子三尺八寸
北橫科四杆子零五寸
咸豐捌年三月初四日　同衆立

21　德平县黑廷祥与黑廷桢换地契

咸丰八年（1858）三月初四日

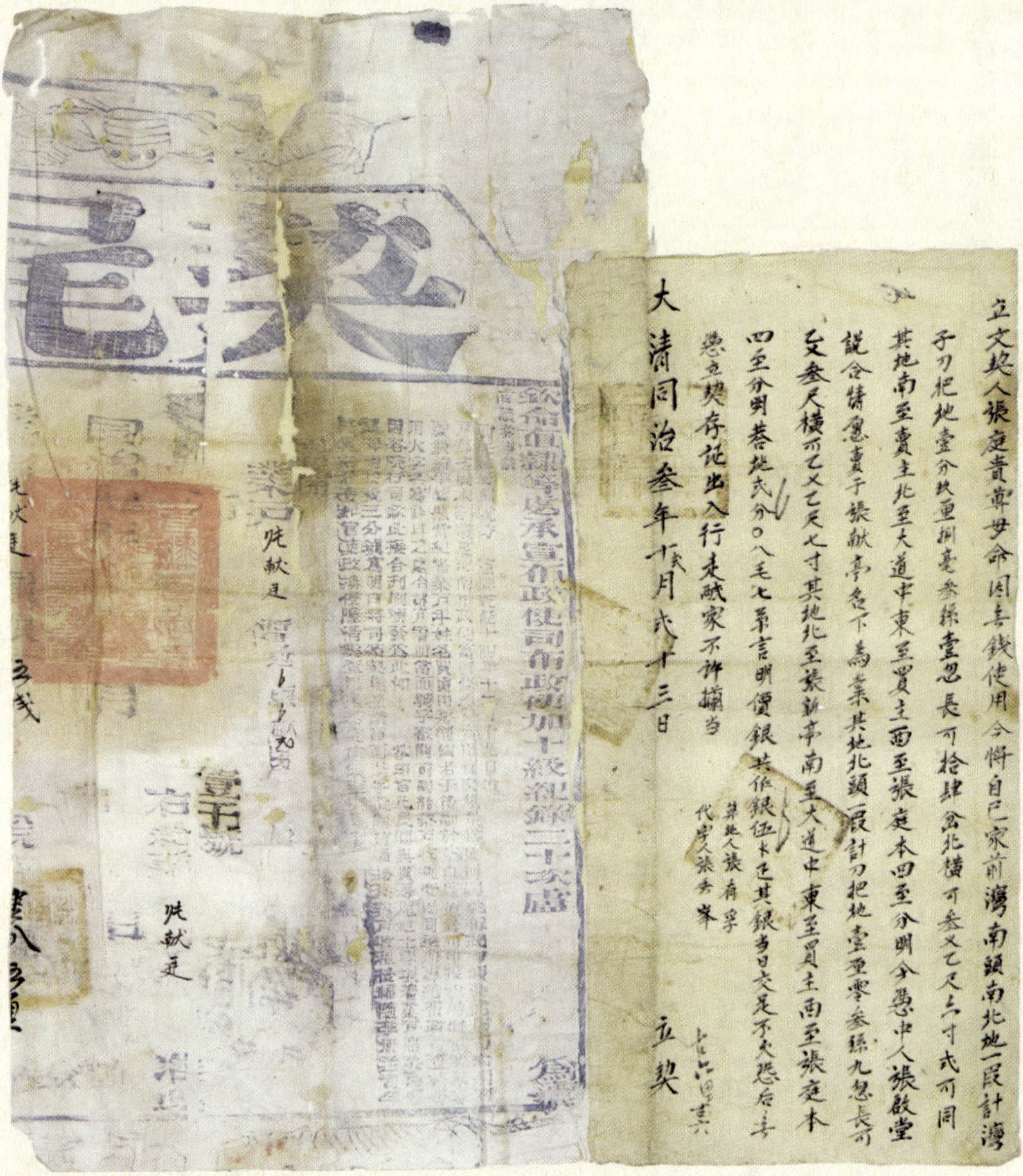

22 张庭贵卖给张献亭地契

同治三年（1864）十二月二十三日

23

王存仁当给郭希全地契

同治五年（1866）十月二十日

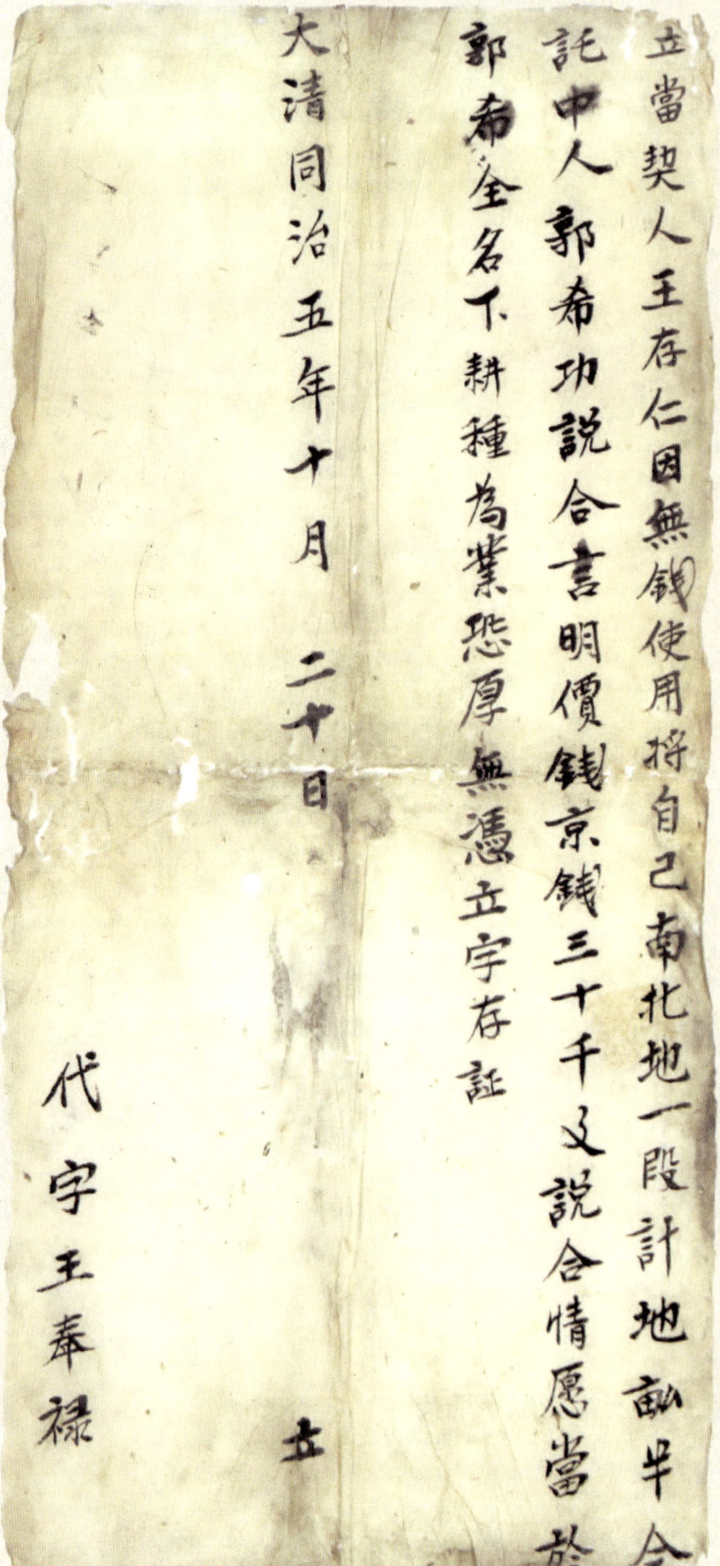
立當契人王存仁因無錢使用將自己南北地一段計地畝半今
託中人郭希功說合言明價錢京錢三十千文說合情愿當於
郭希全名下耕種為業恐厚無憑立字存証
大清同治五年十月二十日 立
代字王奉祿

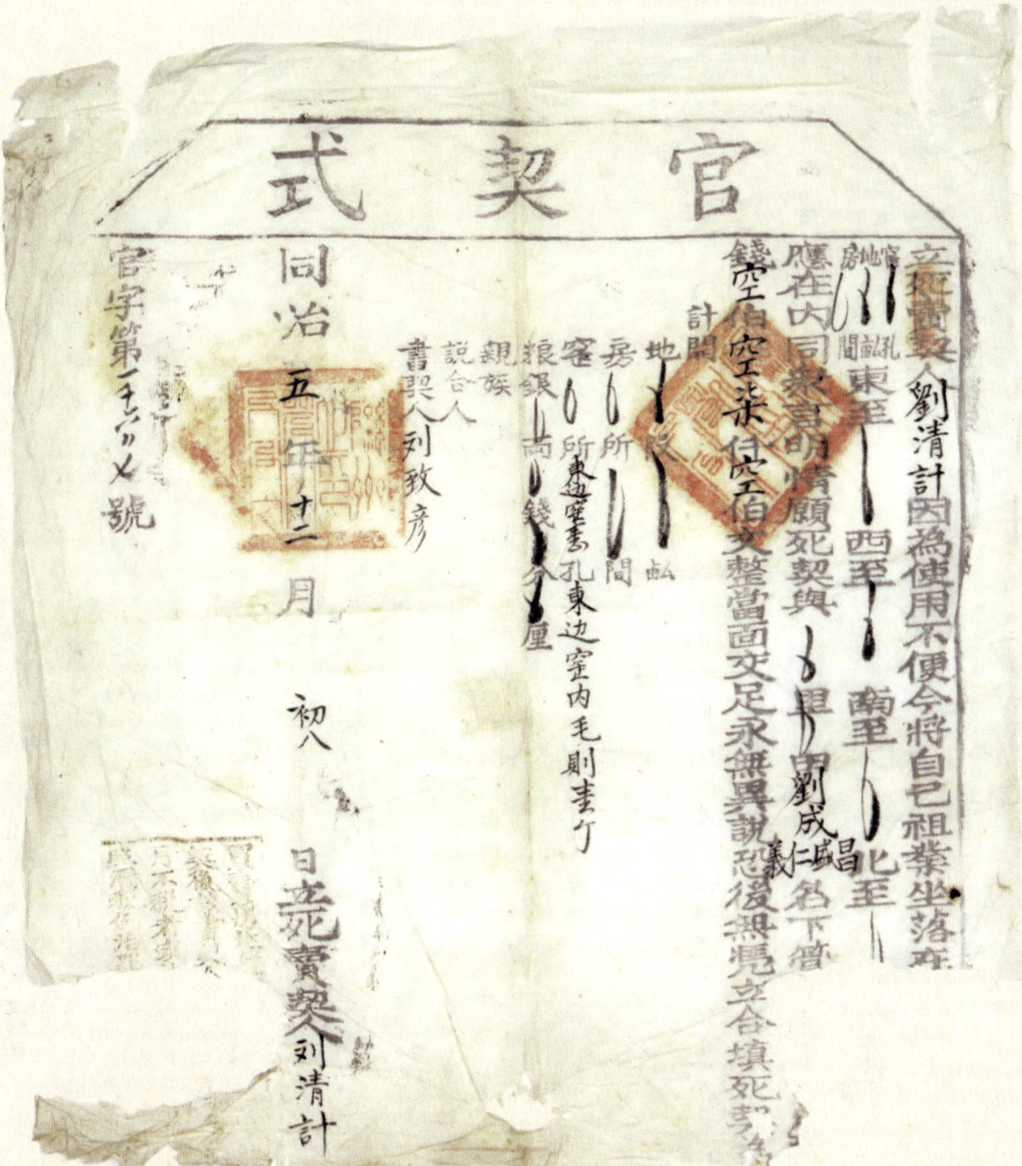

24 刘清计卖给刘成昌、刘成盛、刘成仁、刘成义死地契

同治五年（1866）十二月初八日

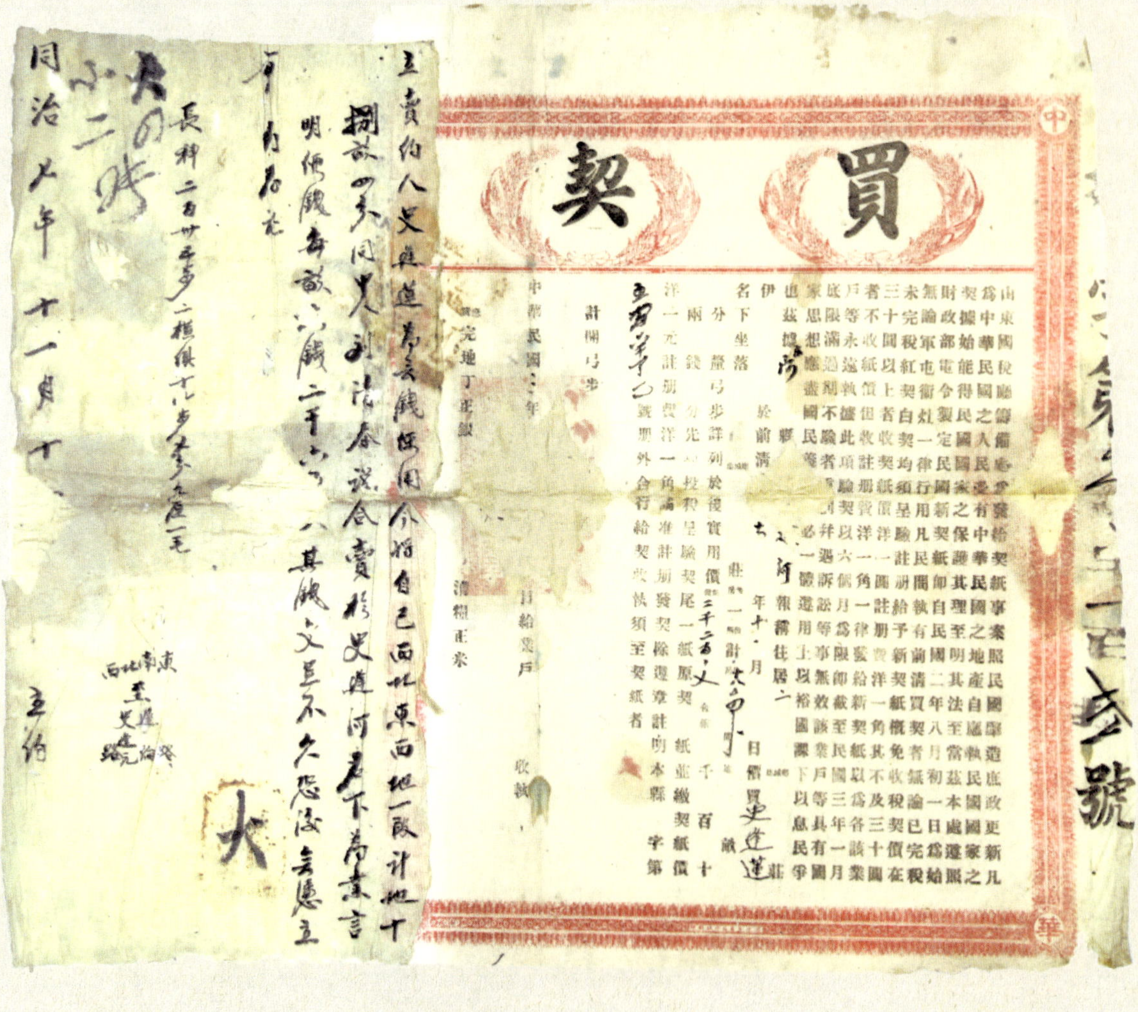

25 **东阿县史逢莲卖给史道河地契**

同治七年（1868）十一月十日

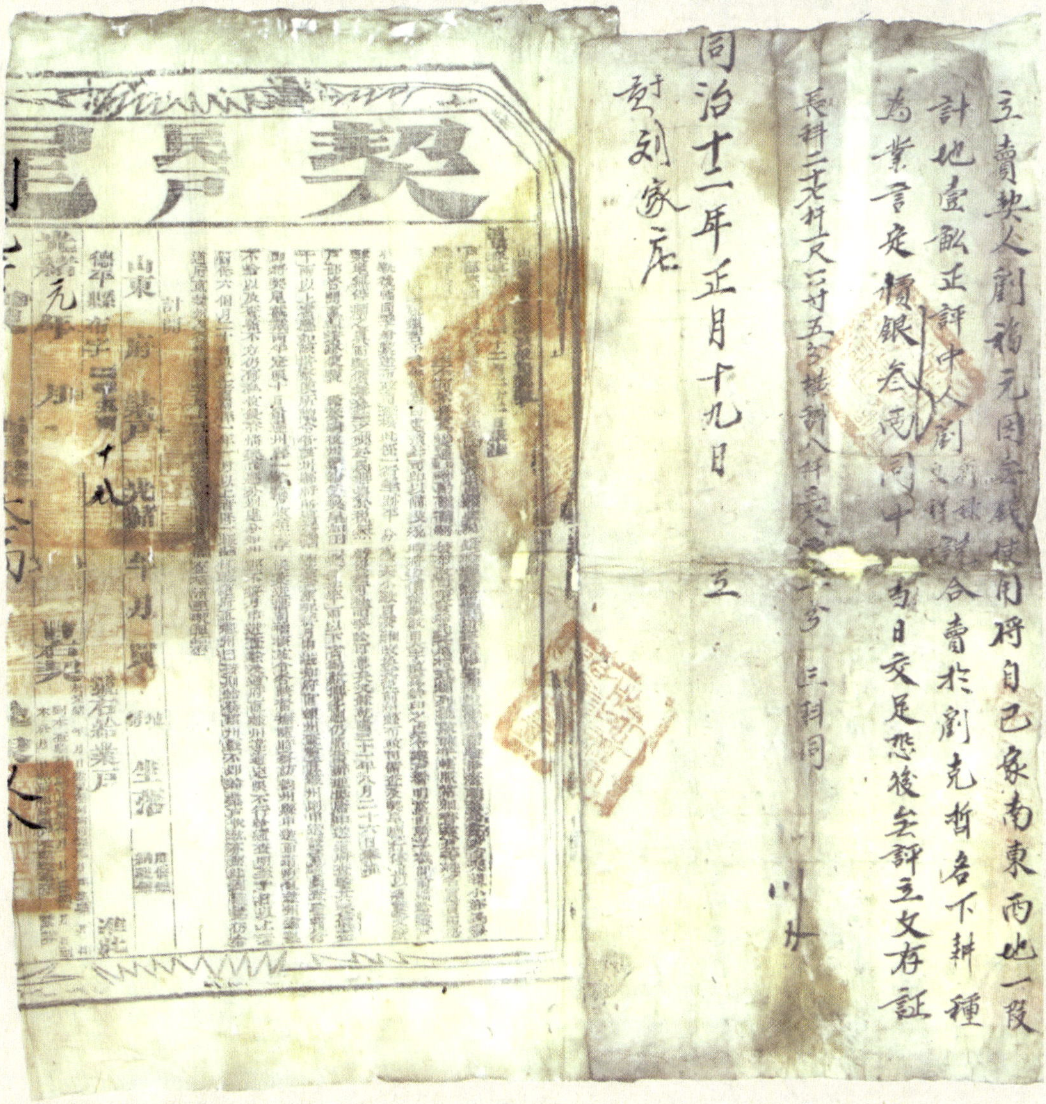

26 **德平县刘福元卖给刘克哲地契**

同治十二年（1873）正月十九日

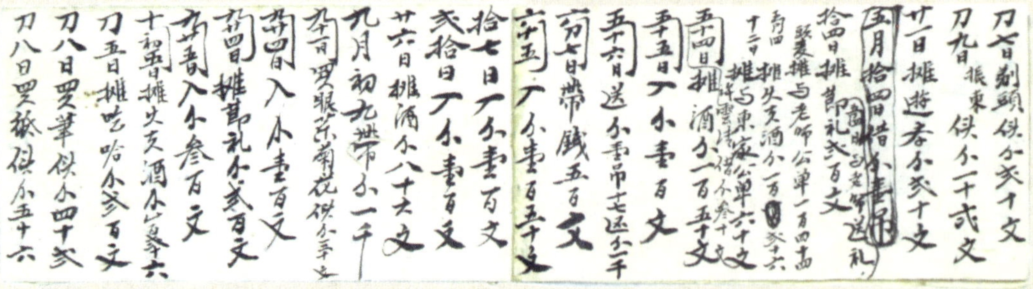

27 **账本**

同治十三年（1874）

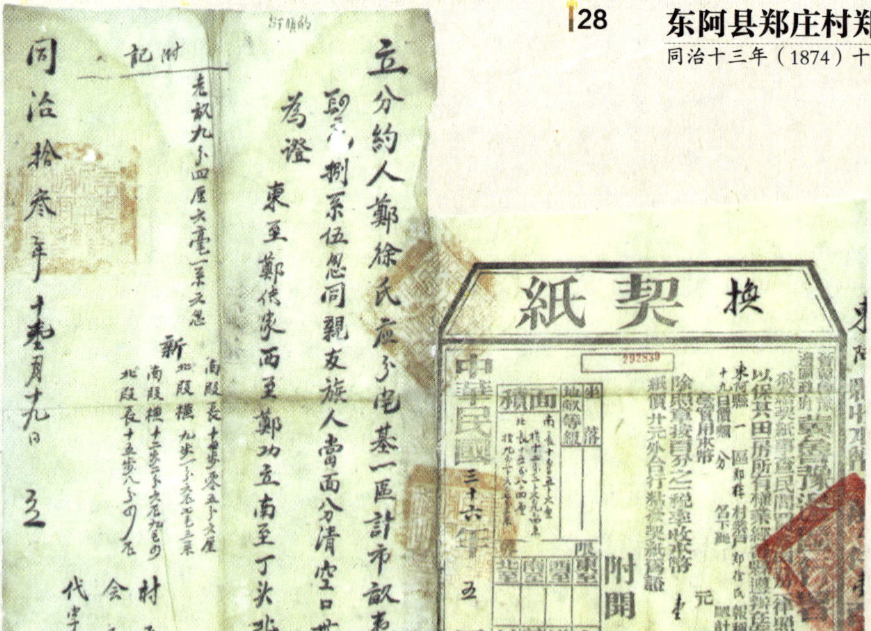

28 **东阿县郑庄村郑徐氏宅基契**

同治十三年（1874）十一月十九日

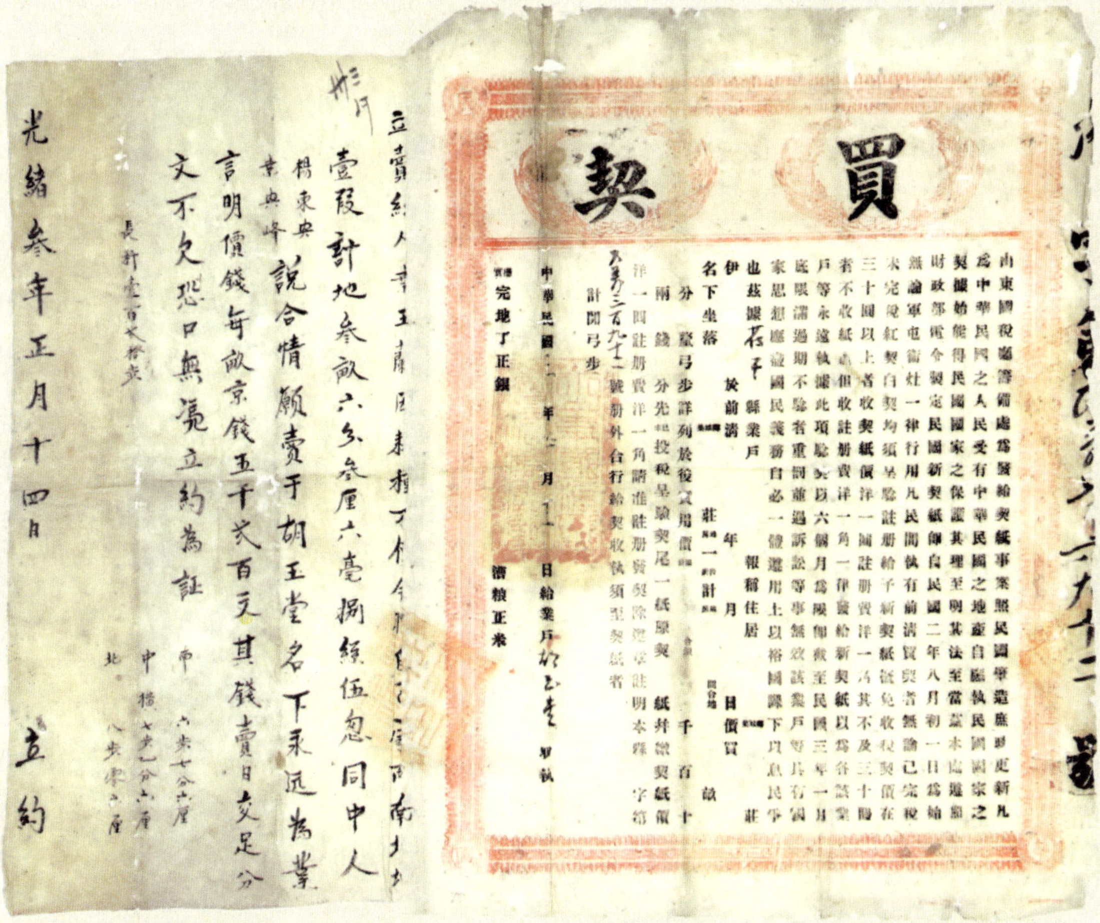

29 茌平县叶玉兰卖给胡玉堂地契

光绪三年（1877）正月十四日

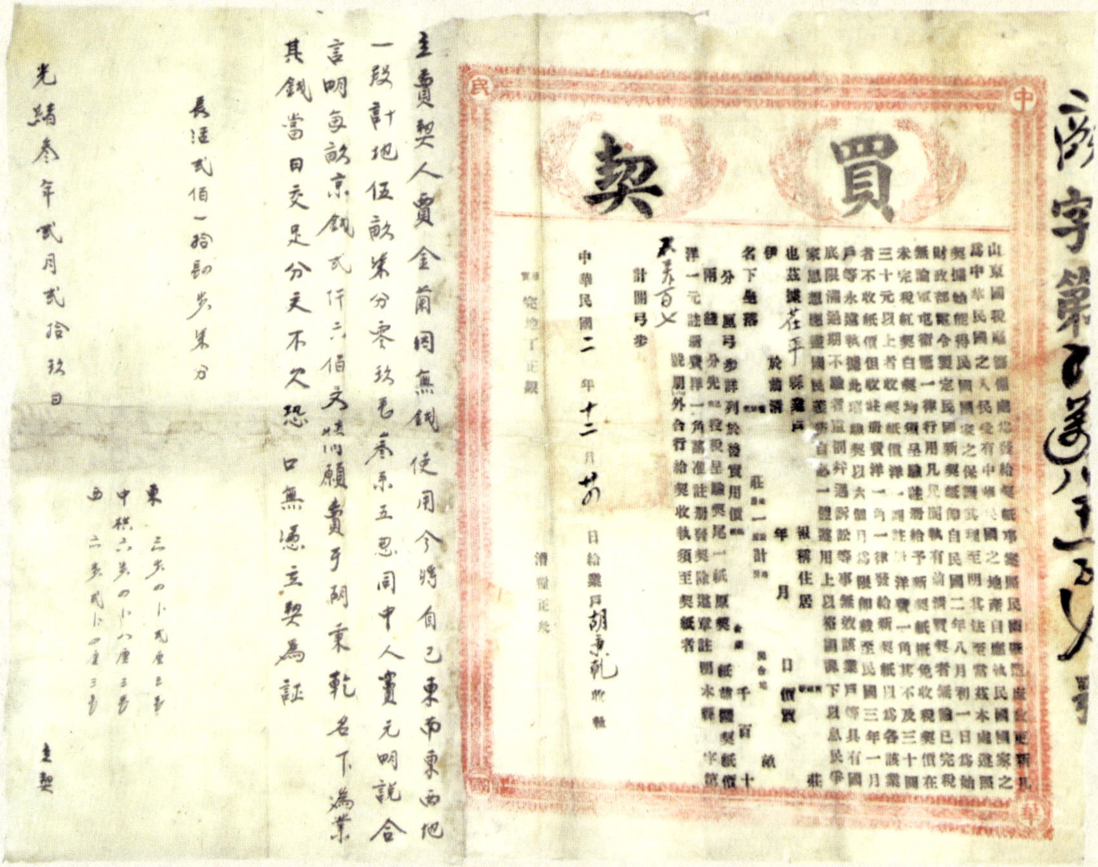

30 茌平县贾金兰卖给胡秉乾地契

光绪三年（1877）二月二十九日

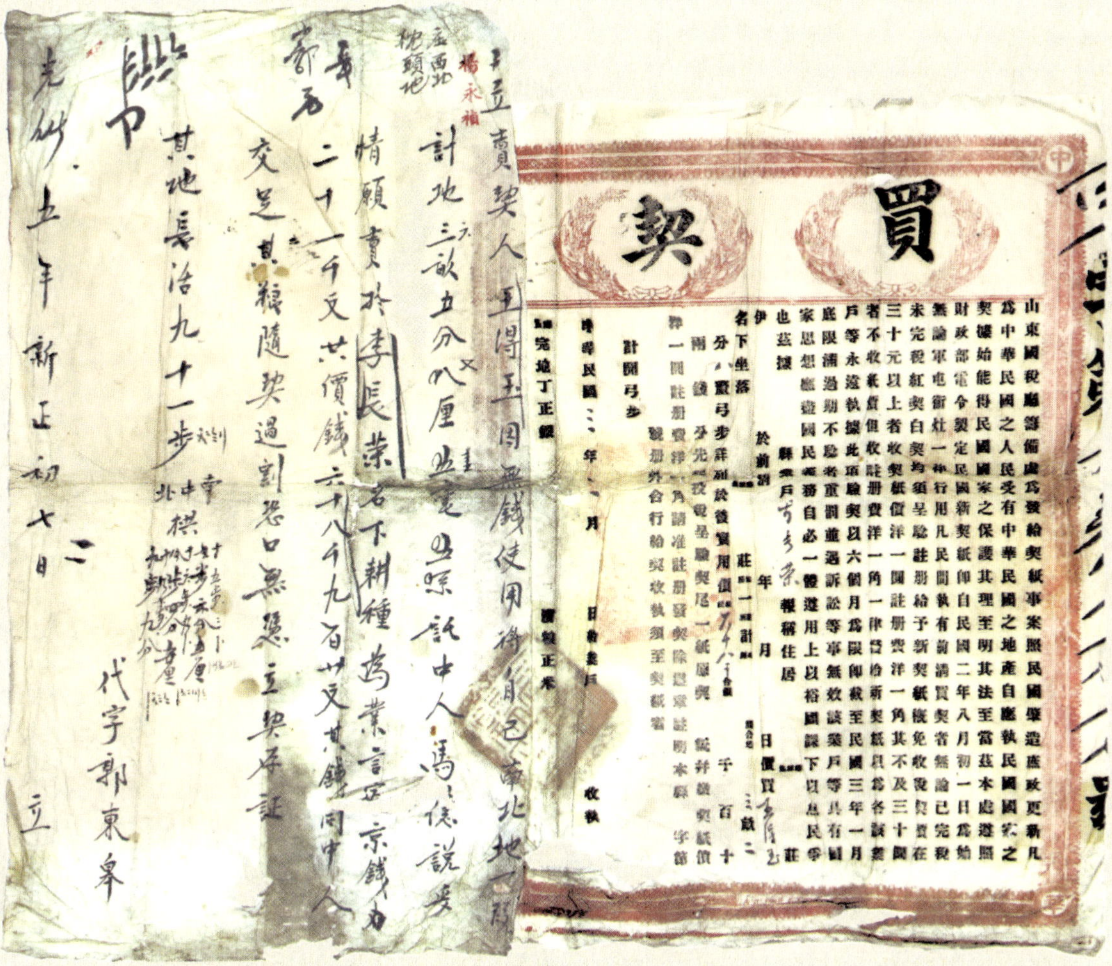

31 **王得玉卖给李长荣地契**

光绪五年（1879）正月初七日

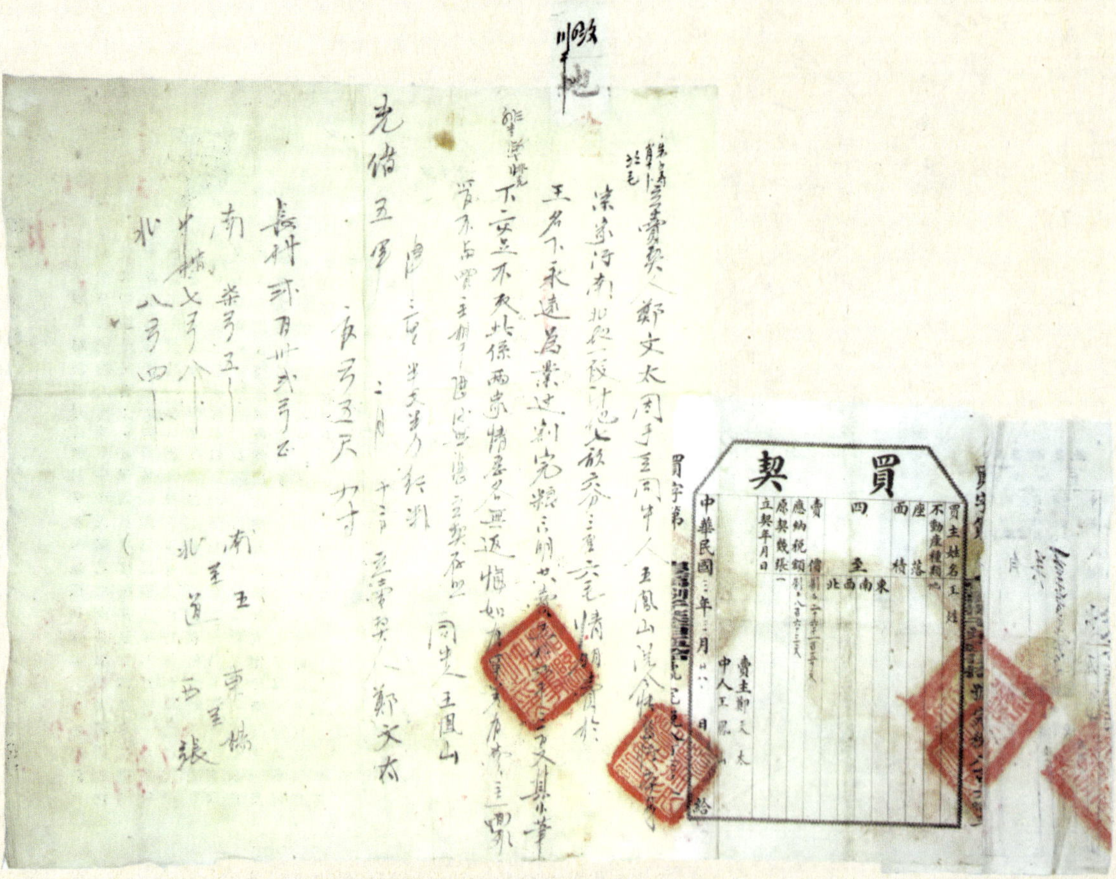

32 **沧县郑文太卖给王姓地契**

光绪五年（1879）二月十二日

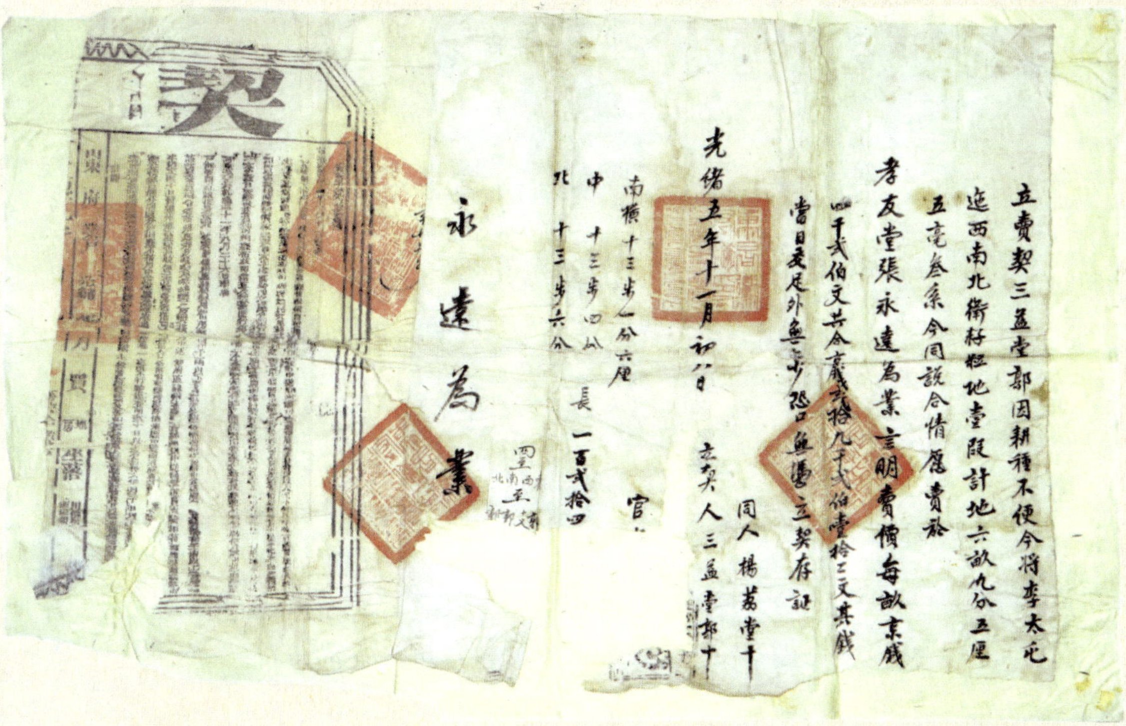
立賣契三益堂郭因耕種不便今將李太屯
迤西南北衚杆粗地壹段計地六畝九分五厘
五毫叁系今同說合情愿賣給
孝友堂張永遠為業言明賣價每畝京錢
四千弍伯文共合京錢弍拾九千弍伯壹拾三文其錢
當日交足外無欠少恐口無憑立契存証
同人 楊茘堂十
立契人 三益堂郭十
光緒五年十一月初八日
南横十三步八分六厘
中 十三步四
北 十三步六分
長 一百弍拾四
官
永遠為業

33 东昌卫李太屯三益堂郭卖给孝友堂张地契

光绪五年（1879）十一月初八日

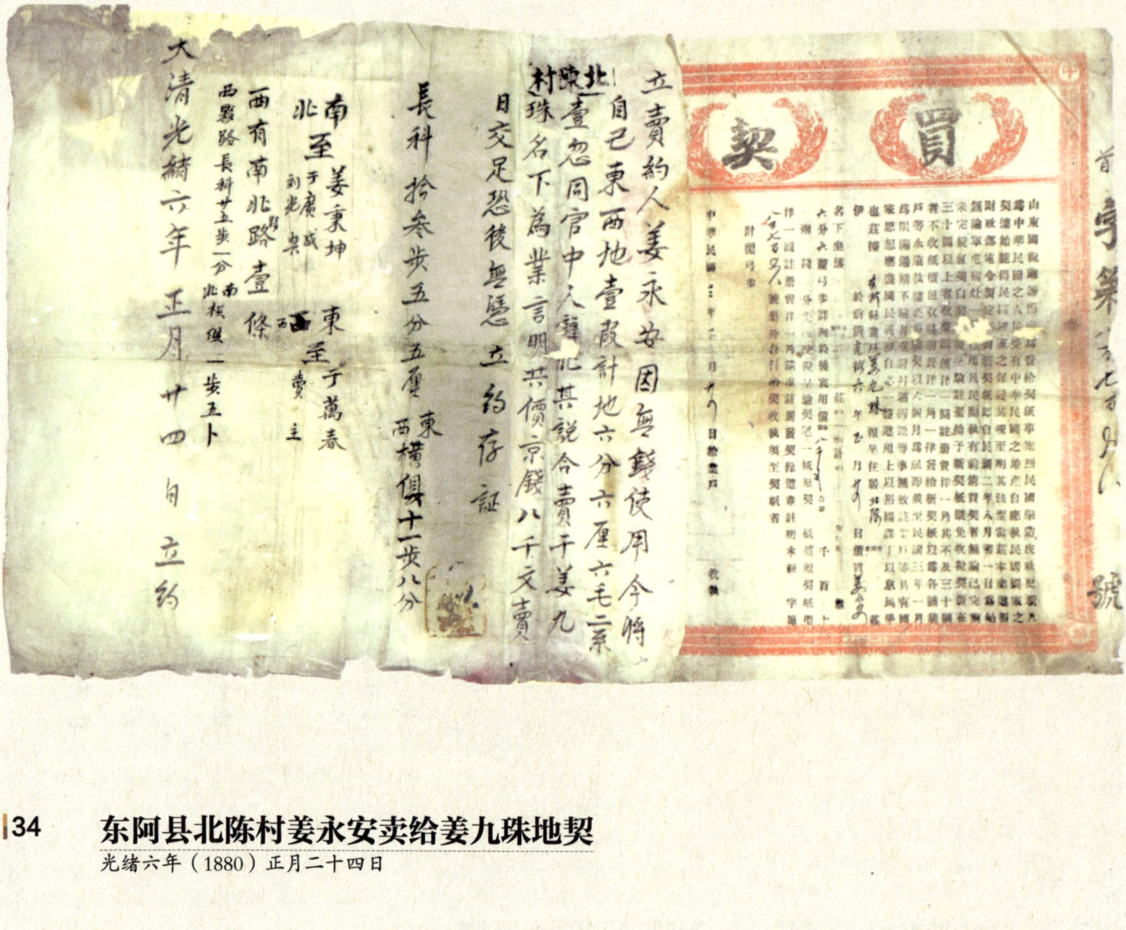

34 **东阿县北陈村姜永安卖给姜九珠地契**

光绪六年（1880）正月二十四日

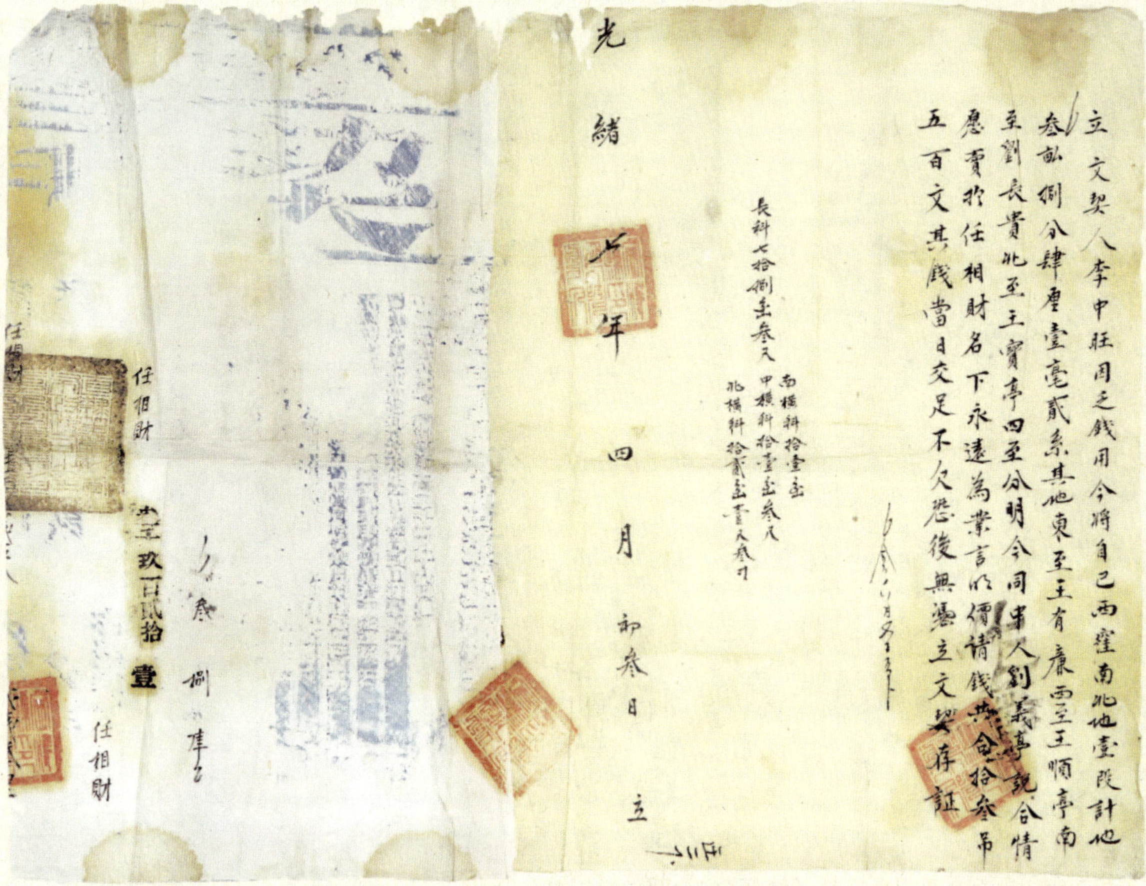
立文契人李中旺因乏錢用今將自己西窪南北地壹段計地
叁畝捌分肆釐壹毫貳系其地東至王有康西至王順亭南
至劉長貴北至王寶亭四至分明今同中人劉義亭說合情
愿賣於任相財名下永遠為業言明價錢共合拾叁吊
五百文其錢當日交足不欠恐後無憑立文契存証

長科七拾捌丈叁尺
南橫科拾壹丈
中橫科拾壹丈叁尺
北橫科拾貳丈壹尺叁寸

光緒七年四月初叁日立

任相財

35　李中旺卖给任相财地契

光绪七年（1881）四月初三日

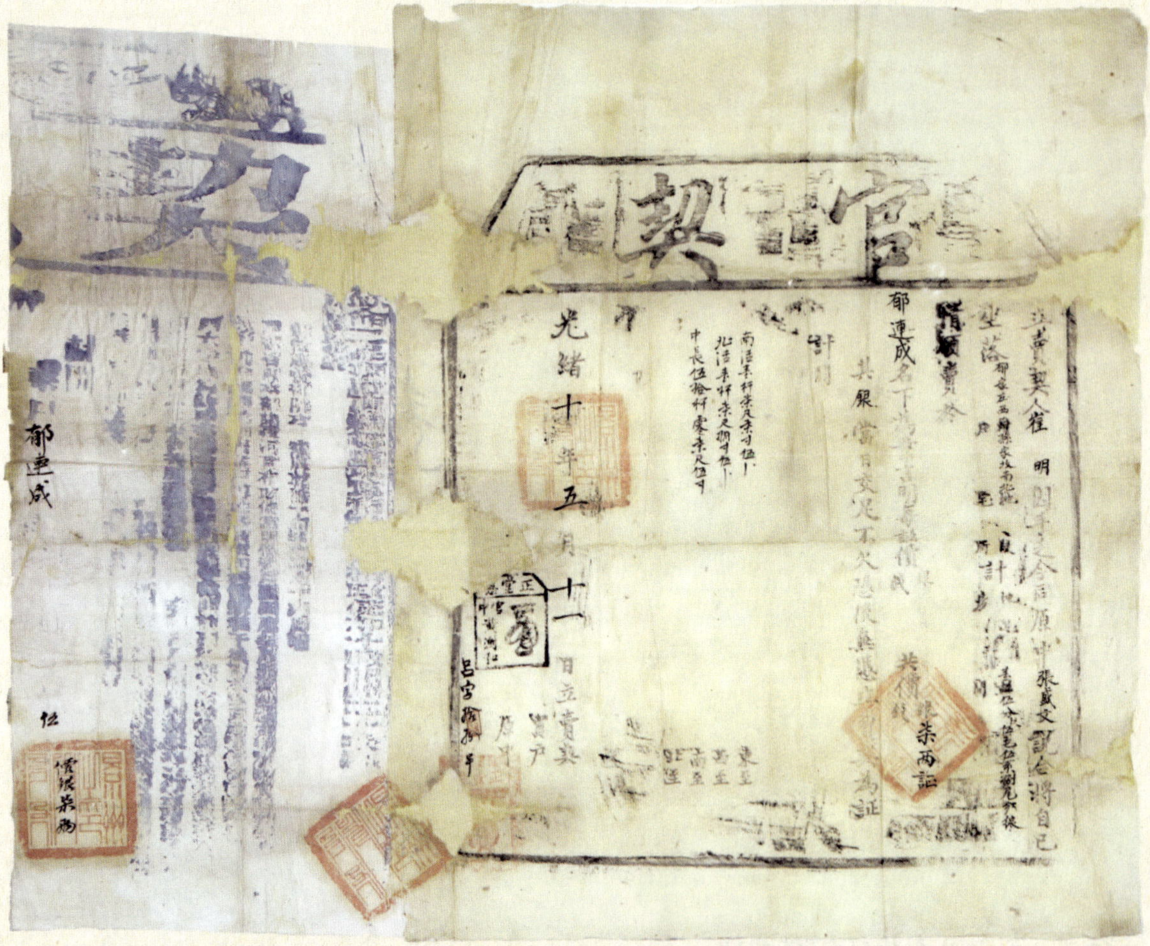

36 **崔明卖给郁连成地契**

光绪十（1884）年五月十一日

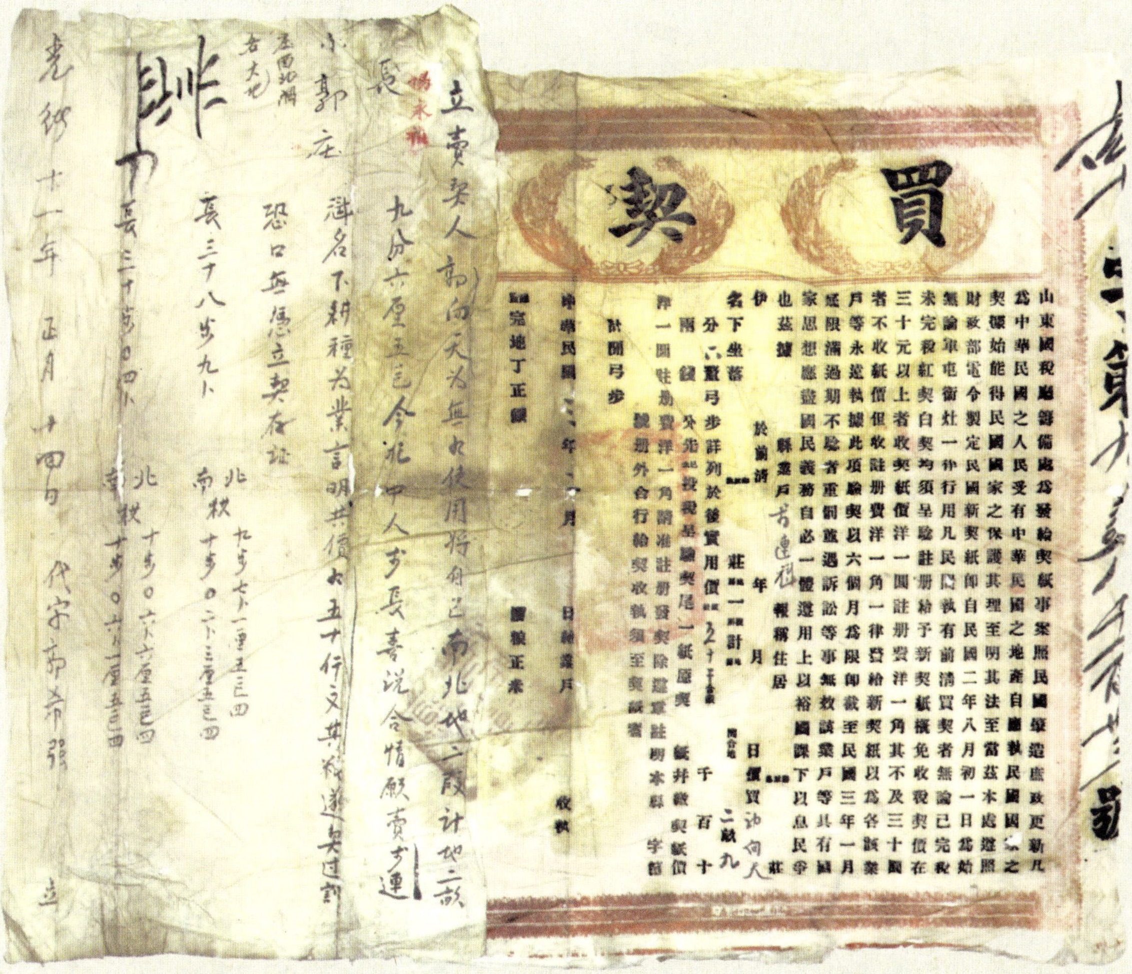

37 **郭向天卖给李连魁地契**

光绪十一年（1885）正月十四日

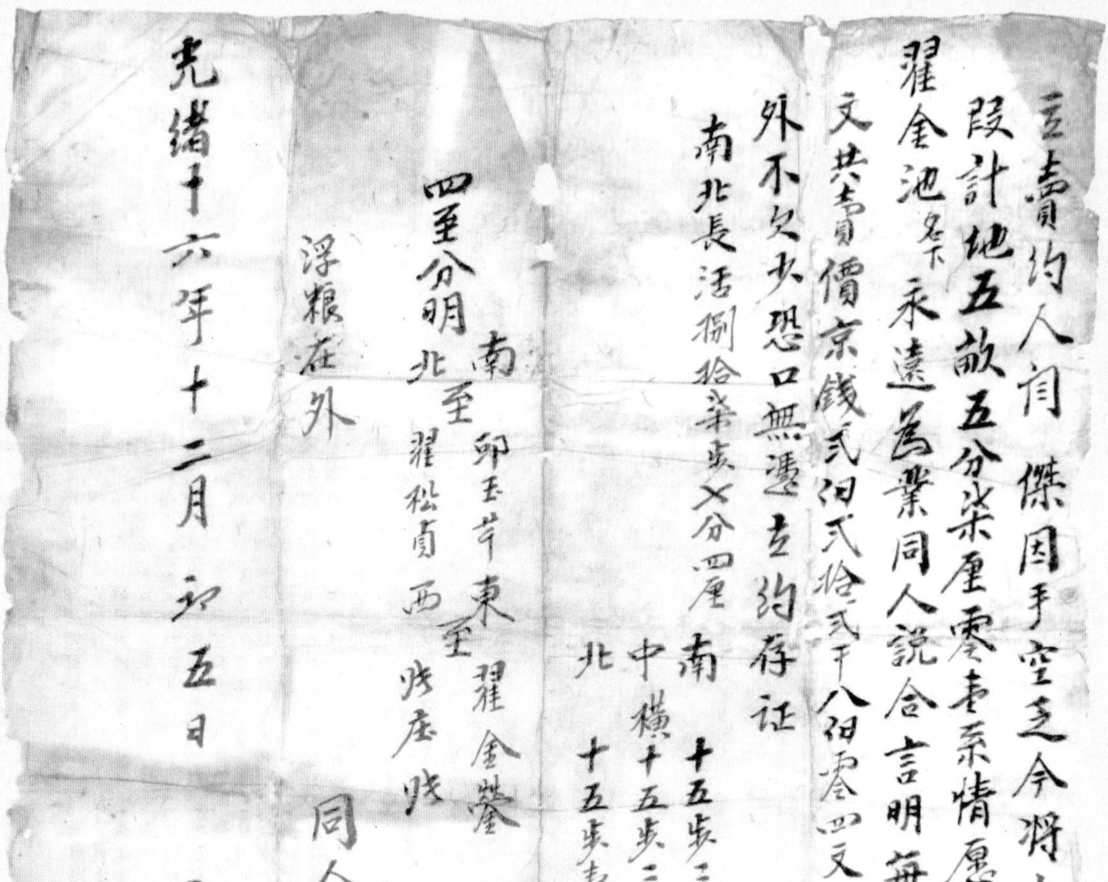
立賣约人闫傑因手空乏今將自己南北地壹
段計地五畝五分柒厘零壹系情愿出賣于
翟金池名下永遠爲業同人説合言明每畝京錢肆拾千
文共賣價京錢貳佰貳拾貳千八佰零四文其錢當日交足
外不欠少恐口無憑立约存证
南北長活捌拾柒步七分四厘 南 十五步三分
中横十五步三分
北 十五步壹分壹厘
四至分明 南至卯玉芹 東至翟金鑾
北至翟松甫 西至[illegible]
浮粮在外
同人張金科
光緒十六年十二月初五日 立约

38 闫杰卖给翟金池地契

光绪十六年（1890）十二月初五日

39 陵县孙段氏卖给杨城山地契

光绪十八年（1892）十二月初十日

40 **河北省庆云县王印堂卖给张福典绝卖地契**

光绪十九年（1893）十二月初五日

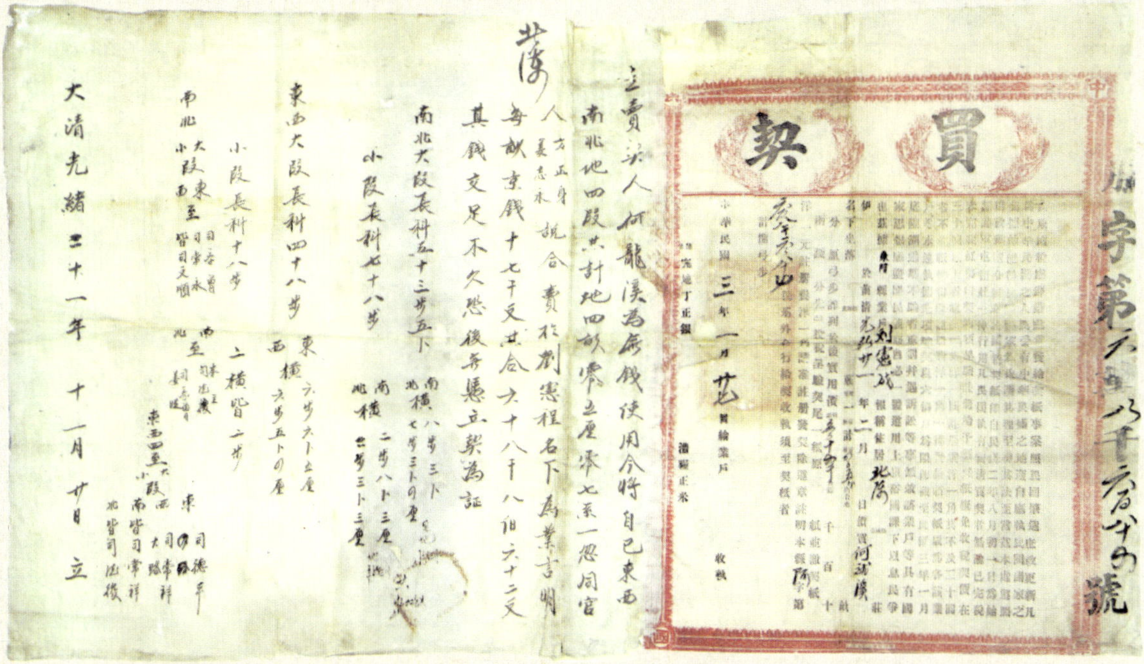

41 东阿县何龙溪卖给刘宪程地契

光绪二十一年（1895）十一月二十日

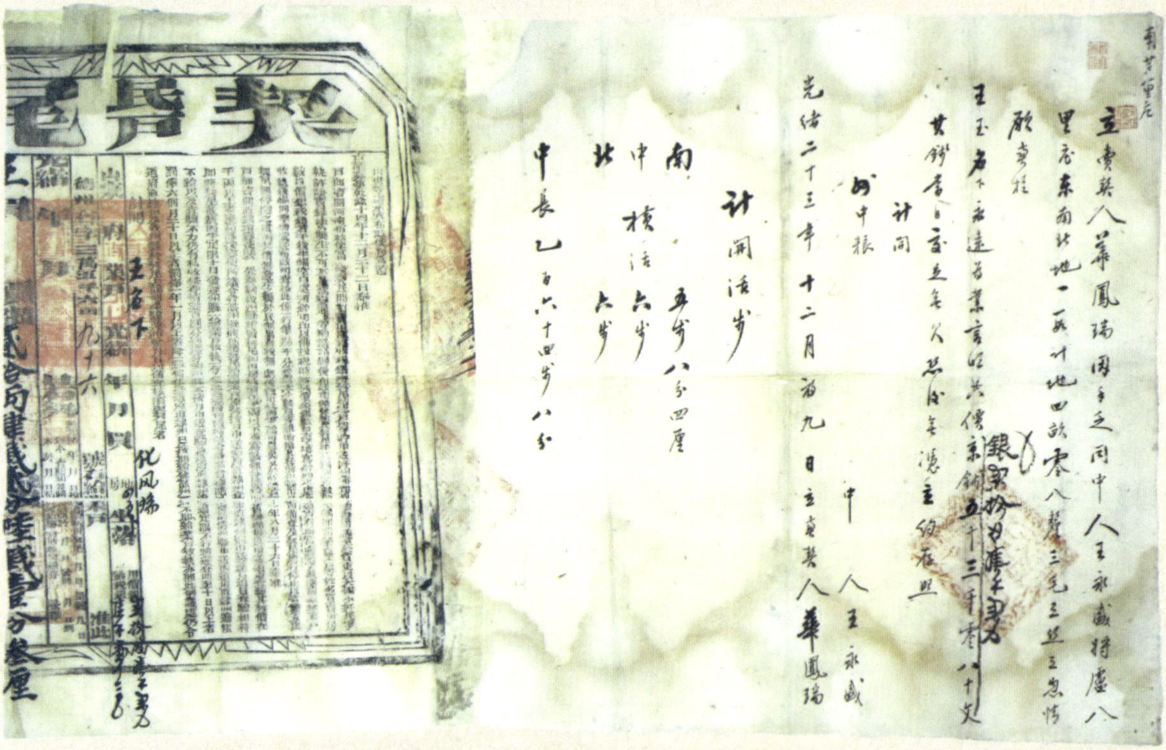

42 德州华凤瑞卖给王玉地契

光绪二十三年（1897）十二月初九日

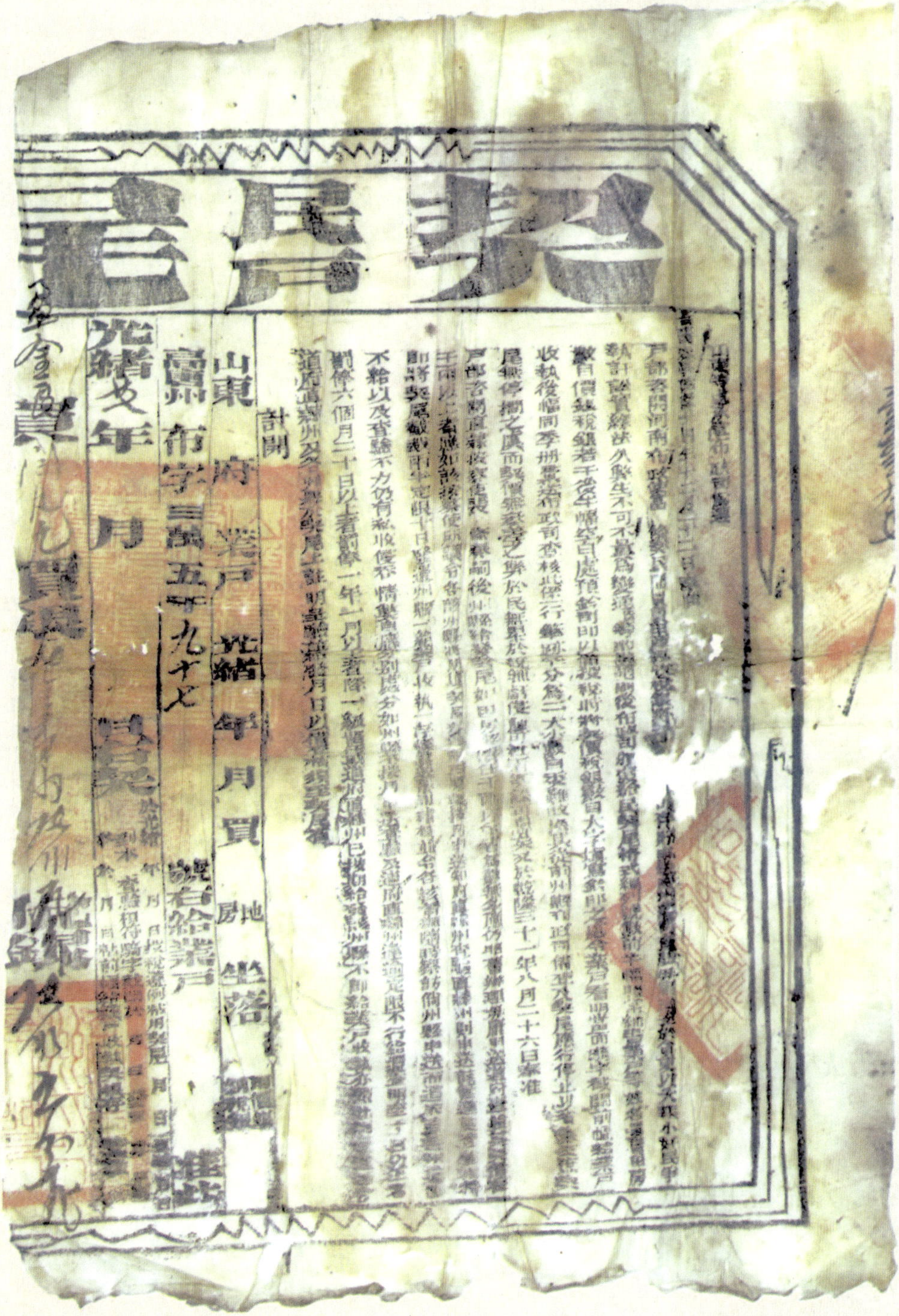

43 **高唐州民户契尾**

光绪二十七年（1901）

44 **王法掌卖给任向财地契**

光绪二十七年 (1901) 三月初二日

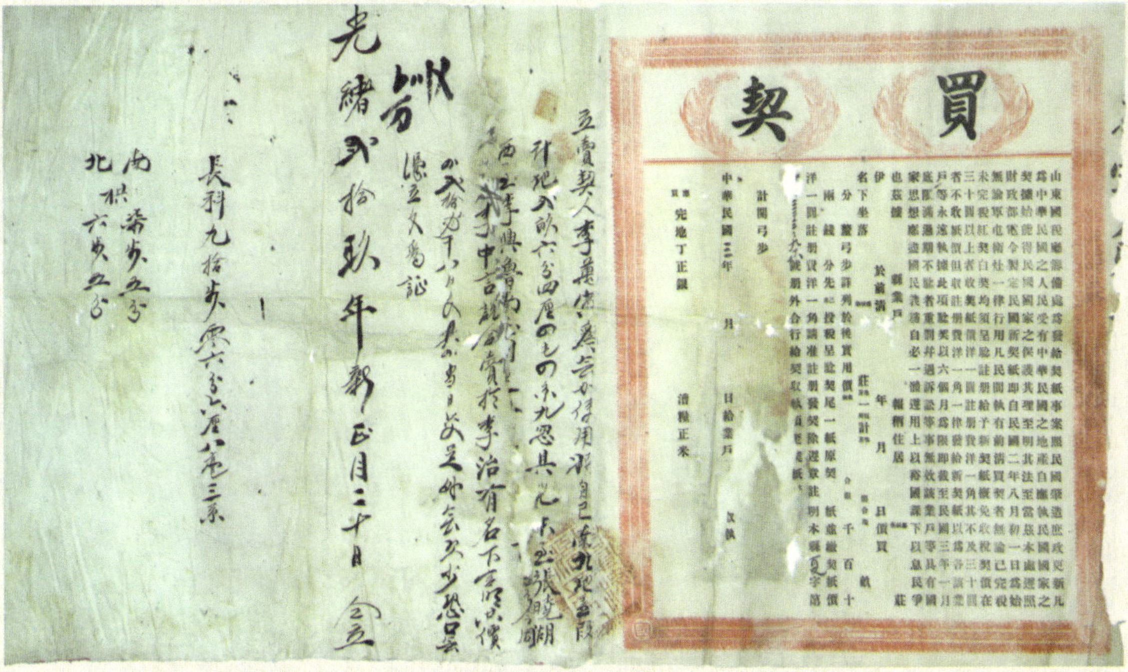

45 **李万寅卖给李治有地契**

光绪二十九年（1903）正月二十日

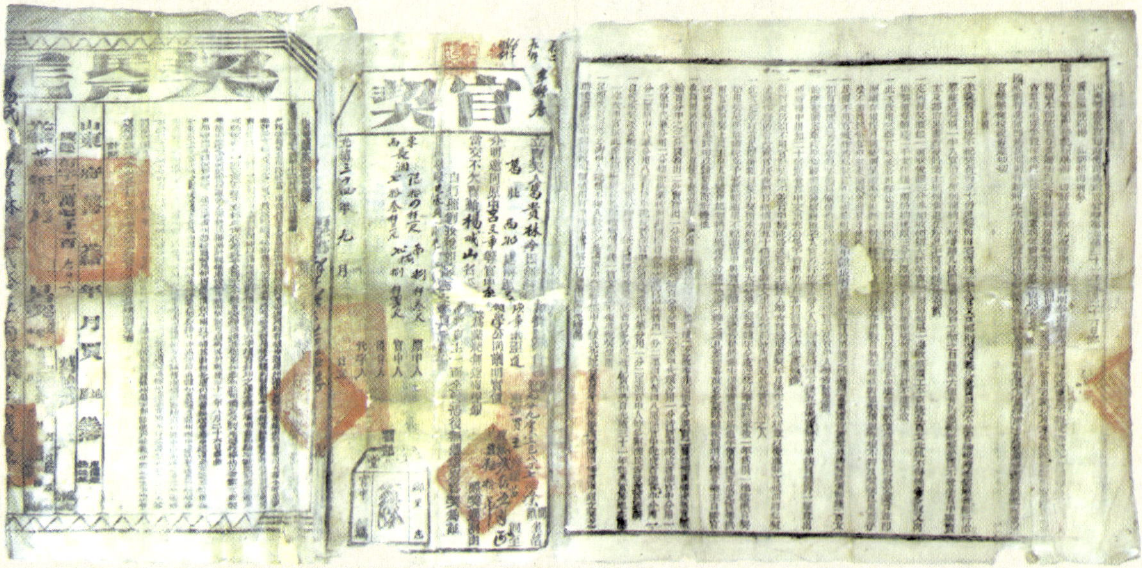

46 **陵县葛庄葛贵林卖给杨城山地契**

光绪三十四年（1908）九月

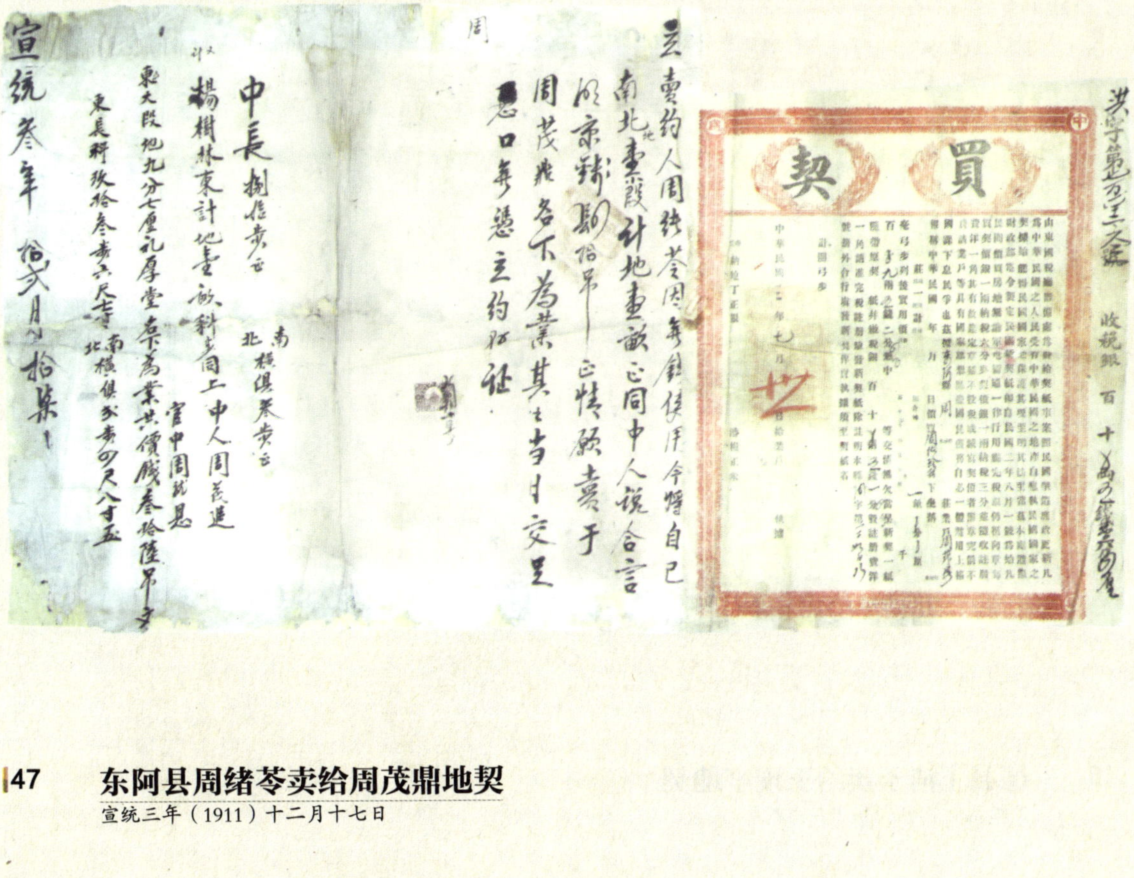

47 **东阿县周绪苓卖给周茂鼎地契**

宣统三年（1911）十二月十七日

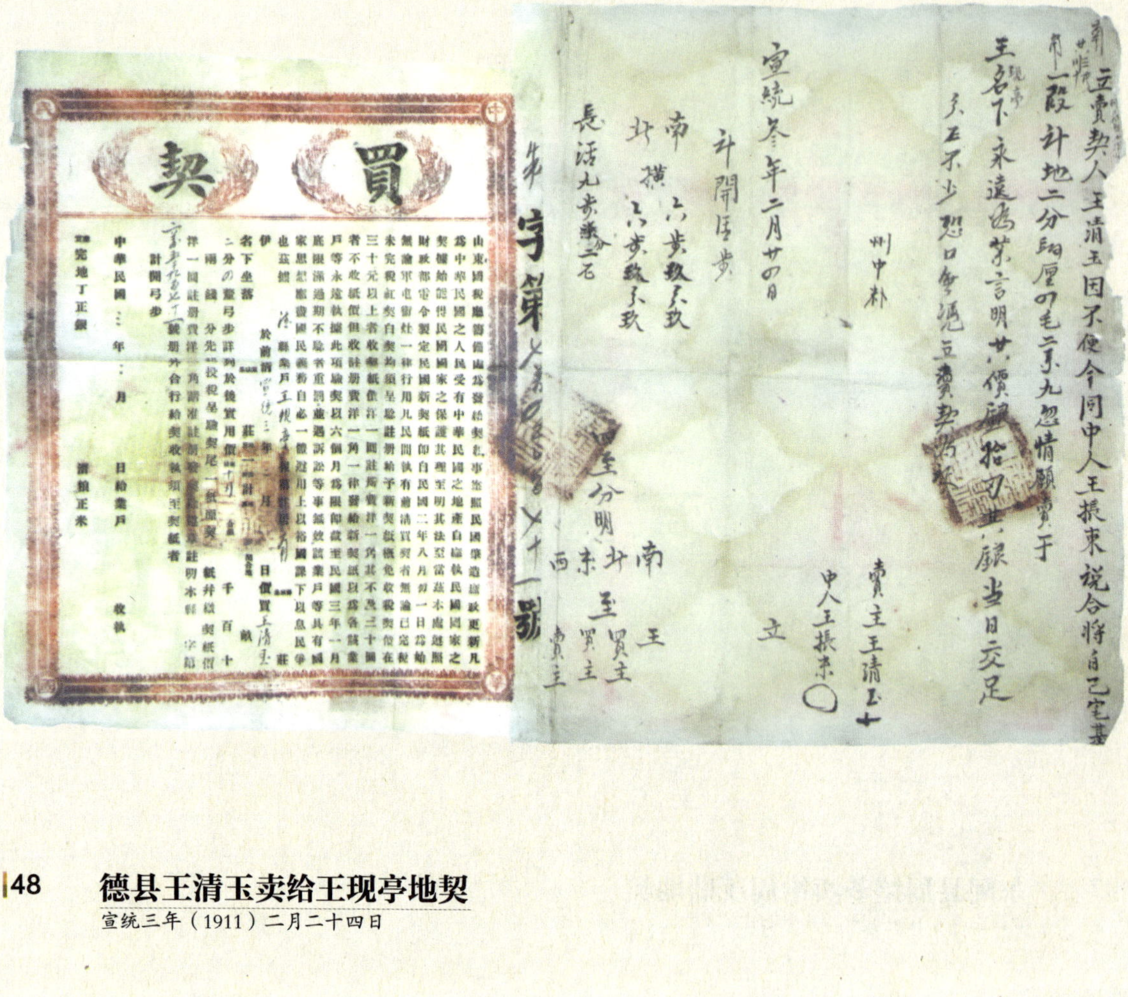

48 德县王清玉卖给王现亭地契

宣统三年（1911）二月二十四日

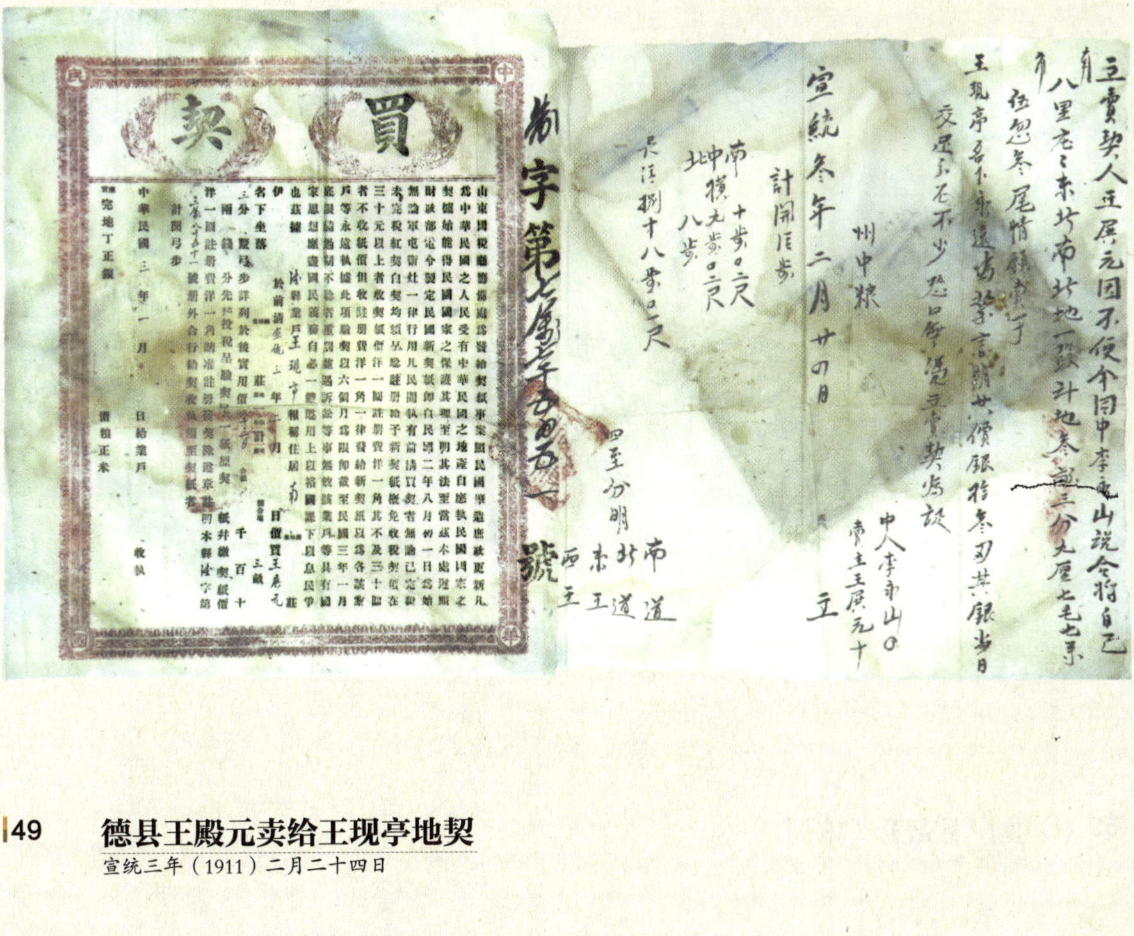

49 **德县王殿元卖给王现亭地契**

宣统三年（1911）二月二十四日

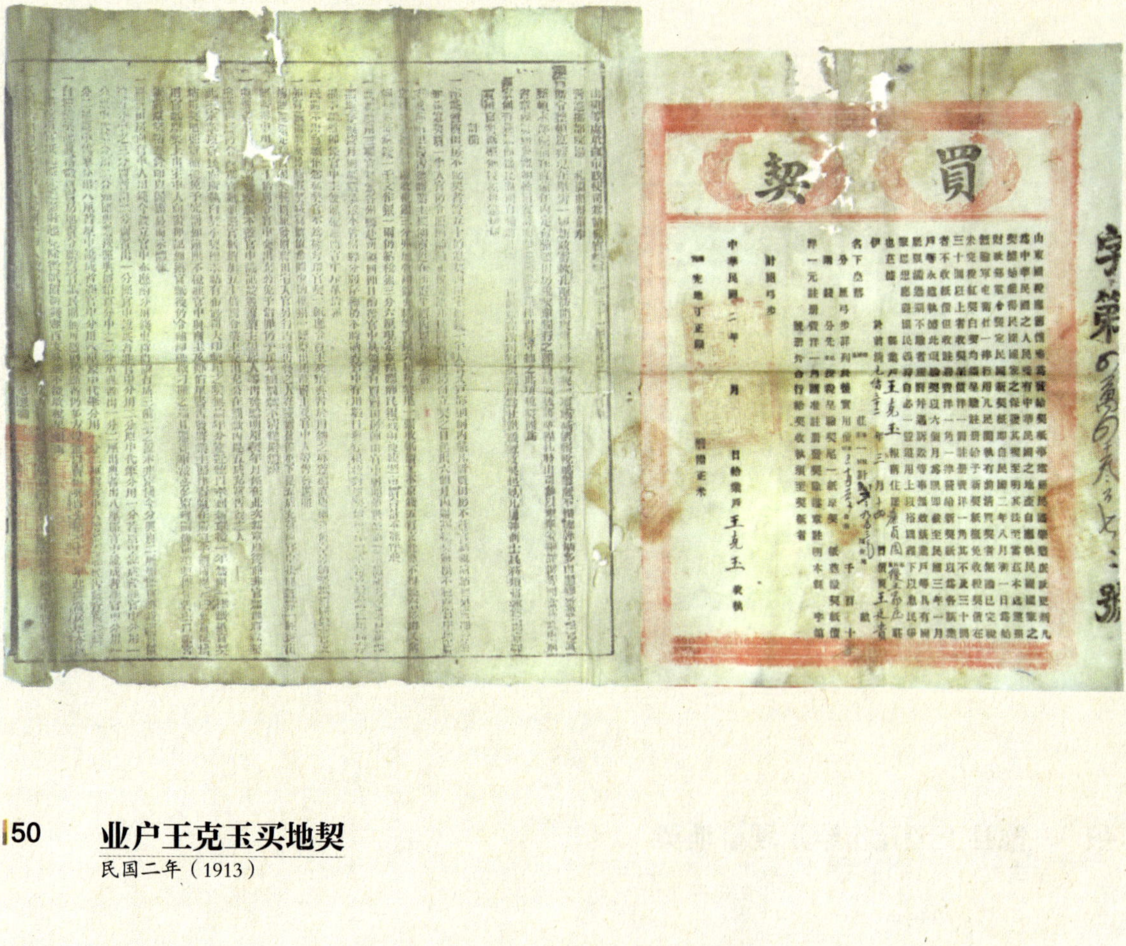
買契
中華民國 二年 月
王克玉

50 业户王克玉买地契

民国二年（1913）

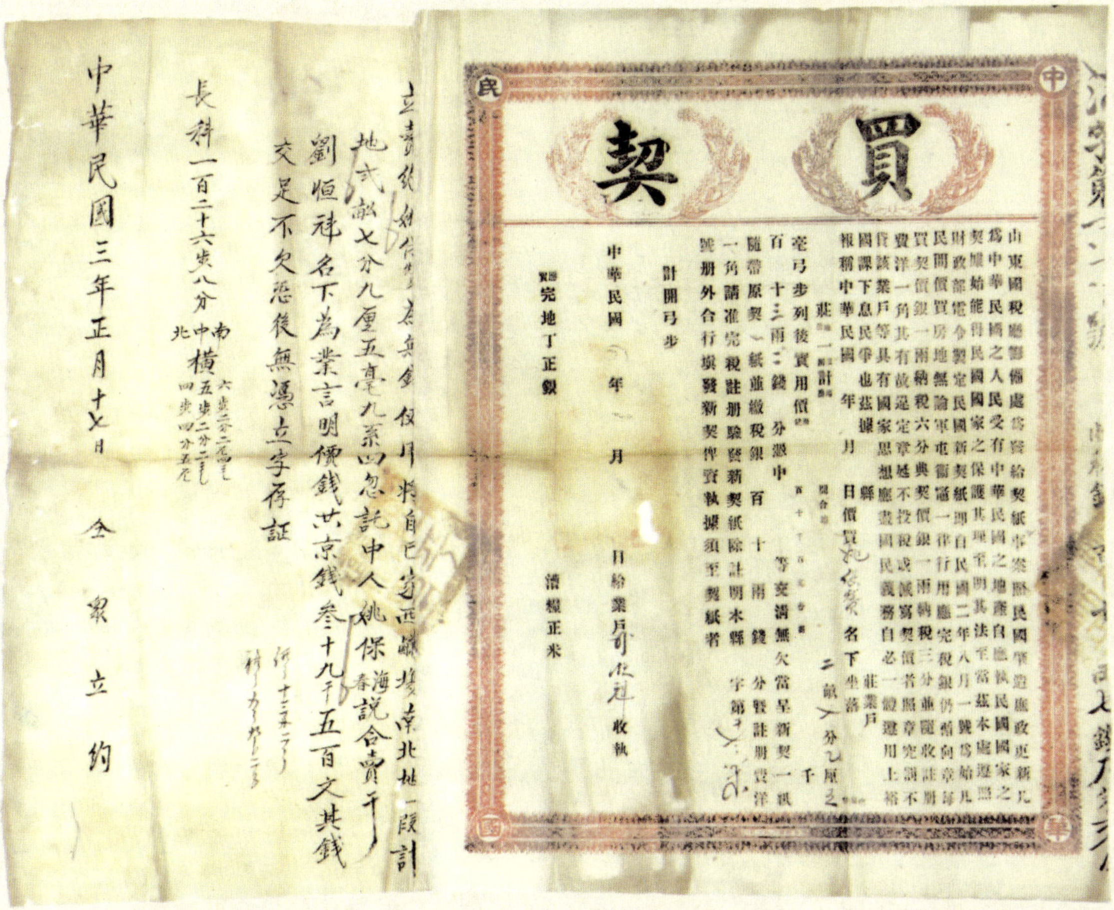

51 姚保赞卖给刘恒魁地契

民国三年（1914）正月十七日

買契

山東國稅廳籌備處為發給契紙事案照民國肇造庶政更新凡
為中華民國之人民有中華民國之地產自應執民國國家之
契據始能得民國之保護其理至明其法至當茲本處遵照
財政部電令製一定民間新契紙即自民國二年八月初一日為始
無論軍屯衛竈一律[illegible]凡民間執有前清買契者無論已完稅
未完稅紅契白契均[illegible]驗註册給予新契一紙概免收稅契價在
三十元以上者收契紙價洋一圓註册費洋一角其不及三十圓
者不收紙價但收註册費洋一角一律發給新契以為各該
戶等永遠執據此項驗契以六個月為限即截至民國三年[illegible]月
底限滿過期不驗者查封並遇訴訟等事無效該業戶等具有
家思想應盡國民義務自必一體遵用上以裕國課下以息其
也茲據博平縣業戶刘逢庚報稱於[illegible]年十一月[illegible]價買李清池

中華民國三年一月廿六日給業戶刘逢庚收執

漕糧正米

民國三年一月

博平县刘逢庚买李清池地契

民国三年（1914）正月二十六日

買契

山東國稅廳籌備處為發給契紙事案照民國舉辦庶政更新凡
為中華民國之人民受有中華民國之地產自應執民國國家之
契據始能得民國國家之保護其理至明其法至當茲本處遵照
財政部電令製定民國新契紙即自民國二年八月初一日為始
無論軍屯衛灶一律行用凡民間執有前清買契者無論已完稅
未完稅紅契白契均須呈驗註冊給予新契紙除免收稅契價在
三十元以上者收契紙價洋一元註冊費洋一角其不及三十元
者不收紙價但收註冊費洋一角一律發給新契紙以為各該業
戶等永遠執據此項驗契以六個月為限即截至民國三年一月
底限滿過期不驗者重罰並遇訴訟等事無效該業戶等均有國
家思想應盡國民義務自必一體遵用上以裕國課下以息民爭
也茲據博平縣業戶刘逢庚報稱住居[illegible]莊
伊於前清光绪九年　月　日價買石化峰
名下坐落　莊地一段計一畝
五分三厘弓步詳列於後實用價廿三千文自　十
兩　錢　分先　役稅呈驗契尾一紙原契　紙並驗契紙價
洋一元註冊費洋一角請准註冊[illegible]契除[illegible]註明本[illegible]字號
四[illegible]九千四百[illegible]冊外合行給契收執須至契紙者
計開弓步
中華民國三年二月十日給業戶刘逢庚收執
完地丁正銀
漕糧正米

53 **博平县刘逢庚买石化峰地契**

民国三年（1914）二月十日

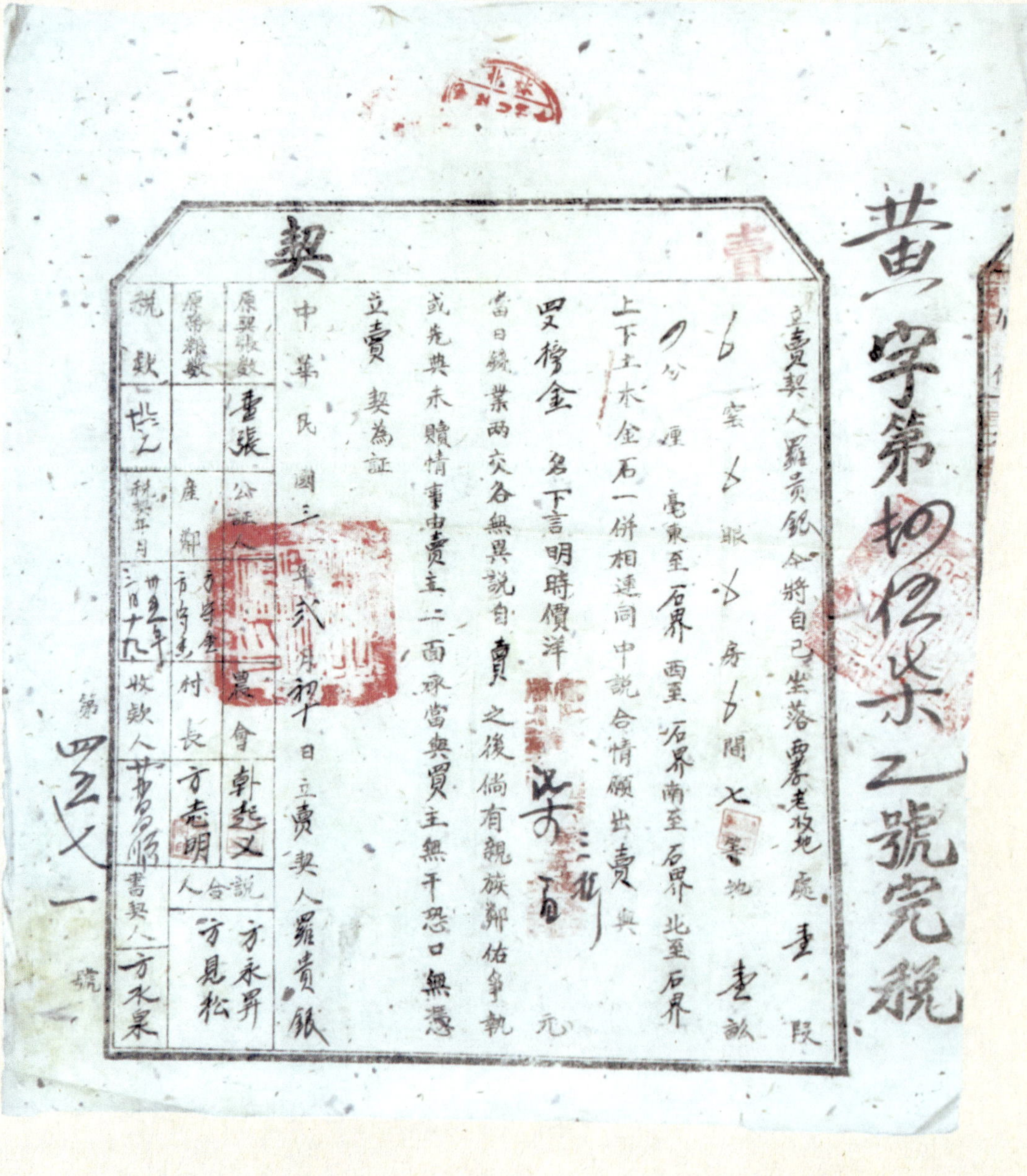

54 **罗贵银卖给罗榜金地契**

民国三年（1914）二月初十日

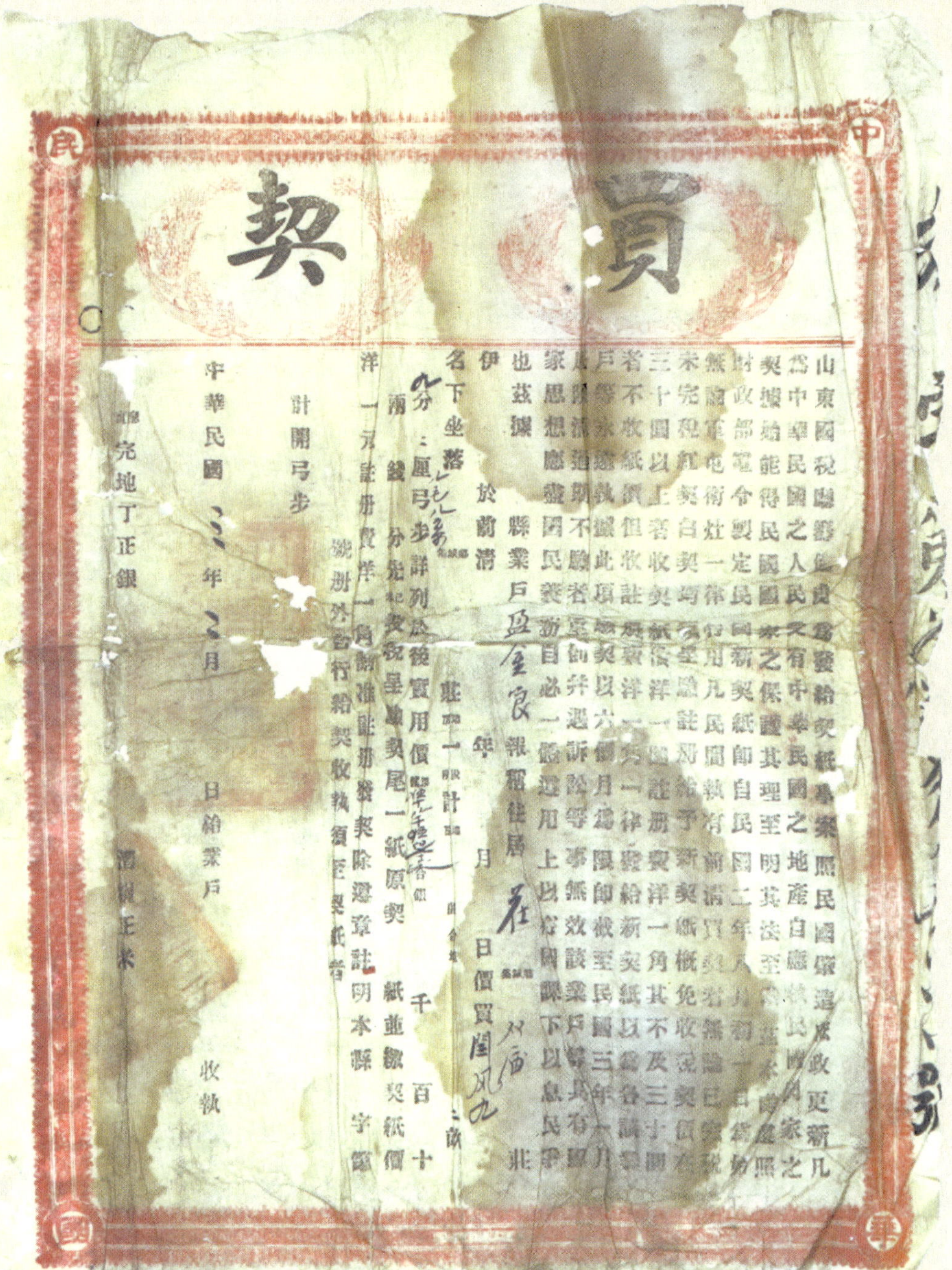

55 高唐双庙盈金良买闫风九地契

民国三年（1914）二月

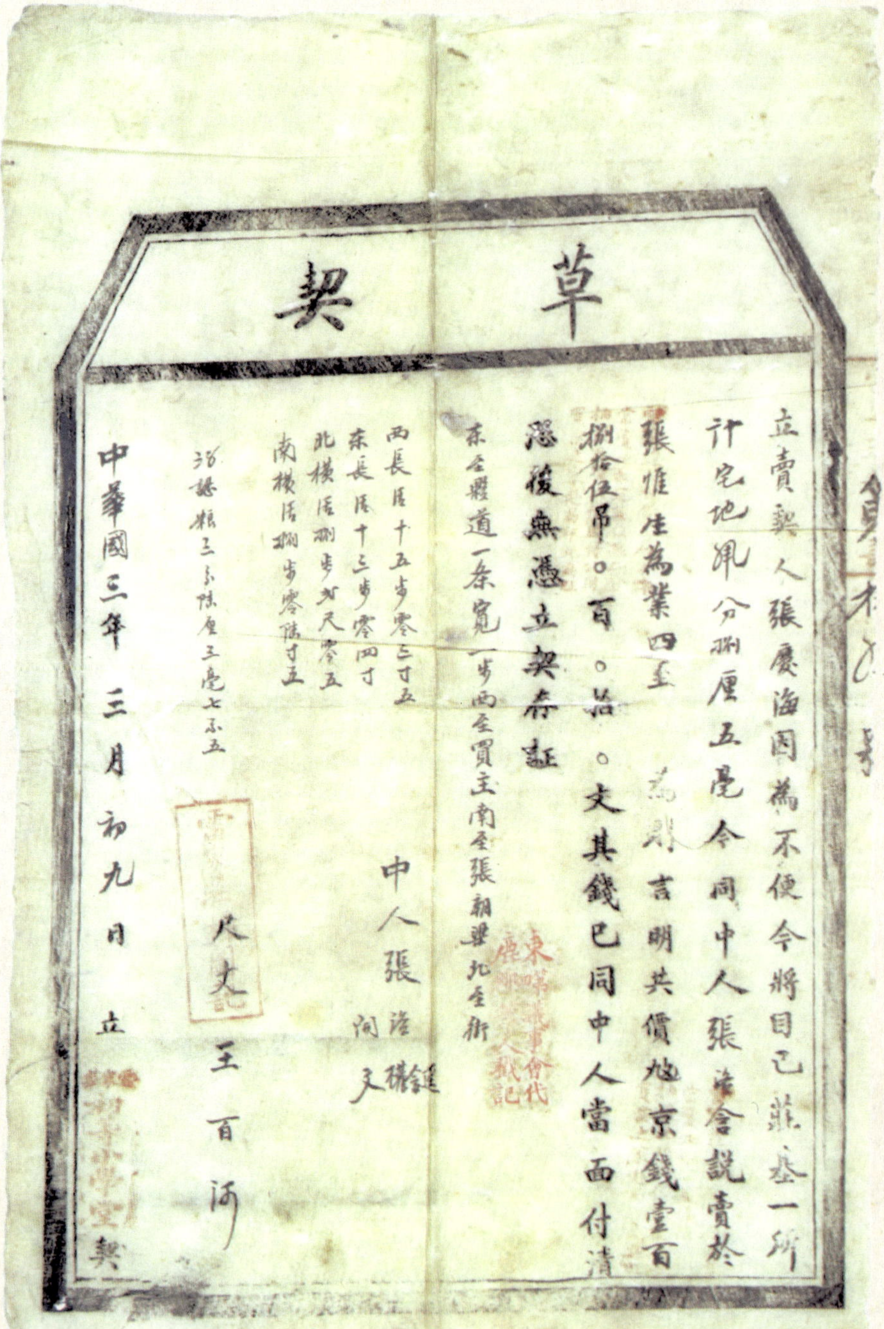

56 束鹿县张庆海卖于张惟生宅基草契

民国三年（1914）三月初九日

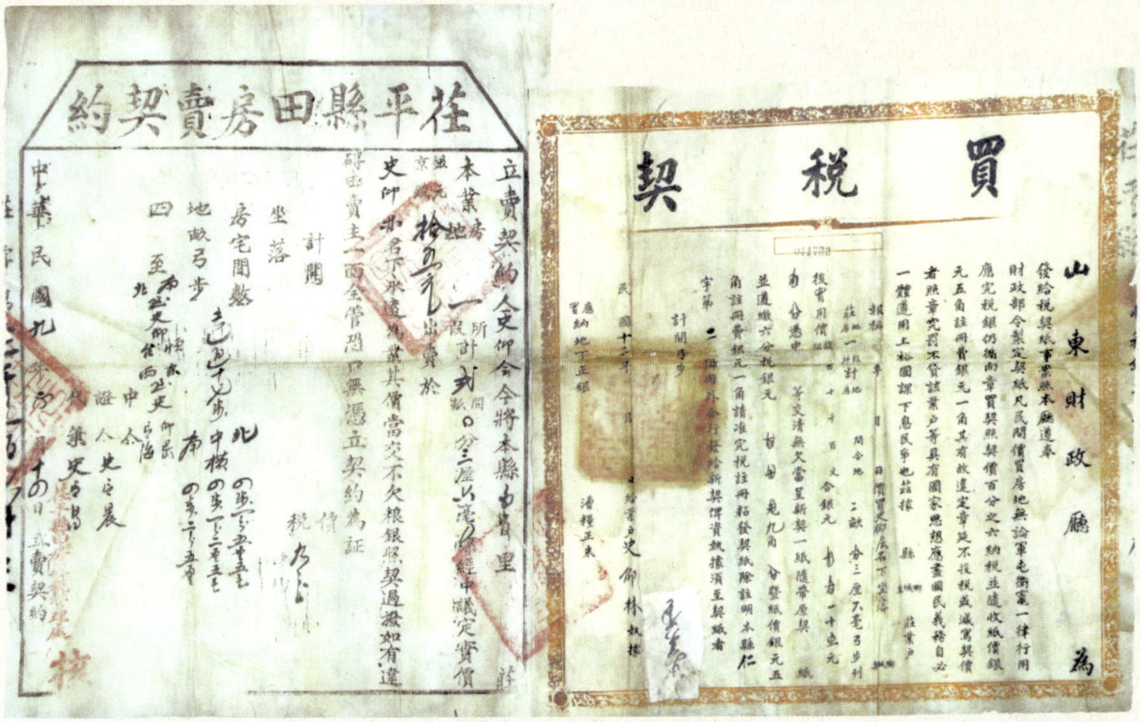

57 茌平县史仰会卖给史仰林地契

民国九年（1920）正月十四日

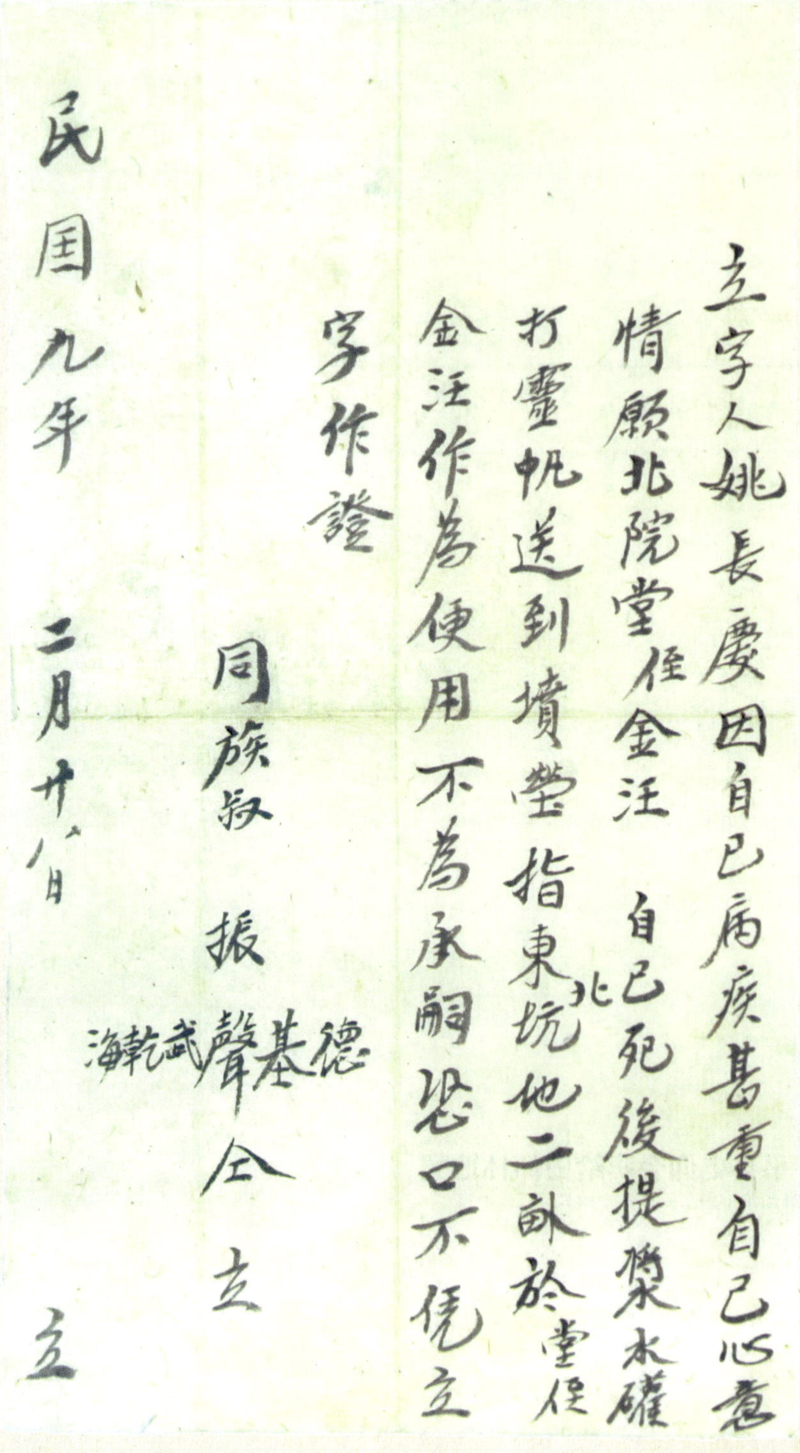

立字人姚長慶因自己病疾甚重自己心意
情願北院堂侄金汪 自己死後提漿水礶
打靈帆送到墳塋指東北坑地二畝於堂侄
金汪作為使用不為承嗣恐口不憑立
字作證
同族叔 振
海乾武聲基德
仝 立
民国九年 二月廿八日 立

58 姚长庆分地遗书

民国九年（1920）二月廿八日

59 **高唐州双庙村盈俊德买赵于氏地契**

民国十一年（1922）十一月

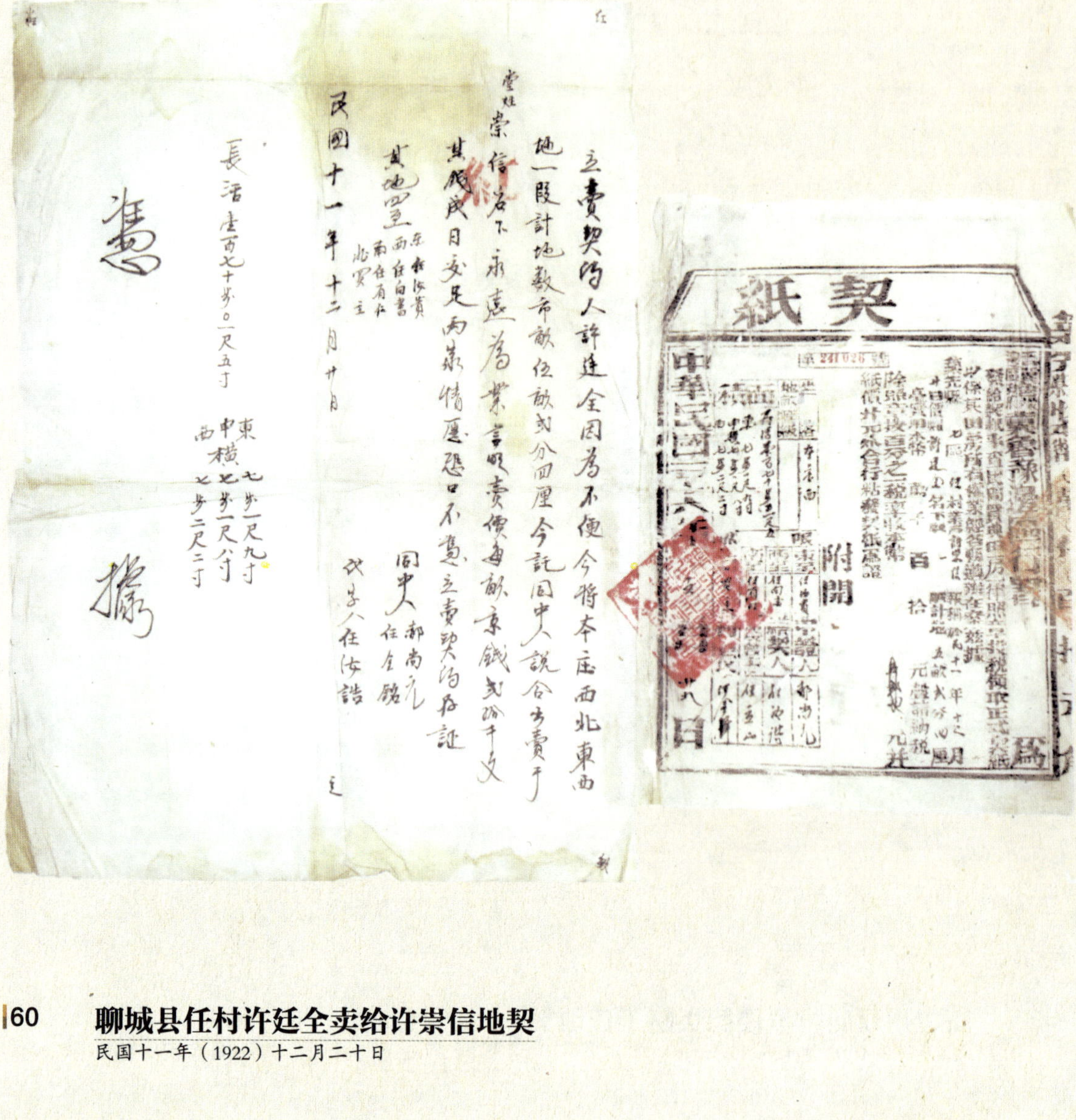
立賣契約人許廷全因為不便今將本庄西北東西
地一段計地數弍畝伍畝弍分四厘今託同中人說合出賣于
堂姪崇信名下永遠為業言明賣價每畝京錢弍佰千文
其錢當日交足兩家情願恐口不憑立賣契約存證
其地四至 東至許汝貴 西至任白書 南至任有仁 北至買主
同中人 郝尚元 任全鎔
代字人 任汝詰
民國十一年十二月廿日 立
長語 壹百七十步○一尺五寸
中横 東七步一尺九寸 中七步一尺八寸 西七步二尺二寸
契紙

60 聊城县任村许廷全卖给许崇信地契

民国十一年（1922）十二月二十日

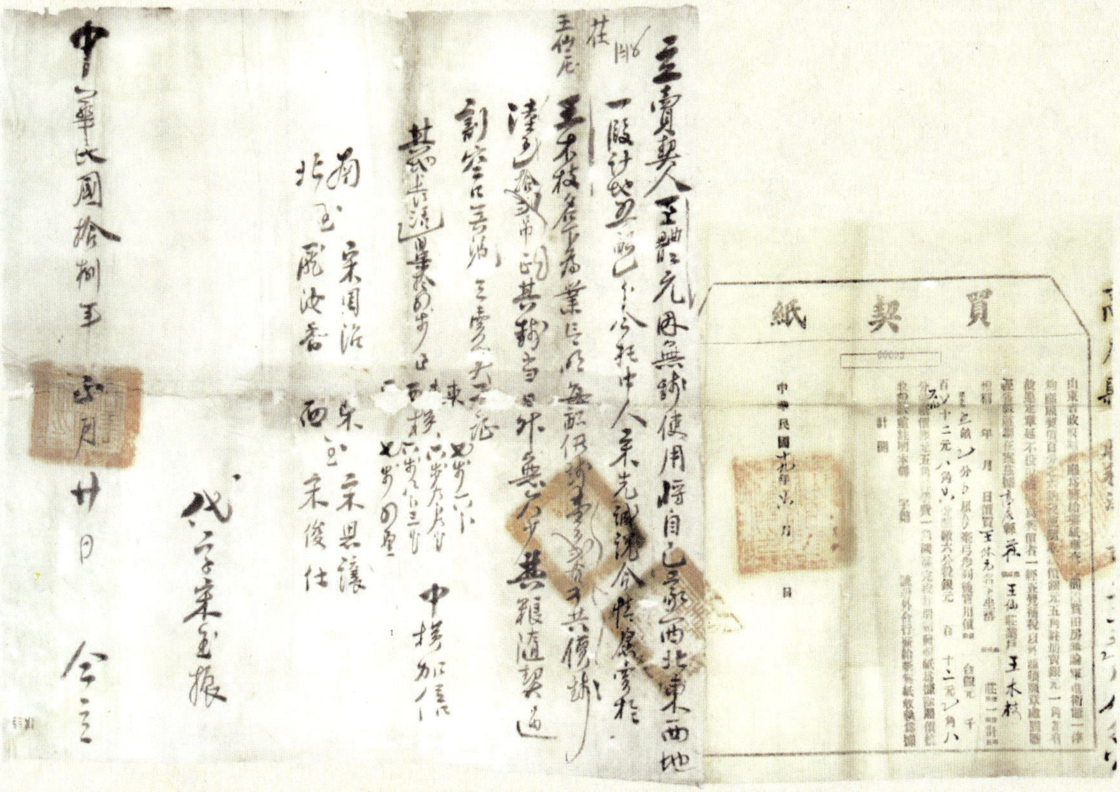

61 **高唐县王体元卖给王木枝地契**

民国十八年（1929）正月二十日

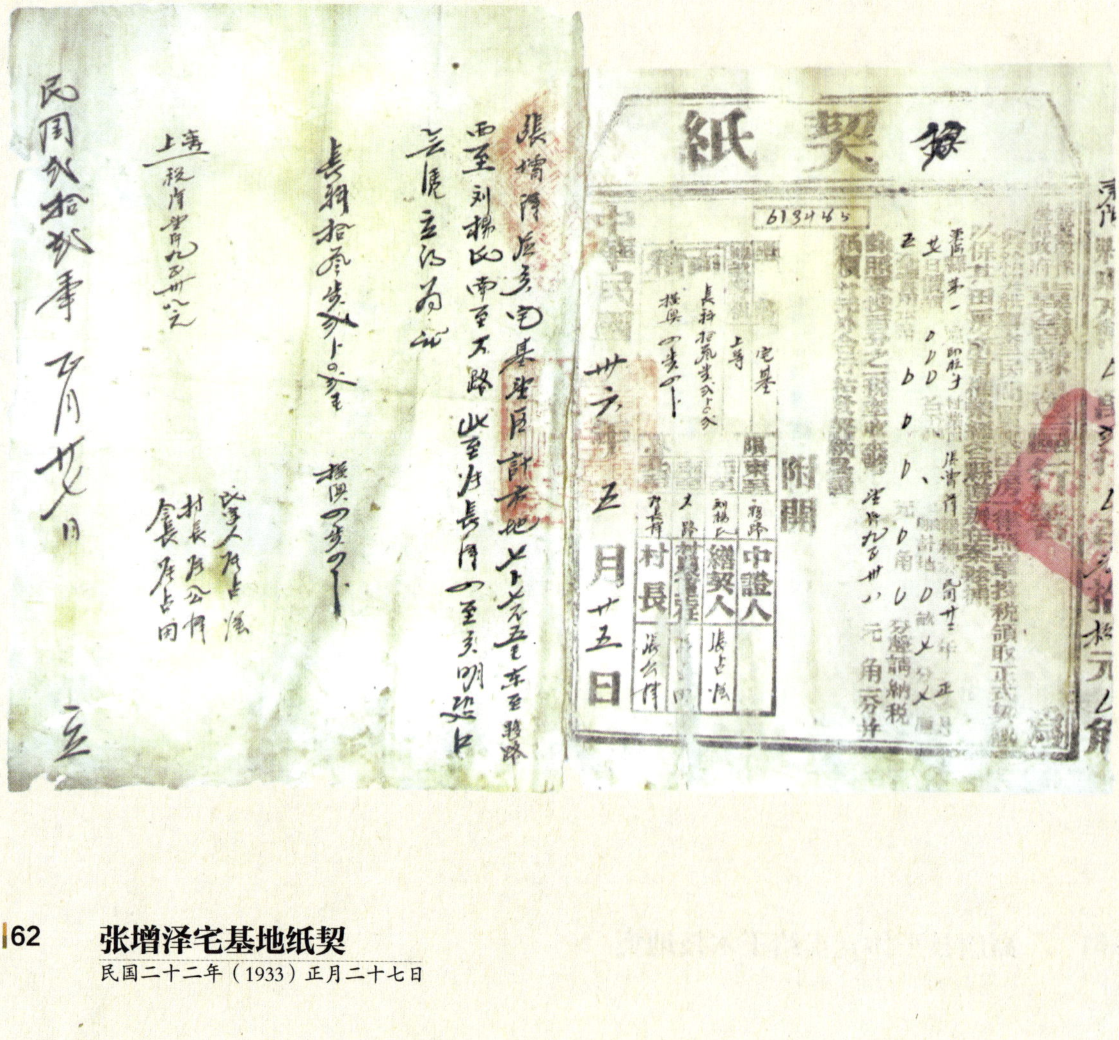

62 张增泽宅基地纸契

民国二十二年（1933）正月二十七日

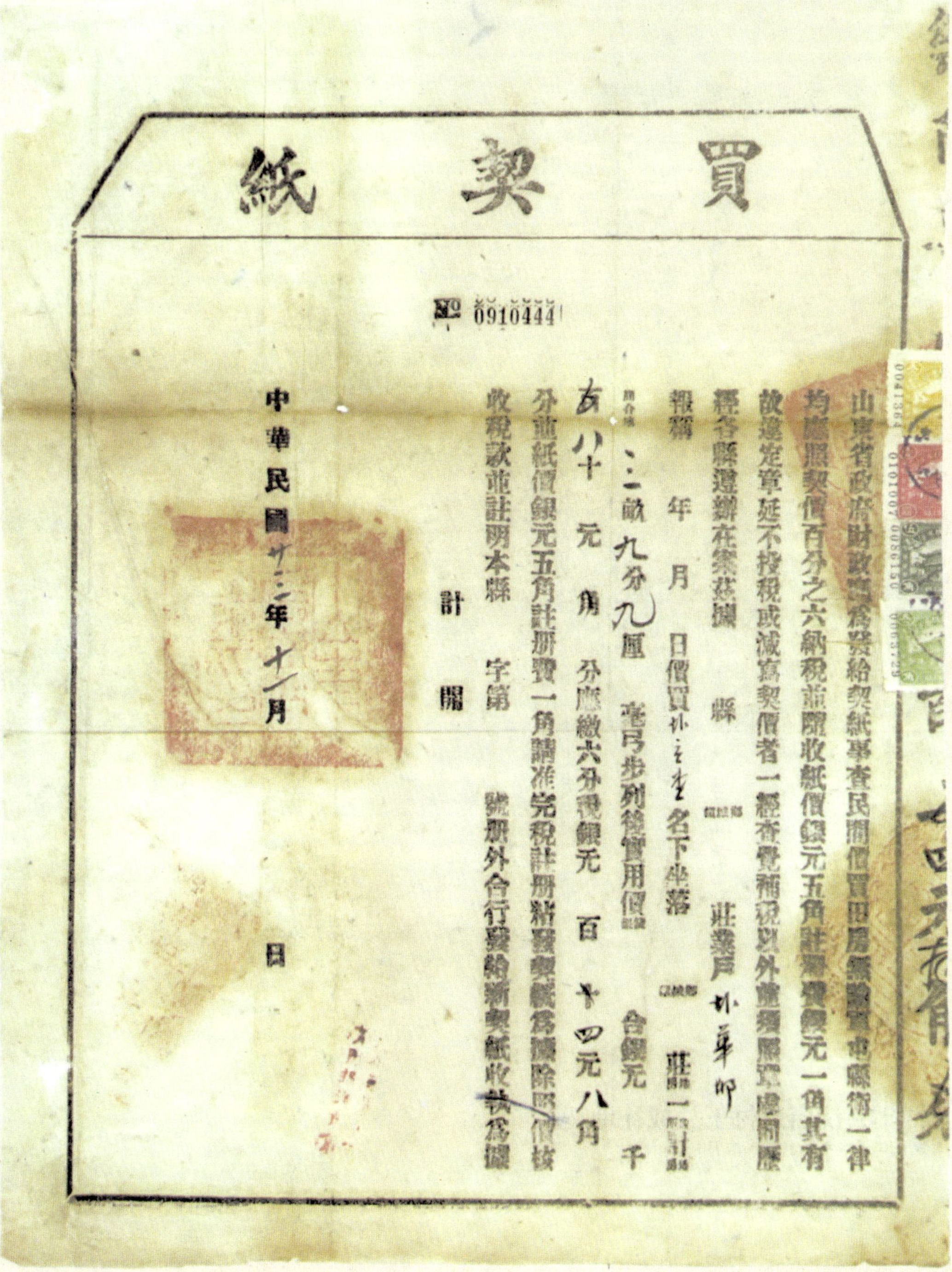

買契紙

0910444

山東省政府財政廳為發給契紙事查民間價買田房產業應由縣衙一律
均應照契價百分之六納稅並隨收紙價銀元五角註冊費銀元一角其有
故違定章延不投稅或減寫契價者一經查覺補稅以外並須照章處罰歷
經各縣遵辦在案茲據　縣　鄉社　莊業戶朴華邱
報稱　年　月　日價買朴　名下坐落　區鎮鄉　莊一段計
二畝九分九厘　毫弓步列後實用價　合銀元　千
百八十　元　角　分應繳六分稅銀元　百十四元八角
分並紙價銀元五角註冊費一角請准完稅註冊給發契紙為據除照價核
收稅款並註明本縣　字第　號冊外合行發給新契紙收執為據
計開

中華民國廿三年十一月　日

63　山东省政府财政厅发给的韩华邱买地契

民国二十三年（1934）十一月

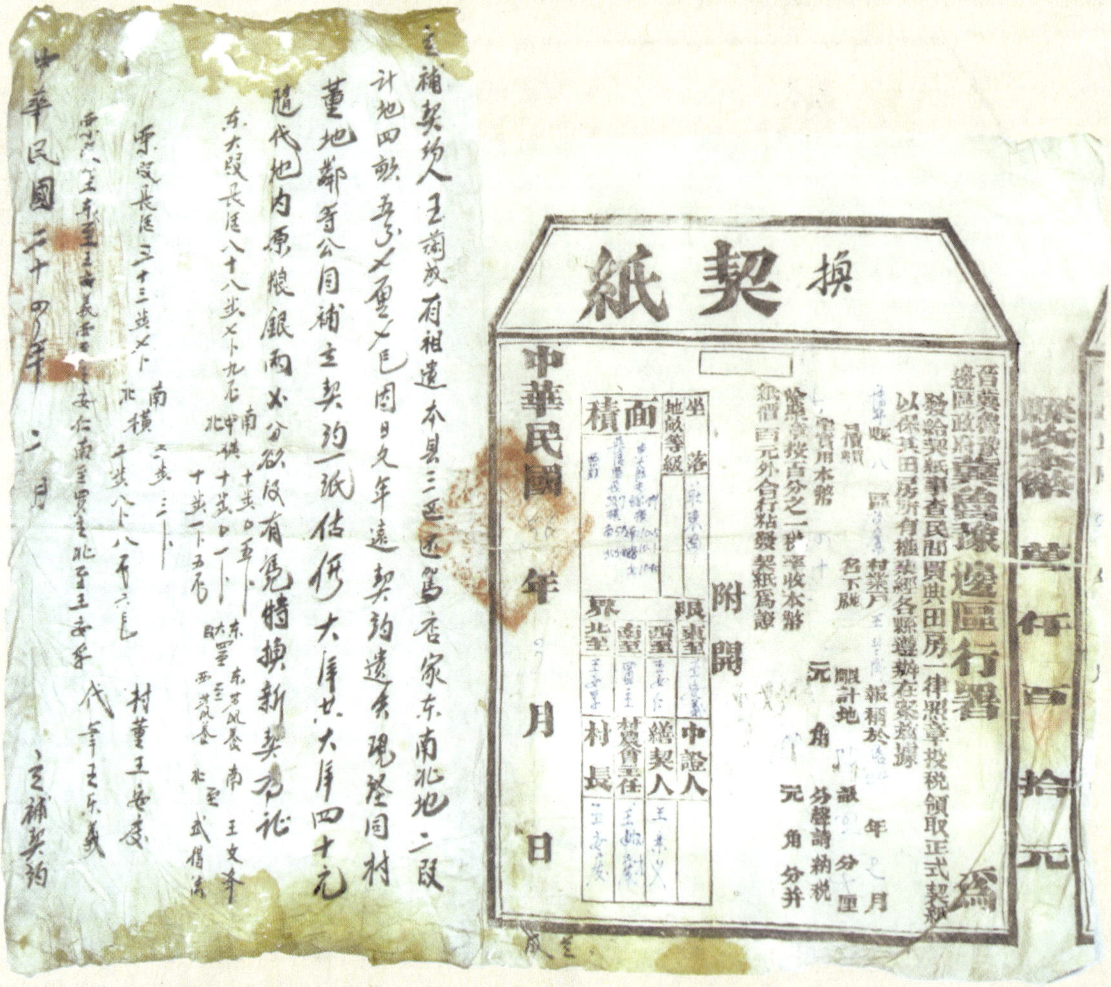

64 **博平县汶店东村王兰成补地契**

民国二十四年（1935）二月

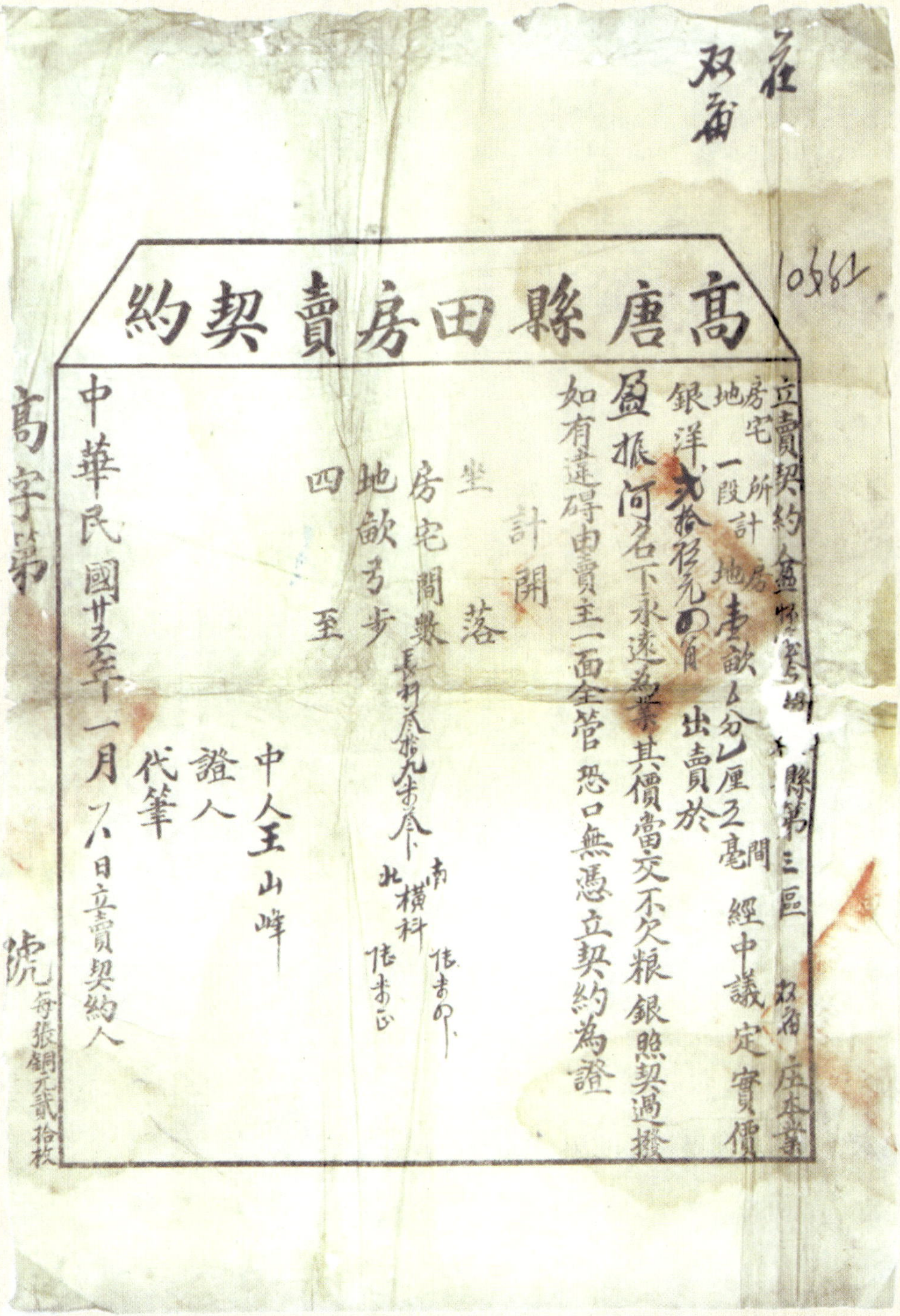

65 高唐县双庙村盈怀宝卖给盈振河地契

民国二十五年（1936）一月八日

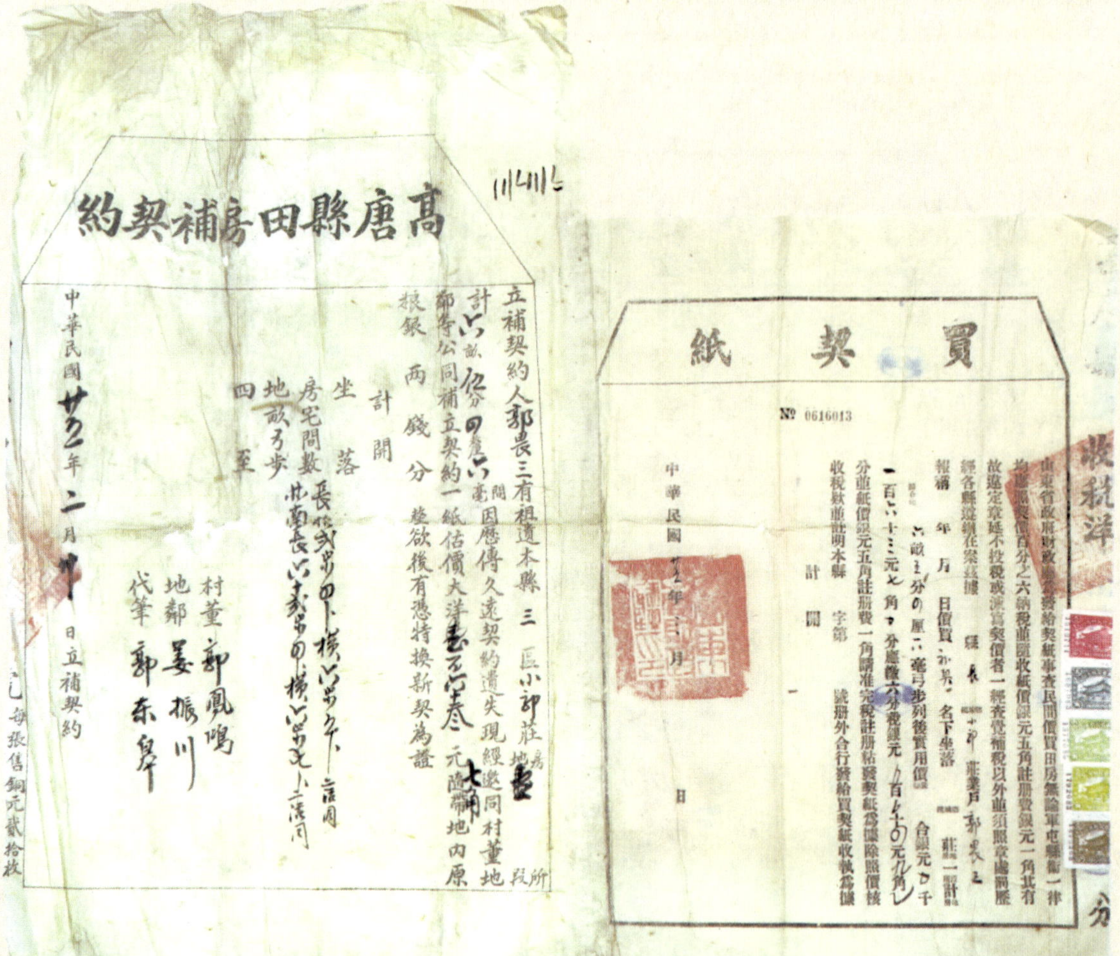

66 高唐县小郭庄郭畏三补地契

民国二十五年（1936）二月二十日

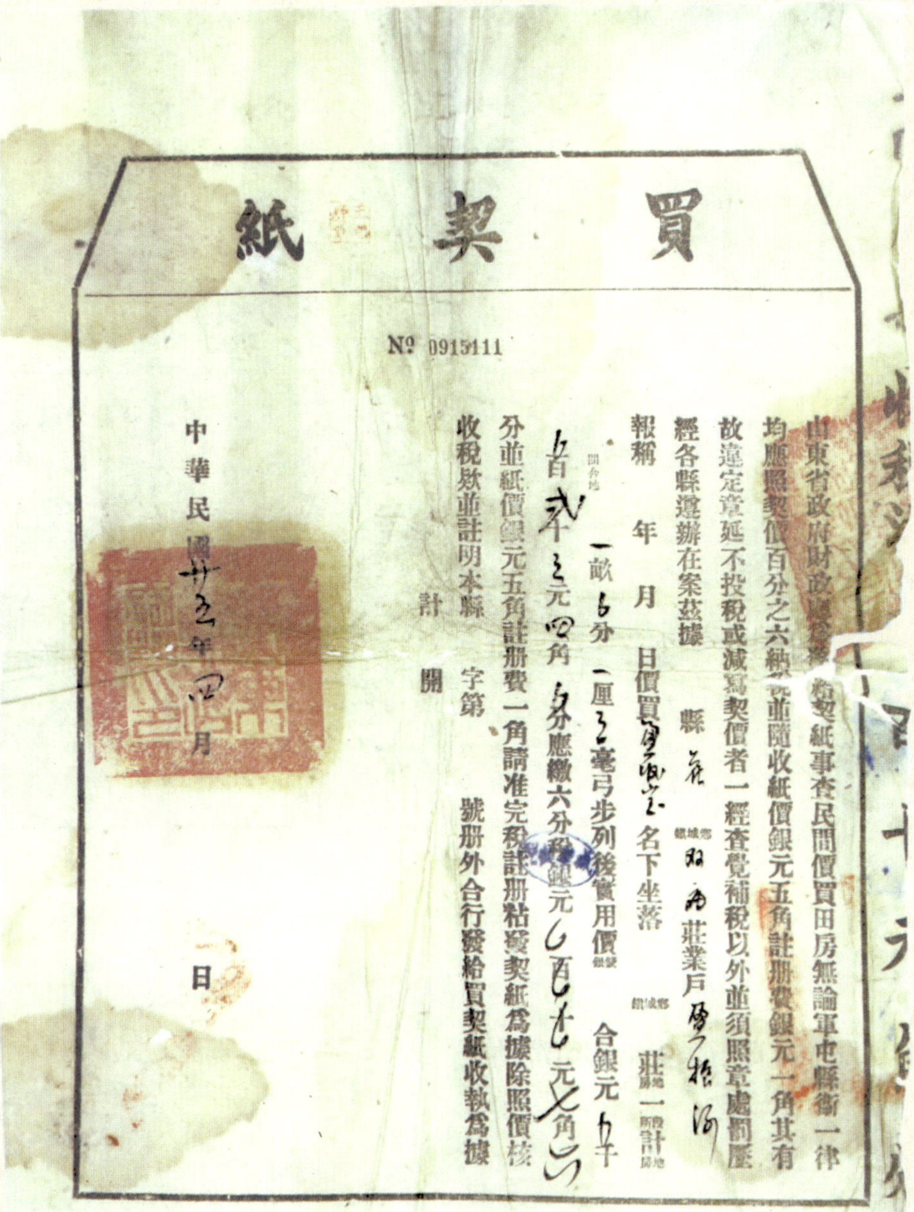
買契紙

№ 0915111

山東省政府財政廳為發給買契紙事查民間價買田房無論軍屯縣衛一律均應照契價百分之六納稅並隨收紙價銀元五角註冊費銀元一角其有故違定章延不投稅或減寫契價者一經查覺補稅以外並須照章處罰歷經各縣遵辦在案茲據　　縣　莊　雙廟莊業戶盈振河報稱　年　月　日價買盈懷寶名下坐落　　莊一　計

一畝6分一厘3毫弓步列後實用價　　合銀元

應繳六分稅銀元　　元　角　分並紙價銀元五角註冊費一角請准完稅註冊粘發契紙為據除照價核收稅款並註明本縣　字第　號册外合行發給買契紙收執為據

計開

中華民國廿五年四月　日

67 高唐县双庙村盈振河买盈怀宝地契

民国二十五年（1936）四月

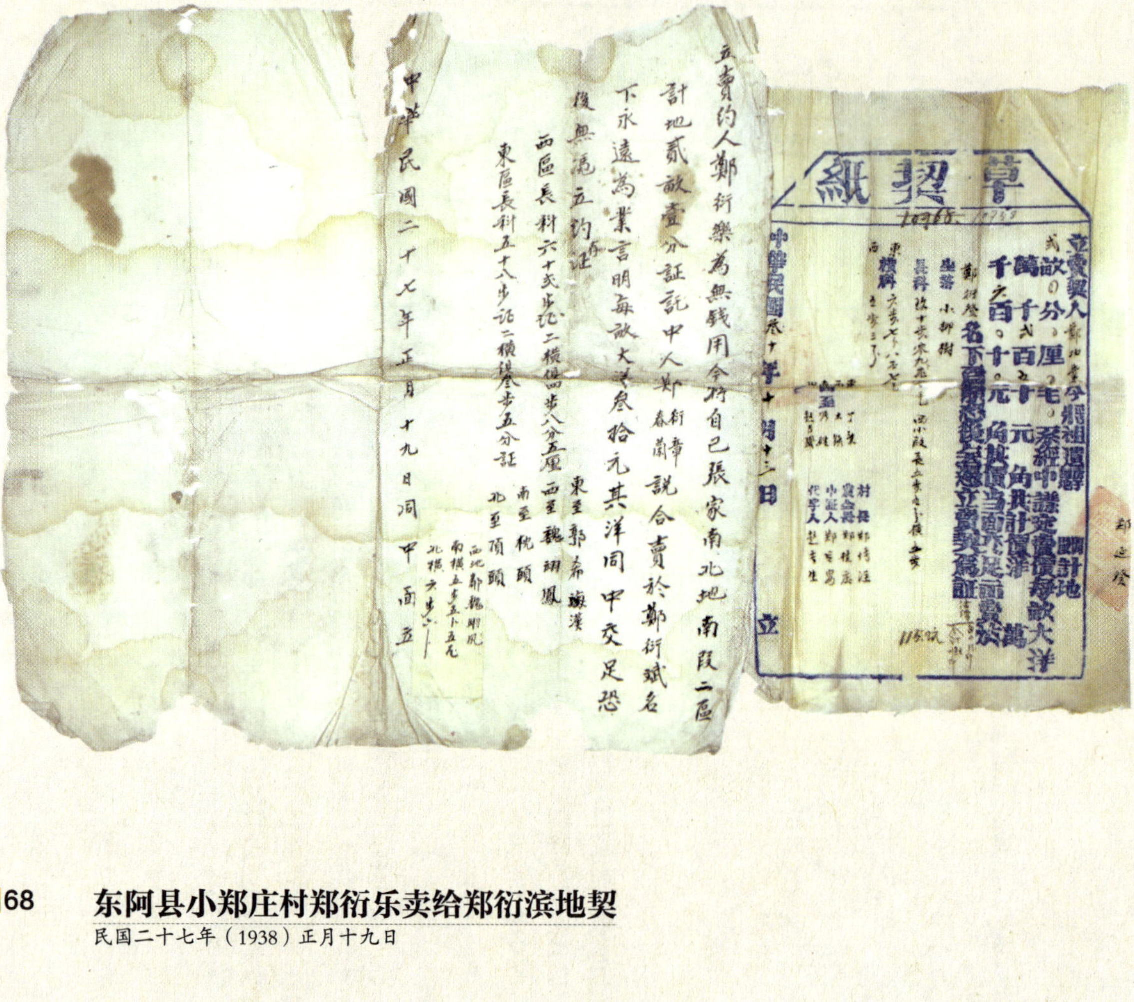

68 **东阿县小郑庄村郑衍乐卖给郑衍滨地契**

民国二十七年（1938）正月十九日

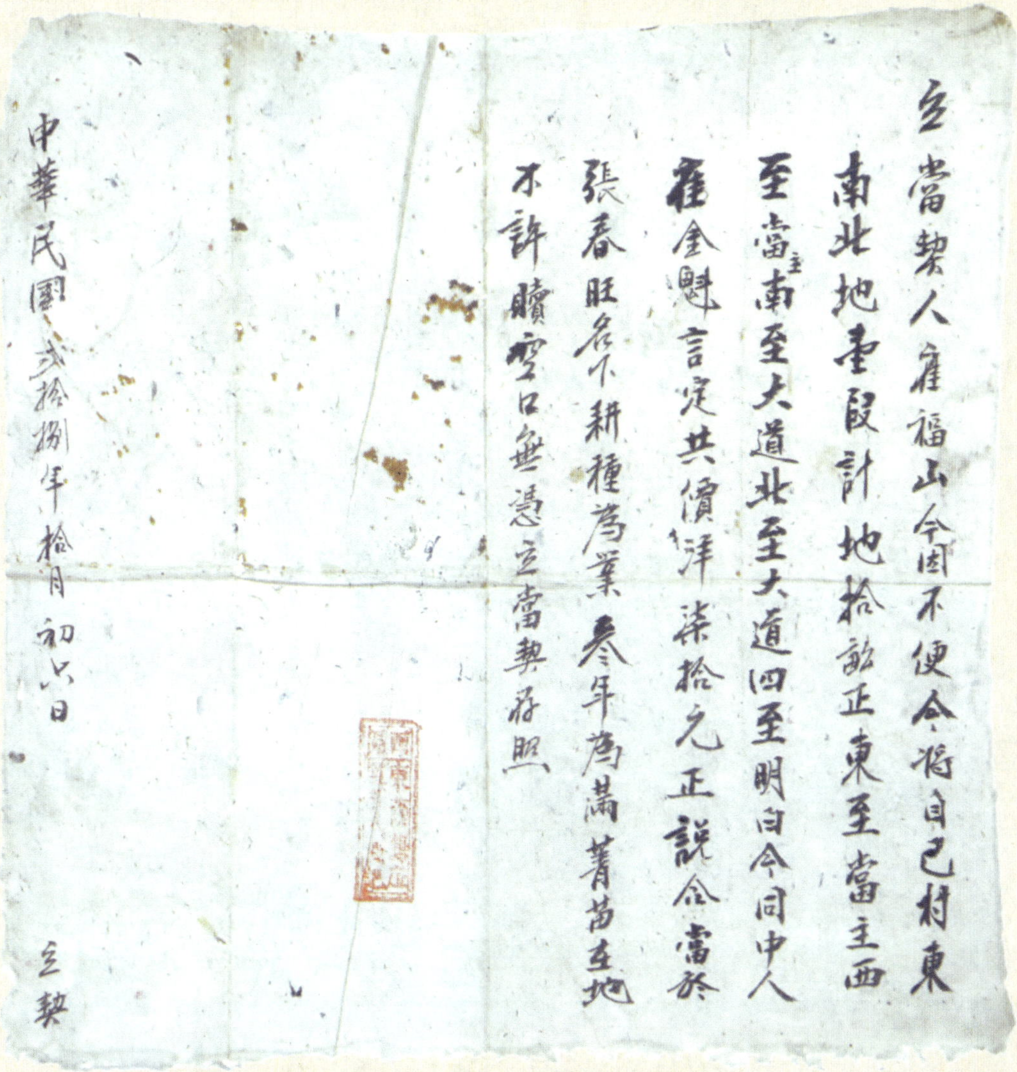
立當契人崔福山今因不便今將自己村東
南北地壹段計地拾畝正東至當主西
至當主南至大道北至大道四至明白今同中人
崔金財言定共價洋柒拾元正說合當於
張春旺名下耕種為業叁年為滿青苗在地
不許贖當口無憑立當契存照
中華民國貳拾捌年拾月初六日
立契

69 **崔福山当给张春旺地契**

民国二十八年（1939）十月初六日

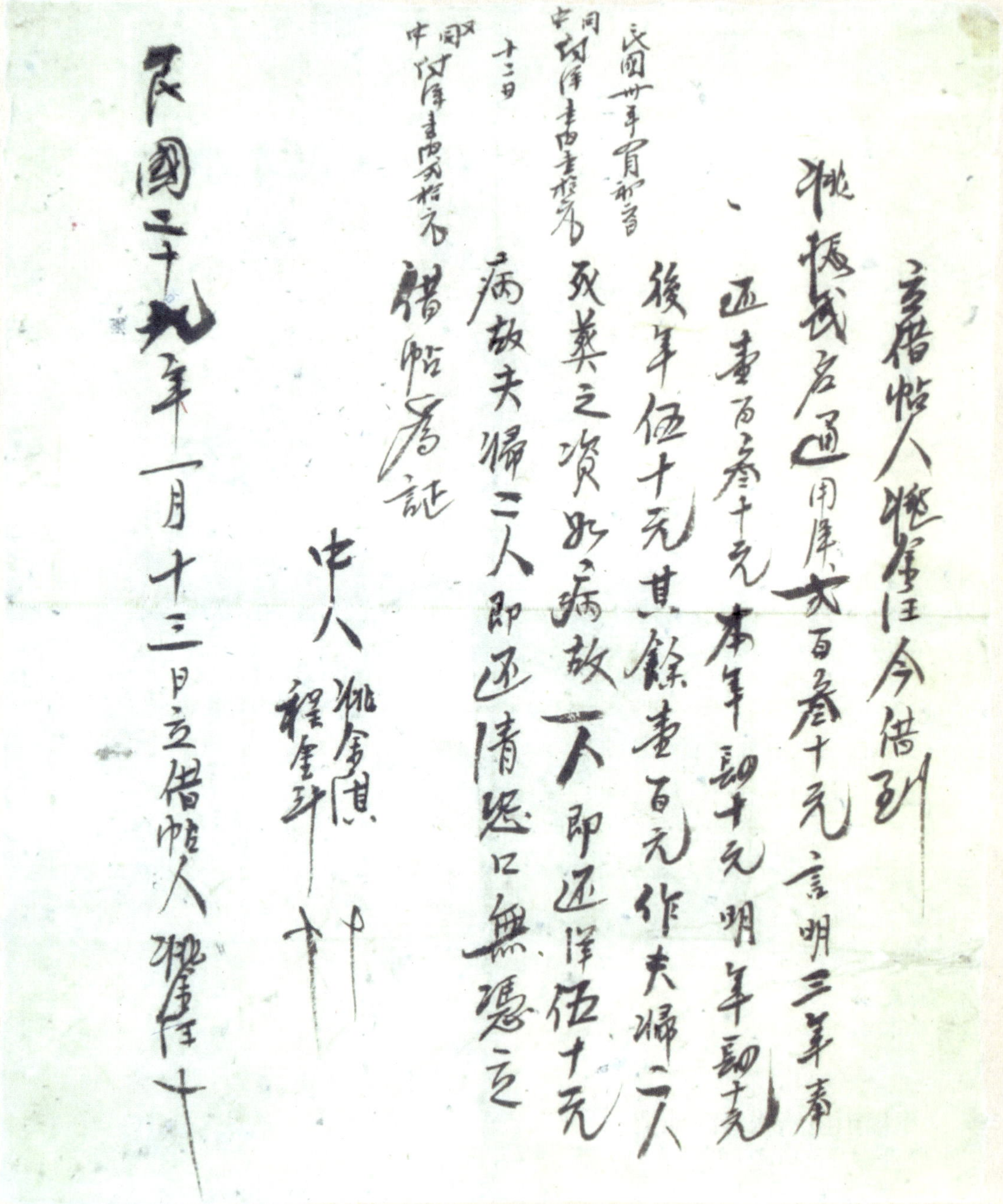

立借帖人姚金汪今借到
姚振武名下通用洋贰百叁十元 言明三年奉
还壹百叁十元 本年贰十元 明年贰十元
後年伍十元 其餘壹百元作夫婦二人
殁葬之資 如病故一人 即還洋伍十元
病故夫婦二人即還清 恐口無憑立
借帖為證
中人 姚金湛 十
程金升 十
民國二十九年一月十三日立借帖人姚金汪 十

民國卅年一月初四日
同中付洋壹佰壹拾元
十二日
同中付洋壹佰伍拾元

70 姚金汪借姚振武二百三十元借帖

民国二十九年（1940）一月十三日

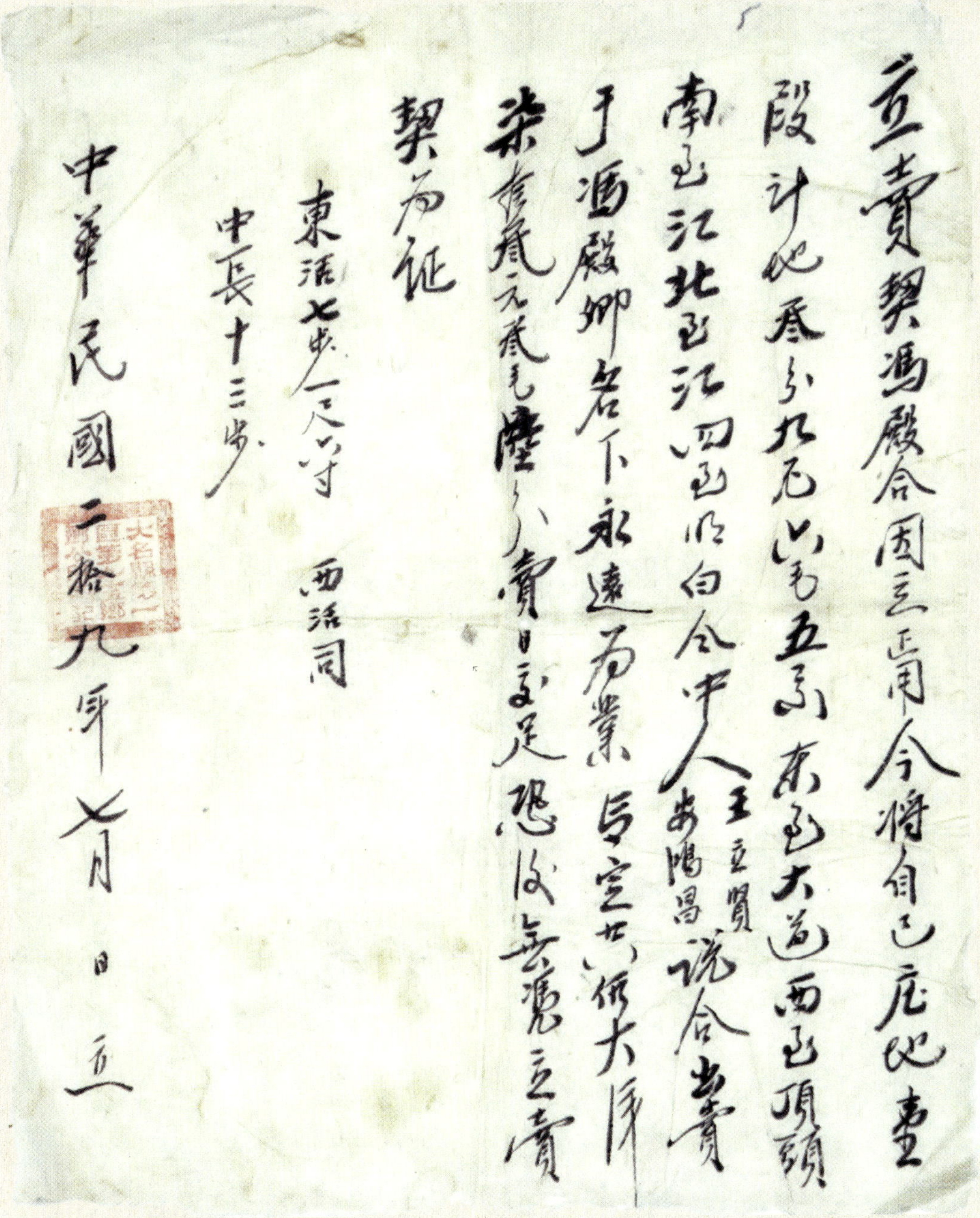

立賣契馮殿合因乏正用今將自己莊地壹段計地叁分九厘六毛五系東至大道西至頂頭南至江北至江四至明白今中人王立賢安鳴昌說合出賣于馮殿卿名下永遠爲業言定共价大洋柒拾叁元叁毛整其當日交足恐後無憑立賣契爲證

東活七步一尺八寸　西活同

中長十三步

中華民國二拾九年七月　日　立

71　**河北省大名县第一区第九十五乡冯殿合卖给冯殿卿地契**

民国二十九年（1940）七月

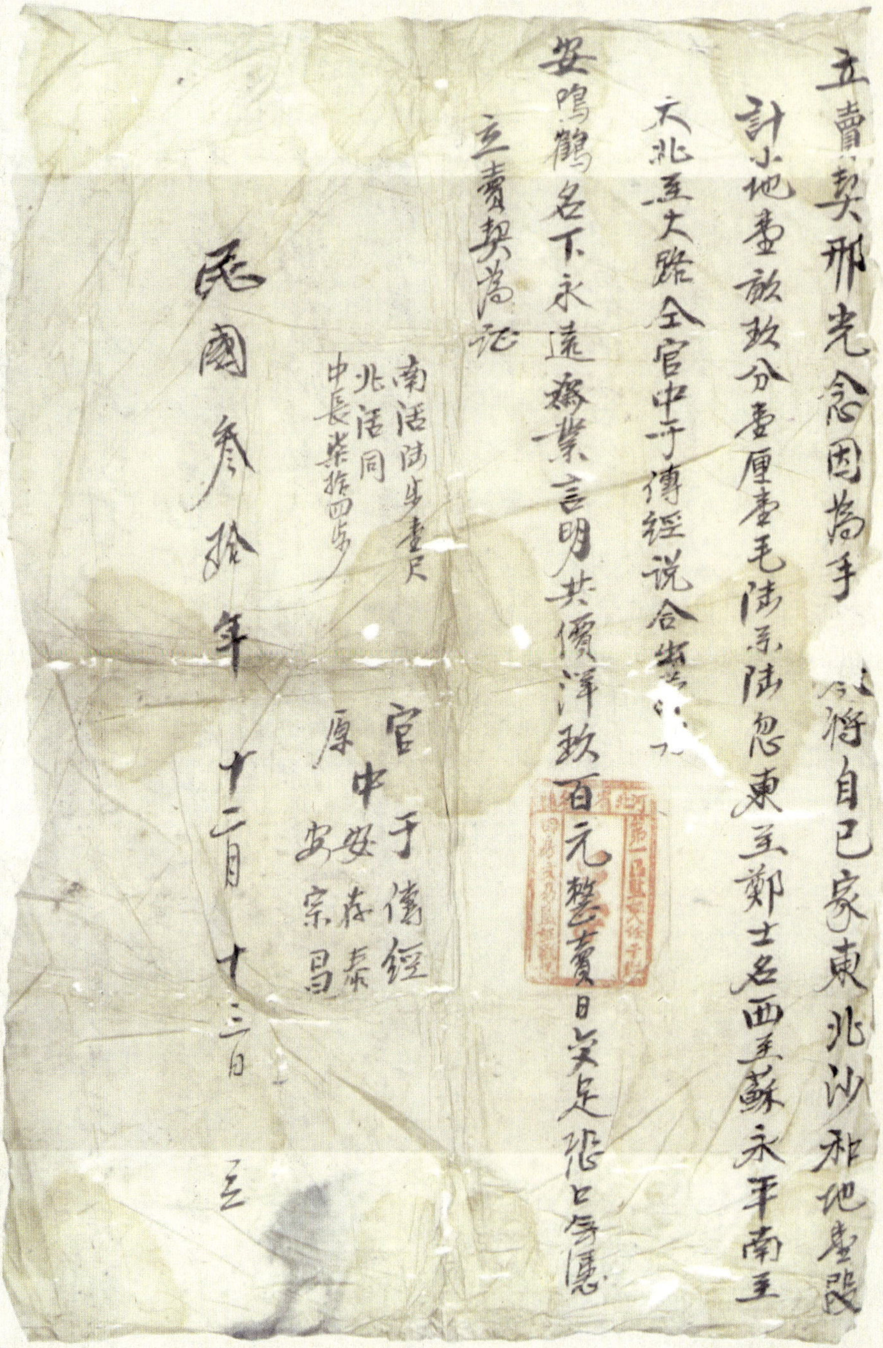

72 **河北省大名县邢光念卖给安鸣鹤地契**

民国三十年（1941）十二月十三日

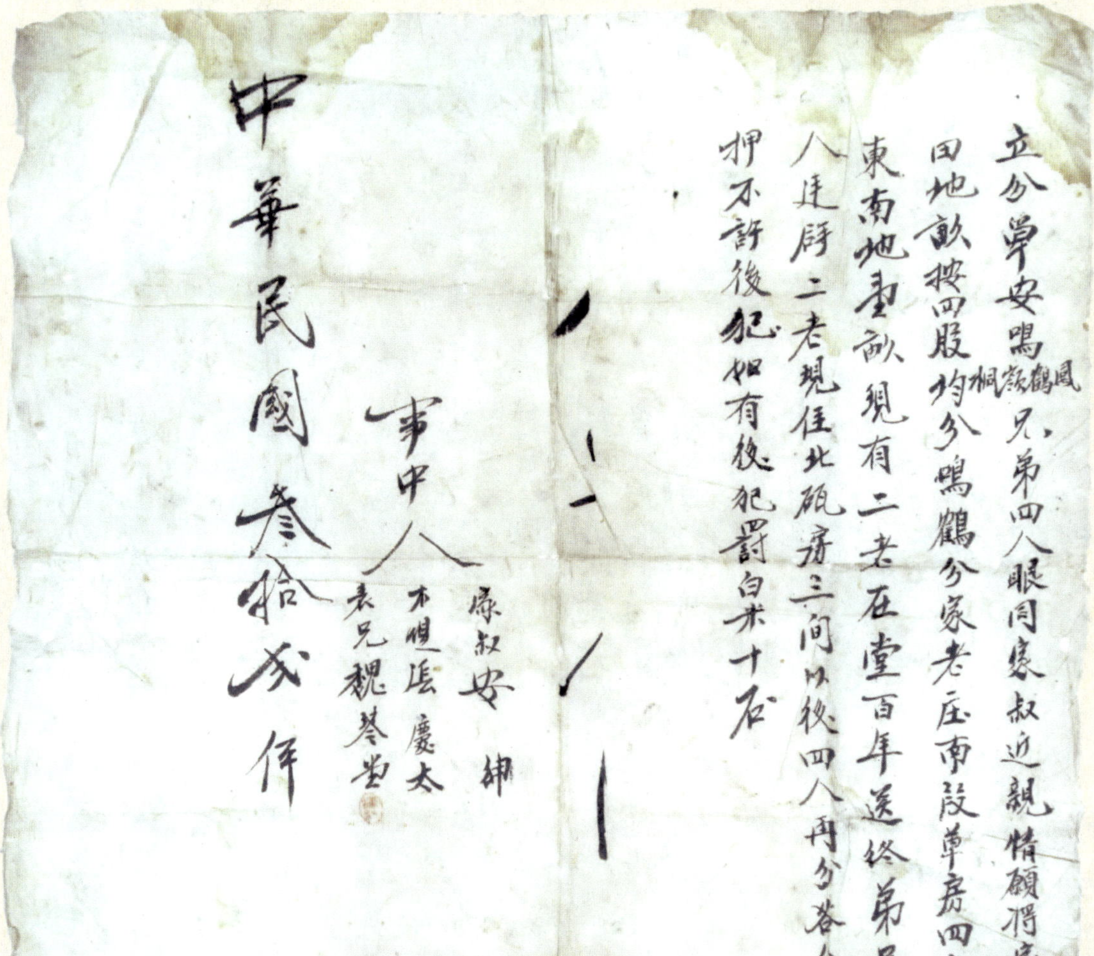

73 **安鸣凤、安鸣鹤、安鸣颜、安鸣桐兄弟分家单**

民国三十二年（1943）

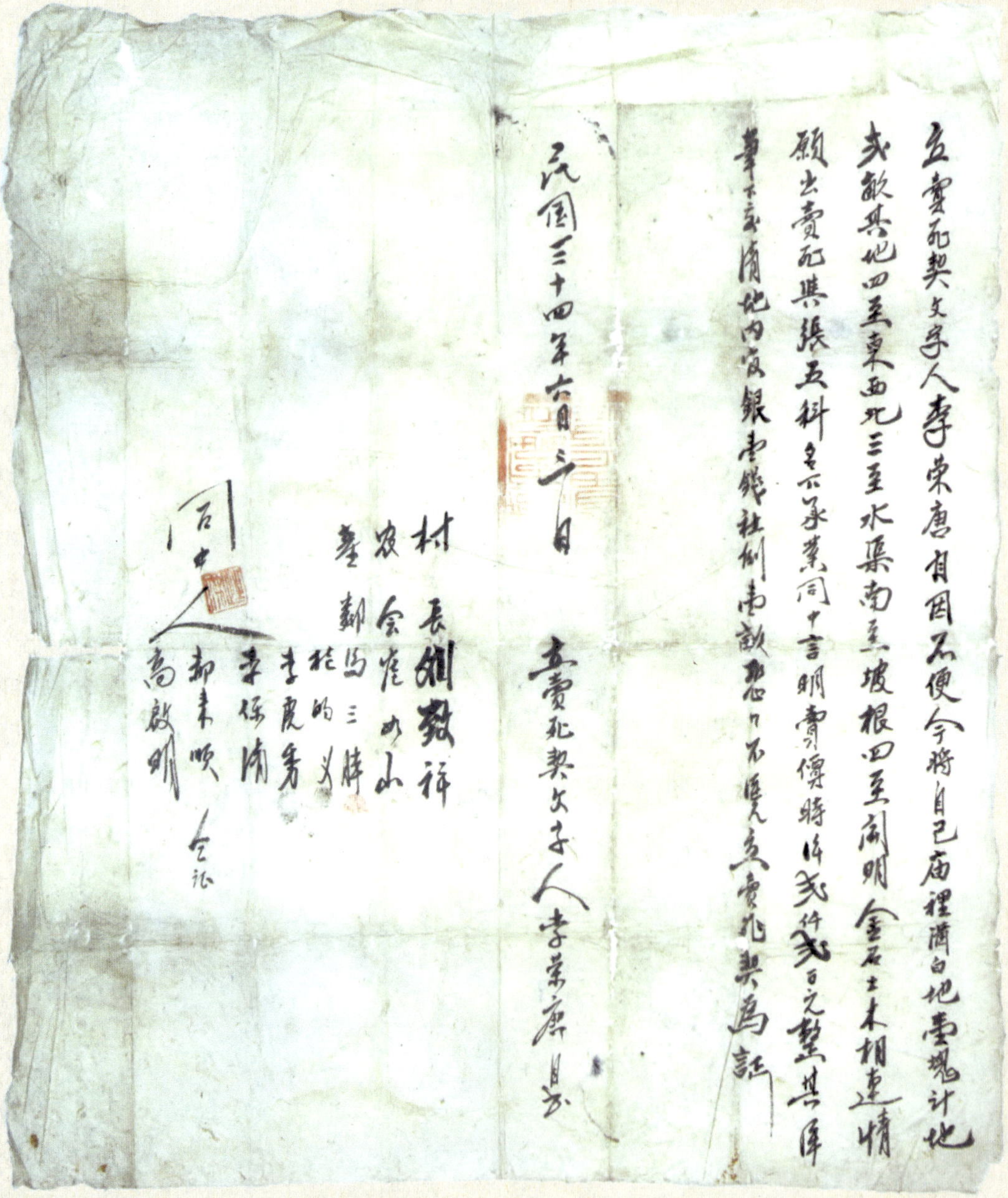

74 李荣唐卖给张五科地契

民国三十四年（1945）六月三日

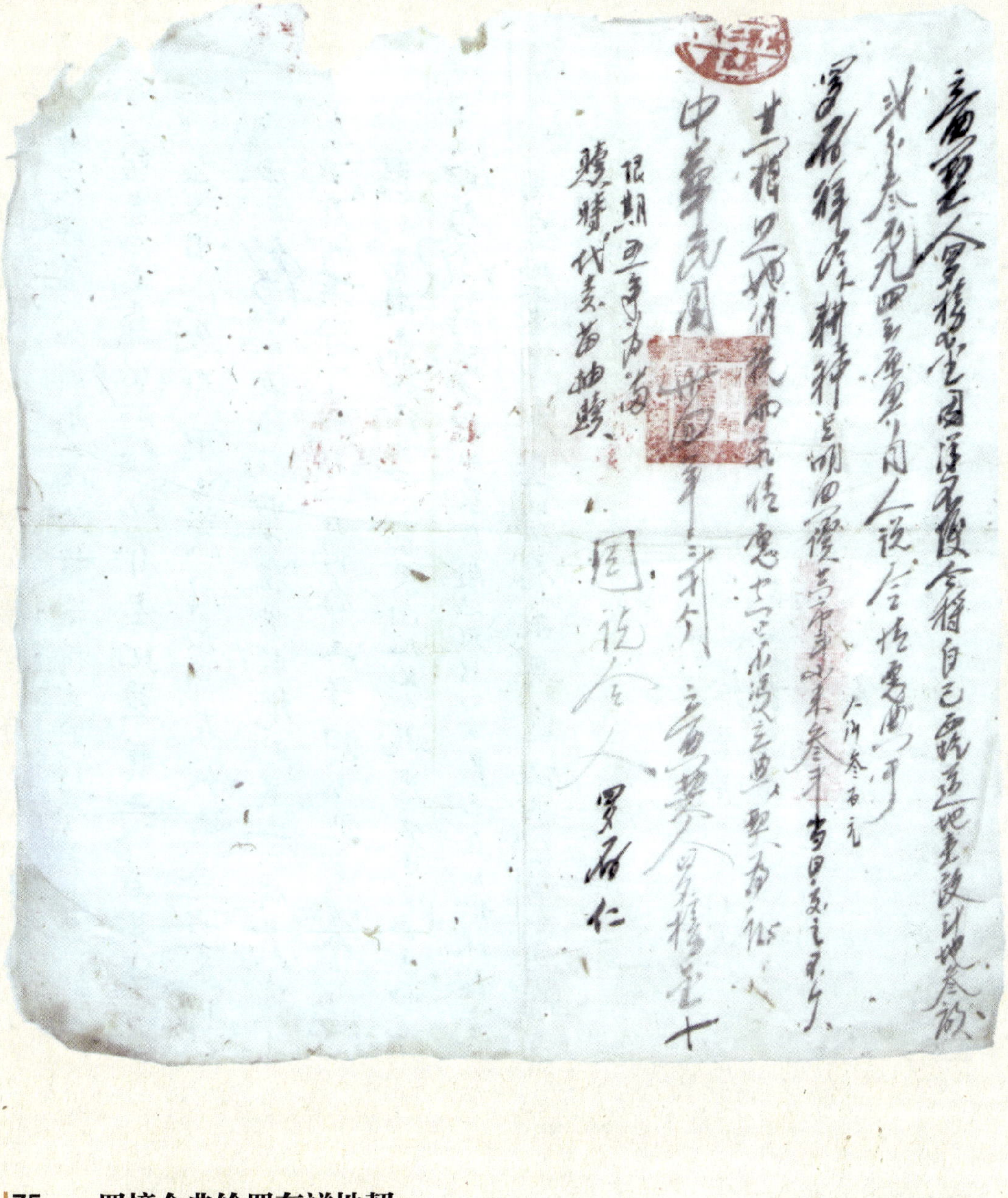

75 **罗榜金典给罗存祥地契**

民国三十四年（1945）二月

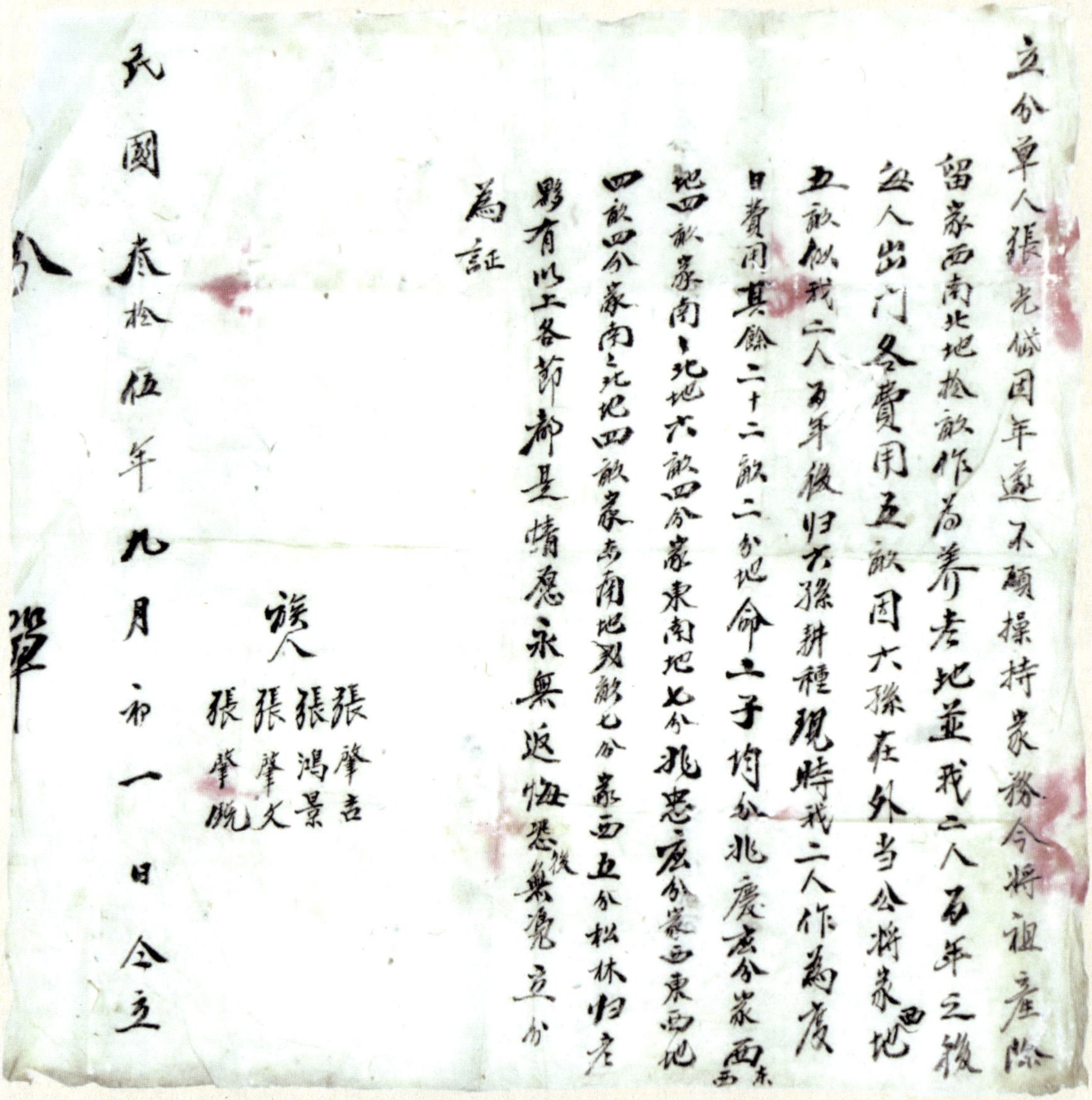
立分单人張光岱因年邁不顧操持家務今將祖產除
留家西南北地拾畝作為养老地並我二人百年之後
由人出门各費用五畝因六孫在外当公將家西地
五畝做我二人百年後归六孫耕種現時我二人作為度
日費用其餘二十二畝二分地命三子均分兆慶底分家西东西
地四畝家南々北地六畝四分家東南地七分兆忠底分家西東西地
四畝四分家南々北地四畝家东南地双餘七分家西五分松林归庄
影有以上各節都是情愿永無返悔恐後無凴立分
為証
族人
張馨吉
張鴻景
張馨文
張馨腕
民國叁拾伍年九月初一日仝立
分單

76 **张光岱分家单**

民国三十五年（1946）九月初一日

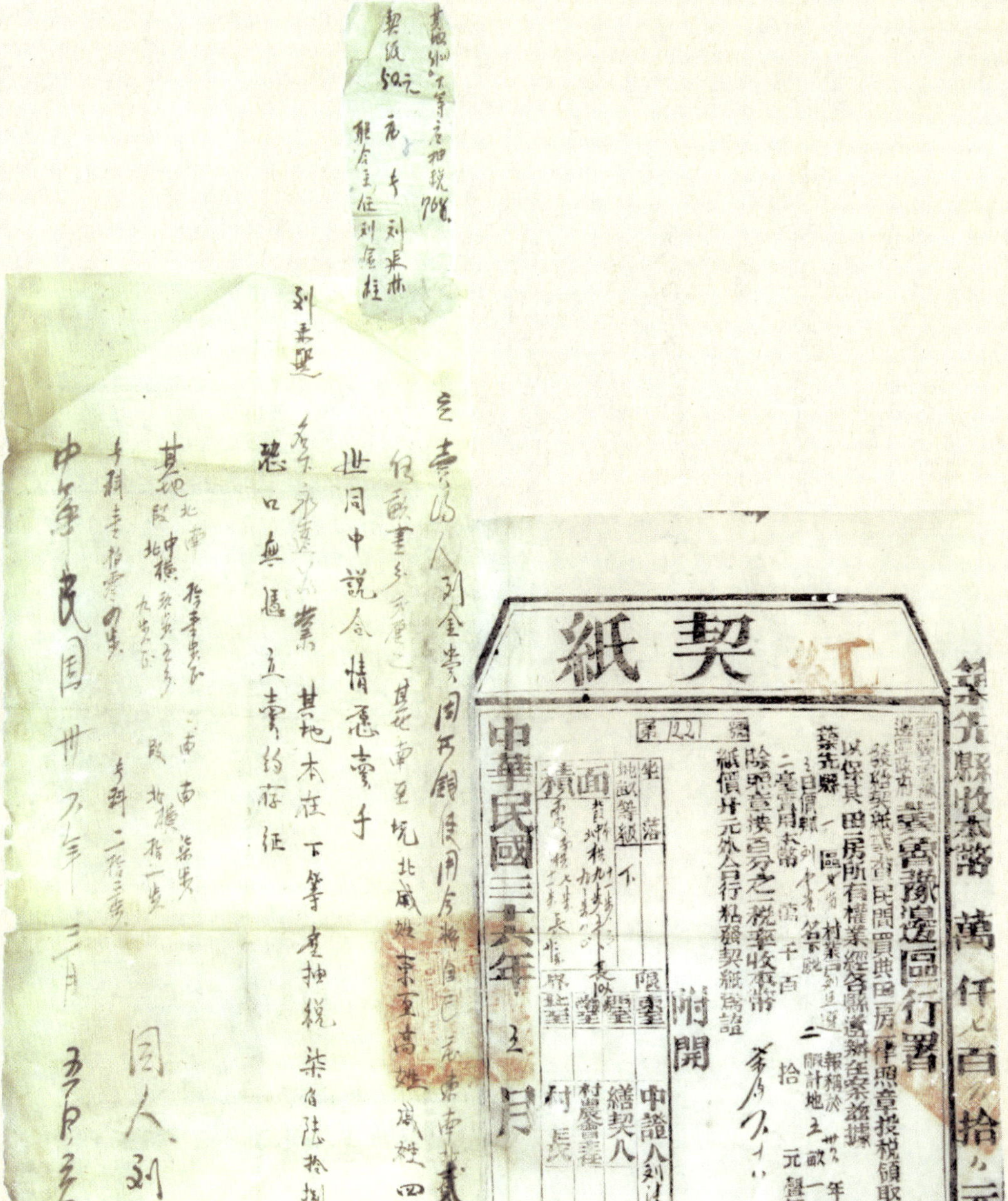

77 解放区政府筑先县第一区弋岗村刘金贵卖于刘廷选地契

民国三十六年（1947）三月五日

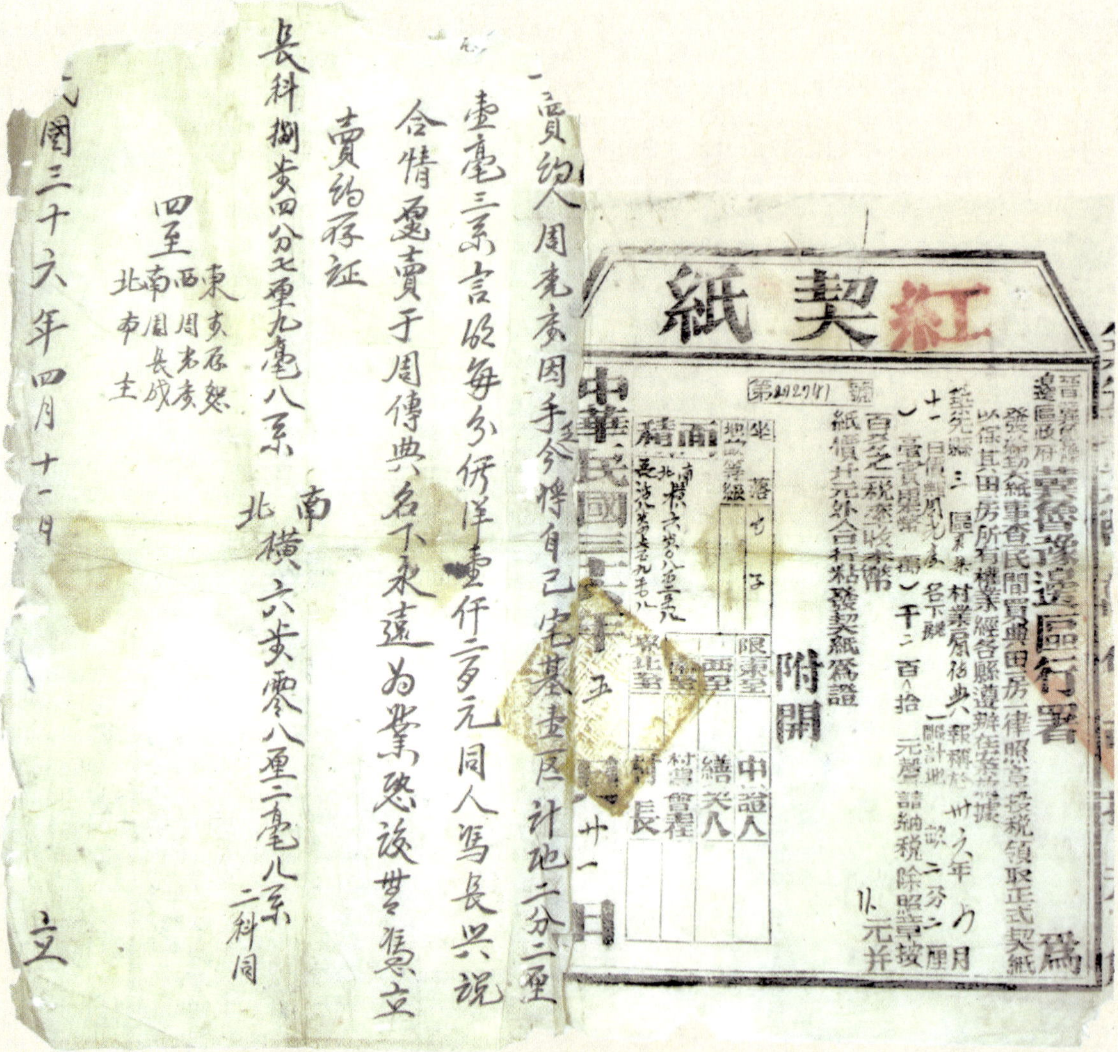

78 筑先县第三区东集村周光庆卖给周传典地契

民国三十六年（1947）四月十一日

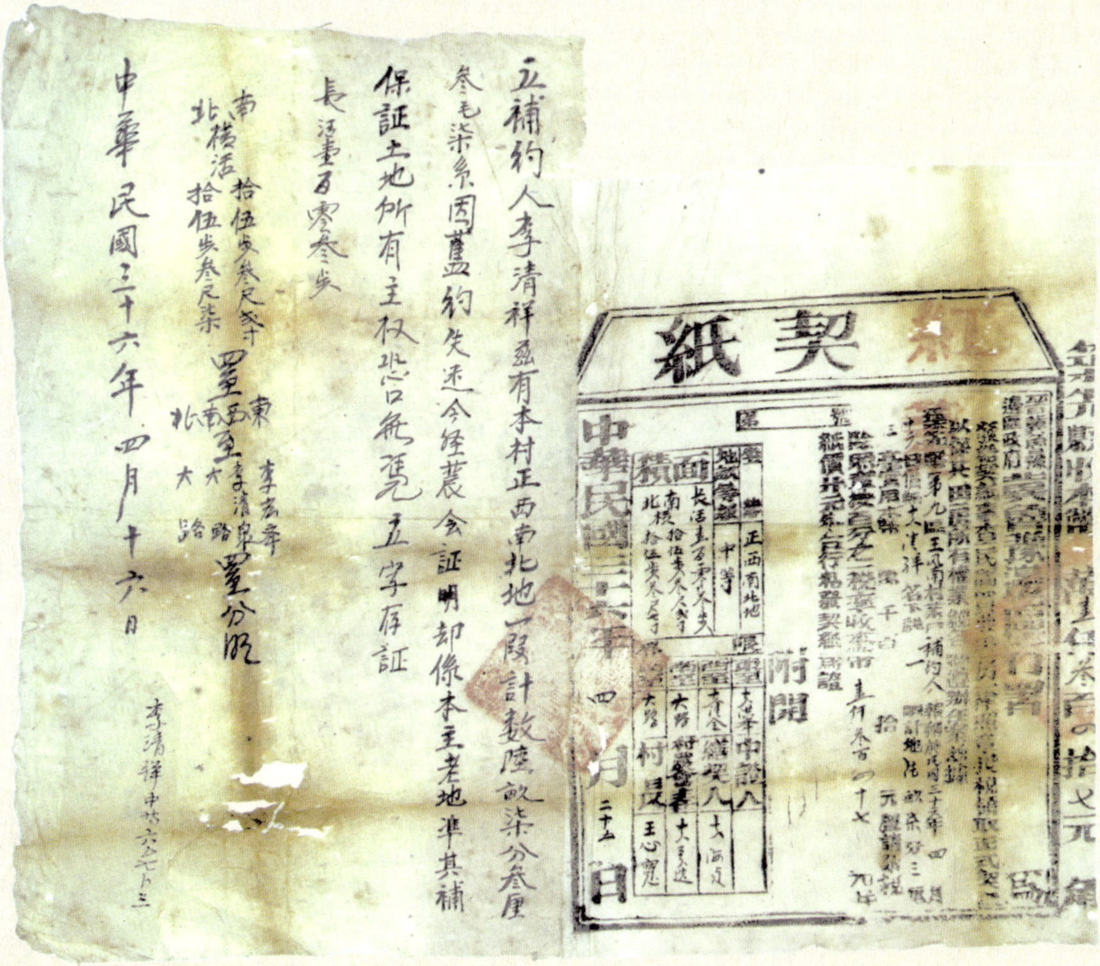

79 **筑先县第九区王凤南村李清祥卖地补契**

民国三十六年（1947）四月十六日

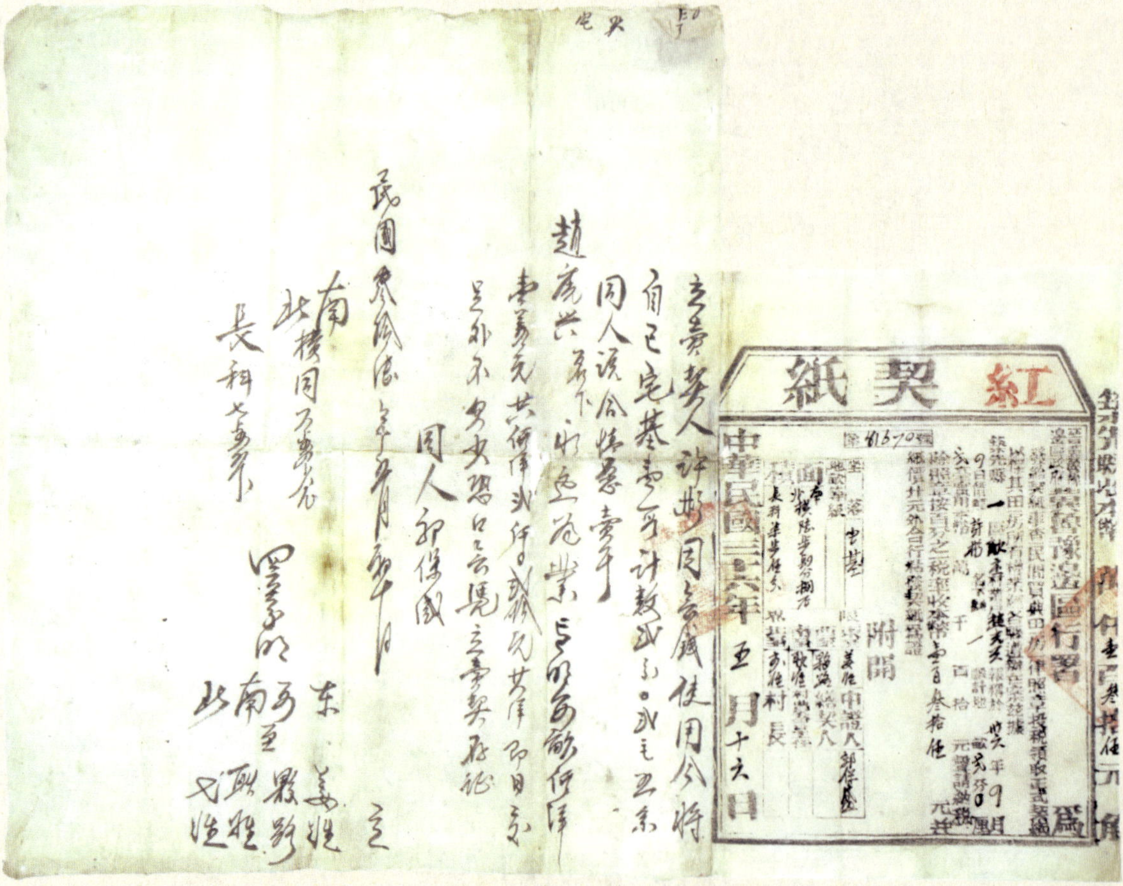

80 **筑先县第一区耿庄村许彬卖给赵光兴地契**

民国三十六年（1947）五月十六日

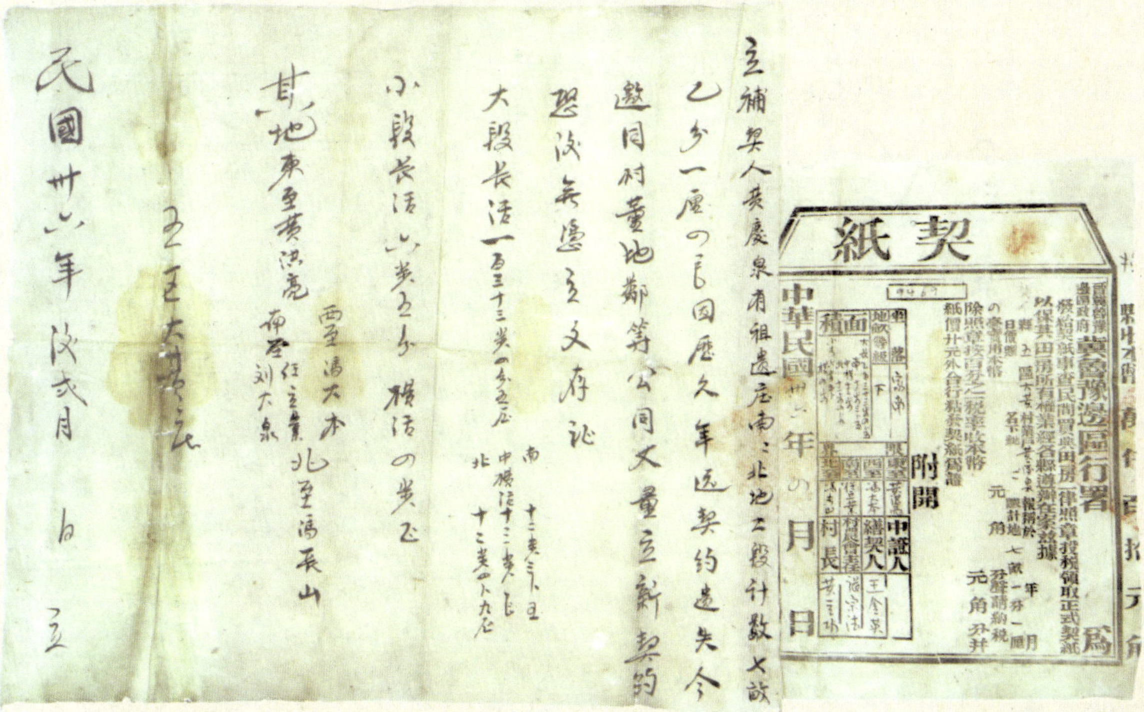

81 **博平县第五区大黄村黄庆泉立补契**

民国三十六年（1947）四月

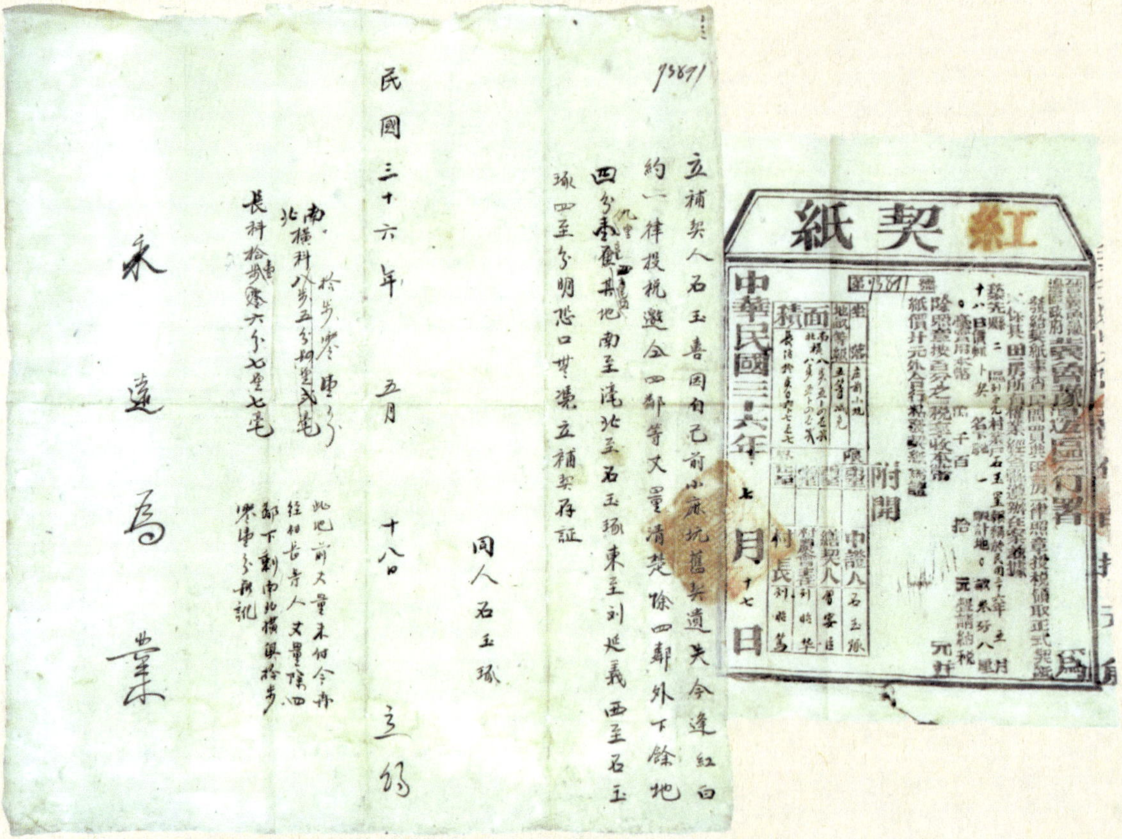

82 **筑先县第二区刘子元村石玉喜立补契**

民国三十六年（1947）五月十八日

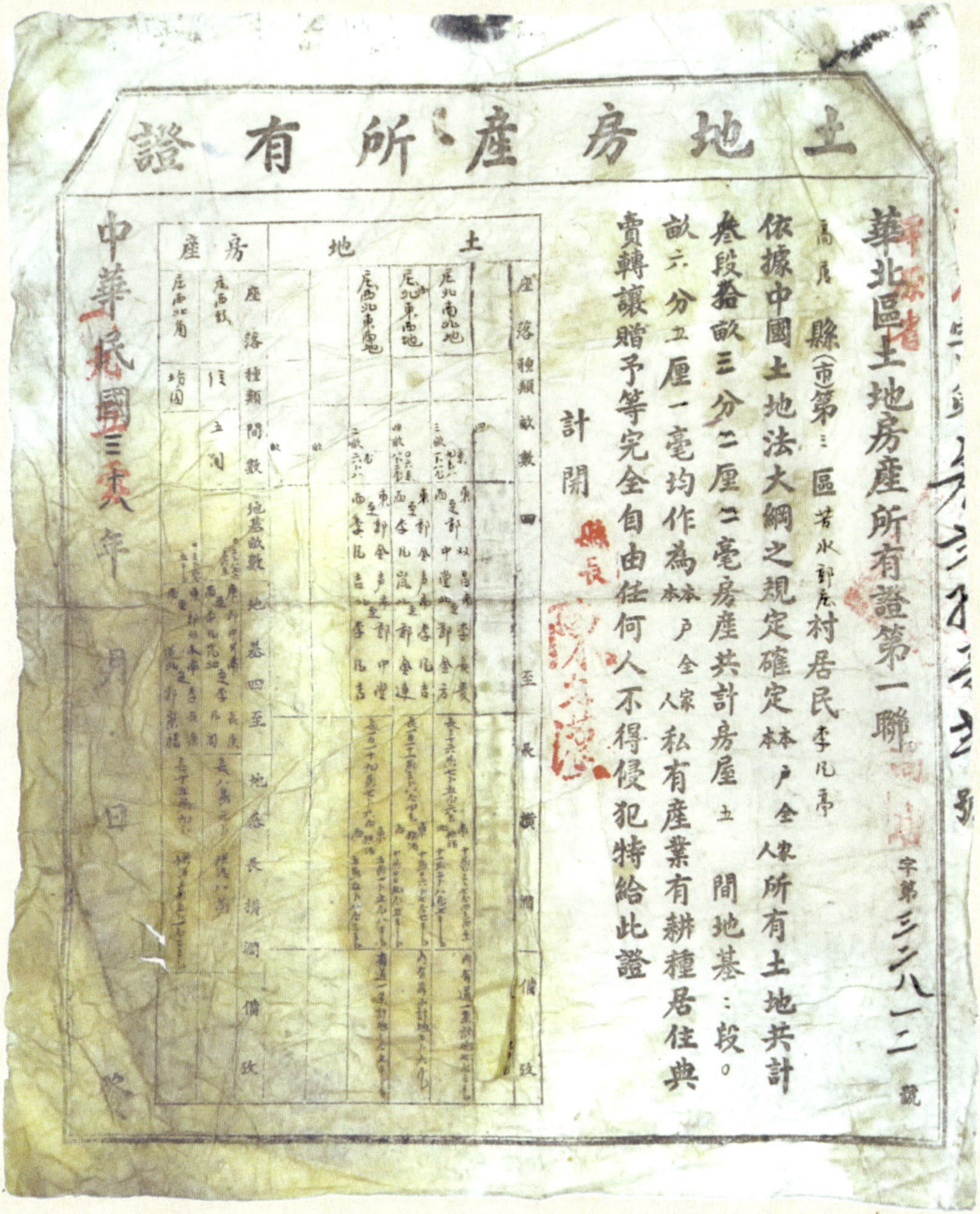

83 高唐县第三区苦水郭庄李凡亭土地房产所有证

民国三十八年（1949）

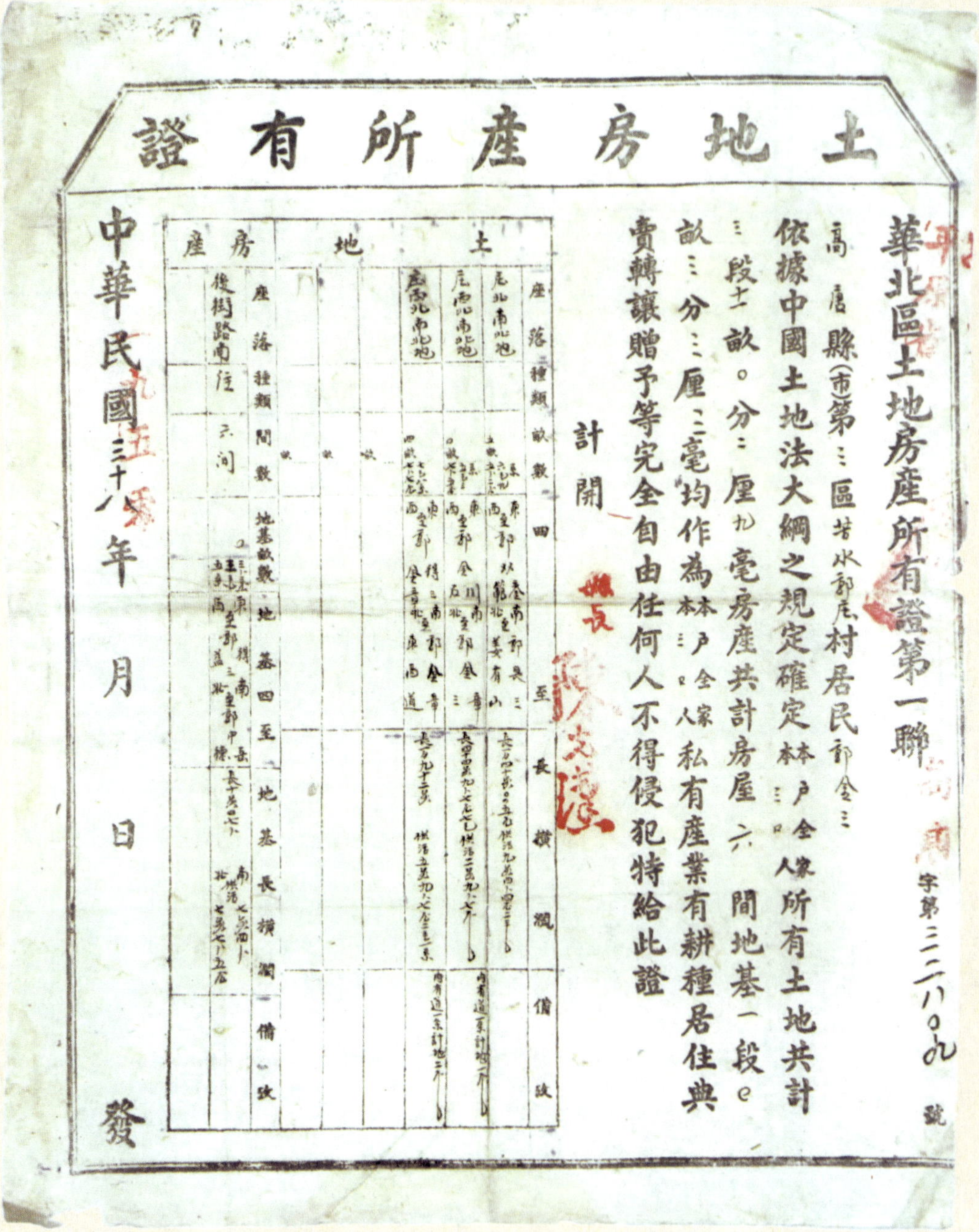
土地房產所有證

華北區土地房產所有證第一聯

高唐縣(市)第三區苦水郭庄村居民郭金三

依據中國土地法大綱之規定確定本戶全家三口人所有土地共計

三段十一畝〇分二厘九毫房產共計房屋六間地基一段〇

畝三分三厘二毫均作為本戶全家三口人私有產業有耕種居住典

賣轉讓贈予等完全自由任何人不得侵犯特給此證

計開

縣長

字第三二八〇九號

中華民國三十八年　月　日發

84　高唐县第三区苦水郭庄郭金三土地房产所有证

民国三十八年（1949）

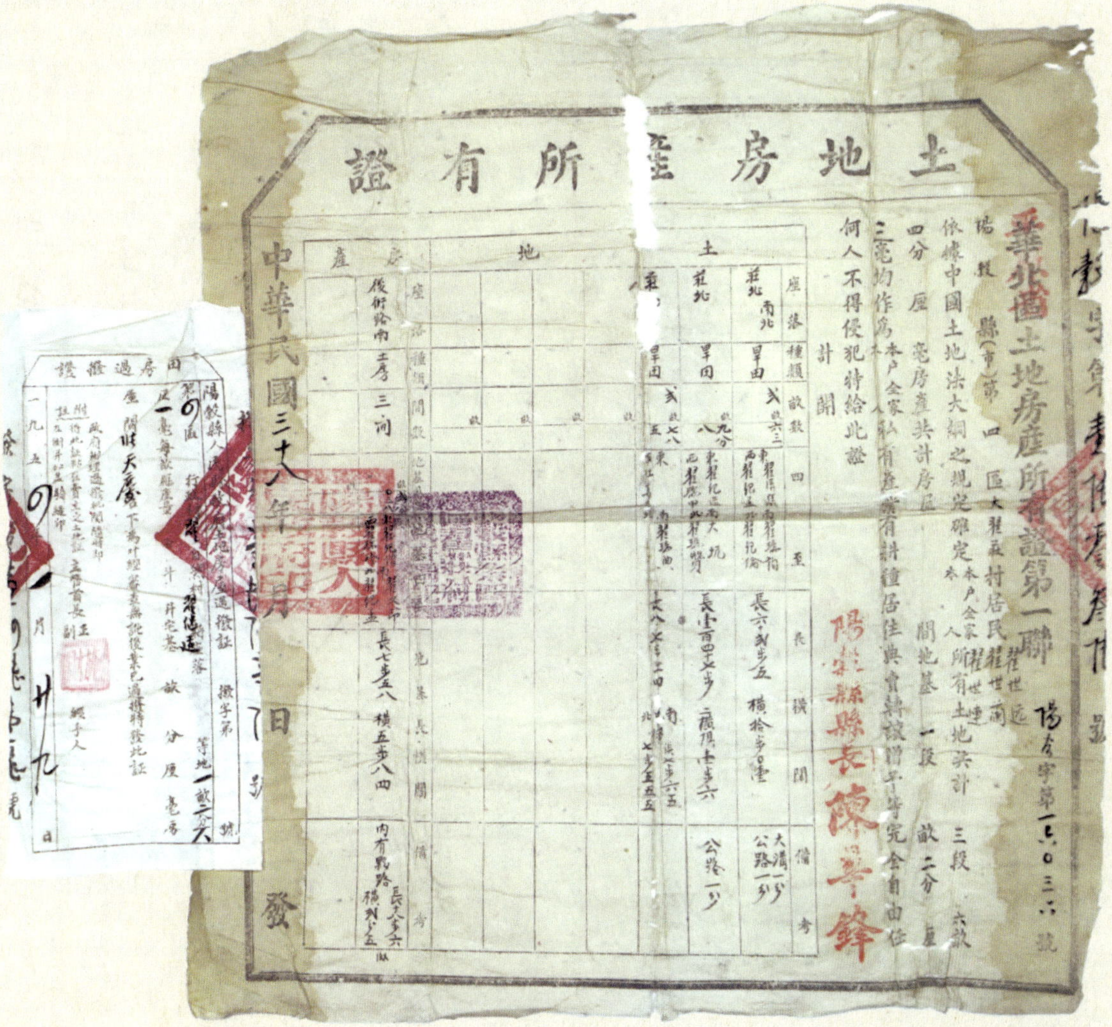

85 阳谷县第四区大翟庄翟世元、翟世兰、翟世连土地房产所有证

民国三十八年（1949）

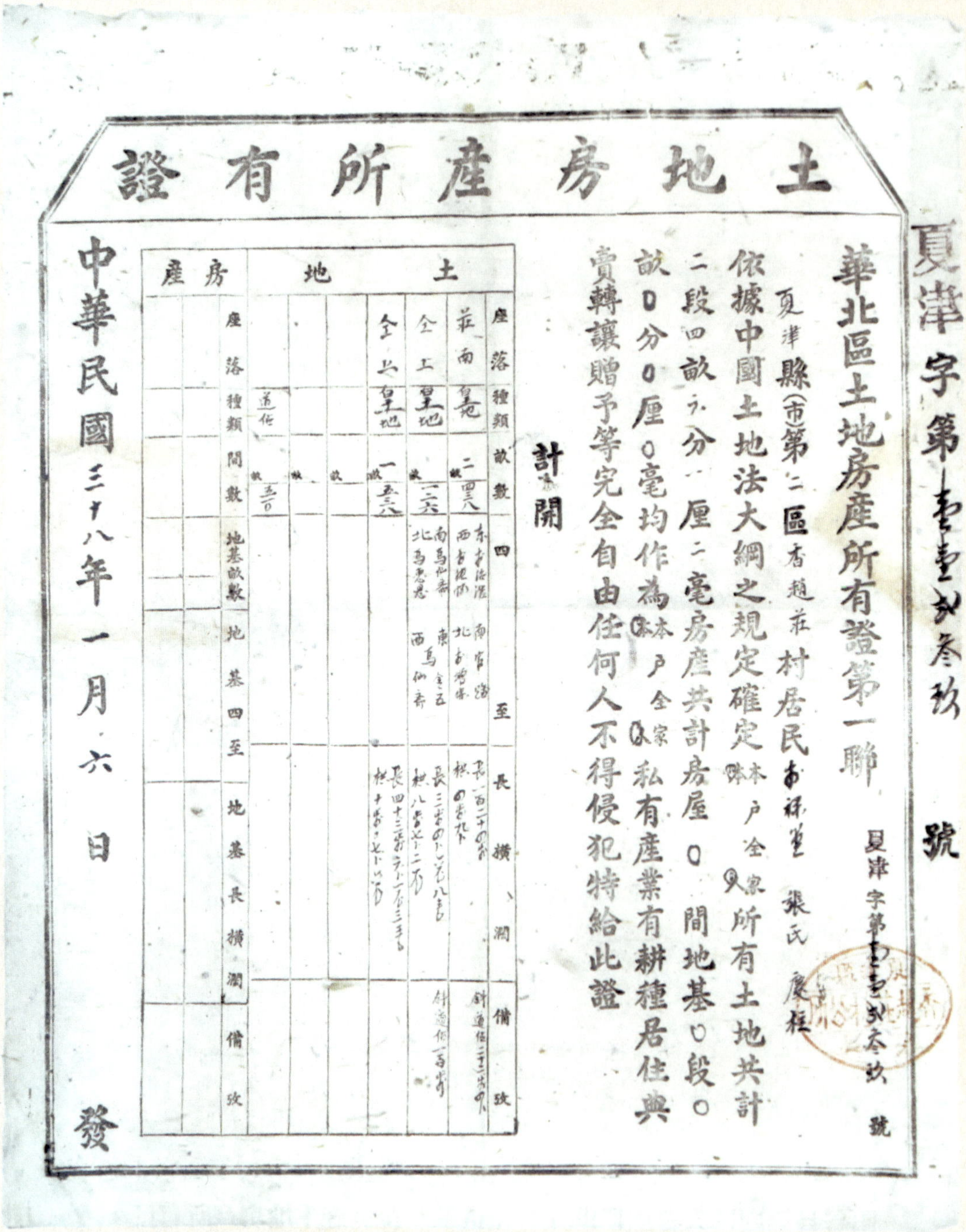

土地房產所有證

夏津字第[illegible]號

華北區土地房產所有證第一聯

夏津縣(市)第二區香趙莊村居民李祿星 張氏 慶柱

依據中國土地法大綱之規定確定本戶全家所有土地共計二段四畝六分一厘二毫房產共計房屋〇間地基〇段〇畝〇分〇厘〇毫均作為本戶全家私有產業有耕種居住典賣轉讓贈予等完全自由任何人不得侵犯特給此證

計開

	坐落	種類	畝數	四至	長橫闊	備考
土地	莊南	旱地	二畝四三八	[illegible]	[illegible]	[illegible]
土地	仝上	旱地	一二六	[illegible]	[illegible]	[illegible]
土地	仝上	旱地	一畝五三八		[illegible]	
土地						
土地						
土地		道佔	五〇			

	坐落	種類	間數	地基畝數	地基四至	地基長橫闊	備考
房產							
房產							

夏津字第[illegible]號

中華民國三十八年一月六日發

86 夏津县第二区香赵庄村李禄星、李张氏、李庆柱土地房产所有证

民国三十八年（1949）一月六日

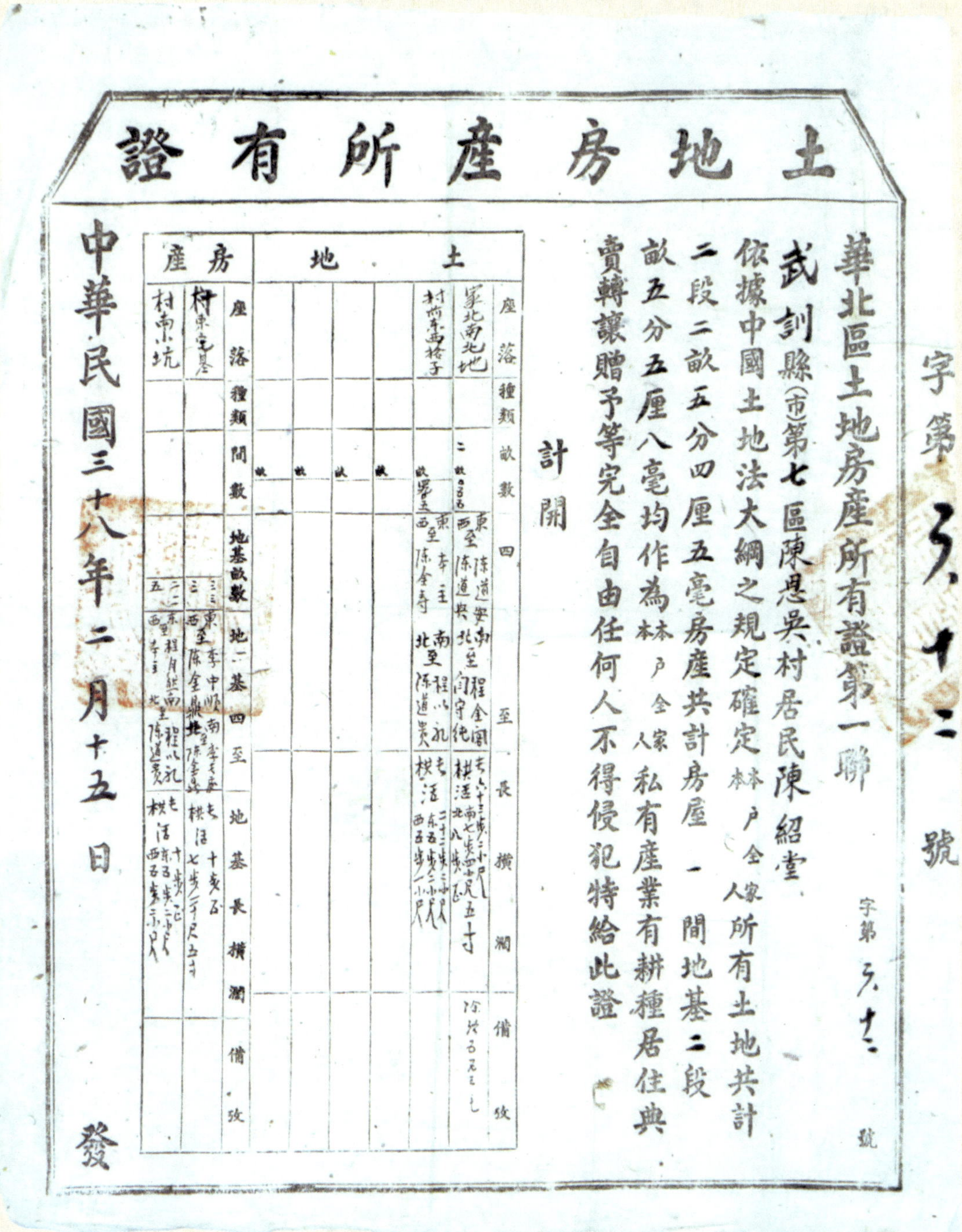

土地房產所有證

華北區土地房產所有證第一聯

字第 [illegible] 號

武訓縣(市)第七區陳思吳村居民陳紹堂

依據中國土地法大綱之規定確定本戶全家人所有土地共計

二段二畝五分四厘五毫房產共計房屋一間地基二段

畝五分五厘八毫均作為本戶全家人私有產業有耕種居住典

賣轉讓贈予等完全自由任何人不得侵犯特給此證

字第 [illegible] 號

計開

土地 座落	種類	畝數	四至	長橫濶	備攷
家北南北地		二畝[illegible]	東至陳道安 西至陳道興 南至程全閣 北至陳守純	[illegible]	[illegible]
村南東西楮子		[illegible]畝	東至李主 西至陳全寺 南至程以孔 北至陳道貴	[illegible]	
		畝			
		畝			
		畝			
		畝			

房產 座落	種類間數	地基畝數	地基四至	地基長橫濶	備攷
村東宅基		[illegible]	東至李中順 西至陳全鼎 南至李[illegible] 北至陳全[illegible]	[illegible]	
村南小坑		[illegible]	東至程月然 西至李主 北至程以孔 陳道貴	[illegible]	

中華民國三十八年二月十五日 發

87 武训县第七区陈思吴村陈绍堂土地房产所有证

民国三十八年 (1949) 二月十五日

88

梁文彩分家单

民国□十二年正月

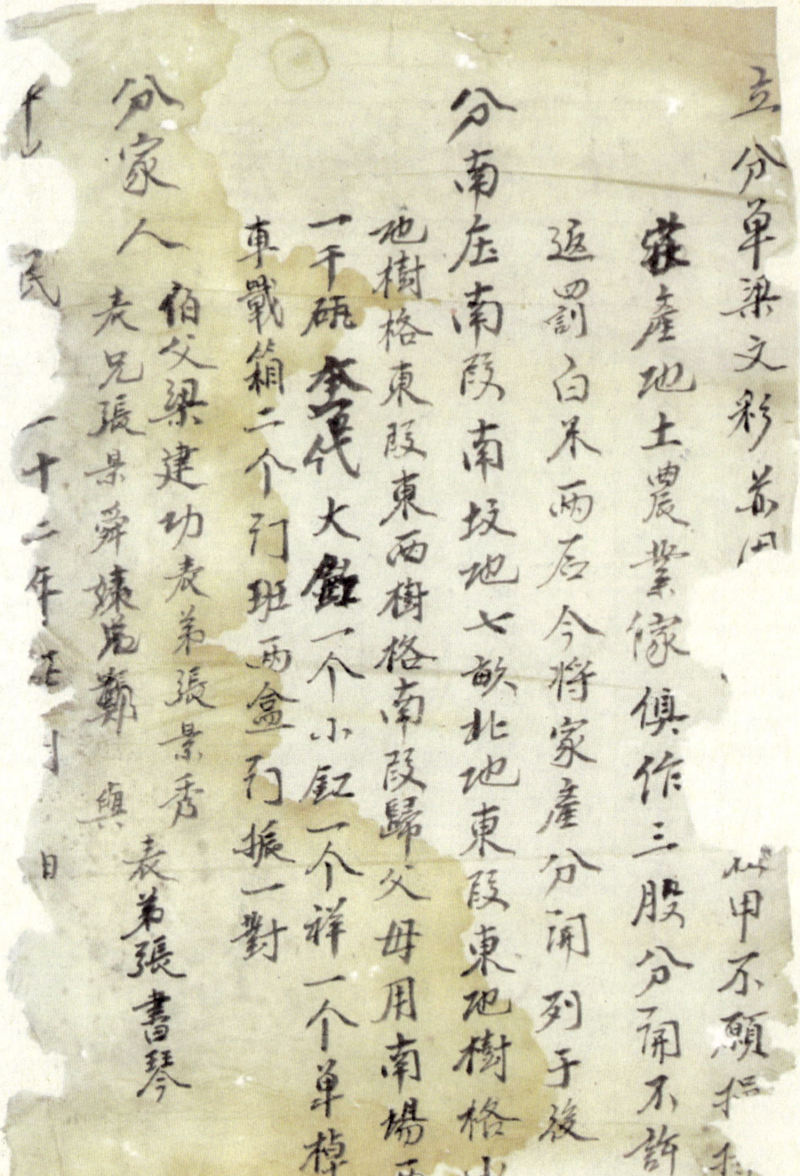
立分單梁文彩弟兄同心中不願担持家務
家產地土農業傢俱作三股分開不許後返若有後
返罰白米兩石今將家產分開列于後
分南庄南段南坡地七畝北地東段東地樹格小路東西歸后
地樹格東段東西樹格南段歸父母用南場西段通西頭磚
一千磚 全代大鍋一个小缸一个祥一个单桌一个安瓶一个
車戰箱二个门班兩盒门振一對
分家人 伯父梁建功 表弟張景秀
表兄張景舜 姨兄鄭 與
表弟張書琴
仝立
[illegible]民國二十二年正月 日 立

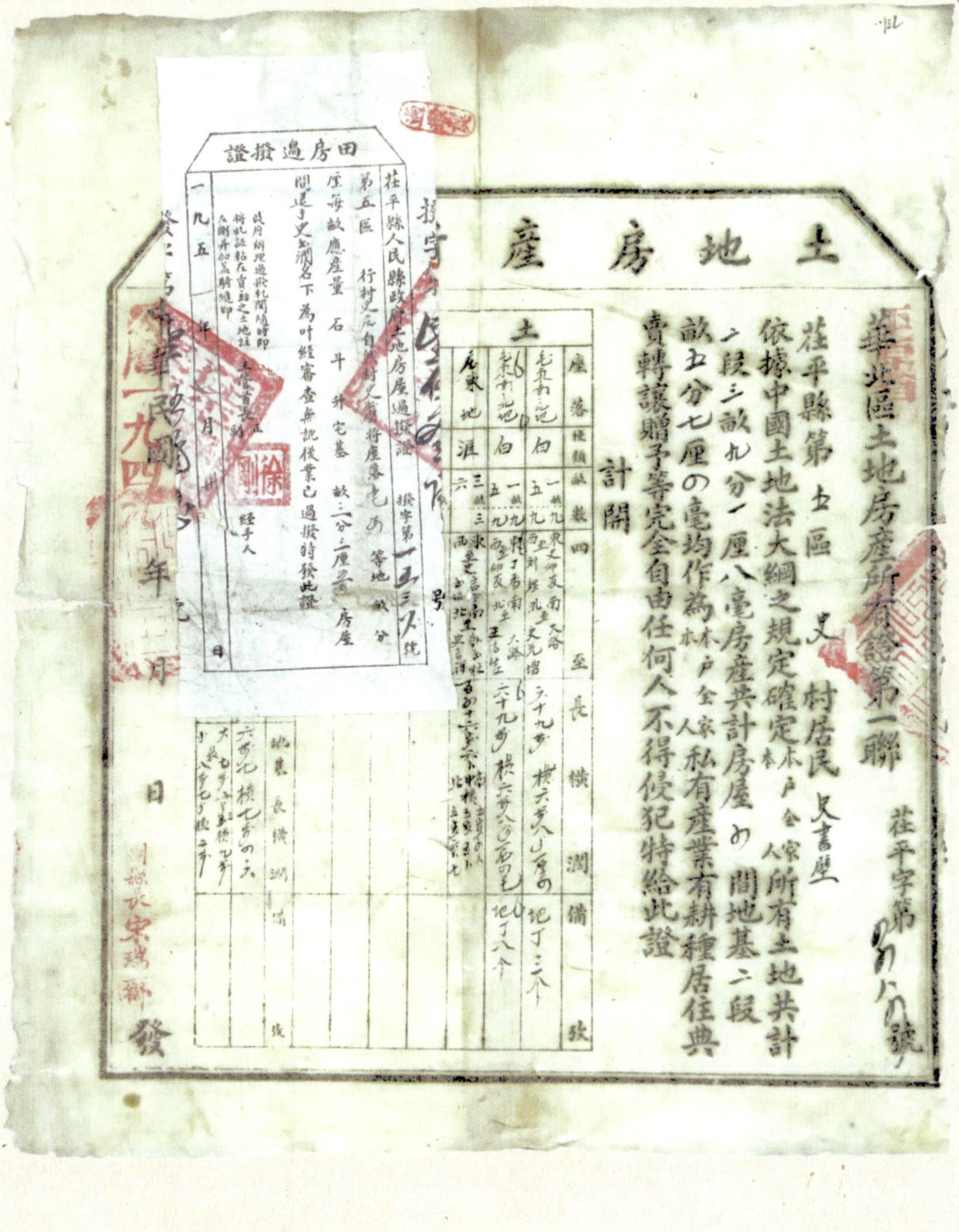

89 平原省茌平县第五区史庄村史书壁土地房产所有证

1949 年

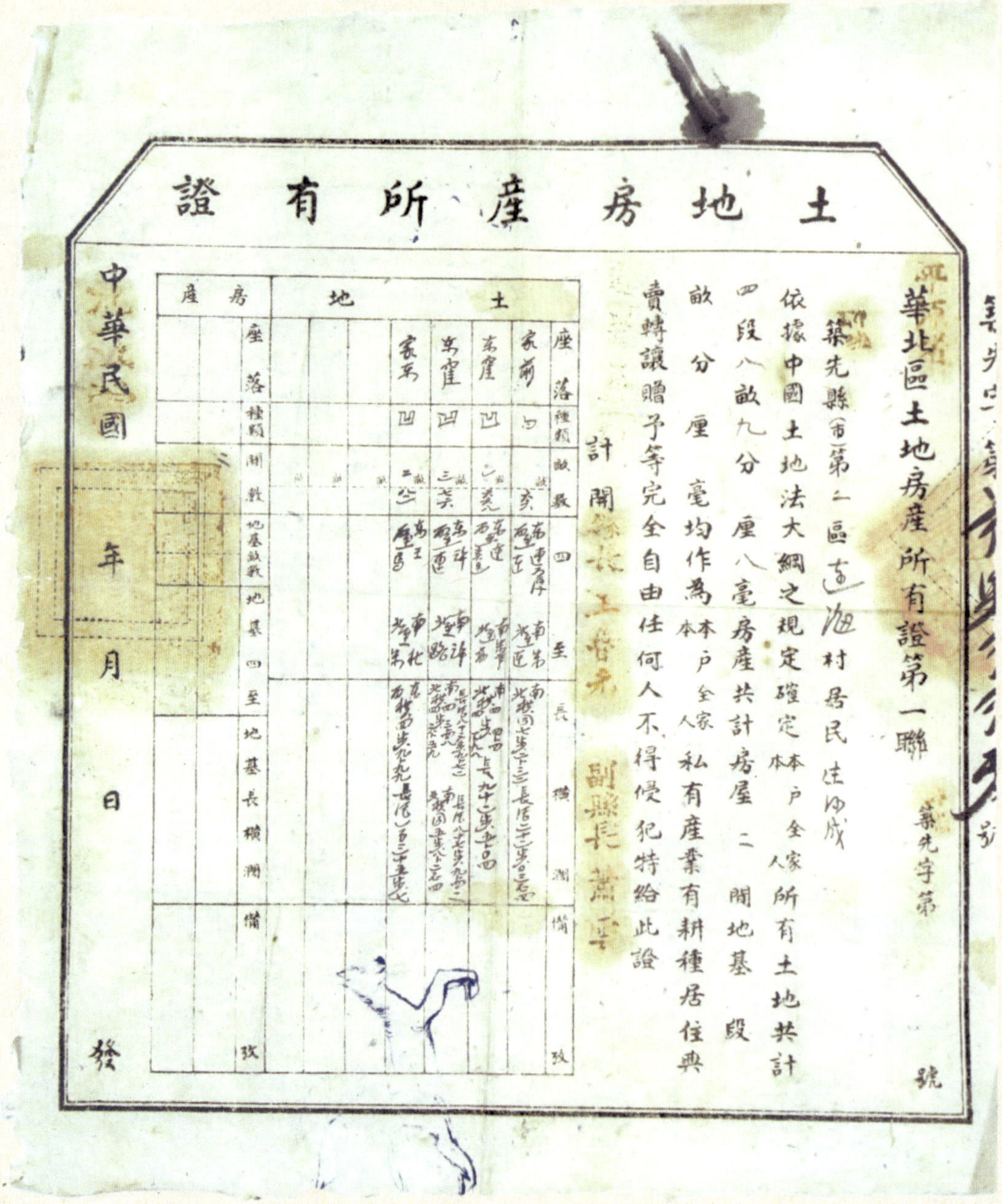

90 平原省筑先县第二区连海村连河成土地房产所有证

1950 年

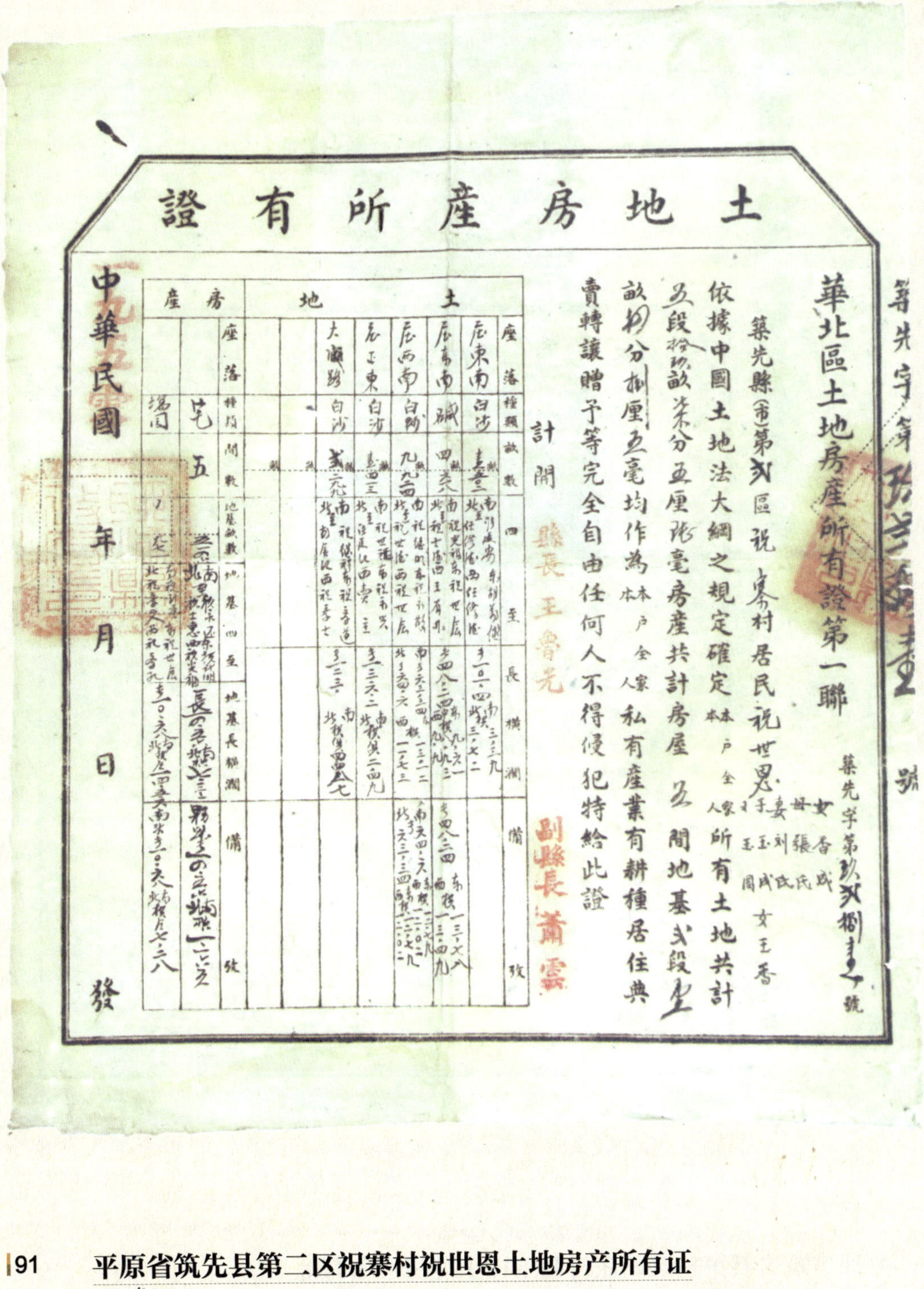

91 平原省筑先县第二区祝寨村祝世恩土地房产所有证

1950 年

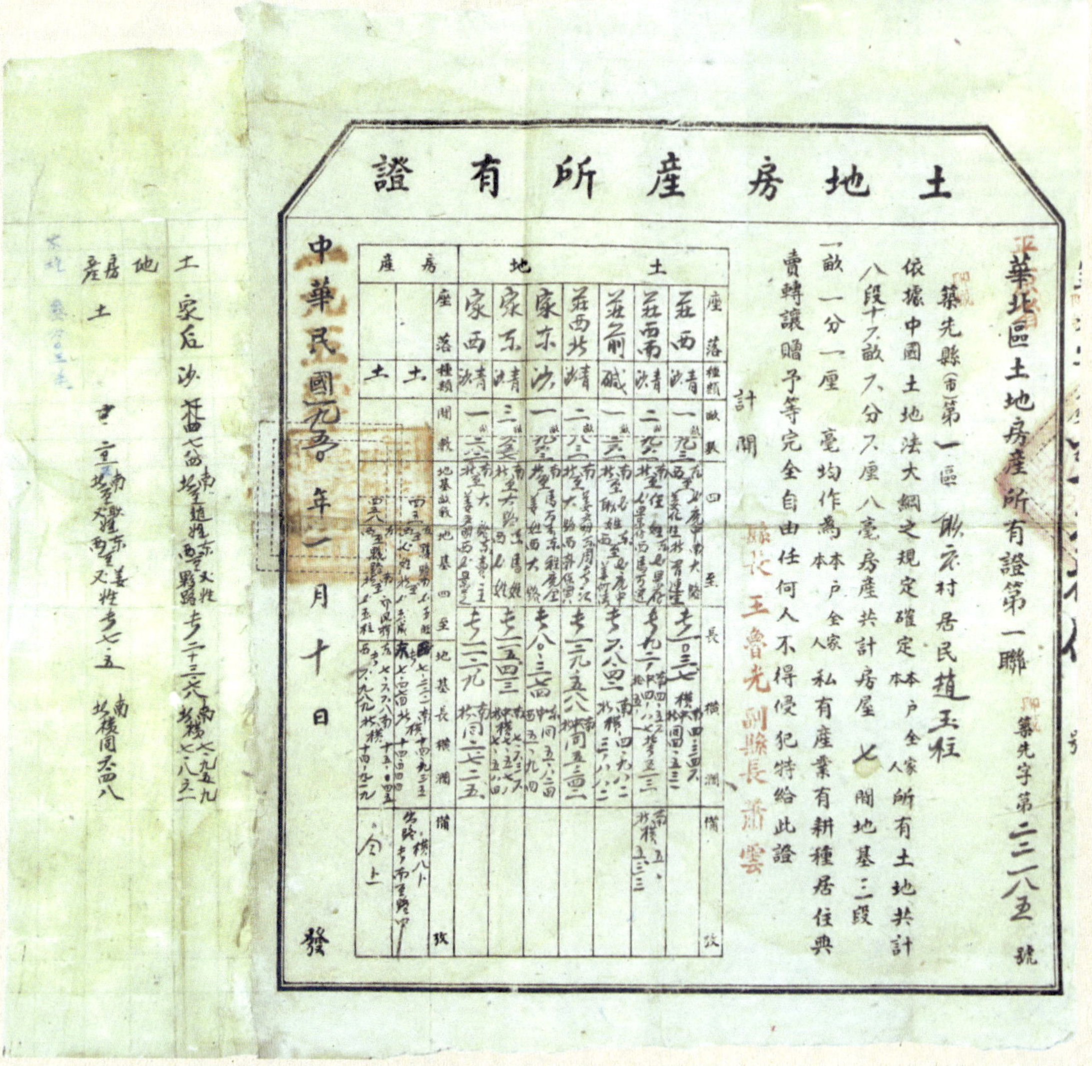
土地房產所有證

華北區土地房產所有證第一聯

築先字第二二八五號

築先縣(市)第一區耿莊村居民趙玉柱

依據中國土地法大綱之規定確定本戶全家人所有土地共計八段十六畝八分八厘八毫 房產共計房屋七間 地基三段一畝一分一厘 毫均作為本戶全家人私有產業有耕種居住典賣轉讓贈予等完全自由任何人不得侵犯特給此證

計開

縣長 王魯光 副縣長 齊雲

中華民國一九五〇年一月十日 發

92 平原省筑先县第一区耿庄村赵玉柱土地房产所有证

1950 年 1 月 10 日

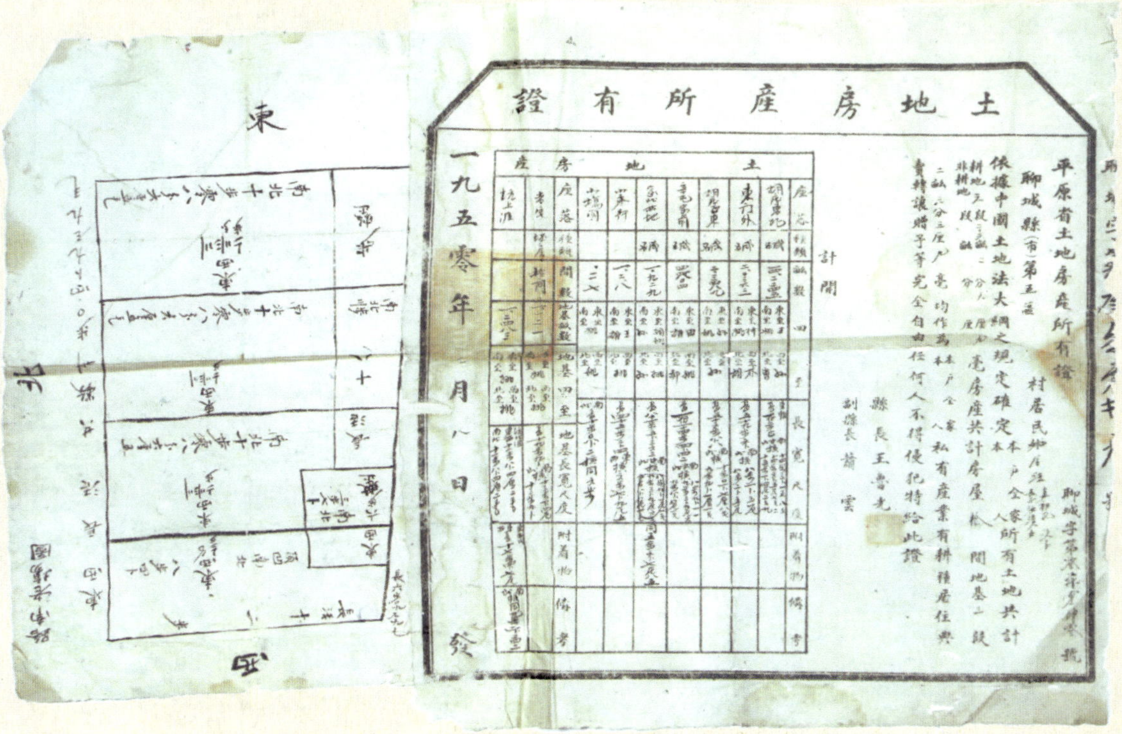

93 平原省聊城县第五区姚金汪土地房产所有

1950 年 2 月 8 日

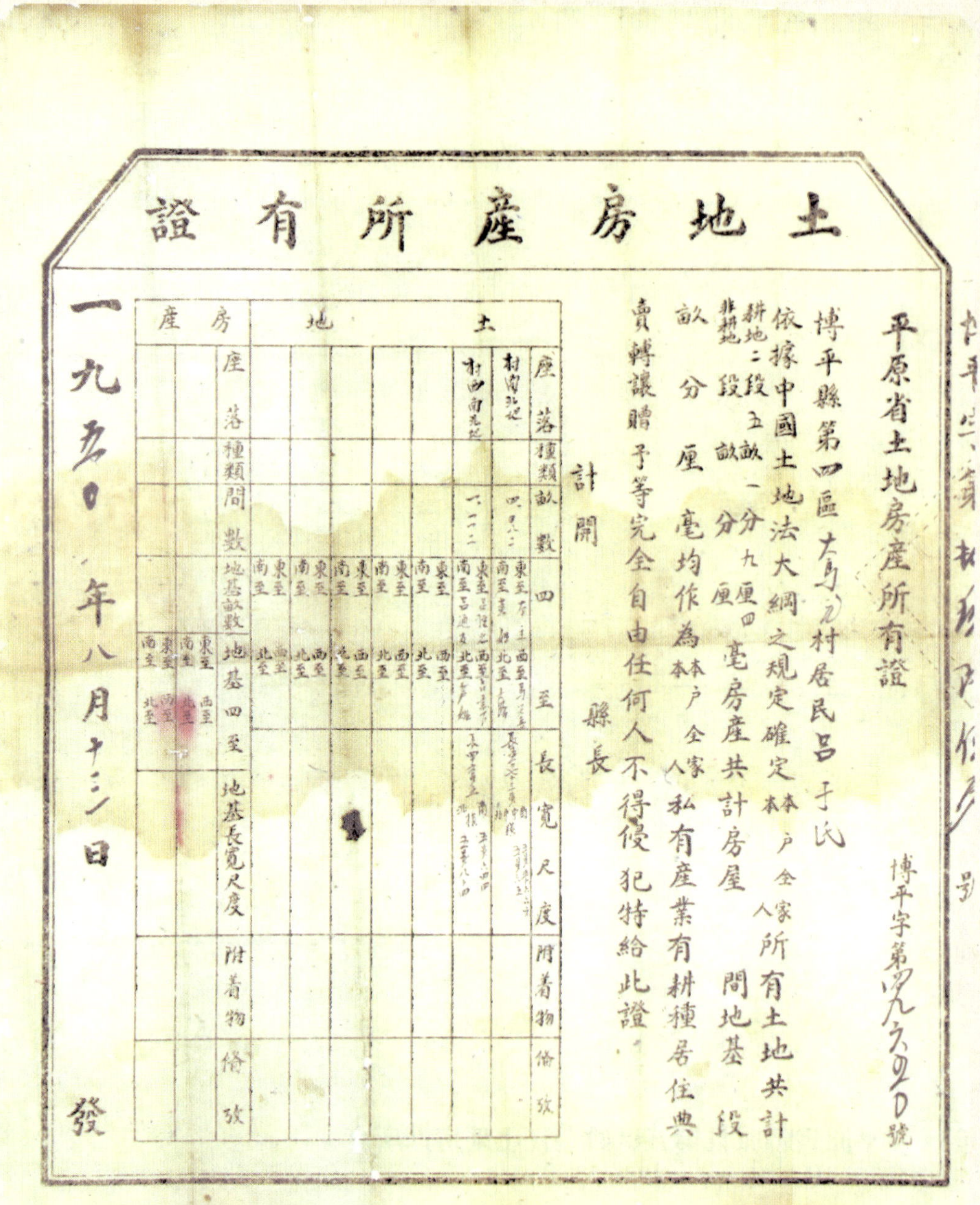

土地房產所有證

平原省土地房產所有證

博平縣第四區大馬莊村居民呂于氏

依據中國土地法大綱之規定確定本戶全家人所有土地共計耕地二段五畝一分九厘四毫 非耕地 段 畝 分 厘 毫 房產共計房屋 間 地基 段 畝 分 厘 毫均作為本戶全家人私有產業有耕種居住典賣轉讓贈予等完全自由任何人不得侵犯特給此證。

博平字第四九六五〇號

計開

縣長

土地 座落	種類	畝數	四至	長寬尺度	附着物備攷
村南北地		四.八二	東至[illegible] 西至[illegible] 南至[illegible] 北至[illegible]	[illegible]	
村西南北地		一.一一二	東至[illegible] 西至[illegible] 南至[illegible] 北至[illegible]	[illegible]	
			東至 西至 南至 北至		
			東至 西至 南至 北至		
			東至 西至 南至 北至		
			東至 西至 南至 北至		
			東至 西至 南至 北至		

房產 座落	種類間數	地基畝數	地基四至	地基長寬尺度	附着物備攷
			東至 西至 南至 北至		
			東至 西至 南至 北至		

一九五〇年八月十三日發

94 **平原省博平县第四区大马庄村吕于氏土地房产所有证**

1950 年 8 月 13 日

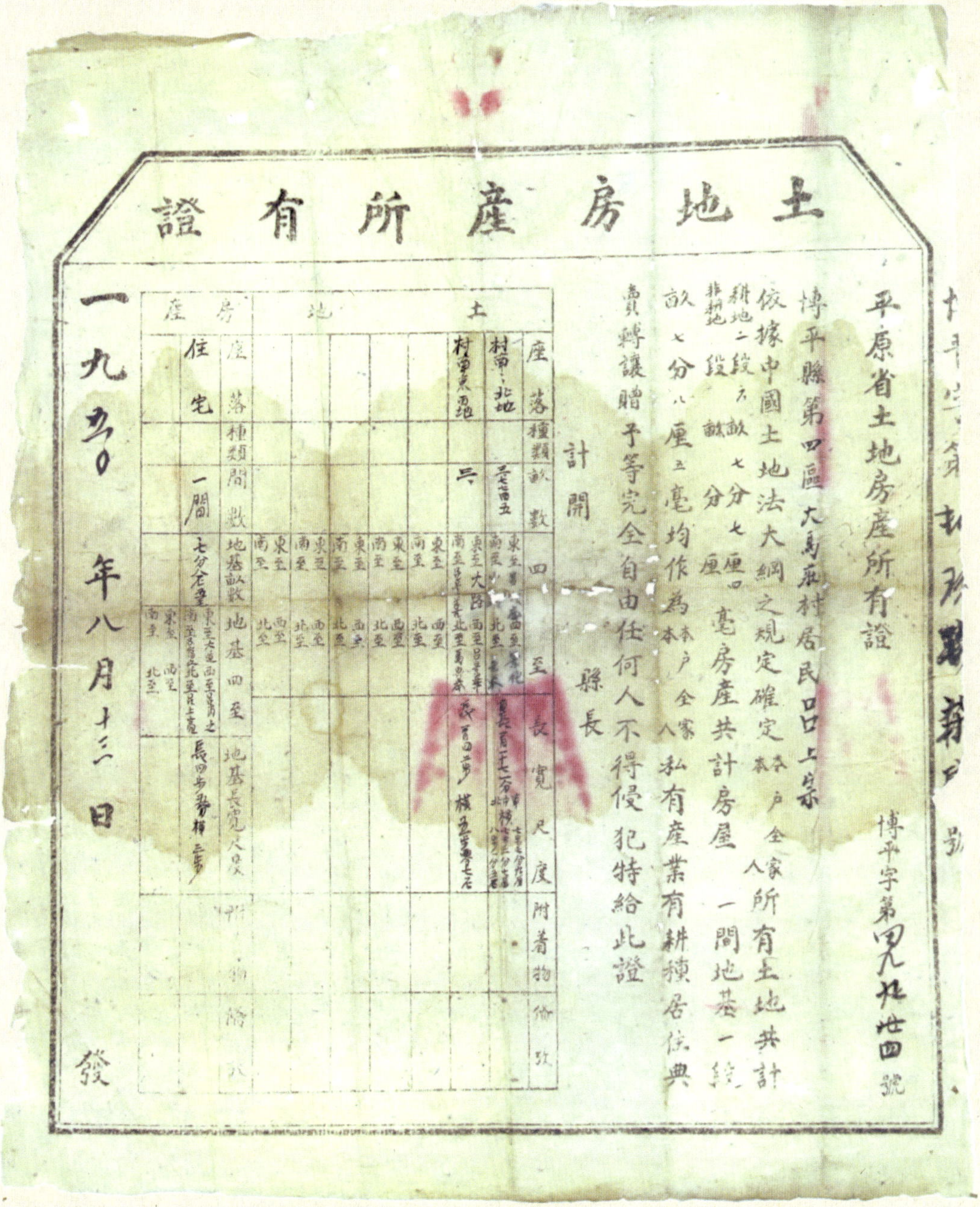

95 平原省博平县第四区大马庄村吕上宗土地房产所有证

1950 年 8 月 13 日

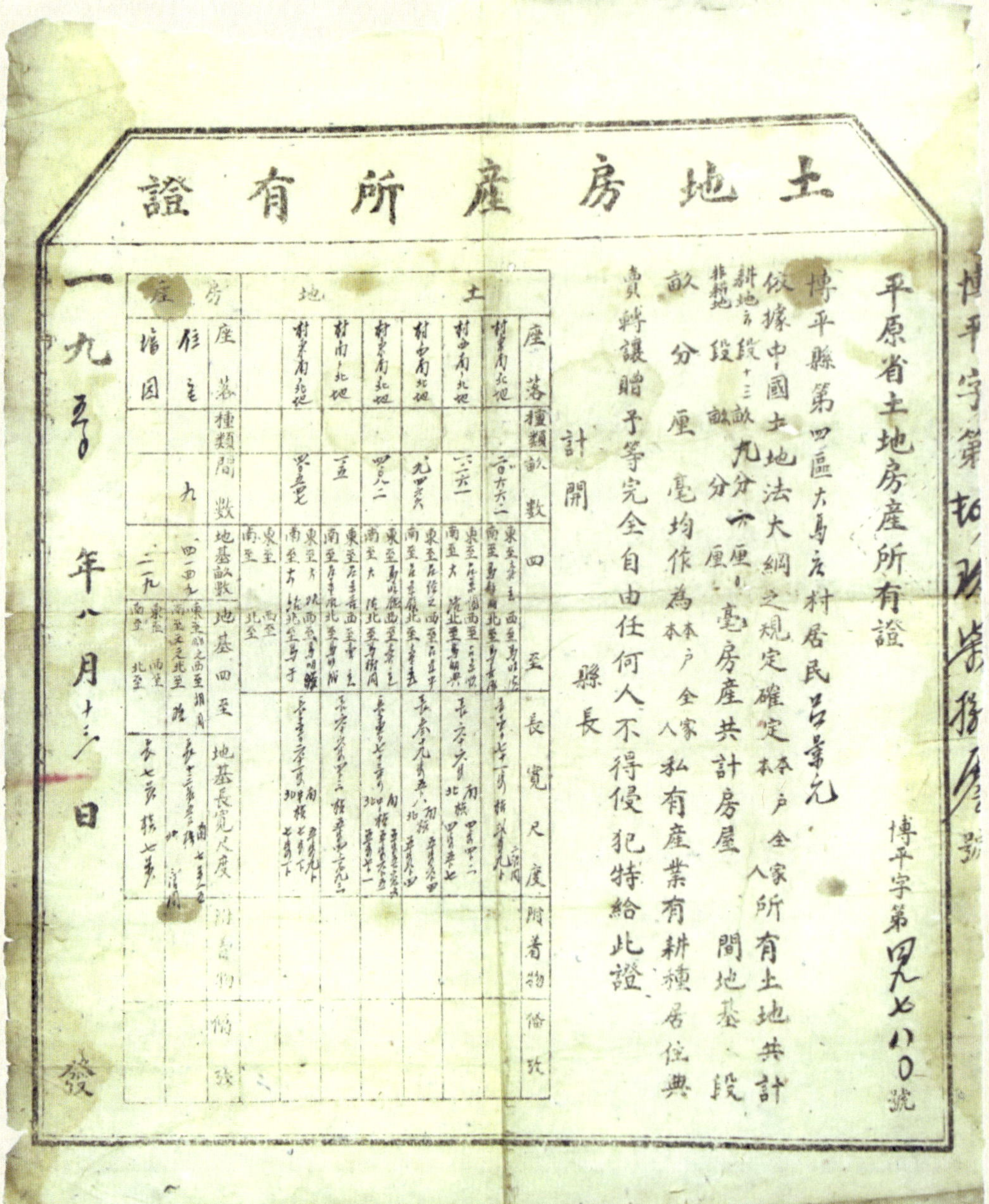

96 平原省博平县第四区大马庄村吕景元土地房产所有证

1950 年 8 月 13 日

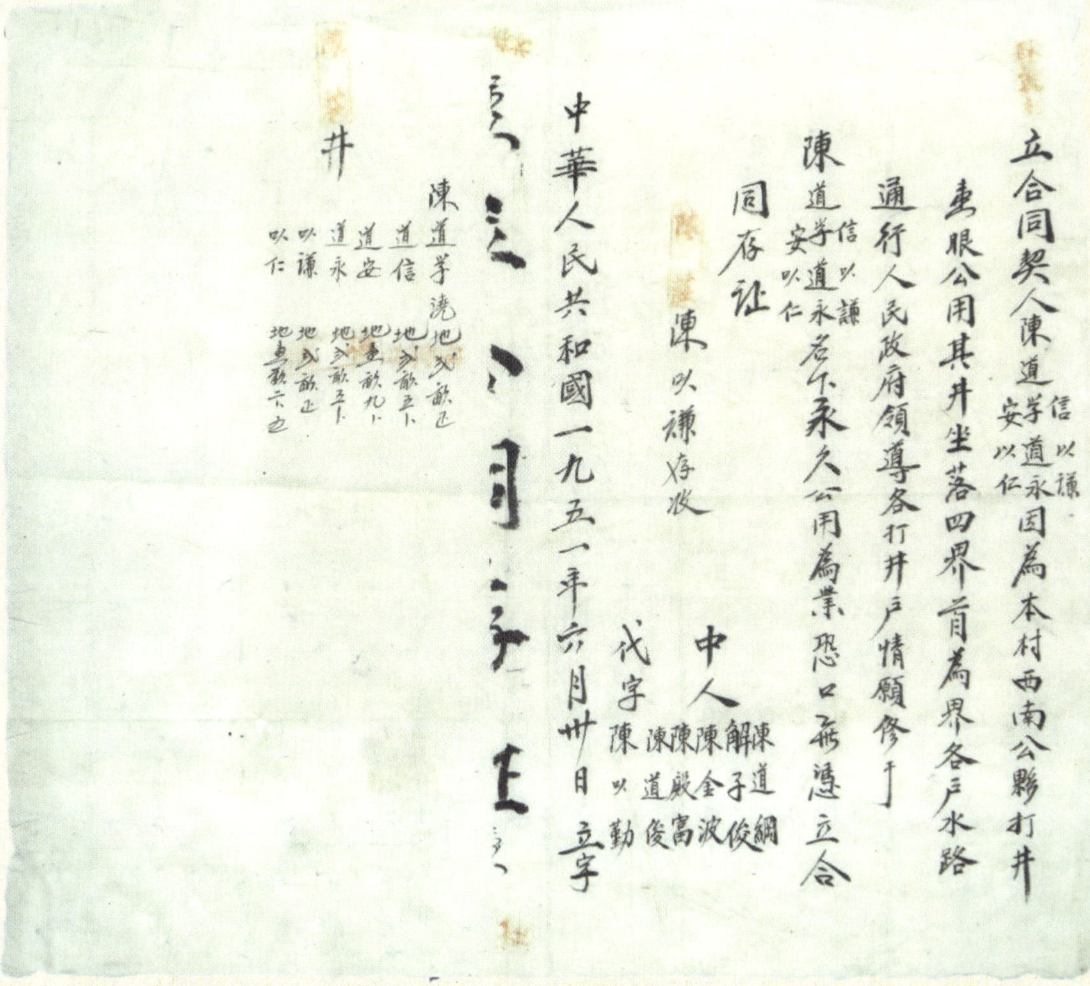

97 陈道信、陈道学等六人立合同契

1951年6月30日

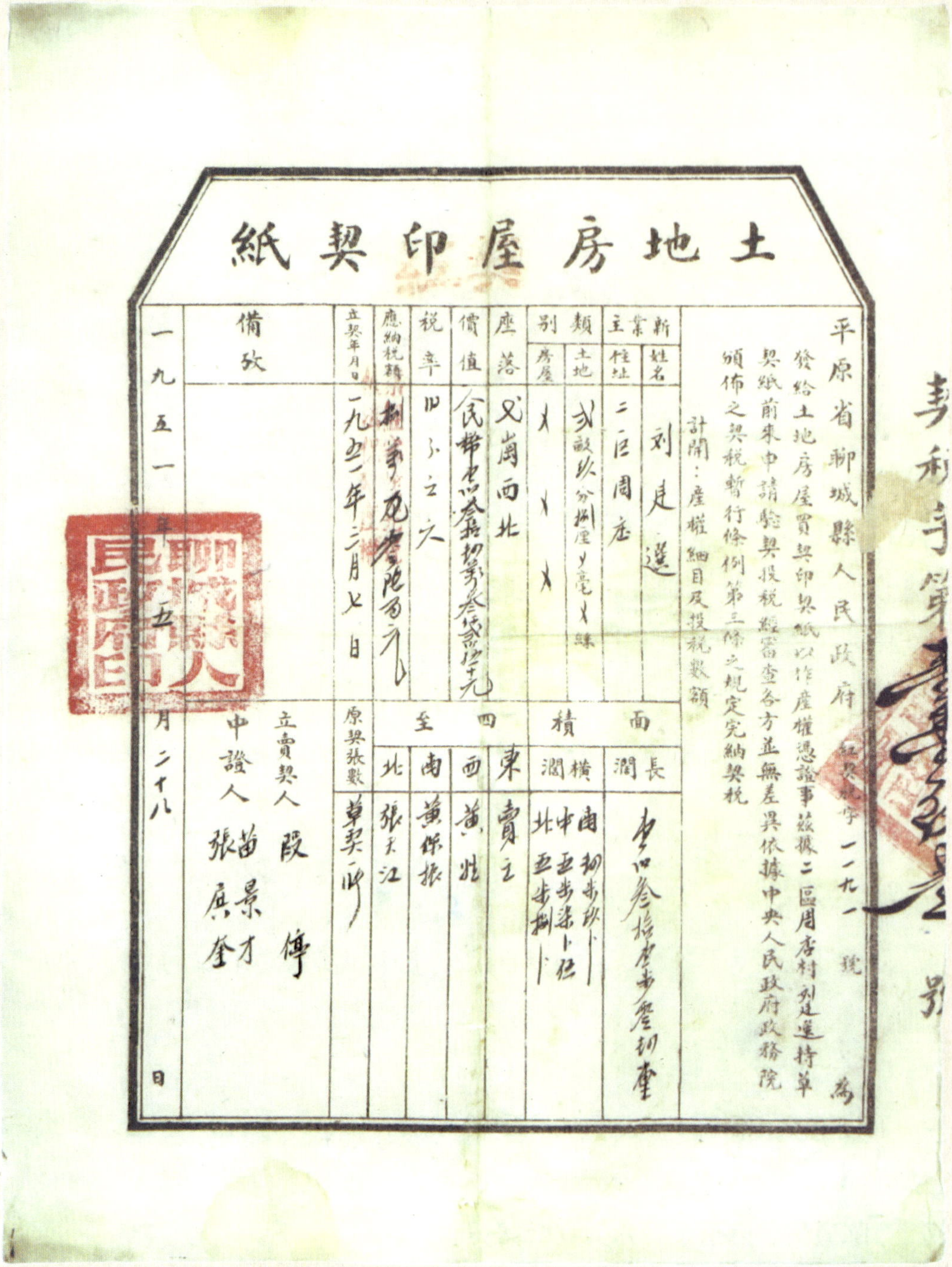
土地房屋印契紙

平原省聊城縣人民政府 為
發給土地房屋買契印契紙以作產權憑證事茲據二區周店村刘廷選持草
契紙前來申請驗契投稅經審查各方並無差異依據中央人民政府政務院
頒佈之契稅暫行條例第三條之規定完納契稅
計開：產權細目及投稅數額

新業主 姓名	新業主 住址	類別 土地	類別 房屋	座落	價值	稅率	應納稅額	立契年月日	備考
刘廷選	二区周店		×	又崗西北		百分之六		一九五一年三月七日	

面積 長闊	面積 橫闊	四至 東	四至 西	四至 南	四至 北	原契張數
		賣主	黃姓	黃保振	張夫江	草契一張

立賣契人 段傳
中證人 苗景才 張廣奎

一九五一年五月二十八日

98 平原省聊城县第二区周店村刘廷选土地房屋印契

1951 年 5 月 28 日

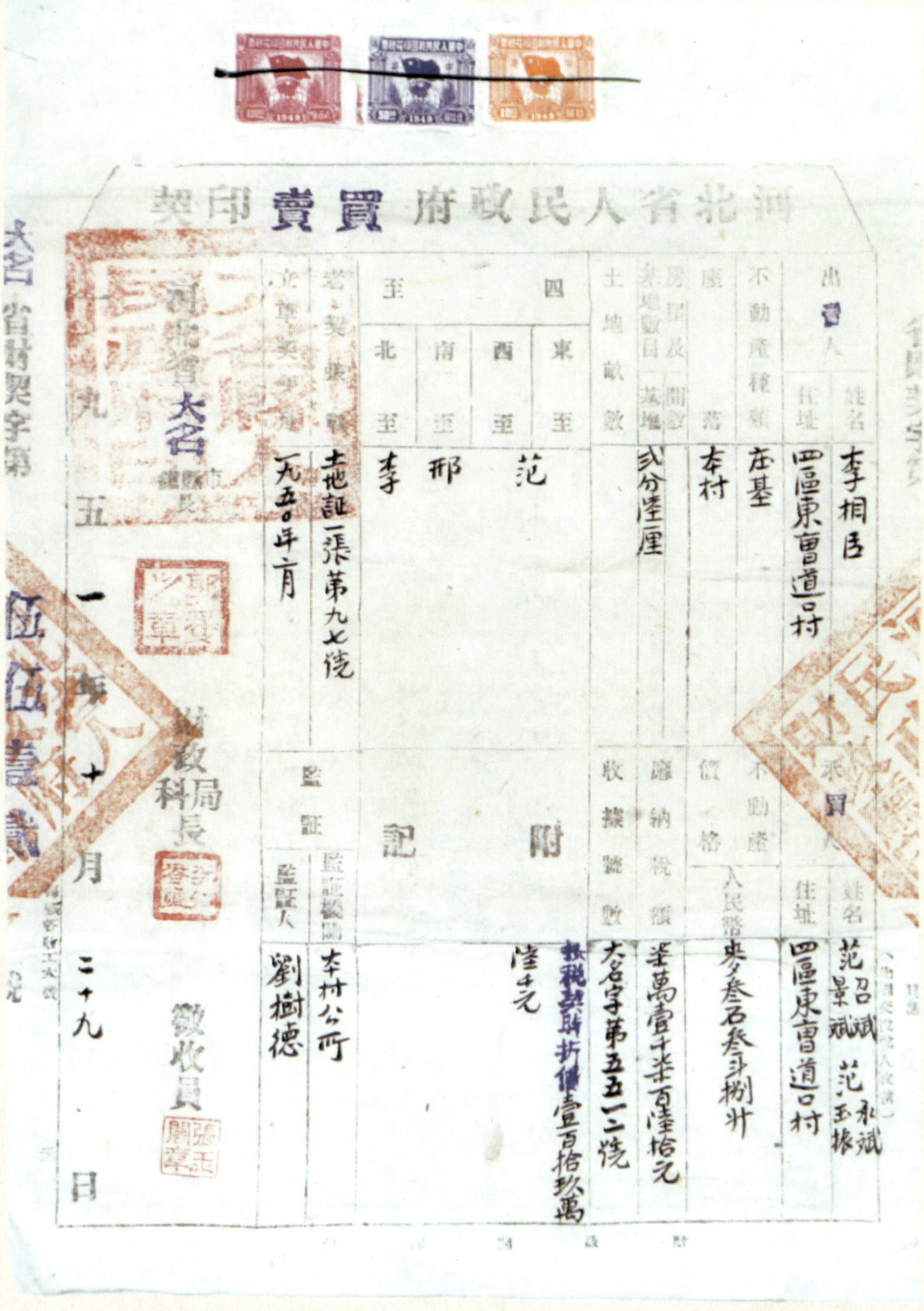

99 **河北省大名县李相臣卖给范召宾等地契**

1951 年 10 月 29 日

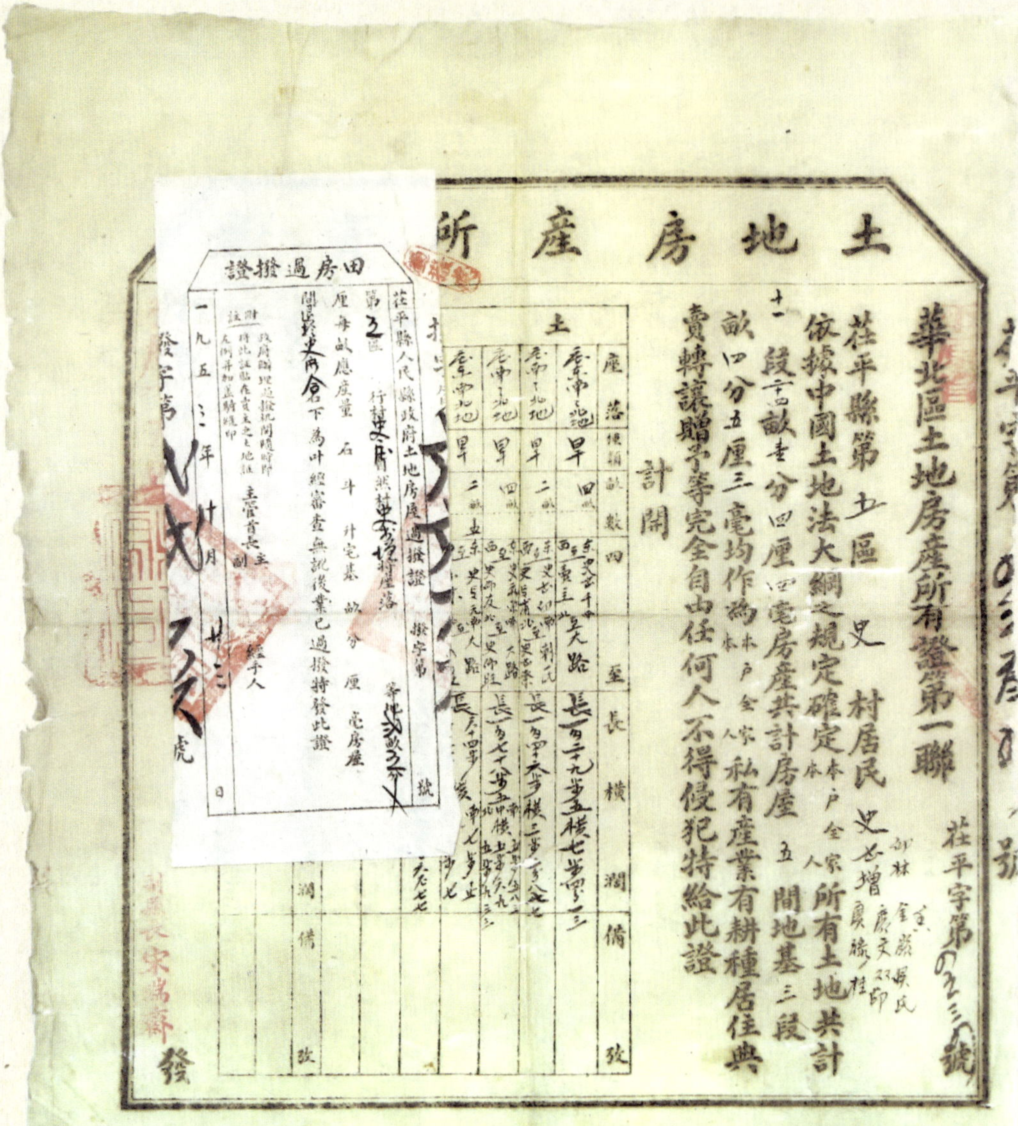

100 平原省茌平县第五区史庄村史书增土地房产证

1953年10月23日

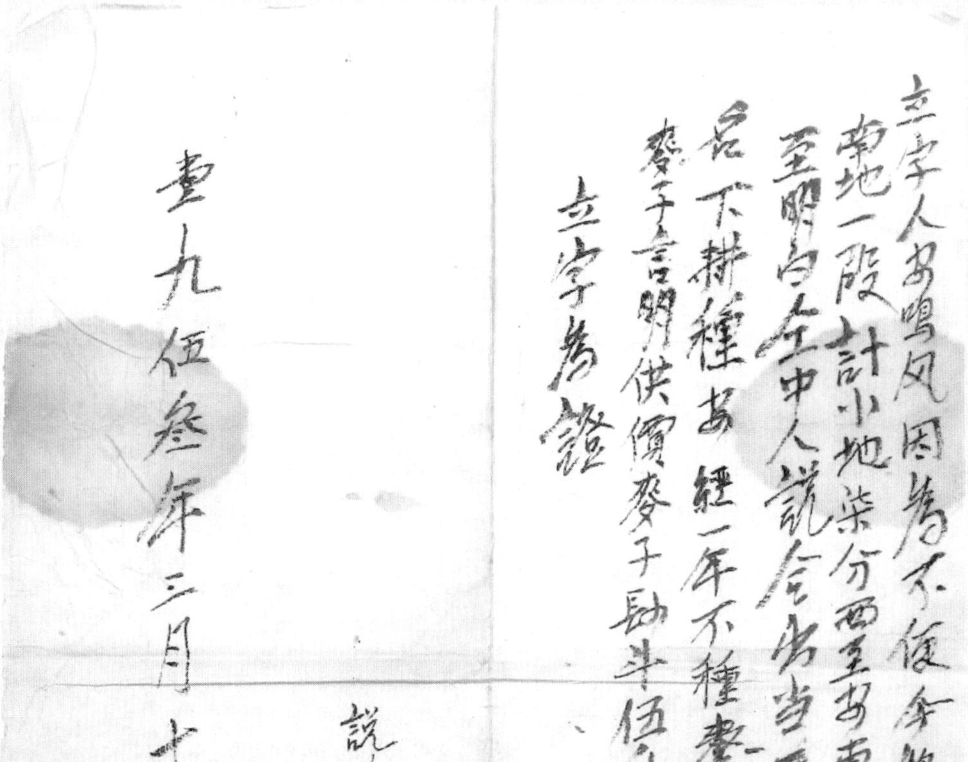
立字人安鸣凤因为不便今将自已家河西西南路路
南地一段计小地柒分西至安东安南至頂头北至大路南
至明白仝中人説合当与
吕下耕種安 經一年不種壹年回麦子拾年不種拾年回
麦子言明供價麦子卧斗伍升正当日交足恐口無憑
立字為證
説合人安 維
壹九伍叁年三月十九日 立

101 安鸣风当契

1953 年 3 月 19 日

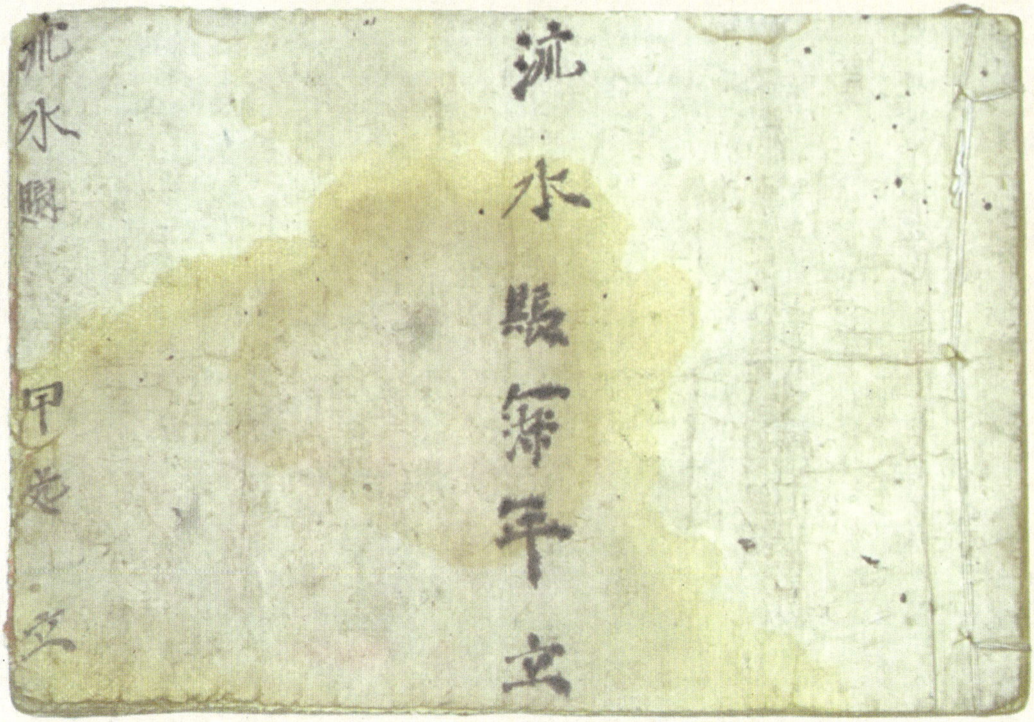

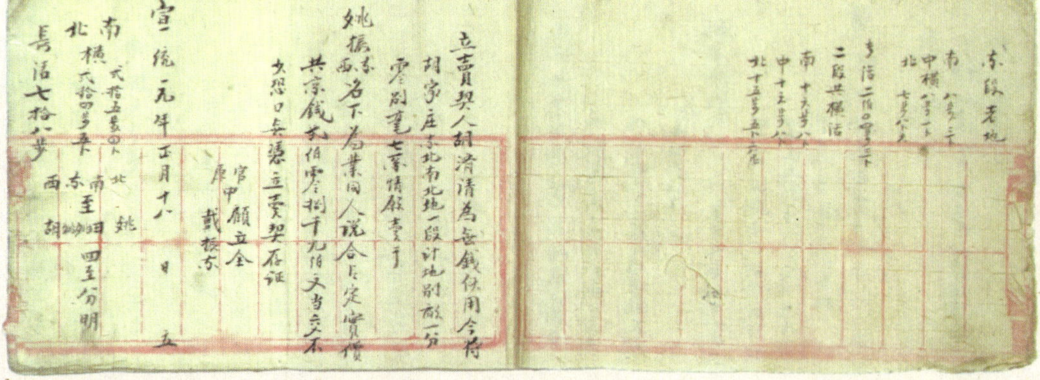

102 平原姚氏地契等流水账本

时间不详

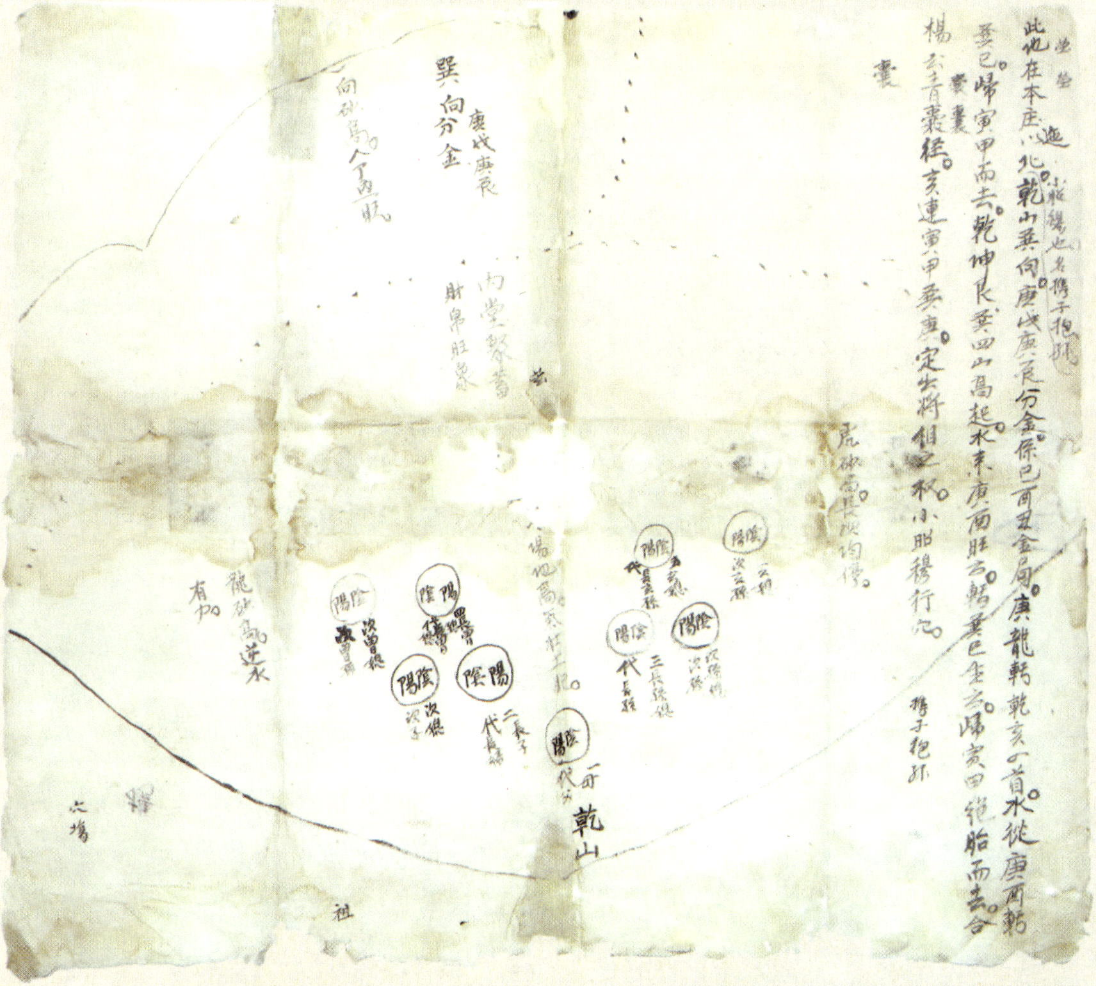

103 携子抱孙坟地图

时间不详

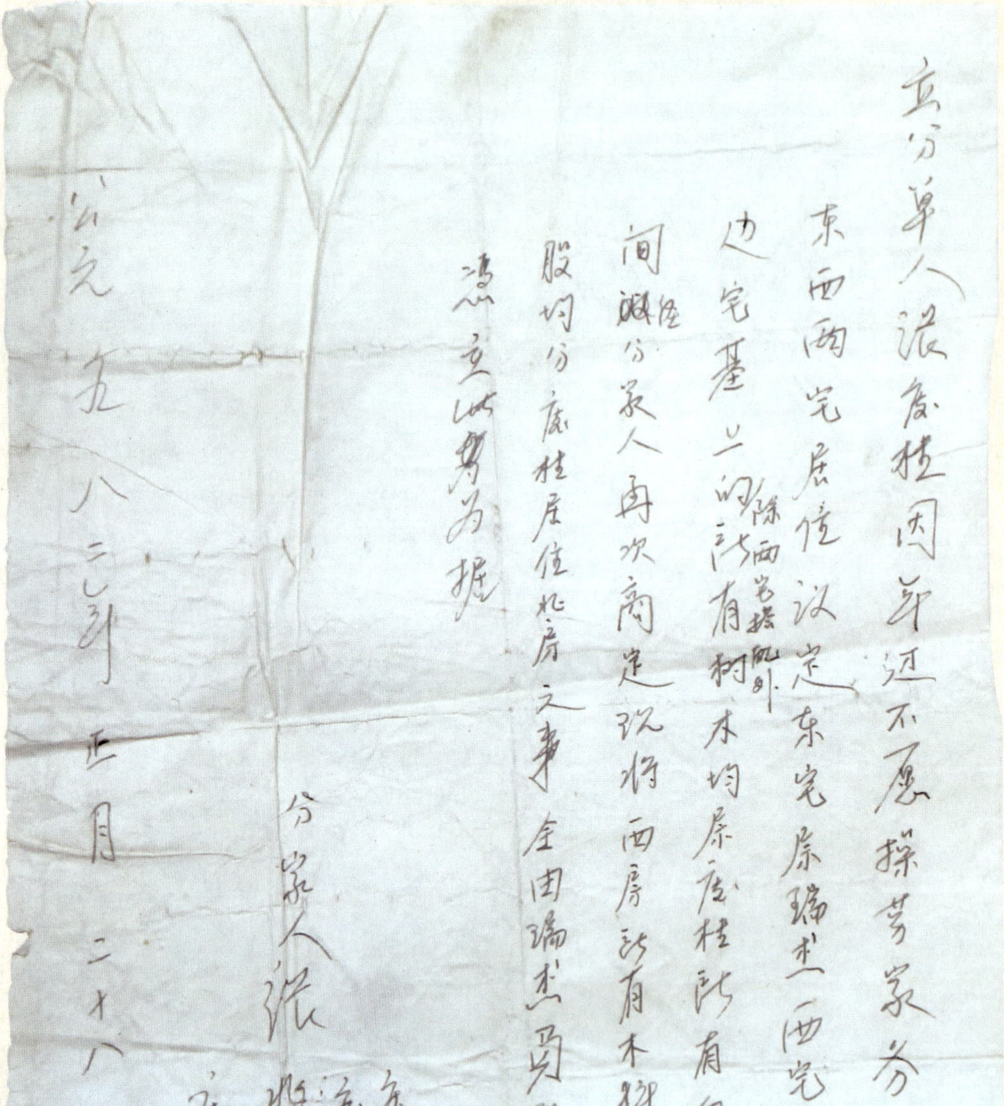
立分单人张庆柱因年迈不愿操劳家务将二子分
东西两宅居住议定东宅原瑞杰西宅原瑞海两
边宅基上所有（除西宅接挑外）树木均系庆柱所有自留房子二
间经分家人再次商定现将西房所有木料砖瓦按二
股均分庆柱居住北房之事全由瑞杰负担恐没凭
凭立此分单为据

分家人张 庆如 瑞旭 瑞仕 庆杰

公元一九八二年正月二十八日

104 张庆柱与三子分家单

1982年正月二十八日

碑刻拓片

1 **大唐故杨君墓志铭并序**

万岁通天二年（697）九月

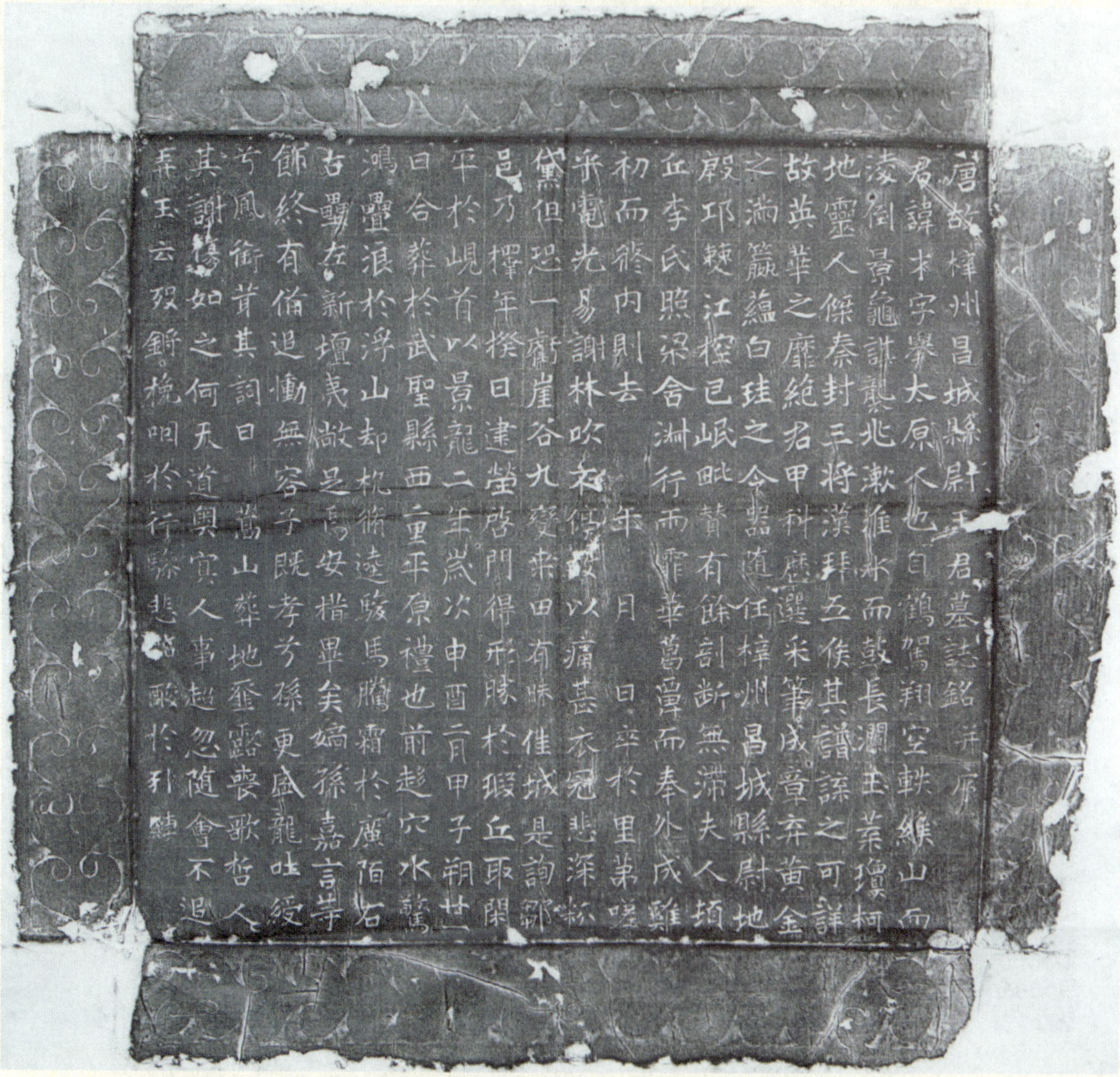

2 **唐故梓州昌城县尉王君墓志铭并序**

景龙二年（708）二月

3 唐庞公故夫人河东郡薛氏铭并序

会昌元年（841）十一月

4 唐故兖州鲁郡栗府君焦夫人墓铭志并序

会昌四年（844）十二月

5 唐故博州防御使衙前虞候壮武军试太常卿陇西段公故恭人清河张氏合祔墓志铭并序

大中十二年（858）二月

6 **大唐故府君墓志铭并序**

乾宁元年（894）十一月

7 大宋国博州聊城县故李府君墓志铭并序

开宝六年（973）十一月一日

8 **大宋故王府君墓志铭并序**

太平兴国二年（977）二月十七日

9 大宋故杨府君墓志铭并序

嘉祐八年（1063）十月十八日

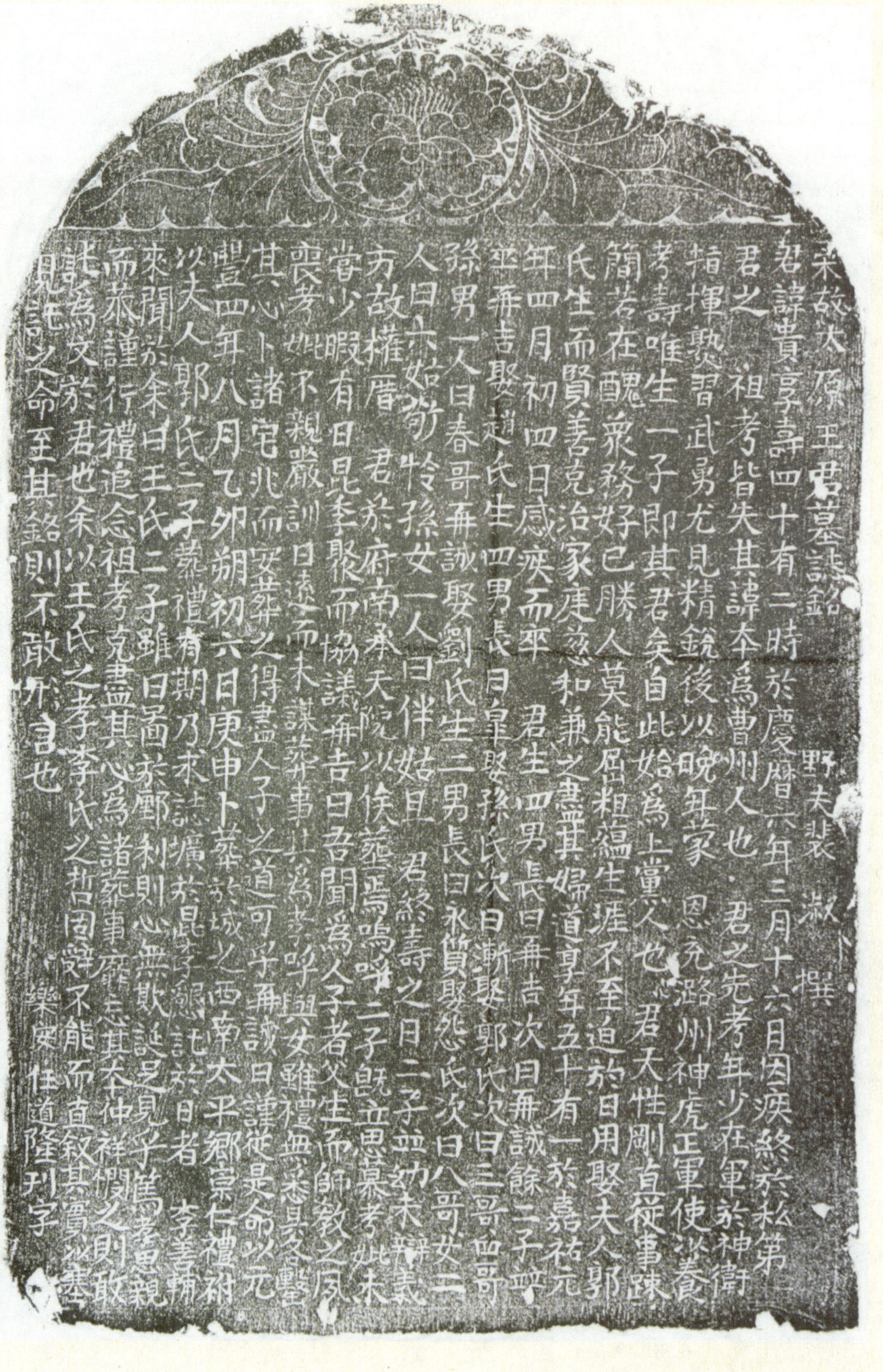
宋故太原王君墓誌銘　野夫裴淑　撰
君諱貴享壽四十有二時於慶曆六年三月十六月因疾終於私第
君之　祖考皆失其諱本爲曹州人也　君之先考年少在軍於神衛
指揮熟習武勇尤見精銳後以晚年蒙　恩允潞州神虎正軍使兼養
考壽唯生一子即其君矣自此始爲上黨人也　君天性剛直從事疎
簡若在醜衆務好已勝人莫能屈粗編生涯不至迫於日用娶夫人郭
氏生而賢善克治家庭慈和兼之盡其婦道享年五十有一於嘉祐元
年四月初四日感疾而卒　君生四男長曰奔吉次曰奔識餘二子並
亚奔吉娶趙氏生四男長曰皐娶孫氏次曰漸娶郭氏次曰三哥四哥
孫男一人曰春哥奔識娶劉氏生二男長曰永質娶然氏次曰八哥女二
人曰六姑舒怜孫女一人曰伴姑且　君終壽之日二子並幼未辯哀
方故權厝　君於府南承天院以俟葬焉嗚呼二子既立思慕考妣未
嘗少暇有日昆季聚而協議奔吉曰吾聞爲人子者父生而師教之夙
喪考妣不親嚴訓日遠而未議葬事其爲孝乎與女雖禮無裁其參豐
其心卜諸宅兆而安葬之得盡人子之道可乎奔識曰謹從是命以元
豐四年八月乙卯朔初六日庚申卜葬於城之西南太平鄉京仁禮村
以夫人郭氏二子葬禮有期乃求誌壙於昆[illegible]託於日者　李善輔
來聞於余曰王氏二子雖曰畎畝鄙剥則心無欺誑足見子篤孝思親
而恭謹行禮追念祖考克盡其心爲諸葬事庶忘其本仲祥惻之則敢
託爲文於　君也余以王氏之孝李氏之哲因辭不能而直叙其事以塞
見託之命至其銘則不敢於自也　樂安任道隆刊字

10 **宋故太原王君墓志铭**

元丰四年（1081）八月初六日

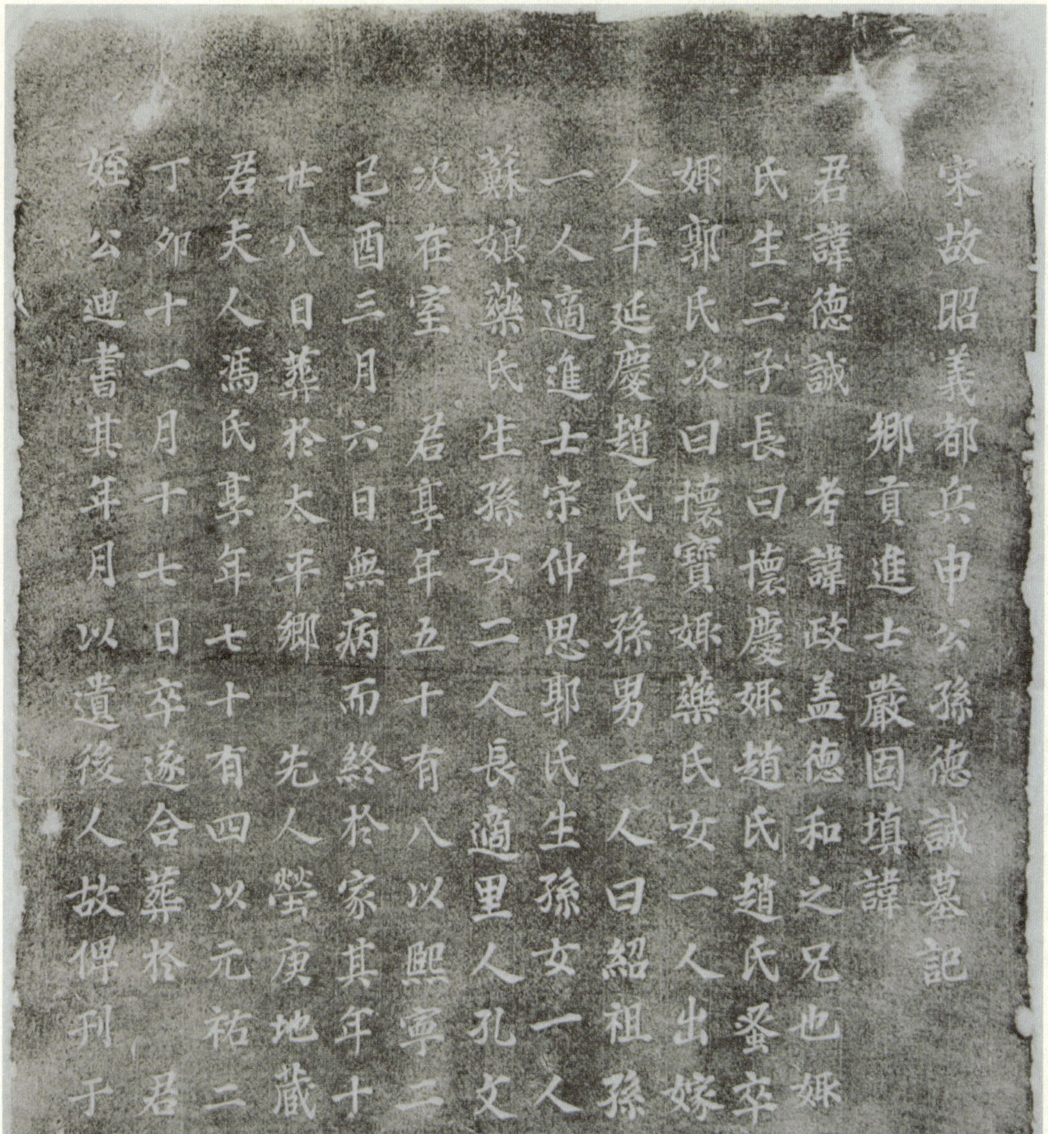
宋故昭義都兵申公孫德誠墓記
鄉貢進士嚴固填諱
君諱德誠 考諱政蓋德和之兄也娶馮
氏生二子長曰懷慶娶趙氏趙氏蚤卒又
娶郭氏次曰懷寶娶藥氏女一人出嫁里
人牛延慶趙氏生孫男一人曰紹祖孫女
一人適進士宋仲恩郭氏生孫女一人曰
蘇娘藥氏生孫女二人長適里人孔文純
次在室 君享年五十有八以熙寧二年
己酉三月六日無病而終於家其年十月
廿八日葬於太平鄉 先人塋庚地藏之
君夫人馮氏享年七十有四以元祐二年
丁卯十一月十七日卒遂合葬於 君室
姪公迪書其年月以遺後人故俾刊于石

11 宋故昭义都兵申公孙德诚墓记

元祐二年（1087）十一月十七日

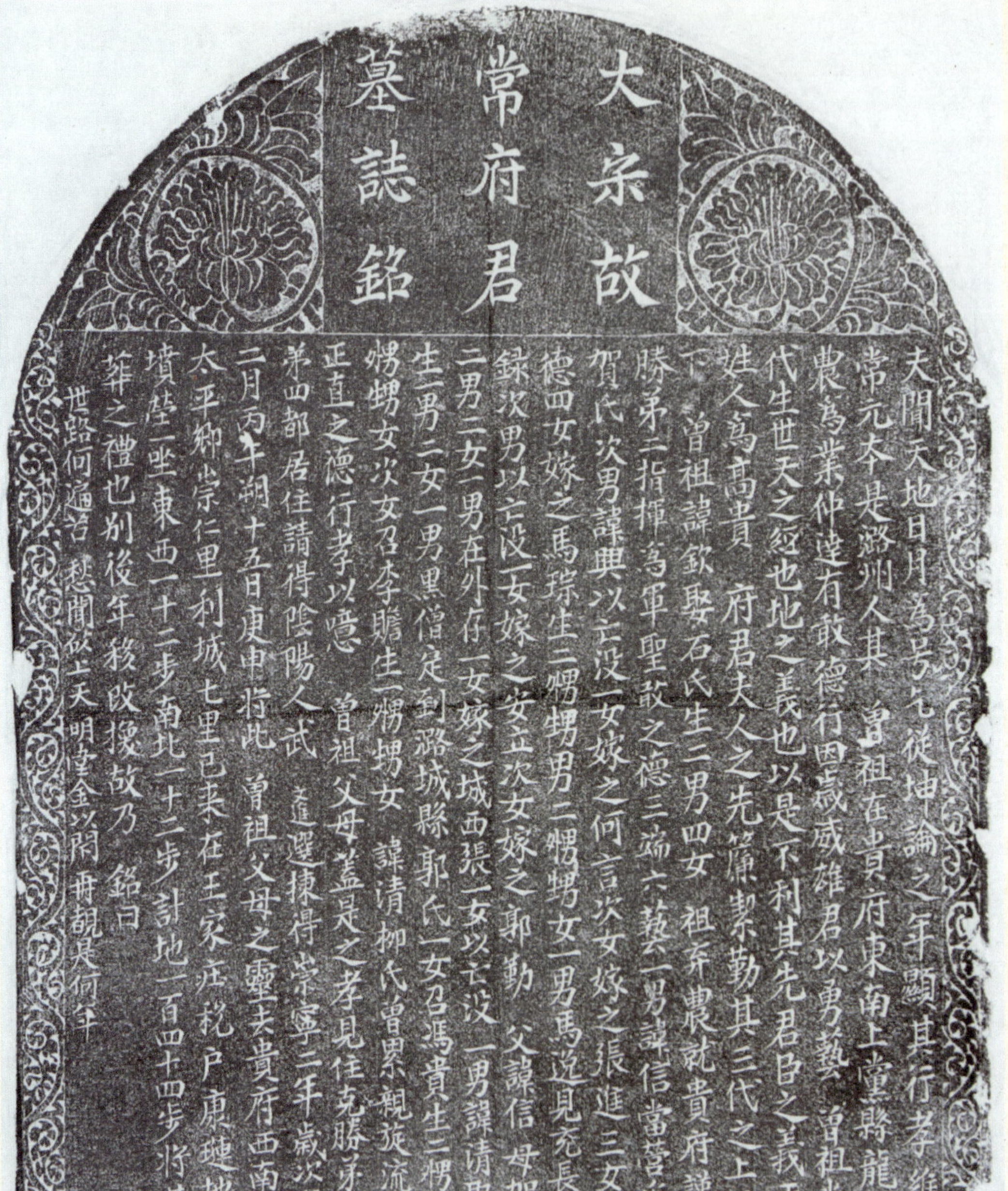

大宋故常府君墓誌銘

夫聞天地日月為号乞從坤論之年顯其行孝維君姓
常元本是潞州人其 曾祖在貴府東南上黨縣龍真村以
農為業仲達有敢德行因歲威雄君以男藝 曾祖光顯三
代生世天之經也地之義也以是不利其先君邑之義天地之
姓人爲高貴 府君夫人之先簾絜勤其三代之上三代之
下曾祖諱欽娶石氏生三男四女 祖弃農就貴府謹投充
勝弟二指揮為軍聖敌之德三端六藝一男諱信當營為軍娶
賀氏次男諱興以亡没一女嫁之何言次女嫁之張進三女嫁之張
德四女嫁之馬琮生二甥甥男二甥甥女一男馬逸見充長子縣押
録次男以亡没一女嫁之安立次女嫁之郭勤 父諱信 母賀氏生
二男二女一男在外存一女嫁之城西張一女以亡没 一男諱清娶柳氏
生一男二女一男黑僧定到潞城縣郭氏一女召馮貴生二甥甥男一
甥甥女次女召李贍生一甥甥女 諱清柳氏曾累親旋流傳以顯
正直之德行孝以憶 曾祖父母蓋是之孝見任克勝弟二指揮
弟四都居住請得陰陽人武 進遷揀得崇寧二年歲次癸未十
二月丙午朔十五日庚申將此 曾祖父母之靈去貴府西南上黨縣
太平鄉崇仁里利城七里已来在王家莊税戶康建地內立其
墳塋一坐東西一十二步南北一十二步計地一百四十四步将其先祖
葬之禮也別後年移改擾故乃 銘曰
世路何遍苦 愁聞叙上天 明堂金以閉 冊觀是何年

12 **大宋故常府君墓志铭**

崇宁二年（1103）十二月十五日

13 **大金故信武将军前懿州灵山县主簿兼尉骑都尉特封陈留县开国男食邑三百户致仕虞公墓志铭**

承安二年（1197）八月二十五日

14

高唐州学施田之记

延祐五年（1318）七月

15

张秋治河御制祭文

景泰六年（1455）六月

16

敕修河道功完之碑

景泰六年（1455）六月

17

敕册大河神祠题名碑

景泰七年（1456）十月

18 明故杨夫人陈氏墓志铭

正德三年（1508）十月

19—1　明故湖广团风镇巡检坦轩吴公墓志铭

正德十五年（1520）正月二十四日

明故湖廣團風鎮巡檢坦軒吳公墓誌銘
賜進士朝列大夫南京國子祭酒前史官弋陽汪偉撰
賜進士出身資德大夫正治上卿奉
敕參贊機務南京兵部尚書前南京禮部尚書太原喬宇篆
賜進士資善大夫南京都察院左都御史東沂陳玉書
南臺監察御史吳君鏜得其父坦軒公訃越信奔歸而以幽堂之銘託予予不獲辭既
刑部員外郎北海黃君時庸以狀來按狀公諱澄字源潔別號坦軒者志也大父革除
間避地東兗之陽穀以耕讀自晦久之遂占籍娶室生四丈夫子嘗行見塚祭者輙涕
泣數日卧不起父老詢之問其家世不答人皆稱為吳大公病革諸子因請公名字與
冑系所來乃密告曰吾世豫章人嘗為將領于廣陵也靖難時舉族殲焉因涕泗橫流
不自禁既又嘆曰敗將遁臣死復何恨汝輩他日寢祭稱大公可矣不必知吾名也竟
卒仲子英感奮殖學潛德時稱隱翁配張氏公父母也公幼事隱翁甚謹翁性卞急小
過輙撻公俯受杖起而色益和翁亦色霽益憐愛為諸生不偶棄去就遼陽掾嘗以邊
事干守臣為所賞識厭刀筆又欲棄去守臣固慰留之會有邊警杖劒以從我軍被
圍于摩天嶺公策據山後得不敗有斬虜功坐守臣失利不錄授山海倉副使遷湖廣
團風鎮巡檢有為黃守言公知兵者時適有巨盜劉百萬聚黨剽掠守以委公多畀之
兵公曰未教之民雖多何益請自擇可用者百餘人於是屢為期約將出則捕者已
而羅去賊以其怯易之公又覘知賊匿城中為諜乃令數健卒候於要路見衍倉急者
輙尾之賊謀不得施一日自領驍卒潛出賊巢後一鼓擒其魁數十人餘悉解散人有
江盜萬濟四者他尉史以為衆寡故久不獲畏公廉明密遣人遺銀千兩公執而置諸
法盜懼謀害公公覺遂謝病去舟至采石風惡幾覆公禱曰豈某作尉誣盜之譴耶風
隨息獲濟家居三十年日與耆舊相過從擗蔬漉酒清談雅歌為樂與物無忤於故人
尤厚雖甚窶待之貌不衰正德辛未山東盜起入其里戒毋犯公廬曰公長者有德及
賊再至邑缺守公命其二子鎧鐵率先邑人禦之賊不敢入鏜舉進士由行人為御史
于南臺值寧藩變公馳書勉以忠義留都備禦策多咨御史君云元配梁氏先公三十
年卒繼配朱氏皆有淑行公生於宣德壬子年六月十六日以正德庚辰正月二十又
四日終于正寢壽八十又九子男四長鎧梁出次即鏜為御史有賢名次鐙次鐵為縣
庠生女一適庠生張奎皆朱出鑑鏜先公卒孫男二長鑾次山女四俱幼公性剛毅質
直平生一毫不苟取而喜振人之急鄉人重之年高德劭足為鉅人長者以是年冬十
月十　日葬于邑西穀山之原銘曰
有美豫章嘗于予寄剪伐之餘再榮柯條材良小斲唯其所遭封以仁義潤以詩禮積
久而發瑰幹崛起嗇厥是飾鬼神所嘉公侯孫子復始其常慨公之世如彼豫章
金陵朱[illegible]鐫

19—2　明故湖广团风镇巡检坦轩吴公墓志铭

正德十五年（1520）正月二十四日

20 **明故赠孺人常母宋氏墓志铭**

弘治十七年（1504）六月二十一日

21 明朝列大夫程公墓志铭

嘉靖六年（1527）十月二十六日

22—1 **明七品散官张东轩墓志铭**

嘉靖二十年（1541）十月十八日

22—2　明七品散官张东轩墓志铭

嘉靖二十年（1541）十月十八日

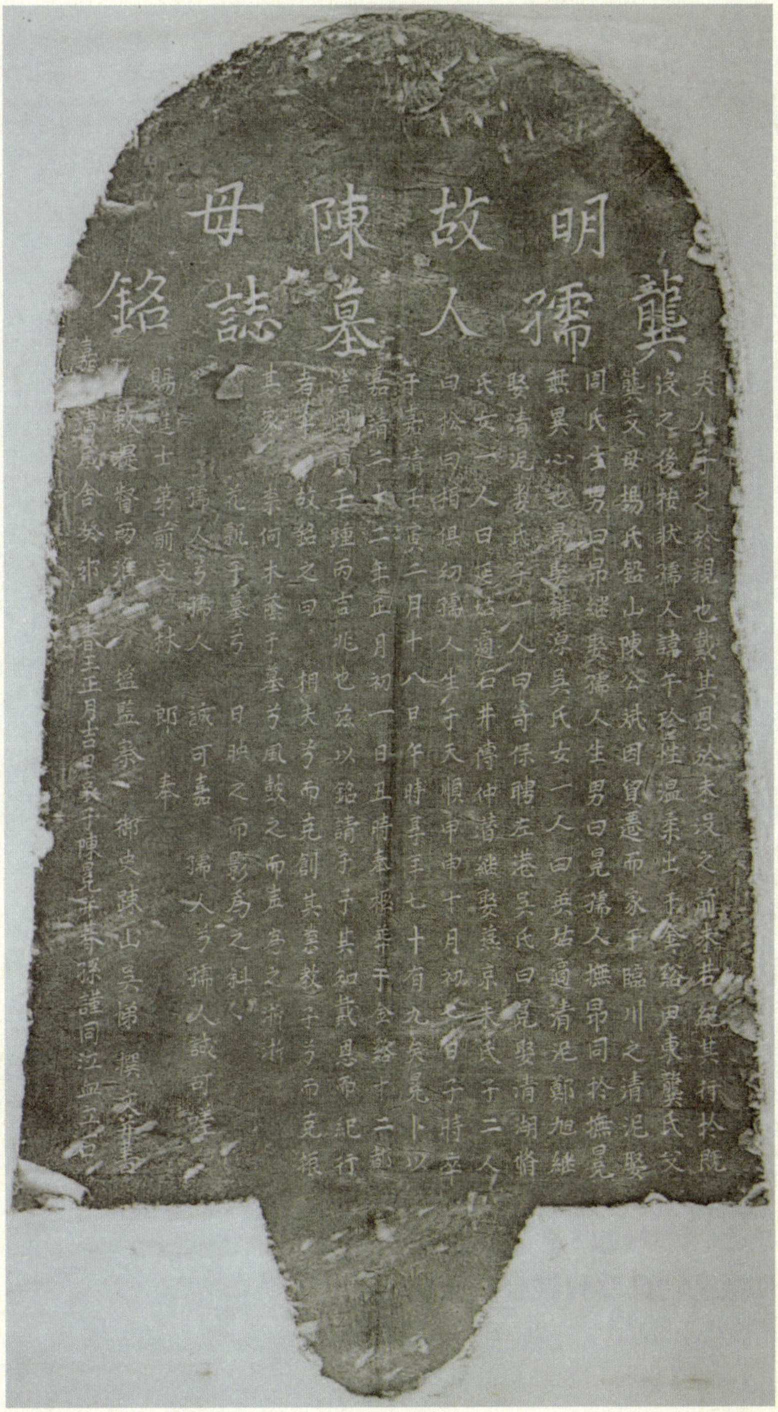

23 明故陈母龚孺人墓志铭

嘉靖二十二年（1543）正月初一日

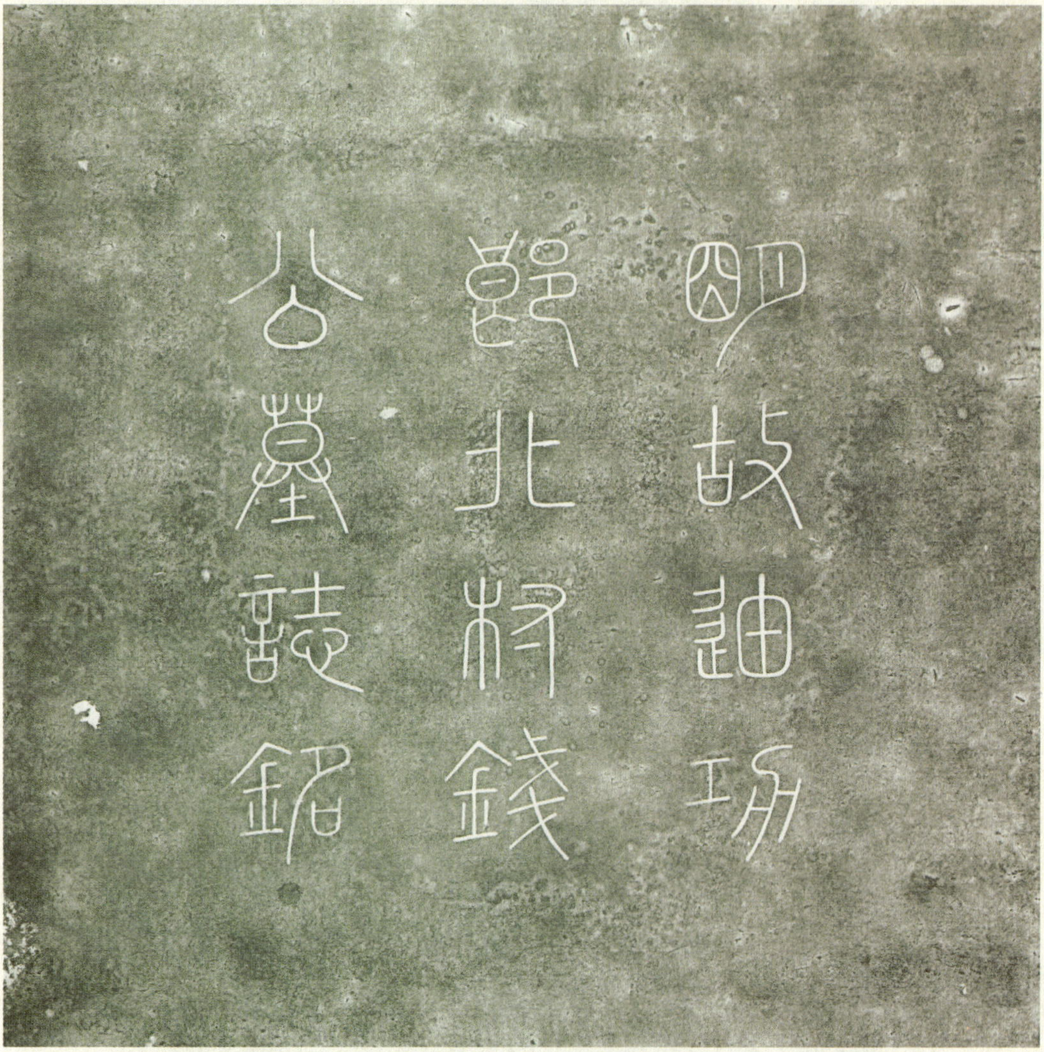

24—1　明故迪功郎北村钱公墓志铭

嘉靖三十一年（1552）三月

24—2　明故迪功郎北村钱公墓志铭

嘉靖三十一年（1552）三月

25　修魏家湾巡检司记

嘉靖三十五年（1556）正月

26 **□山居士穆公墓志铭**

嘉靖四十三年（1564）三月十九日

27 **明故钱母黄孺人祔葬墓志铭**

嘉靖四十五年（1566）七月初七日

28 **明故友斋先生钱公墓志铭**

隆庆二年（1568）三月

29 **明故文林郎宣城李公暨孺人萧氏合葬墓志铭**

万历九年（1581）十月十二日

30 皇明乡进士葵洲钱公墓志铭

万历十一年（1583）十月

31—1 **明迪功郎贺君墓志铭**

万历十三年（1585）十一月初六日

31—2 明迪功郎贺君墓志铭

万历十三年（1585）十一月初六日

32

明故沁源教谕诚庵施公墓志铭

万历十六年（1588）三月十三日

33—1 **明亚中大夫陕西参政靖予刘公墓志铭**

万历二十八年（1600）十一月

33—2 **明亚中大夫陕西参政靖予刘公墓志铭**

万历二十八年（1600）十一月

34—1　明中宪大夫陕西按察司副使恪庵钱公暨配诰封恭人王氏合葬墓志铭

万历三十四年（1606）十二月

34—2 **明中宪大夫陕西按察司副使恪庵钱公暨配诰封恭人王氏合葬墓志铭**

万历三十四年（1606）十二月

35 明文林郎巩县知县养斋李公墓志铭

万历三十四年（1606）九月

36 **大明资政大夫太子少保礼部尚书东阁大学士赠太子太保于公元配诰封淑人秦氏合葬墓志铭**

万历三十七年（1609）十二月

37—1 明承德郎浙江绍兴府通判心伊庞公暨配孺人王氏墓志铭

万历四十年（1612）十月

37—2 **明承德郎浙江绍兴府通判心伊庞公暨配孺人王氏墓志铭**

万历四十年（1612）十月

38

增修北极真武庙碑记

万历四十四年（1616）三月

39　明江西饶州府乐平县知县翔南高公墓志铭

万历四十七年（1619）四月

40 明故奉政大夫巩昌府同知郝公讳学诗继配孺人周氏墓志铭

崇祯九年（1636）十一月

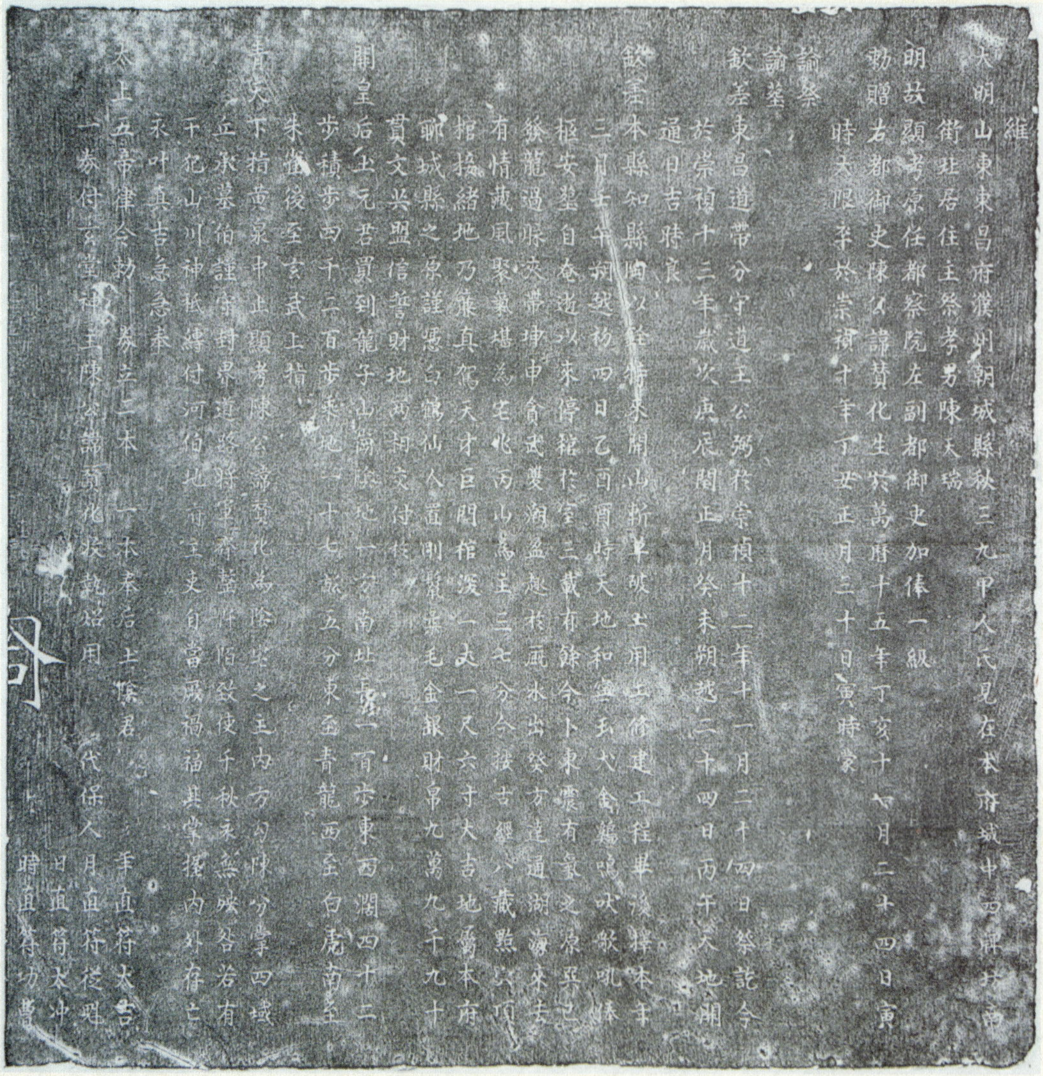

維
大明山東東昌府濮州朝城縣秋三九甲人氏見在本府城中四牌坊南
衛壯居住主祭孝男陳天瑞
明故顯考原任都察院左副都御史加俸一級
勅贈右都御史陳公諱贊化生於萬曆十五年丁亥十一月二十四日寅
時大限卒於崇禎十年丁丑正月三十日寅時蒙
諭祭
諭塋
欽差東昌道帶分守道王公躬於崇禎十二年十一月二十四日祭訖今
於崇禎十三年歲次庚辰閏正月癸未朔越二十四日丙午天地開
通日吉時良
欽差本縣知縣陶以[illegible]特來開山斬草破土用工修建工程畢後擇本年
三月壬午朔越初四日乙酉酉時天地和合玉犬銜鷄鳴吠報吼時
柩安塋自奄逝以來停柩於堂三載有餘今卜東震有氣之原巽巳
發龍過脉交帶坤申會武斐潮盈趣於巽水出癸方達通湖海來去
有情藏風聚氣堪為宅兆丙山為主三七分金按古經八藏點穴項
指據緒地乃廉貞駕天才巨門棺淺一丈一尺六寸大吉地屬本府
聊城縣之原謹憑白鶴仙人置[illegible]毛金銀財帛九萬九千九十
貫文共盟信誓財地兩相交付於
開皇后土元君買到龍子山崗陰地一所南北長一百步東西闊四十二
步積步四千二百步乘地一十七畝五分東至青龍西至白虎南至
朱雀後至玄武上指
青天下指黃泉中止顯考陳公諱贊化爲陰宅之主內方勾陳分掌四域
丘承墓伯謹肅封界道路將軍齊整阡陌致使千秋永無殃咎若有
干犯山川神祇縛付河伯地府主吏自當威福福其掌握內外存亡
永叶真吉急急奉
太上五帝律令勅券立二本一本奉后土陳君 手直符太吉
一券付玄堂神主陳公諱贊化收執焰用 代保人月直符從魁
日直符太冲
時直符功曹

41　都察院左副都御史陈赞化买地券

崇祯十三年（1640）正月

42

重修三义庙圣殿记

顺治七年（1650）十月

43

重修八里庙记

顺治九年（1652）十月

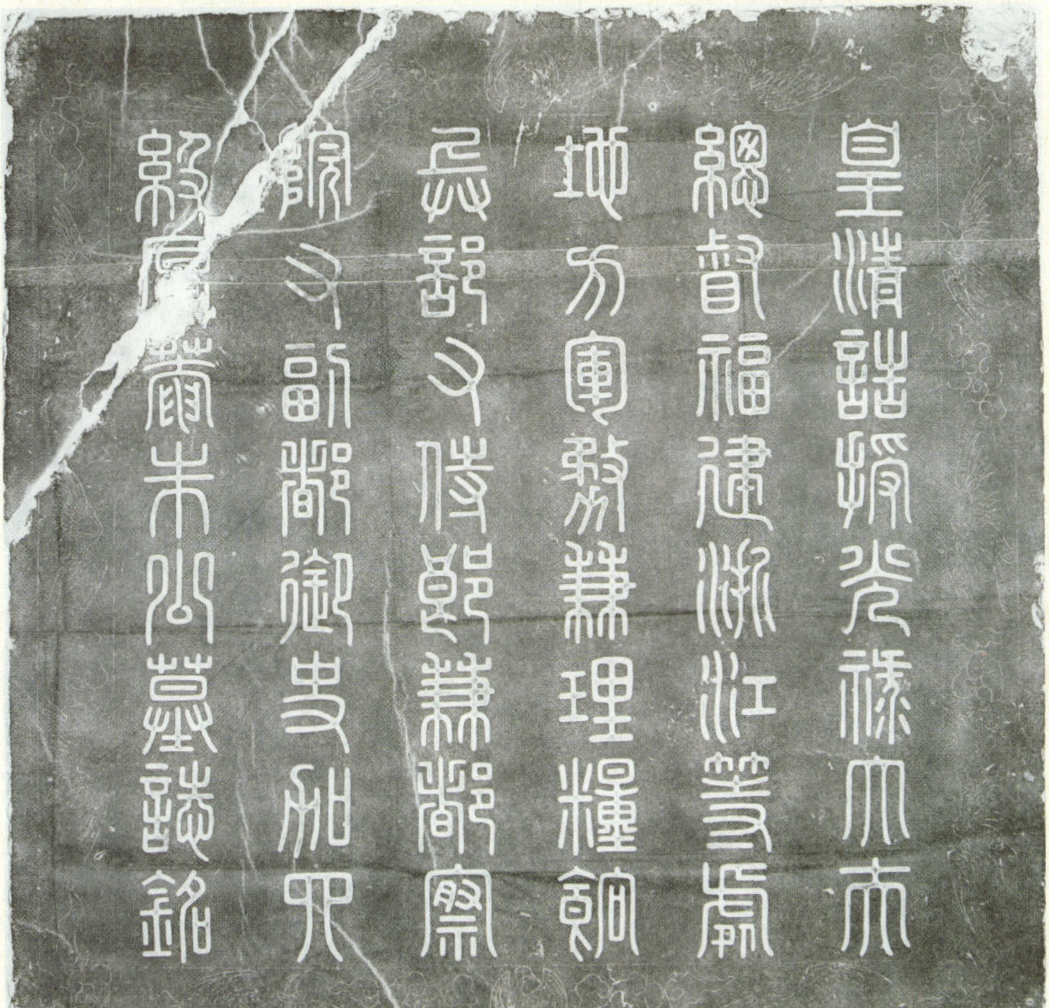

44—1　清诰封光禄大夫总督福建浙江等处地方军务兼理粮饷兵部右侍郎兼都察院右副督御史加四级厚庵朱公墓志铭

康熙四十年（1701）十二月

44—2　清诰封光禄大夫总督福建浙江等处地方军务兼理粮饷兵部右侍郎兼都察院右副督御史加四级厚庵朱公墓志铭

康熙四十年（1701）十二月

45

尝济院禅记

康熙四十一年（1702）

46—1　皇清诰封一品夫人朱母王太君合葬墓志铭

康熙四十五年（1706）十二月

46—2 **皇清诰封一品夫人朱母王太君合葬墓志铭**

康熙四十五年（1706）十二月

47

铁尚书庙碑记

雍正七年（1729）八月

48 皇清诰授通议大夫吏部右侍郎兼顺天府府尹前吏部左侍郎文仲张公墓志铭

雍正十三年（1735）十二月

皇清誥授奉政大夫江南安慶府同知省齋孫公墓誌銘
公姓孫氏諱綎字長發別號省齋迺祖諱毅者明初自洪洞來居莘縣故為
莘人高祖朝臣曾祖東陽皆善崇累贈工部左侍郎祖肇興始成進士遷居
郡城歷官通奉大夫工部左侍郎生公父諱玉智官監生以公貴累贈奉政
大夫江南安慶府同知配宜人張有子六公其長也性質介好直言無隱情
篤於孝友弱冠補諸生旋食餼以歲薦授文登縣教諭復補臨朐陞河南河
內縣知縣七年陞江南安慶府同知又七年以引年歸里其為學博也訓士
以力學砥行有司時咨訪焉其為縣令也嚴中有寬用刑平允邑產樂利為
之價帘易不累閭閻勤捕緝懸賞格盜賊潛蹤又念鎮兵為患調劑得與民
相安其為郡佐也兼攝蕪湖關務防吏胥舞文禁巡攔滋擾商人爭先輸稅
國課以裕此公行事之大端也為關之待曰守令民之師帥也公值
聖朝熙雍之盛為政皆大邑名都且承祖父家風濡染敦朴不矜名譽而一時鄉
公咸欽重之稱為長厚推轂不置公亦骨鯁自喜坦白待物澤及一方殊可
以無憾也年八十一卒於家配王繼錢俱贈宜人又繼任子四啟淳附貢生
啟淑舉人出嗣啟沫太學生啟灝附學生淳沫皆先公卒女七一適李大學
生[illegible]一適鄒少宗伯鍾岳一適劉文學偉成一適李太學綿祚一適任太學
用錫一適田大學來祐一適崔文學廷楷孫四廷璥太學生廷璜士桂廷瑾
曾孫一文灼廷璥等卜於乾隆丁卯十一月十六日葬公於沙鎮先塋禮也
以賢舉夙好為古文其知曼氏素行宜於宜按史法敘記生平竟舉不敢辭
併為銘云
理學之胄循吏之列君民曰慈閣吏曰嚴不為懦水不為柔舌順吾情性上
下胥悅幽窆茲歸永世大耋
賜進士出身吏部候選知縣癸卯
恩科鄉試第一功賜耿賢舉頓首拜撰
丙午科順天舉人候選知縣內姪王[illegible]仁頓首拜書
聊城縣儒學增廣生員愚甥朱禮誠頓首篆蓋

49—1　皇清诰授奉政大夫江南安庆府同知省斋孙公墓志铭

乾隆十二年（1747）十一月

49—2 皇清诰授奉政大夫江南安庆府同知省斋孙公墓志铭

乾隆十二年（1747）十一月

50

滚水坝碑

乾隆二十七年（1762）三月

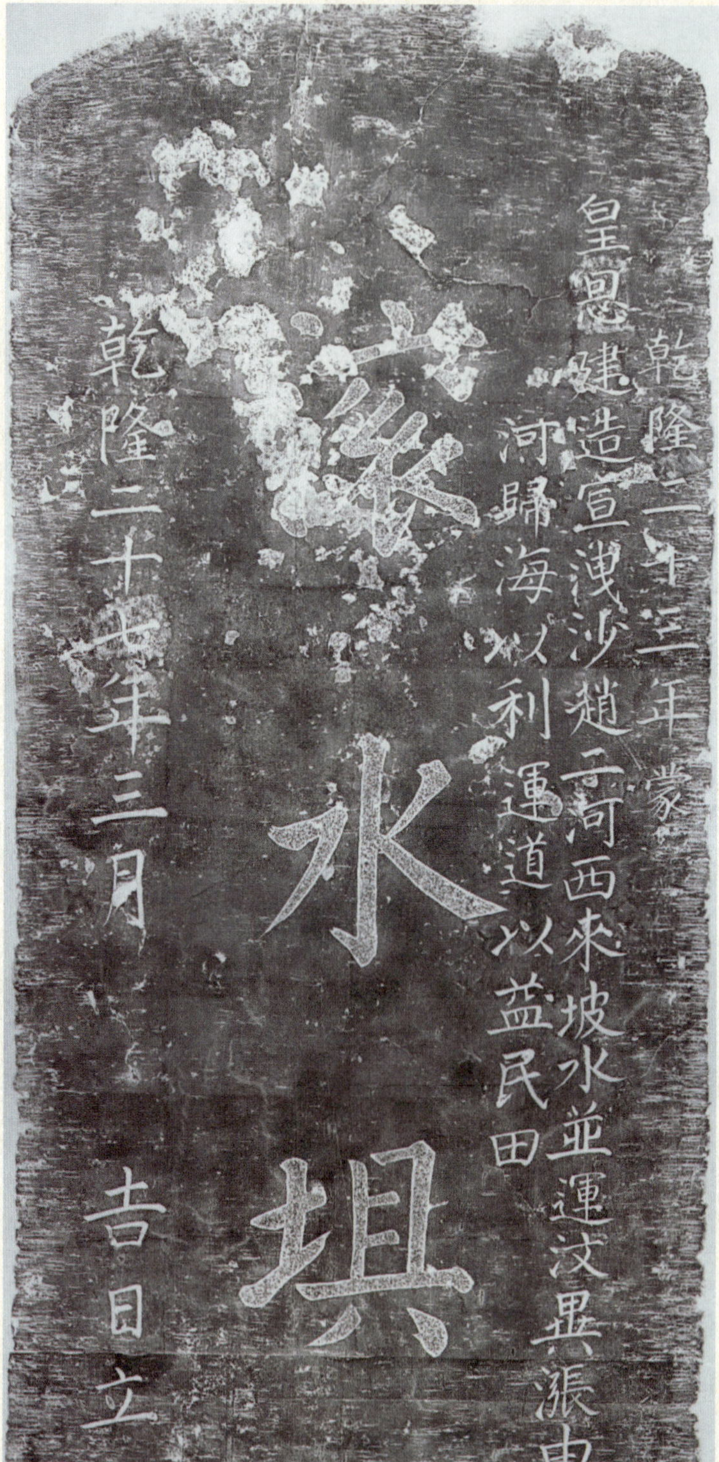

51

免派百姓物料告示碑

嘉庆元年（1796）十二月

52

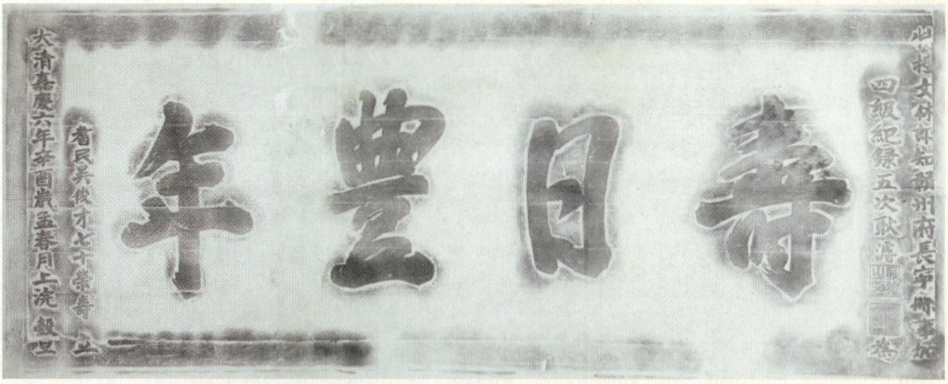

寿日丰年匾额

嘉庆六年（1801）正月

53

重修东郡试院记

道光八年（1828）秋

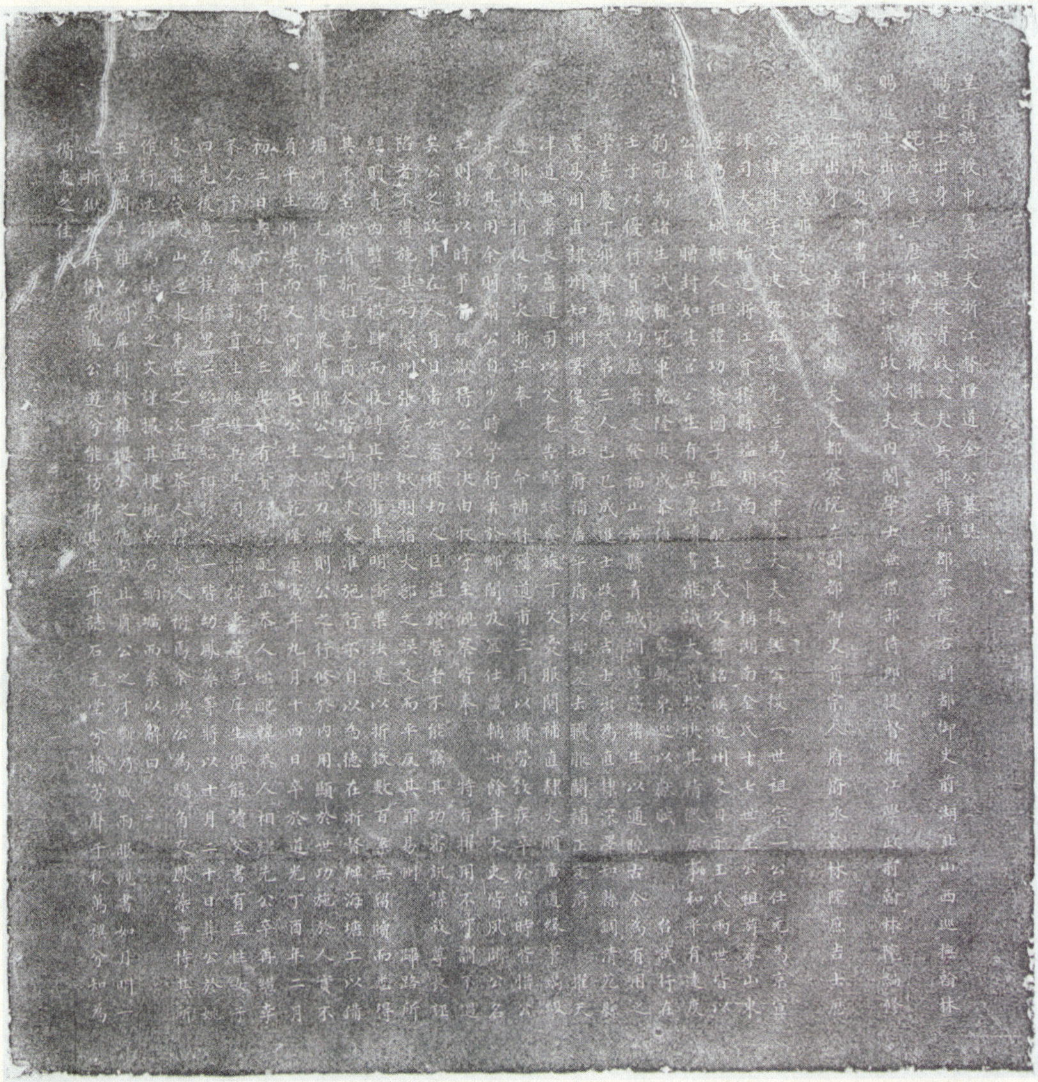

54 **皇清诰授中宪大夫浙江督粮道金公墓志**

道光十七年（1837）十月

55 **闺中良模匾额**

道光十八年（1838）冬月

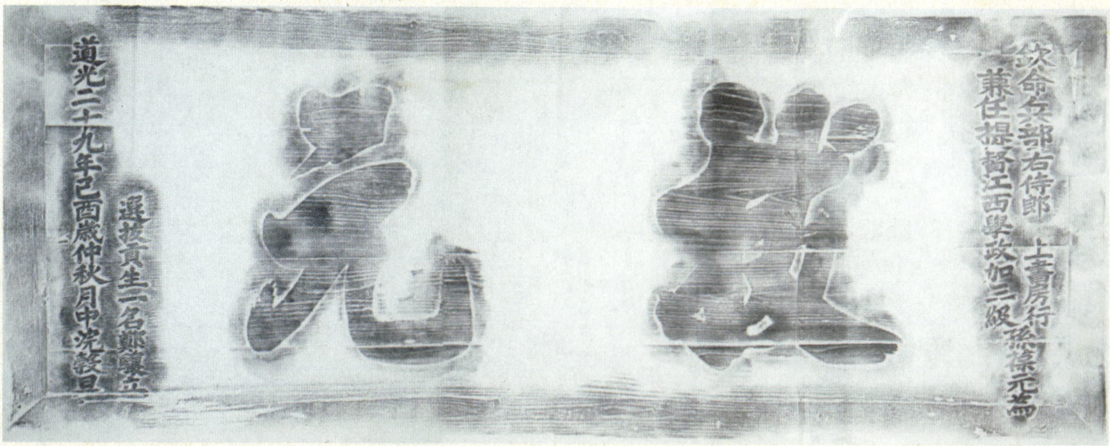

56 **拔元匾额**

道光二十九年（1849）

57

亚魁匾额

咸丰九年（1859）

58

诰封奉直大夫蔺公讳尚文德配赵宜人节孝碑

同治元年（1862）闰八月

59

捐输碑记

同治元年（1862）十月

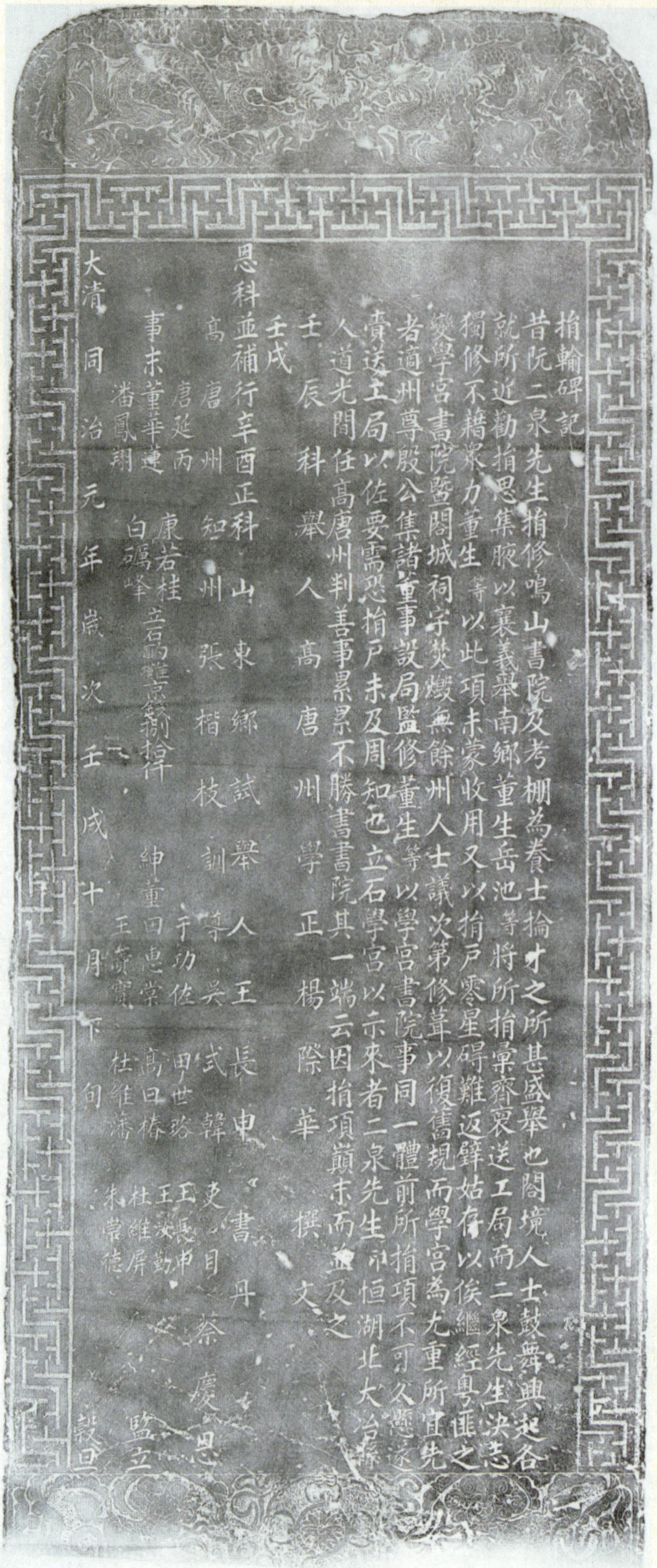

60

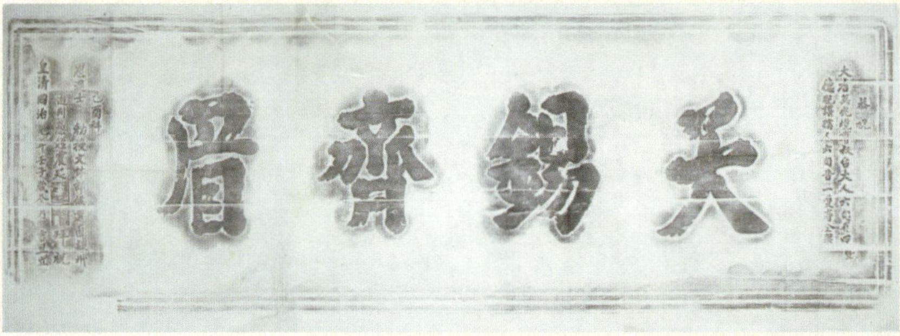

天锡齐眉匾额

同治元年（1862）冬月

61

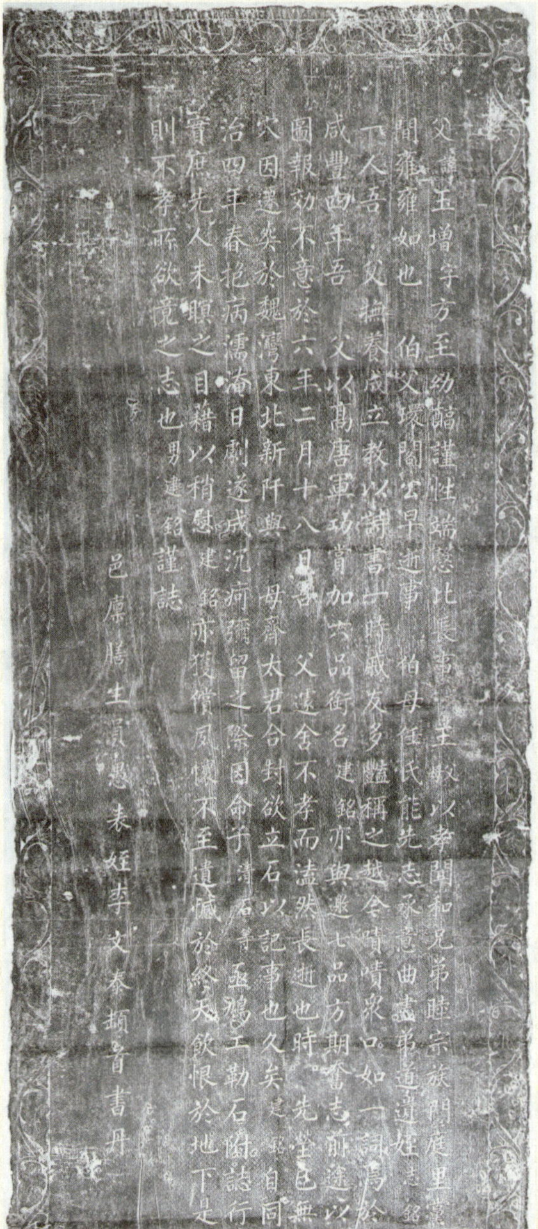

临清魏湾李玉增墓志铭

同治四年（1865）春

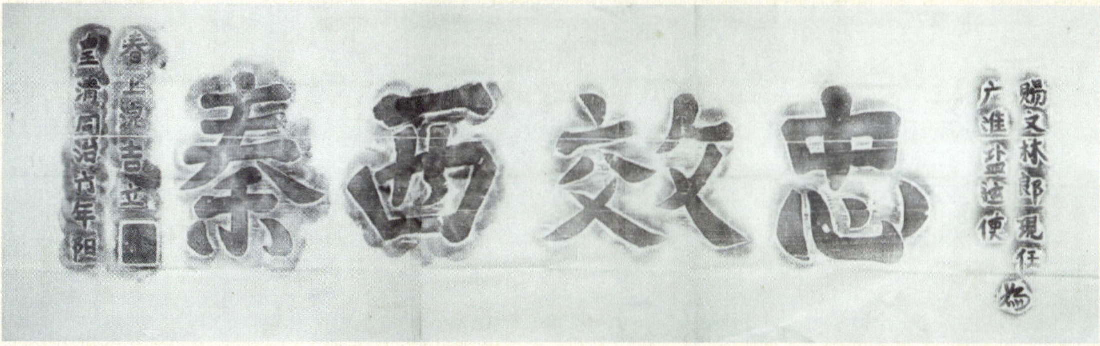

62 **忠效西秦匾额**

同治六年（1867）三月

63 **淑德延年匾额**

光绪十年（1884）十一月

64

王氏先茔碑刻

光绪十二年（1886）四月

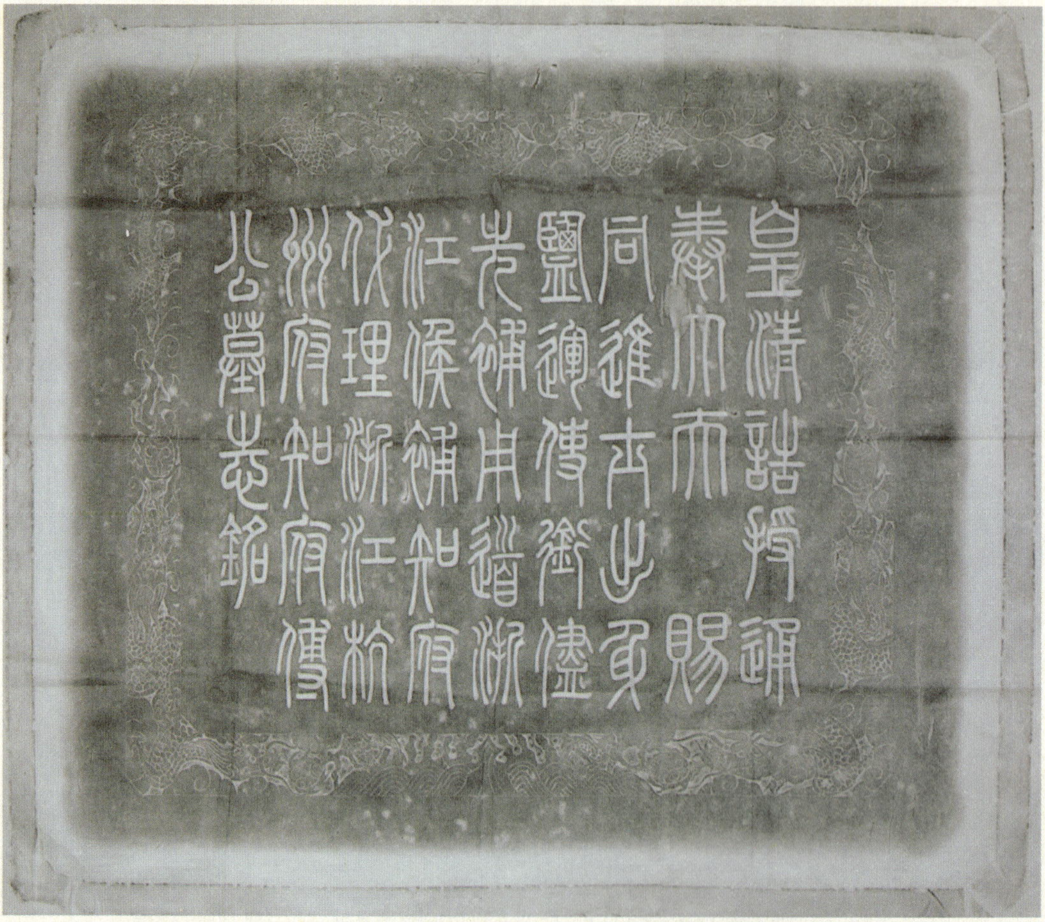

65—1 皇清诰授通奉大夫二品顶戴监运使衔尽先补用道浙江候补知府代理杭州府知府傅公墓志铭

光绪十二年（1886）八月

65—2 **皇清诰授通奉大夫二品顶戴监运使衔尽先補用道浙江候補知府代理杭州府知府傅公墓志铭**

光绪十二年（1886）八月

66

高唐县捐资题名碑

光绪十三年（1887）五月

67 **淑德遐龄匾额**

光绪十三年（1887）五月

68 **椿萱荫桂匾额**

光绪十四年（1888）十月

69 **稀古延龄匾额**

光绪十六年（1890）十一月

70 **耆德齐荣匾额**

光绪十八年（1892）

71

重修博川桥记

民国八年（1919）十月

昭示來許

重修博川橋記

博川橋由來舊矣重修屢矣自清初順治十[illegible]年溫公聖教倡義重修以至咸豐己未其間凡六七修嘗時襄事者溫公應中聖教公七世孫也其碑[illegible]橋未至大壞而修補之斯言也意深旨遠洵爲後世之炯鑒迄於今[illegible]道雁齒長欄半[illegible]野水[illegible]鋪石幾[illegible]沙灘數年前因遇颶風碑仆道側行人卧觸目傷心今春二月聖教公十世孫[illegible]興[illegible]繼述之思不憚奔走徧謁[illegible]輩諸襄事後裔[illegible]驚門苗君述和賈君科臣等[illegible]日議立[illegible]碑[illegible]余與立興君舊屬通家[illegible]亦與聞其事屆期[illegible]長咸集敬立仆碑禮畢率衆周視橋之上下損壞[illegible]險可慮僉曰先進不云乎及橋未至大壞而[illegible]補之今其時也即公同協商計度工程余云財貴有用事務求實優觴宴客後事糜費吾不取焉不[illegible]蔽先行勸募南北分辦頗爲得宜四月終募化粗有端倪五月十日興工閱四旬而工竣遲之數月始購碑石襄事諸君囑余爲文冀垂諸後余不辭樸陋將收捐輸若干物料人工幾何亦誌石之左右俾數十年後異賢繼起倘亦及橋未至大壞而修補之庶彷彿有軌可循不惟吾輩所欣幸亦即先進[illegible]厚望也夫

歲貢生廂白旗漢教習引見以教諭用董玉良記文

清 邑鄉飲大賓 廪膳生南道南書丹

博平縣知事吳 容捐洋拾貳元 騎兵營長張德昌捐洋拾元

民國八年歲次己未小陽月下浣 穀旦 公立

72

碧霞元君会社捐资碑

民国九年（1920）正月

73

诰授宣武将军世袭指挥佥事始籍聊城尽诚杨公墓碑

同治、光绪年间

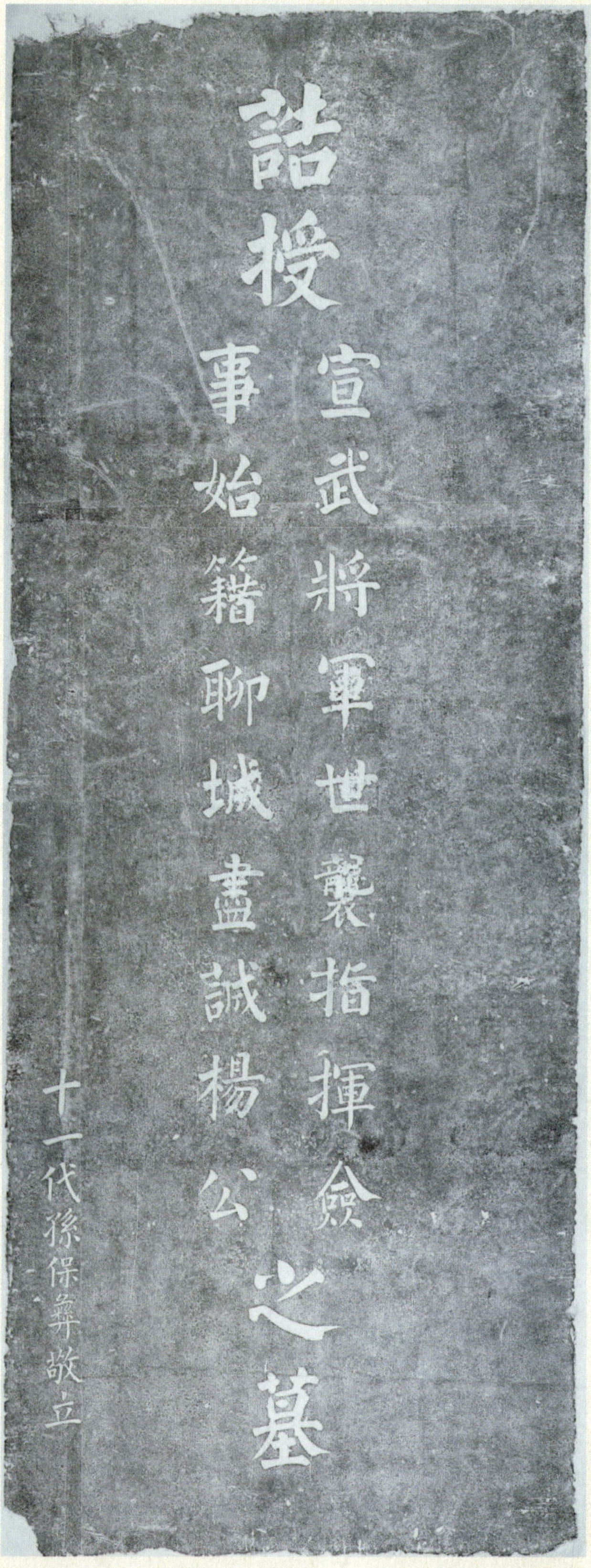

74

诰赠中议大夫候选郎中加三级衍蕃杨公暨元配旌表节孝淑人唐氏墓碑

同治、光绪年间

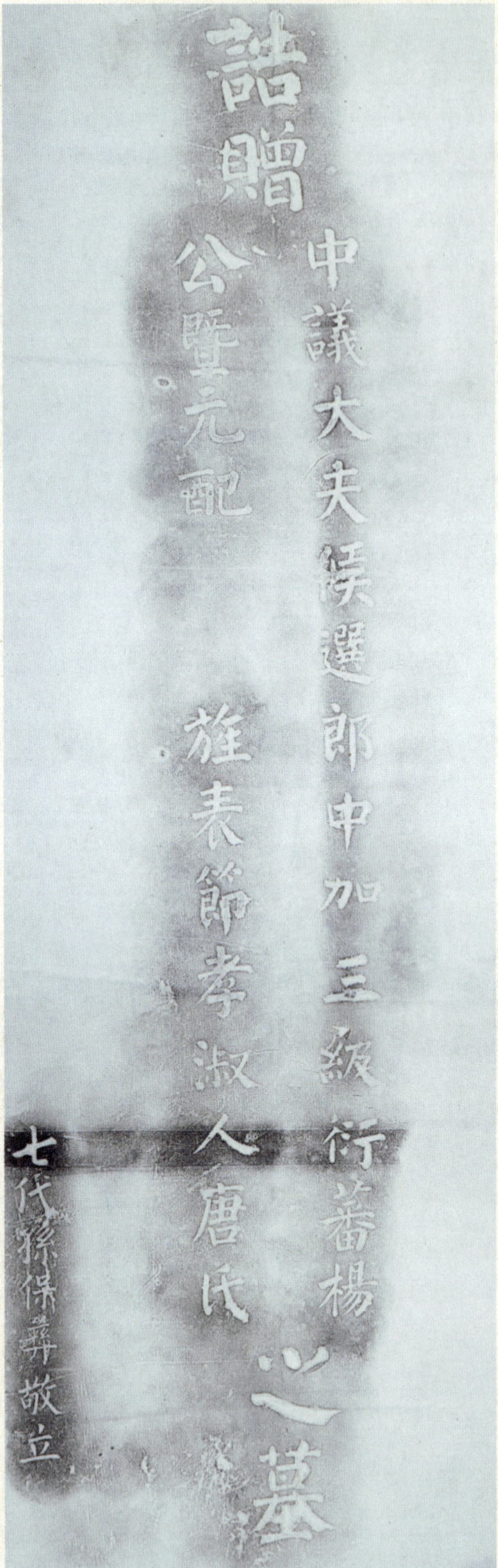

75

堂邑县夫仁寨马思尧墓志铭

时间不详

家族谱牒

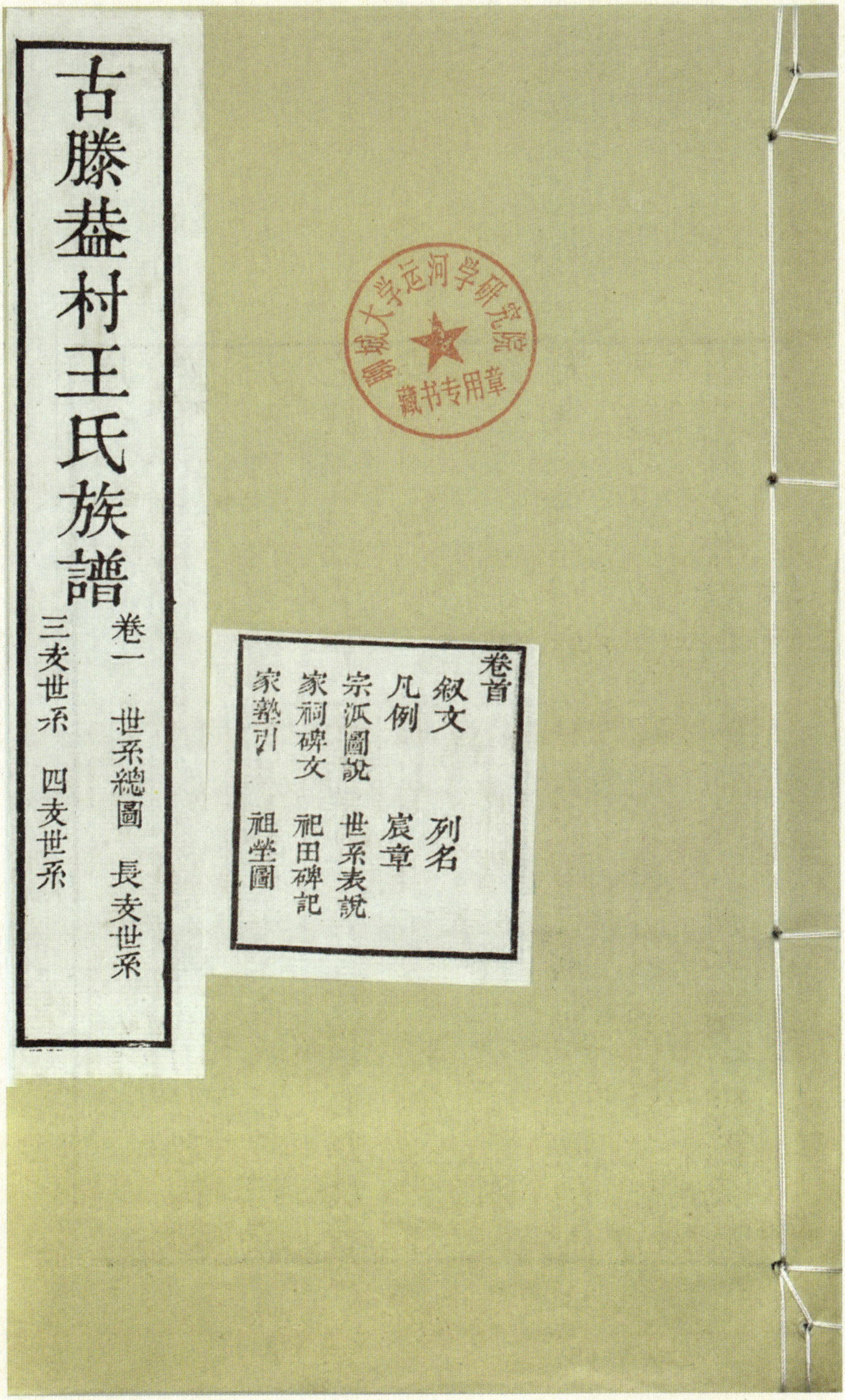

1—1 **古滕盖村王氏族谱**

道光九年（1829）刻本

序

滕西王氏重修族譜既成吾覽之嘆其用力之精勤用心之公溥而爲功於族人者至深遠也嘗考譜牒之興肇自上古胙之土而命之姓又或以官爲姓者或以國爲姓者下逮有周列國大夫各以其王父之字爲氏因同一姓而族又分焉此皆位列公侯卿大夫世系載在國史故歷久而不可紊而道德勳勣則又勒諸彝鼎以垂無窮尚矣魏晉以來世族大家皆有譜牒之作體例各别而今人所共讀者惟蘇氏族

王氏族譜　卷首　序　一

1—2　古滕盖村王氏族谱

道光九年（1829）刻本

知其始爲一人則情親情親則誼篤油然而生其愛秩然而作其敬一脉之念切而尊卑長幼之分明故族譜成而人倫之道厚矣彼蘇氏之説顧曰及其未至於塗人也使無忽忘然則服窮而親盡將遂聽其視如塗人可乎故吾於王氏族譜之作而嘆其爲功於族人至深遠也後有繼起者其尚無忘斯意也夫

道光八年歲在戊子丙午科舉人候選知縣殷苞筠圃氏敬題

王氏族譜　卷首　序　二

1—3　古滕盖村王氏族谱

道光九年（1829）刻本

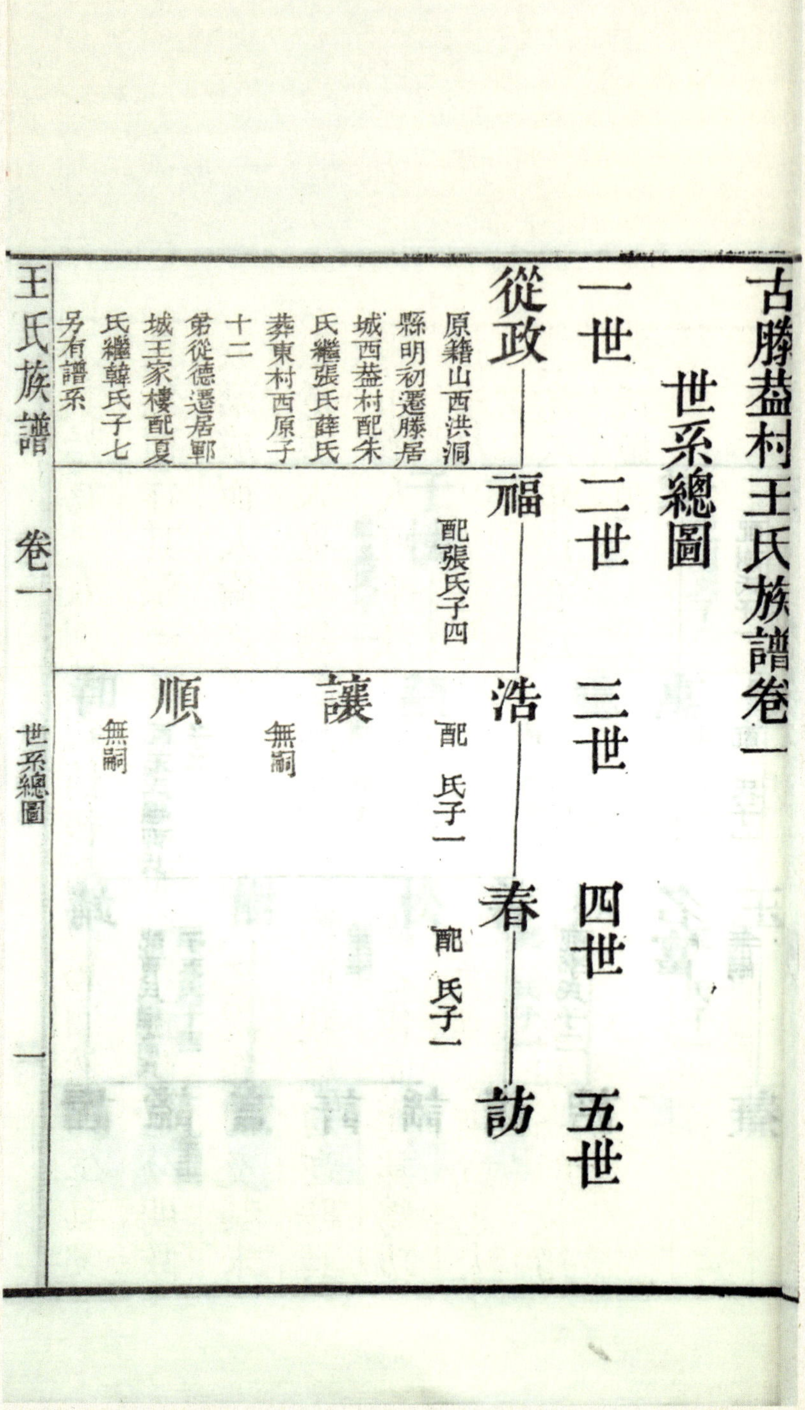
古滕葢村王氏族譜卷一

世系總圖

一世 二世 三世 四世 五世

從政——福——浩——春——訪

從政：原籍山西洪洞縣明初遷滕居城西葢村配朱氏繼張氏薛氏葬東村西原子十二弟從德遷居鄆城王家樓配夏氏繼韓氏子七另有譜系

福：配張氏子四

浩：配 氏子一

讓：無嗣

順：無嗣

春：配 氏子一

王氏族譜 卷一 世系總圖 一

1—4 **古滕盖村王氏族谱**

道光九年（1829）刻本

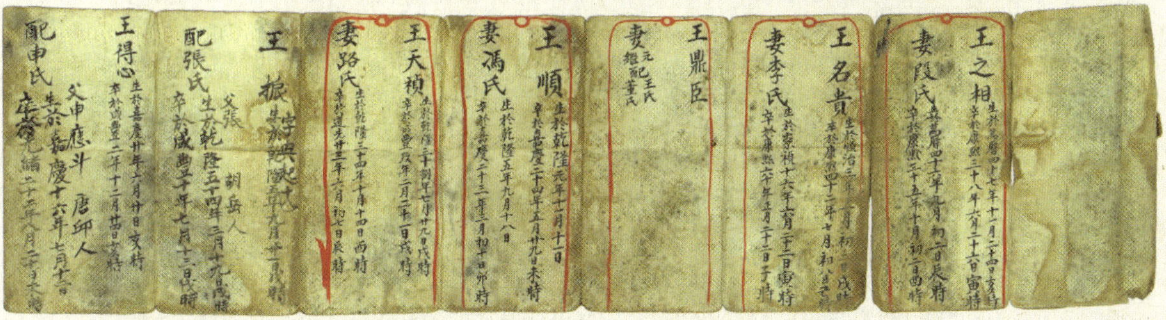

2—1 **王氏族谱**

光绪年间修手抄本

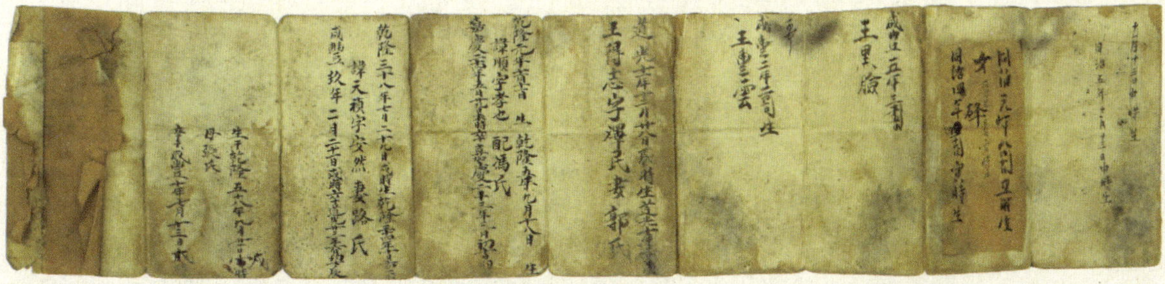

2—2 **王氏族谱**

光绪年间修手抄本

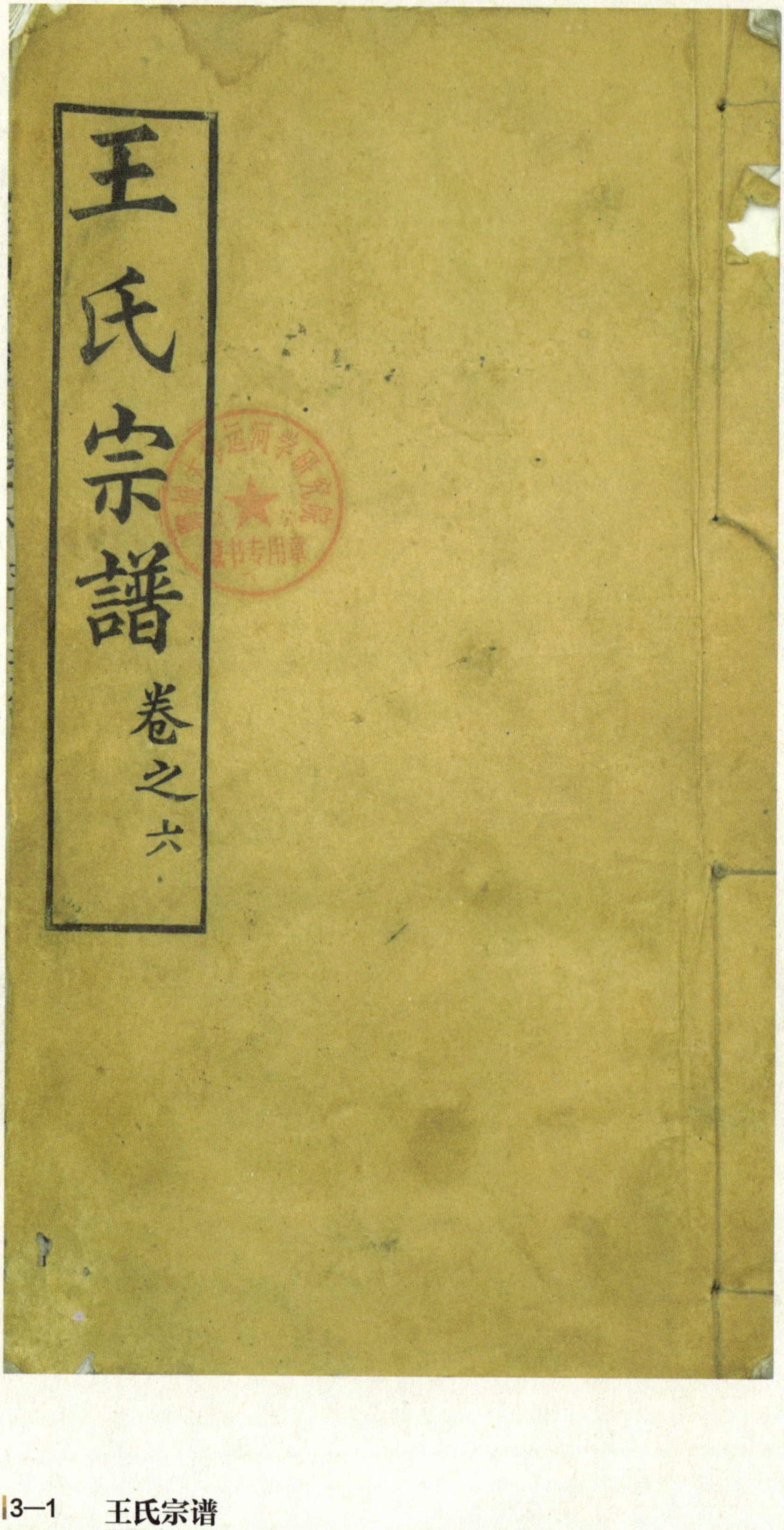

3—1 **王氏宗谱**

清代刊刻本

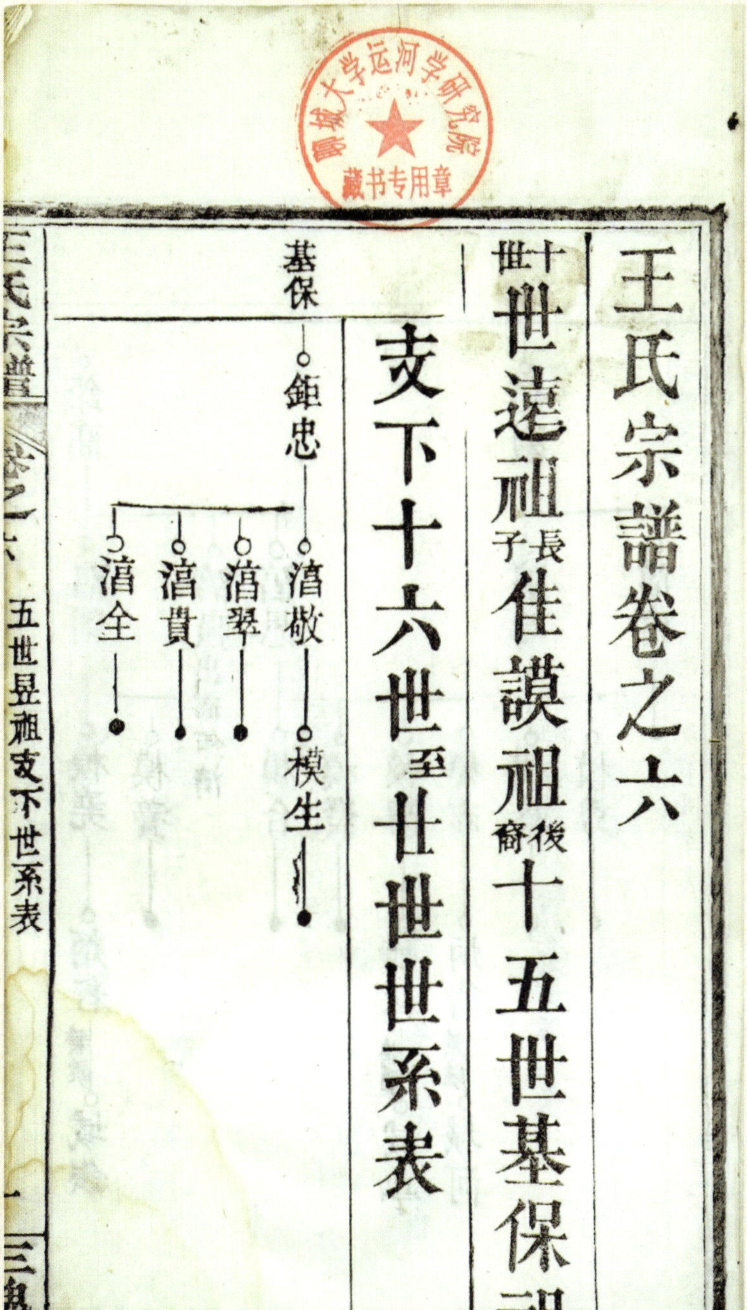

王氏宗譜卷之六

十世世遠祖長子佳謨祖後裔十五世基保祖

支下十六世至廿世世系表

基保
○鉅忠
○滀敬 —— ○模生
○滀翠
○滀貴
○滀全

王氏宗譜 卷之六 五世昱祖支下世系表 一 三槐堂

3—2 **王氏宗谱**

清代刊刻本

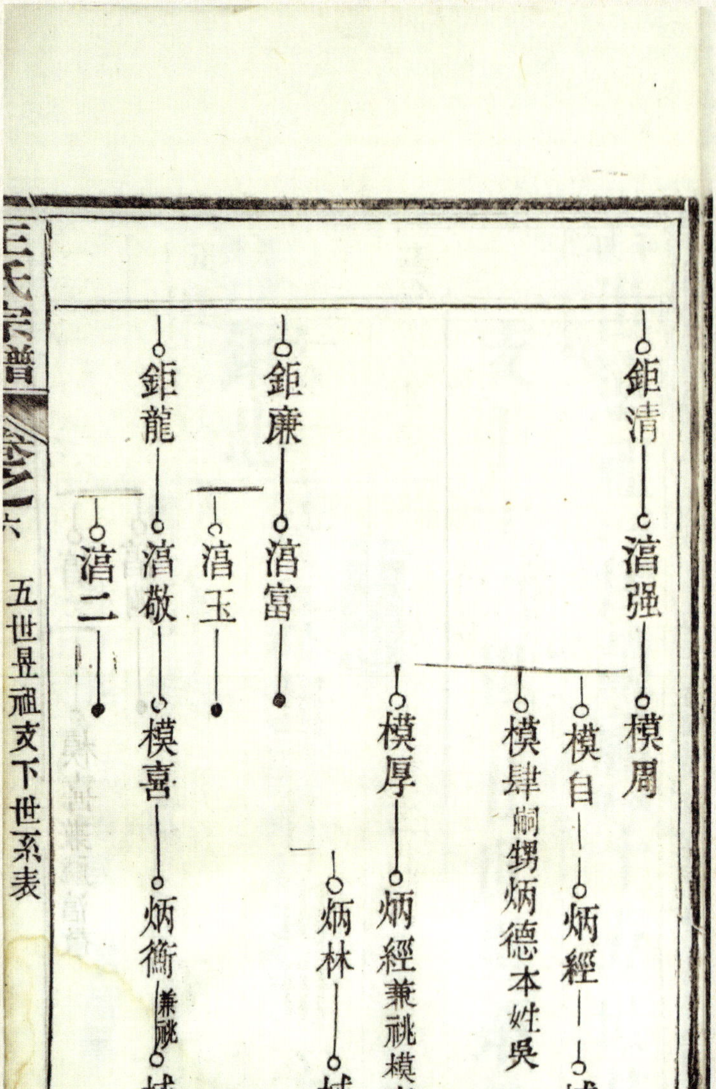

王氏宗譜　卷六　五世昱祖支下世系表　二十三

鉅清—湑强—模周

模自—炳經—域銀

模肆　嗣甥炳德本姓吳

模厚—炳經兼祧模堯模自

炳林—域亨

鉅廉—湑富

湑玉

鉅龍—湑敬—模喜—炳衡兼祧—域河

湑二

3—3　**王氏宗谱**

清代刊刻本

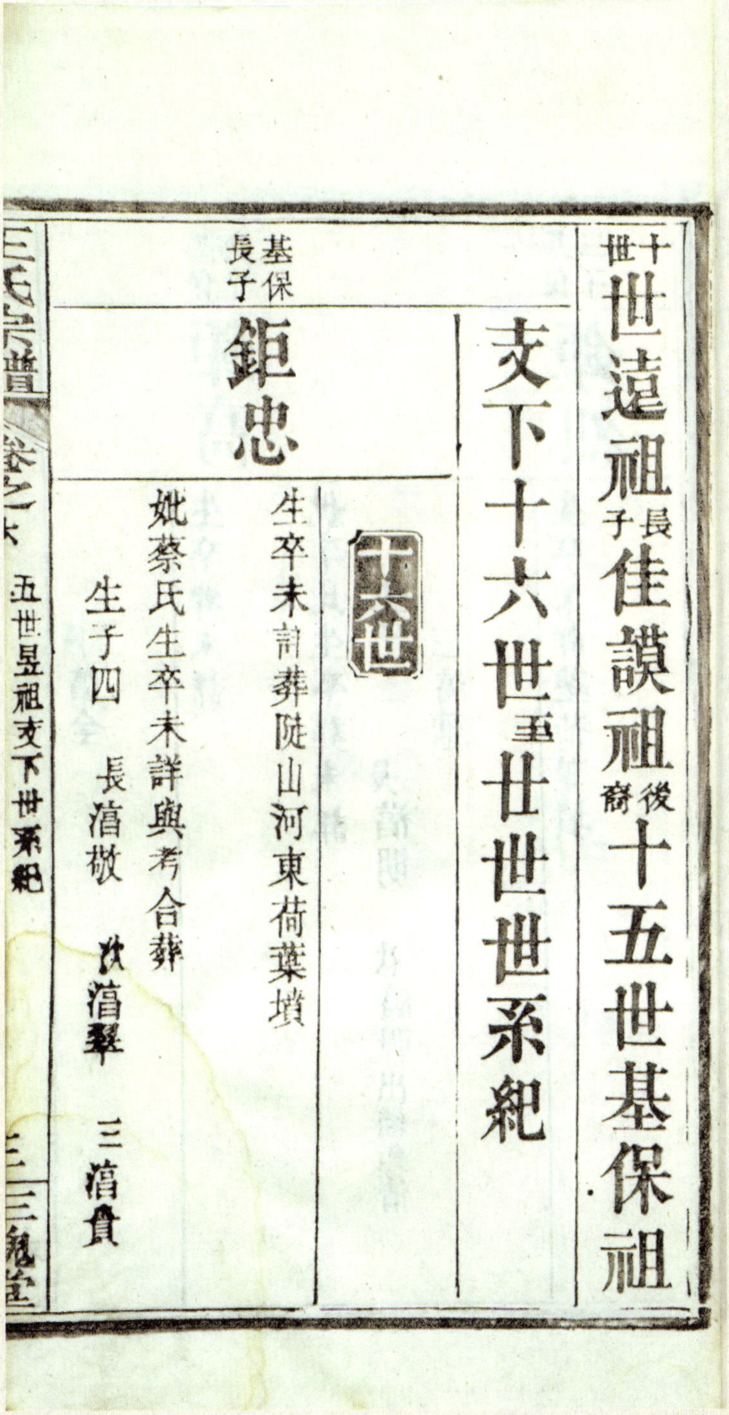
十世世遠祖長子佳謨祖後裔十五世基保祖

支下十六世至廿世世系紀

十六世

基保長子

鉅忠

生卒未詳葬陡山河東荷葉墳

妣蔡氏生卒未詳與考合葬

生子四 長渲敬 次渲翠 三渲貴

王氏宗譜 卷之六 五世昱祖支下世系紀 三 三槐堂

3—4 王氏宗谱

清代刊刻本

4—1 **安陵吴氏族谱**

道光二十六年（1846）五月刊刻整理本

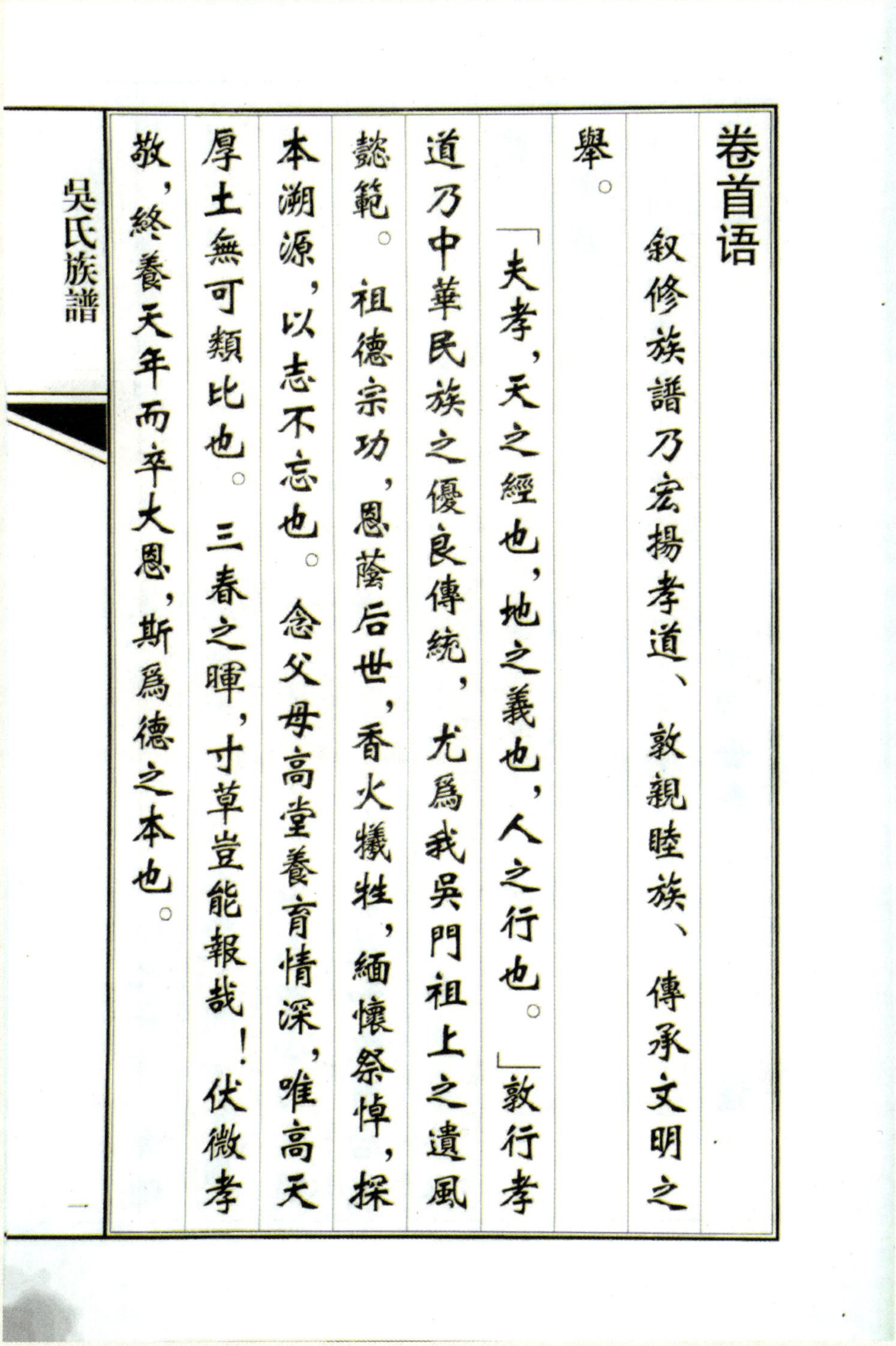

卷首语

叙修族譜乃宏揚孝道、敦親睦族、傳承文明之舉。

「夫孝，天之經也，地之義也，人之行也。」敦行孝道乃中華民族之優良傳統，尤爲我吳門祖上之遺風懿範。祖德宗功，恩蔭后世，香火犧牲，緬懷祭悼，探本溯源，以志不忘也。念父母高堂養育情深，唯高天厚土無可類比也。三春之暉，寸草豈能報哉！伏微孝敬，終養天年而卒大恩，斯爲德之本也。

吳氏族譜 一

4—2 **安陵吴氏族谱**

道光二十六年（1846）五月刊刻整理本

吴氏族譜　二

闔族宗親，一脈相承，猶木之枝柯水之分流，雖飄萍天涯，無相忘也。罷弱羸老，顧念憫恤；同宗骨肉，濟困扶危，是爲親親道也。手足情親，安以些小而生閑隙歟？「禮之用，和爲貴」此言得之。家族和睦爾后家緒中興，社會和諧、華夏昌隆所由始也。曷其幸甚矣哉！

時

己丑年炳月上浣　十四世裔孫　可迅　謹識

4—3 **安陵吴氏族谱**

道光二十六年（1846）五月刊刻整理本

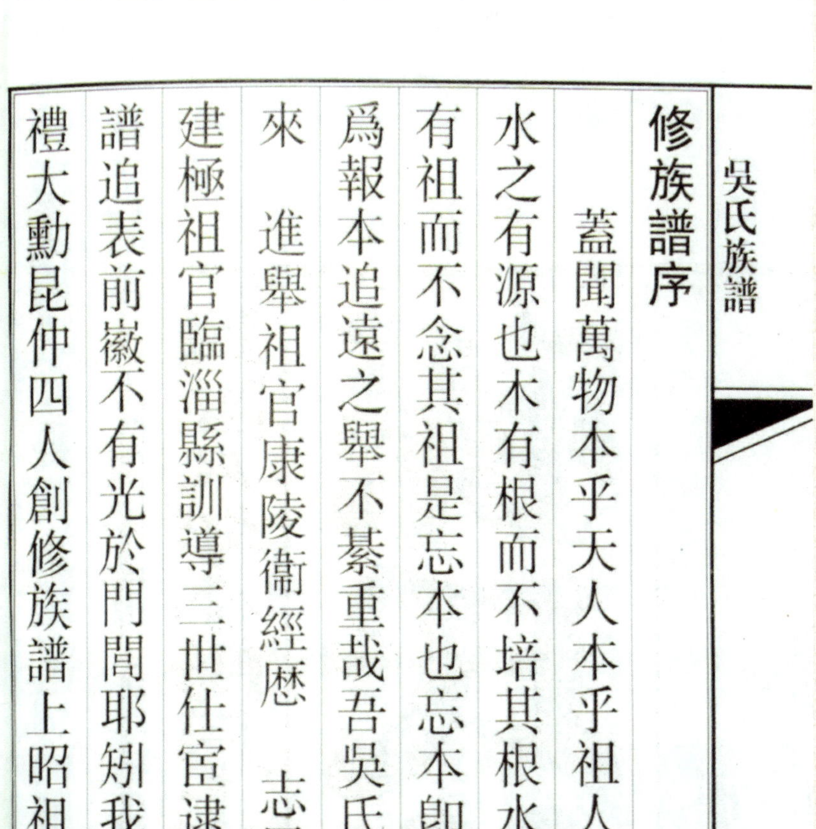

吴氏族譜 二

修族譜序

蓋聞萬物本乎天人本乎祖人之有祖猶木之有根水之有源也木有根而不培其根水有源而不溯其源人有祖而不念其祖是忘本也忘本卽忘身也則修譜一事爲報本追遠之舉不綦重哉吾吴氏爲安陵望族歷有明來 進舉祖官康陵衛經歷 志鳳祖官萊陽縣教諭 建極祖官臨淄縣訓導三世仕宦逮今功名不絕奕禩修譜追表前徽不有光於門閭耶矧我先世 建極建邦建禮大勳昆仲四人創修族譜上昭祖德下垂來緒永樂間

4—4 安陵吴氏族谱

道光二十六年（1846）五月刊刻整理本

民國八年小陽月上浣重修

孫氏族譜

荆塚集宗祠存板

5—1 **济宁孙氏族谱**

民国八年（1919）修

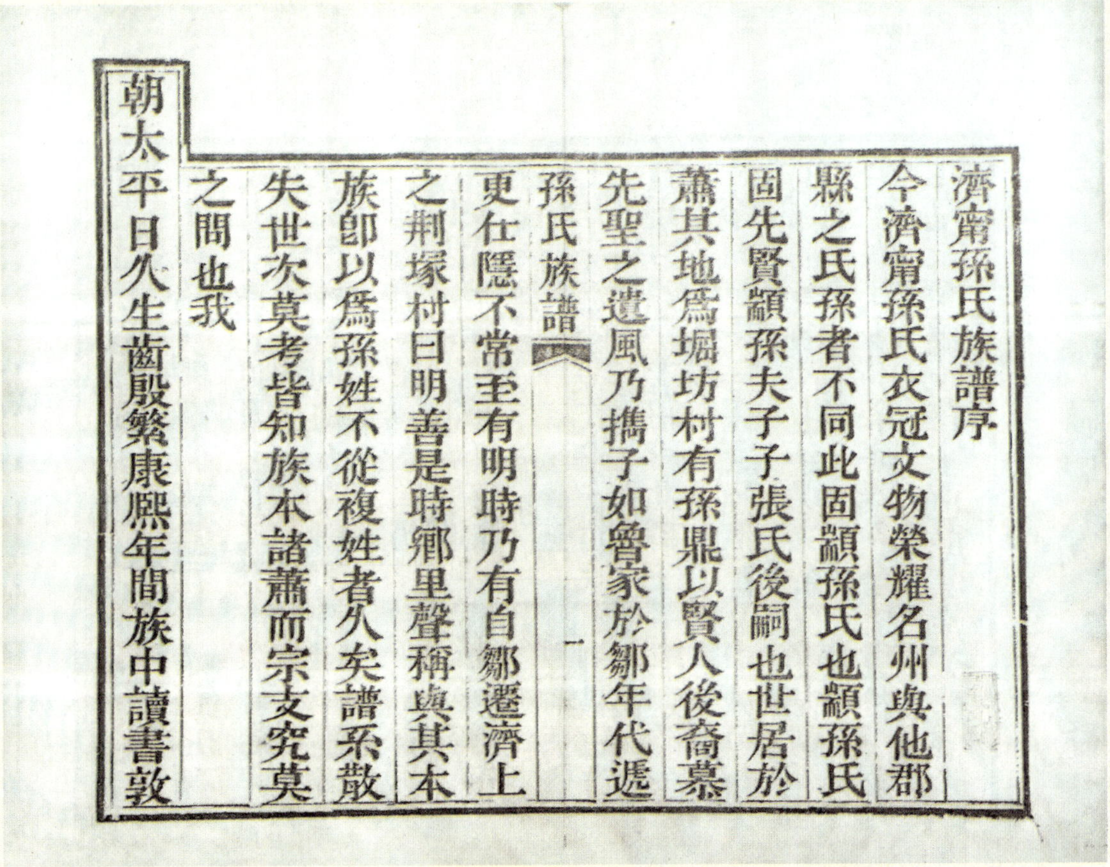
濟甯孫氏族譜序
今濟甯孫氏衣冠文物榮耀名州與他郡
縣之氏孫者不同此固顓孫氏也顓孫氏
固先賢顓孫夫子子張氏後嗣也世居於
蕭其地爲堀坊村有孫鼎以賢人後裔慕
先聖之遺風乃攜子如魯家於鄒年代遞
孫氏族譜 一
更在隱不常至有明時乃有自鄒遷濟上
之荊塚村曰明善是時鄉里聲稱與其本
族卽以爲孫姓不從複姓者久矣譜系散
失世次莫考皆知族本諸蕭而宗支究莫
之間也我
朝太平日久生齒殷繁康熙年間族中讀書敦

5—2 **济宁孙氏族谱**

民国八年（1919）修

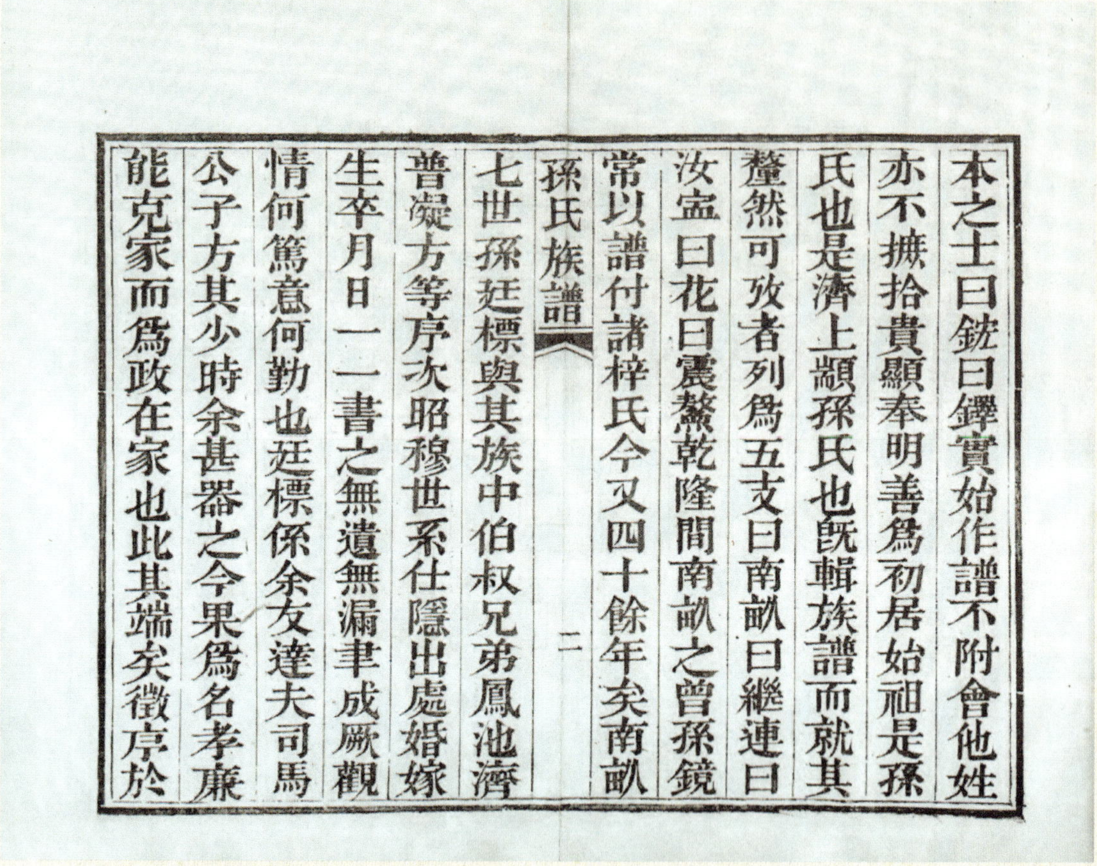
本之士曰鋐曰鐸實始作譜不附會他姓
亦不摭拾貴顯奉明善爲初居始祖是孫
氏也是濟上顯孫氏也旣輯族譜而就其
釐然可攷者列爲五支曰南畝曰繼連曰
汝宻曰花曰震鰲乾隆間南畝之曾孫鏡
常以譜付諸梓氏今又四十餘年矣南畝

孫氏族譜　二

七世孫廷標與其族中伯叔兄弟鳳池濟
普凝方等序次昭穆世系仕隱出處婚嫁
生卒月日一一書之無遺無漏聿成厥觀
情何篤意何勤也廷標係余友達夫司馬
公子方其少時余甚器之今果爲名孝廉
能克家而爲政在家也此其端矣徵序於

5—3　济宁孙氏族谱

民国八年（1919）修

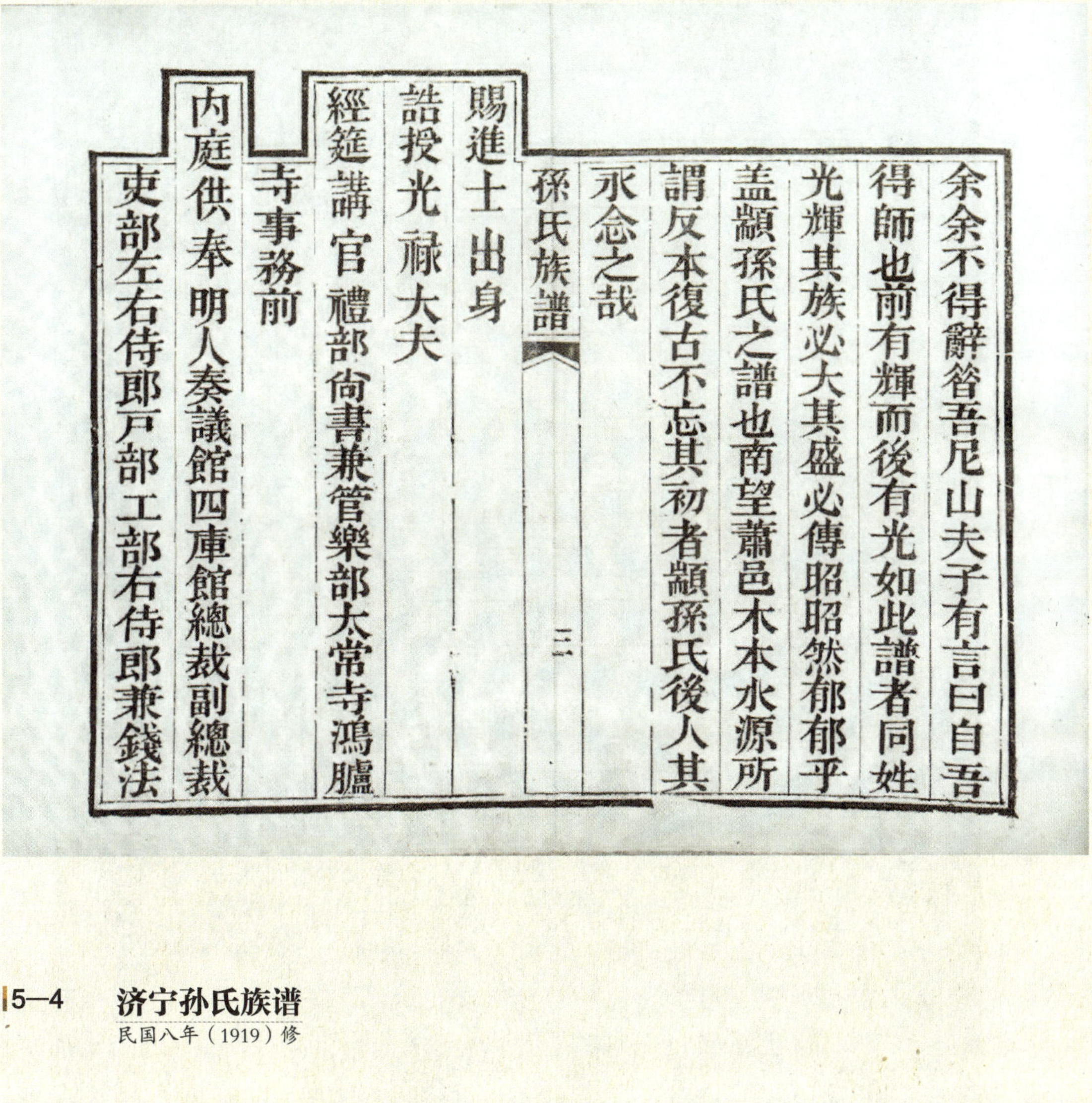
余余不得辭答吾尼山夫子有言曰自吾
得師也前有輝而後有光如此譜者同姓
光輝其族必大其盛必傳昭昭然郁郁乎
盖顯孫氏之譜也南望蕭邑木本水源所
謂反本復古不忘其初者顯孫氏後人其
永念之哉

孫氏族譜 三

賜進士出身
誥授光祿大夫
經筵講官禮部尚書兼管樂部太常寺鴻臚
寺事務前
内廷供奉明人奏議館四庫館總裁副總裁
吏部左右侍郎戶部工部右侍郎兼錢法

5—4 **济宁孙氏族谱**

民国八年（1919）修

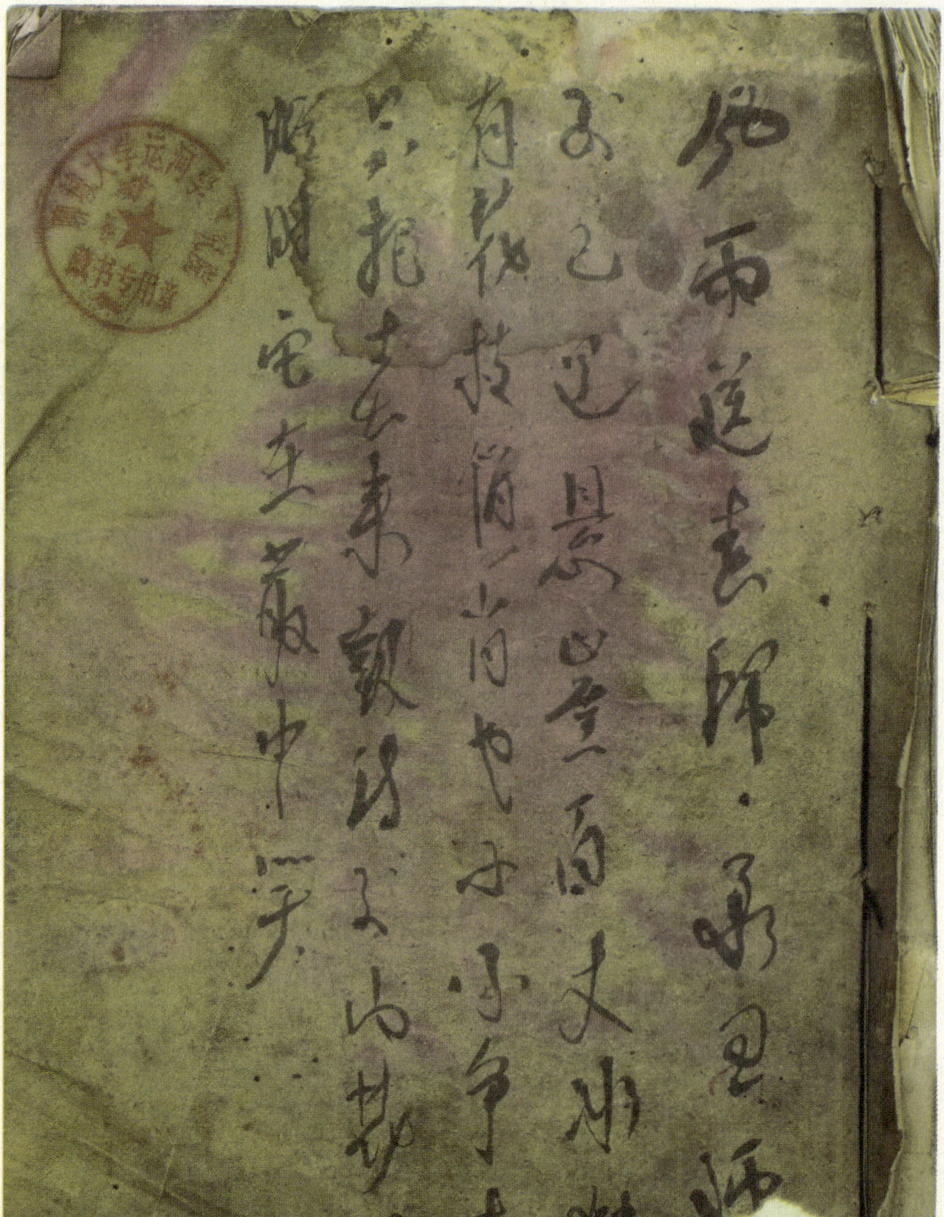

6—1 鱼台、滕县田氏族谱

民国二十一年（1932）修

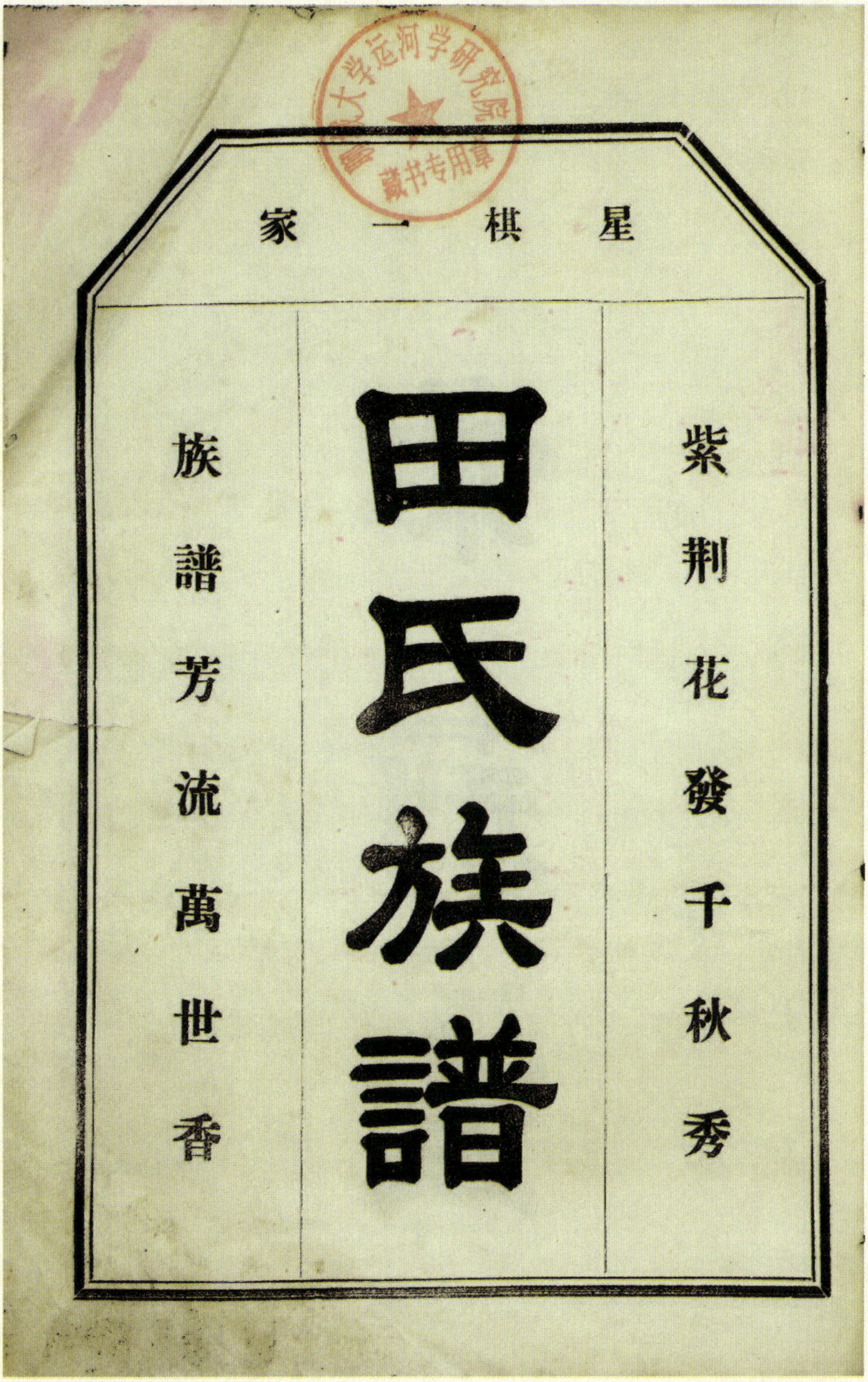

6—2 **鱼台、滕县田氏族谱**

民国二十一年（1932）修

勤儉持家

祖功宗德流芳遠

紫荊堂

子孝孫賢繼世長

6—3　鱼台、滕县田氏族谱

民国二十一年（1932）修

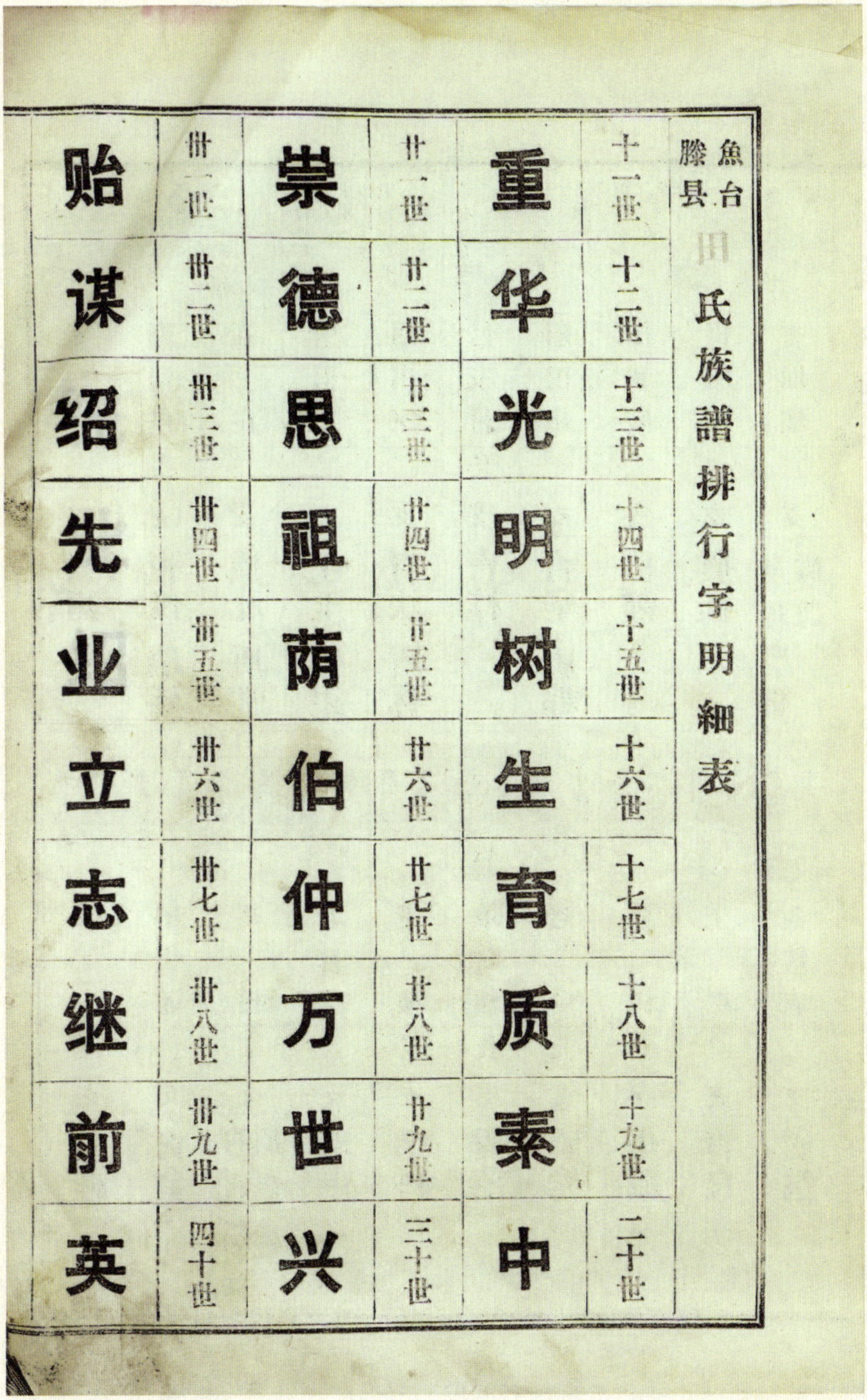

魚台滕县田氏族譜排行字明細表

世	字	世	字	世	字
十一世	重	廿一世	崇	卅一世	贻
十二世	华	廿二世	德	卅二世	谋
十三世	光	廿三世	思	卅三世	绍
十四世	明	廿四世	祖	卅四世	先
十五世	树	廿五世	荫	卅五世	业
十六世	生	廿六世	伯	卅六世	立
十七世	育	廿七世	仲	卅七世	志
十八世	质	廿八世	万	卅八世	继
十九世	素	廿九世	世	卅九世	前
二十世	中	三十世	兴	四十世	英

6—4 鱼台、滕县田氏族谱

民国二十一年（1932）修

沛县南四十四里	幸庄	二支	兴川
魚台城东北十五里	謝河庄	二支	育俊 瑞廷
魚台城东九里	崔庄	二支	質礼 質堂
魚台城东北四十里	东田家	二支	生玉 生銀
魚台城东北四十里	西田家	二支	育法 質林
魚台城东北四十里	吕家村	长支	育桂
魚台城东北二十里	东田庙	二支	育华 質郡
魚台城东北九里	田武家	二支	質静
魚台谷亭西十里	田王庄	二支	質桂
金乡县北三十里	黄堆集	二支	育坤 育倫 質謙
魚台城北二里	双庙	二支	質祥
魚台城北三十五里	田街衕	二支	育金
魚三城北二十里	胡楼	二支	育喜 質兰 質忠
魚台城西北九里	老君堂	二支	瑞声
魚台城东北五十里	王楼	二支	生科
魚台城东北三十五里	单楼	长支	質范
魚台城东北四十里	赵庄	长支	質光
魚台城东北三十五里	張庄	长支	中禧
魚台城东北三十里	王庄	二支	育良
魚台城东北三十二里	西閆庙	二支	質信

6—5 **鱼台、滕县田氏族谱**

民国二十一年（1932）修

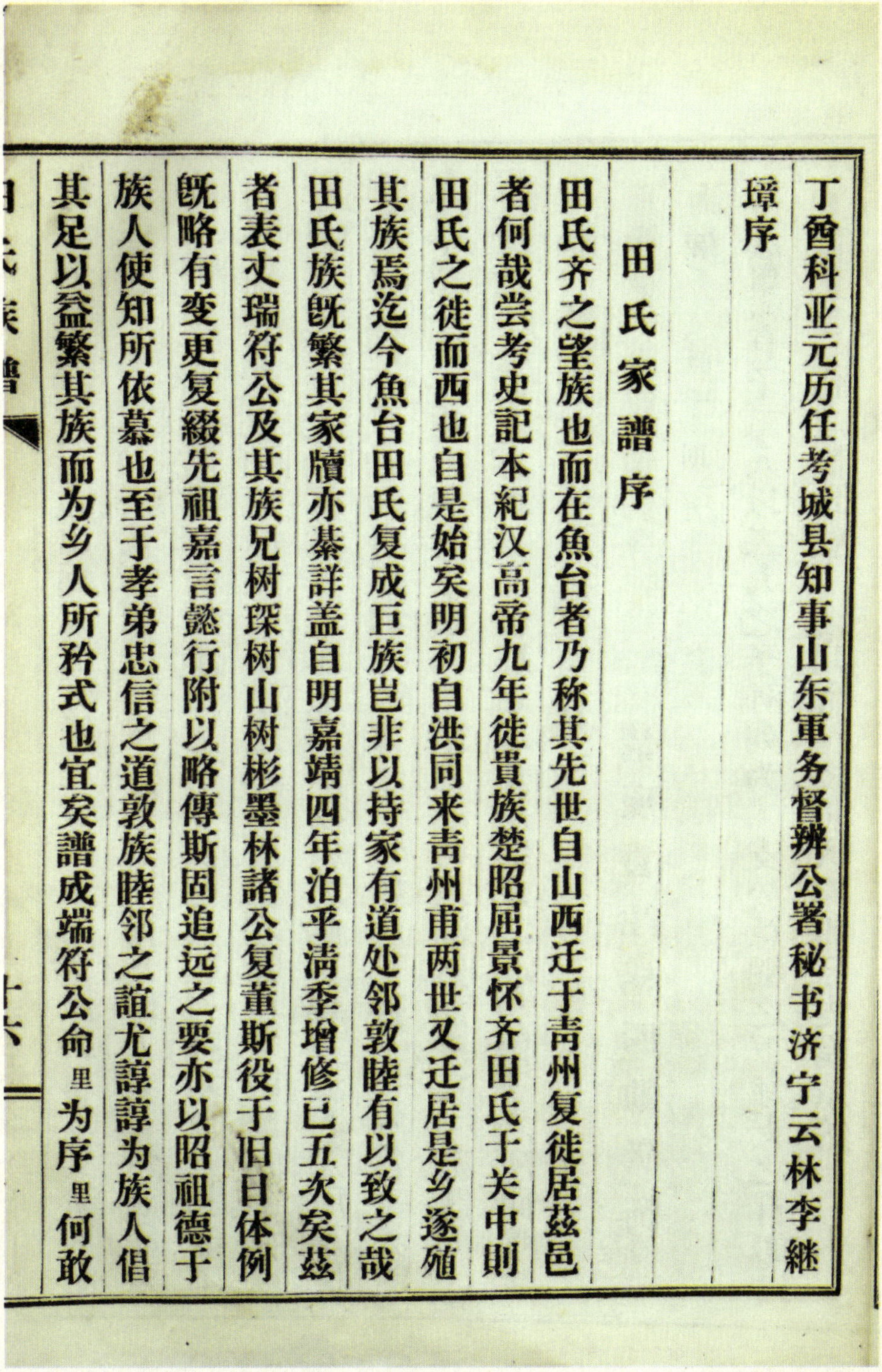

丁酉科亚元历任考城县知事山东軍务督辨公署秘书济宁云林李継璋序

田氏家譜序

田氏齐之望族也而在魚台者乃称其先世自山西迁于青州复徙居兹邑者何哉尝考史記本紀汉高帝九年徙貴族楚昭屈景怀齐田氏于关中則田氏之徙而西也自是始矣明初自洪同来青州甫两世又迁居是乡遂殖其族焉迄今魚台田氏复成巨族岂非以持家有道处邻敦睦有以致之哉田氏族既繁其家牘亦綦詳盖自明嘉靖四年洎乎清季增修已五次矣兹者表丈瑞符公及其族兄树琛树山树彬墨林諸公复董斯役于旧日体例既略有变更复綴先祖嘉言懿行附以略傳斯固追远之要亦以昭祖德于族人使知所依慕也至于孝弟忠信之道敦族睦邻之誼尤諄諄为族人倡其足以益繁其族而为乡人所矜式也宜矣譜成端符公命里为序里何敢

田氏族譜 十六

6—6 **鱼台、滕县田氏族谱**

民国二十一年（1932）修

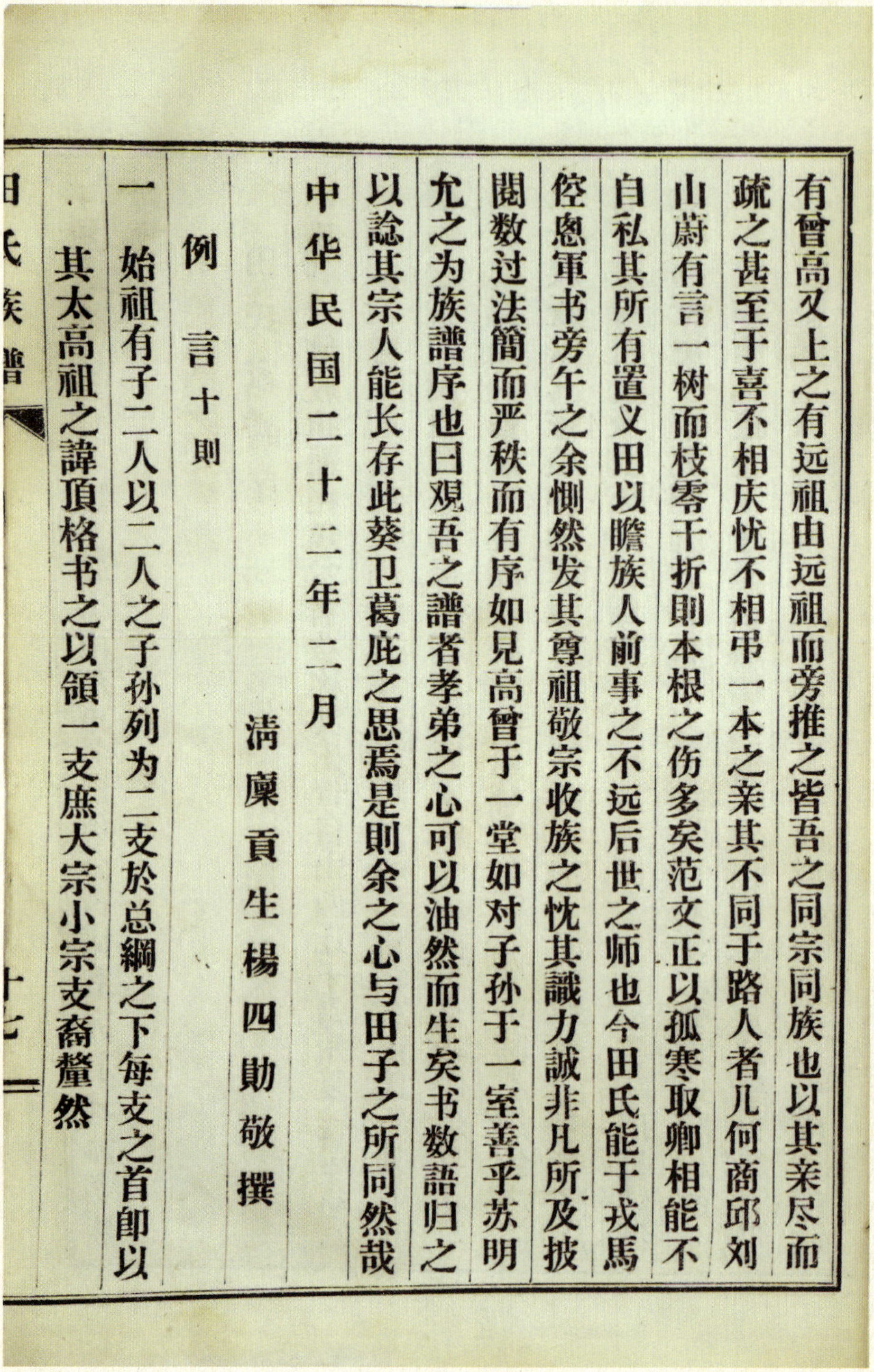

有曾高又上之有远祖由远祖而旁推之皆吾之同宗同族也以其亲尽而疏之甚至于喜不相庆忧不相弔一本之亲其不同于路人者几何商邱刘山蔚有言一树而枝零干折則本根之伤多矣范文正以孤寒取卿相能不自私其所有置义田以赡族人前事之不远后世之师也今田氏能于戎馬倥偬軍书旁午之余惻然发其尊祖敬宗收族之忱其識力誠非凡所及披閱数过法簡而严秩而有序如見高曾于一堂如对子孙于一室善乎苏明允之为族譜序也曰观吾之譜者孝弟之心可以油然而生矣书数語归之以諗其宗人能长存此葵卫葛庇之思焉是則余之心与田子之所同然哉

中华民国二十二年二月

清廩貢生楊四勛敬撰

例言十則

一始祖有子二人以二人之子孙列为二支於总綱之下每支之首即以其太高祖之諱頂格书之以領一支庶大宗小宗支裔釐然

田氏族譜 十七

6—7 **鱼台、滕县田氏族谱**

民国二十一年（1932）修

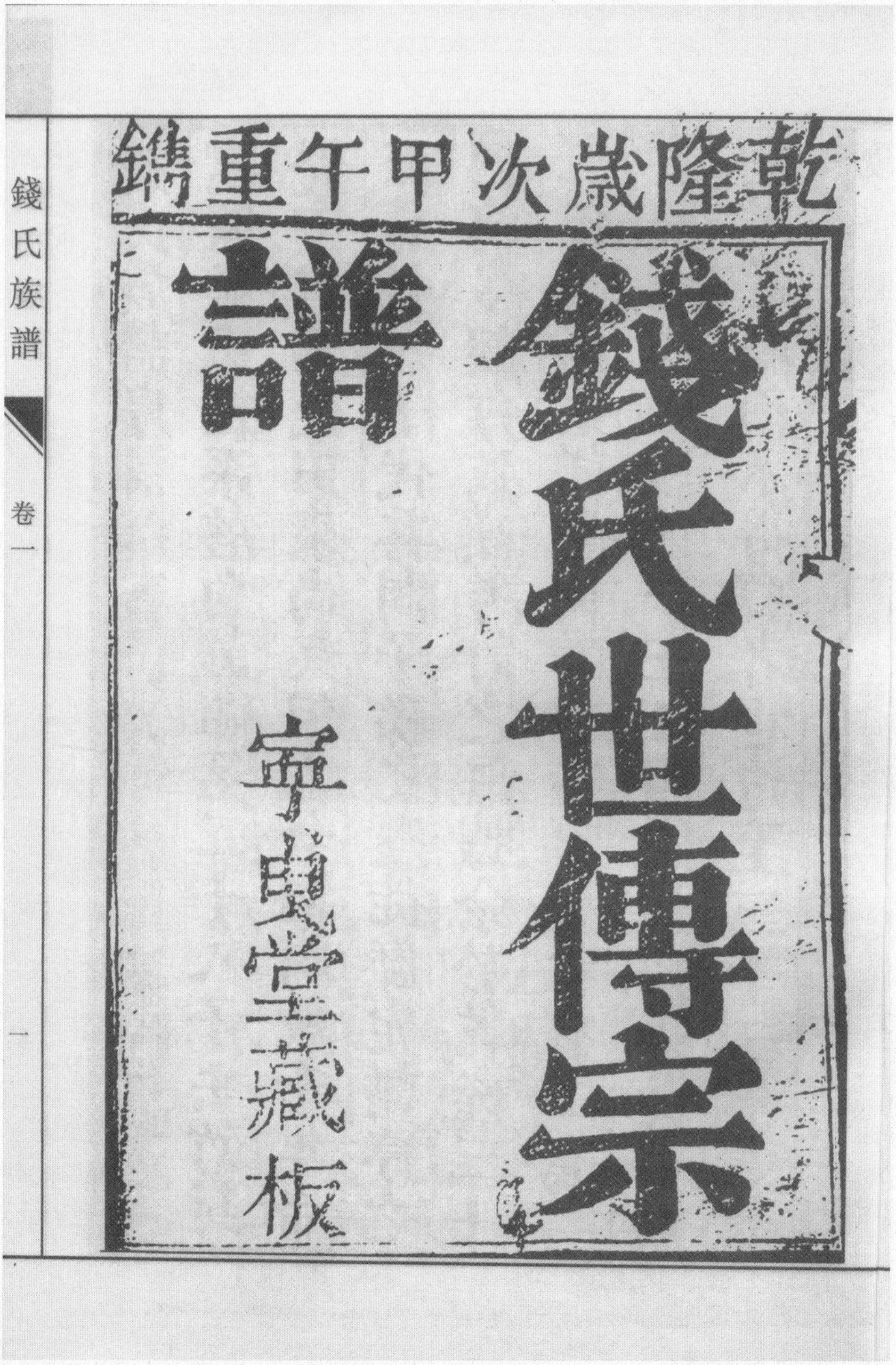

乾隆歲次甲午重鐫

錢氏世傳宗譜

寧叟堂藏板

錢氏族譜 卷一 一

7—1 东昌钱氏族谱

2012年影印乾隆三十九年（1774）刻本

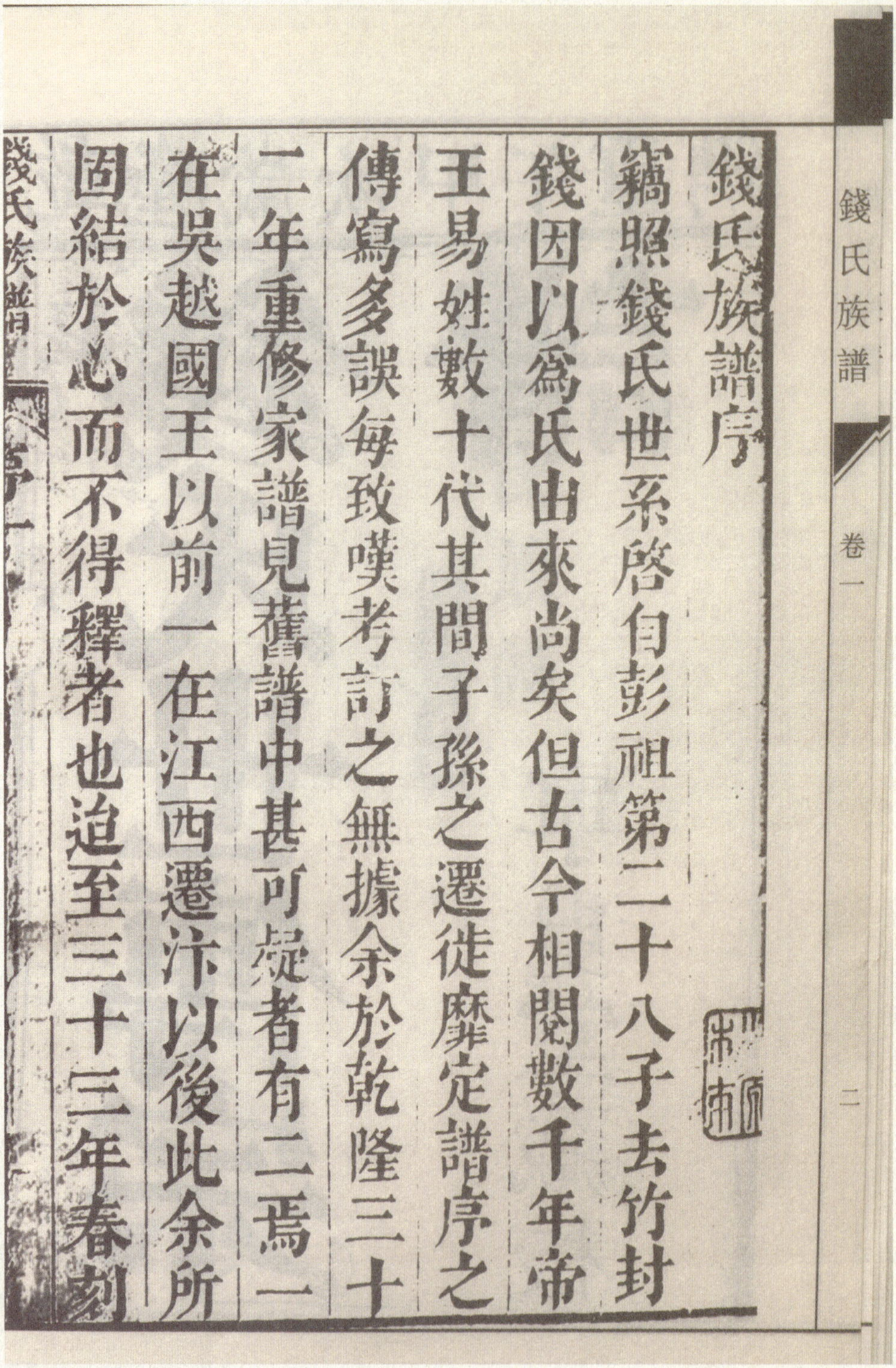

錢氏族譜 卷一 二

錢氏族譜序

竊照錢氏世系啓自彭祖第二十八子去竹封錢因以爲氏由來尚矣但古今相閱數千年帝王易姓數十代其間子孫之遷徙靡定譜序之傳寫多誤每致嘆考訂之無據余於乾隆三十二年重修家譜見舊譜中甚可疑者有二焉一在吳越國王以前一在江西遷汴以後此余所固結於心而不得釋者也迨至三十三年春刻

7—2 **东昌钱氏族谱**

2012年影印乾隆三十九年（1774）刻本

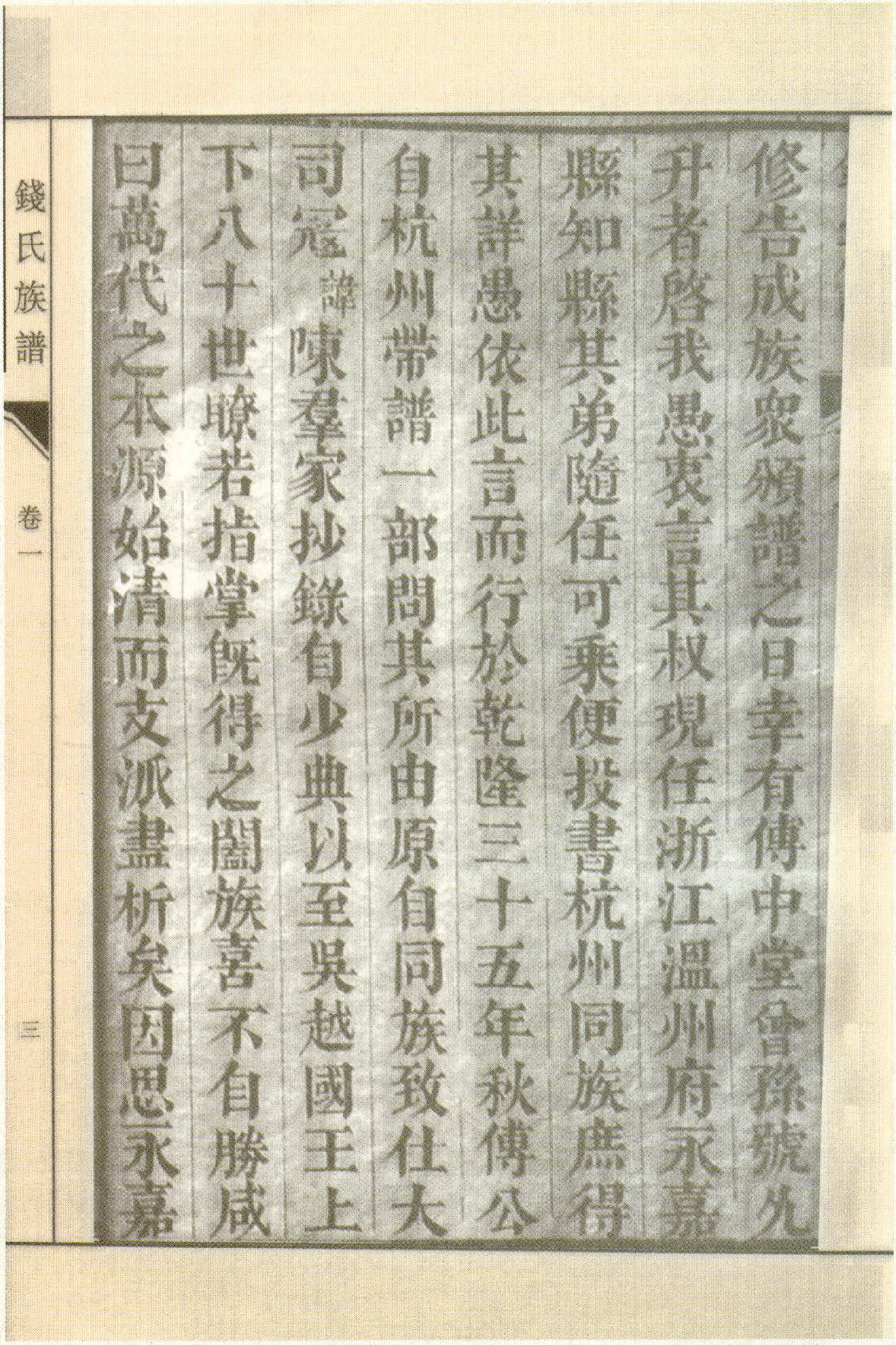

錢氏族譜 卷一 三

修告成族衆須譜之日幸有傳中堂曾孫號九
升者啓我愚衷言其叔現任浙江溫州府永嘉
縣知縣其弟隨任可乘便投書杭州同族庶得
其詳愚依此言而行於乾隆三十五年秋傳公
自杭州帶譜一部問其所由原自同族致仕大
司寇 諱 陳羣家抄錄自少典以至吳越國王上
下八十世瞭若指掌既得之闔族喜不自勝咸
曰萬代之本源始清而支派盡析矣因思永嘉

7—3 东昌钱氏族谱

2012 年影印乾隆三十九年（1774）刻本

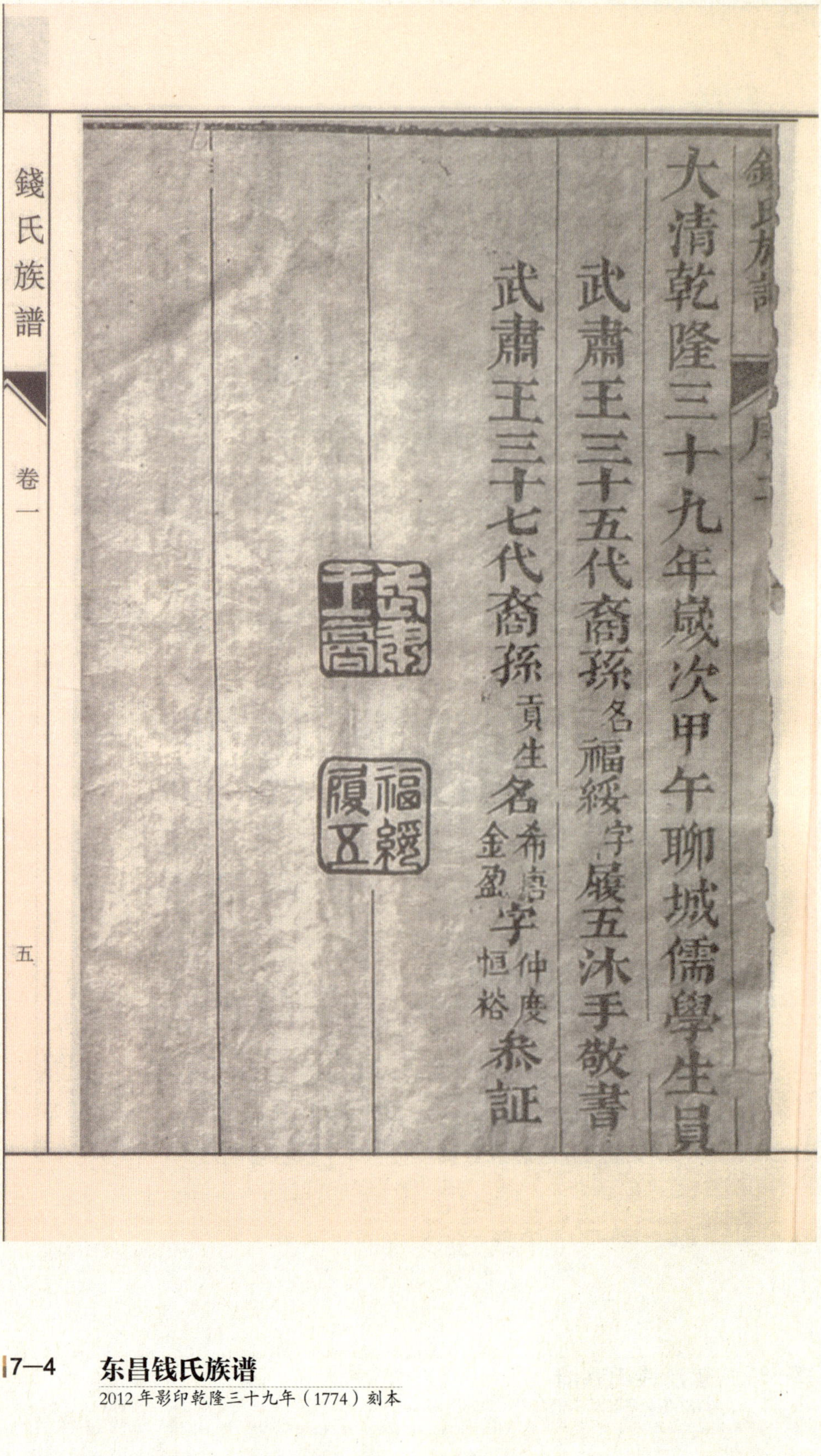
錢氏族譜 序 二

大清乾隆三十九年歲次甲午聊城儒學生員

武肅王三十五代裔孫名福綏字履五沐手敬書

武肅王三十七代裔孫貢生名希禧字仲度金盈恒裕恭証

7—4 东昌钱氏族谱

2012年影印乾隆三十九年（1774）刻本

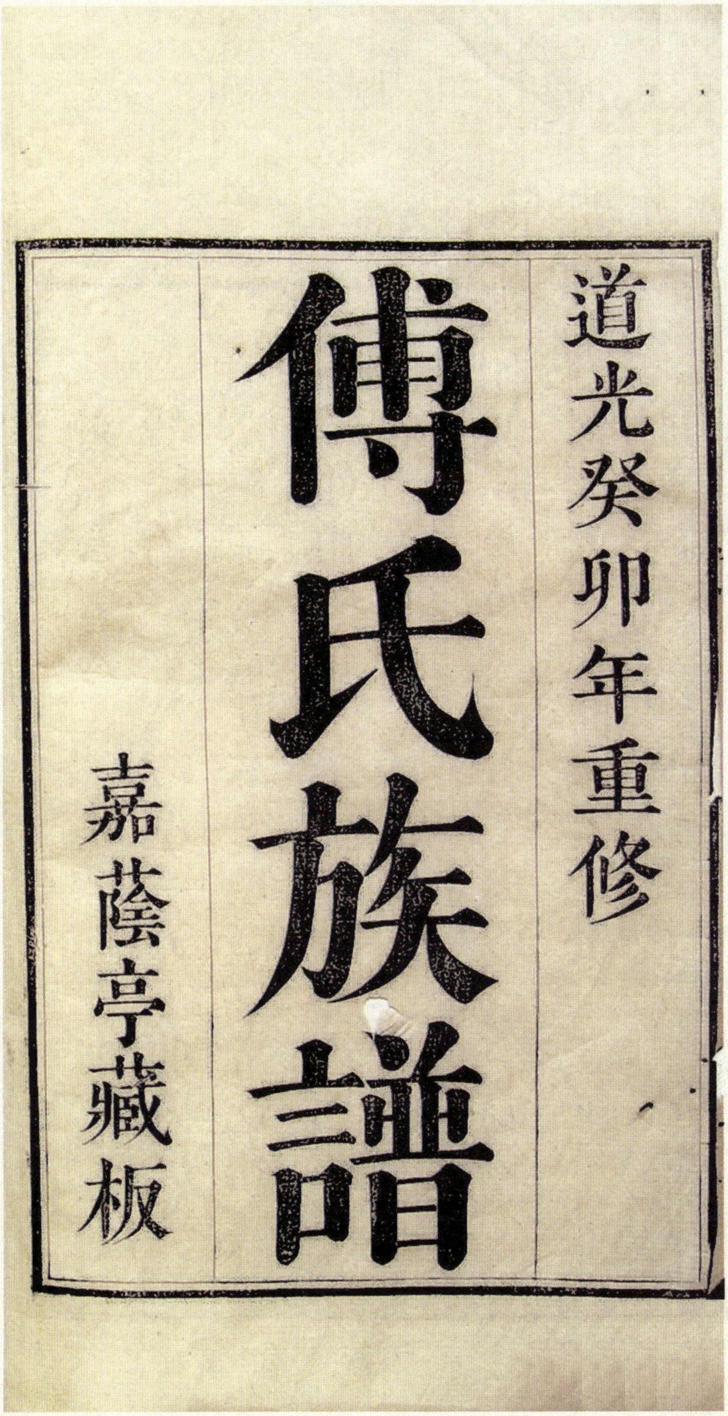
道光癸卯年重修

傅氏族譜

嘉蔭亭藏板

8—1 聊城傅氏族谱

道光二十三年（1843）刻本

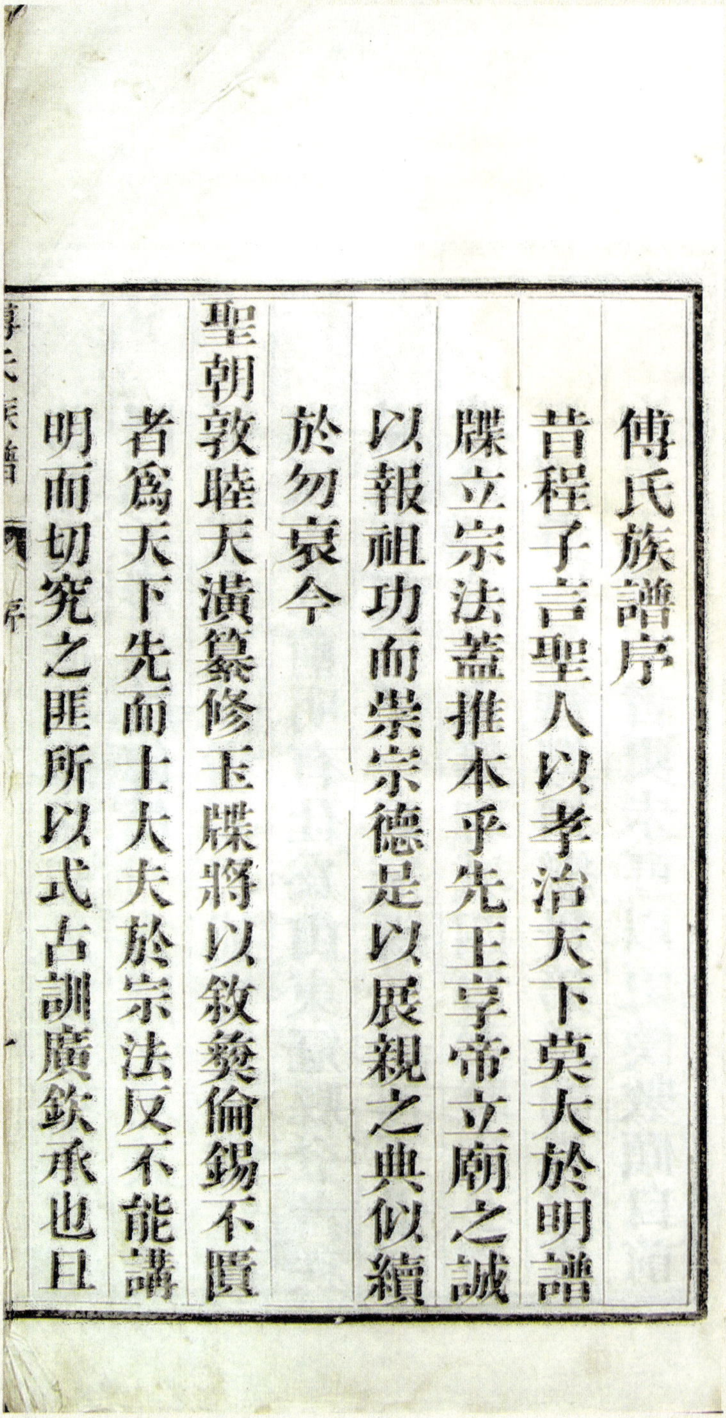

傅氏族譜序

昔程子言聖人以孝治天下莫大於明譜
牒立宗法蓋推本乎先王享帝立廟之誠
以報祖功而崇宗德是以展親之典似續
於勿衰今
聖朝敦睦天潢纂修玉牒將以敘彝倫錫不匱
者爲天下先而士大夫於宗法反不能講
明而切究之匪所以式古訓廣欽承也且

傅氏族譜 序

8—2 **聊城傅氏族谱**

道光二十三年（1843）刻本

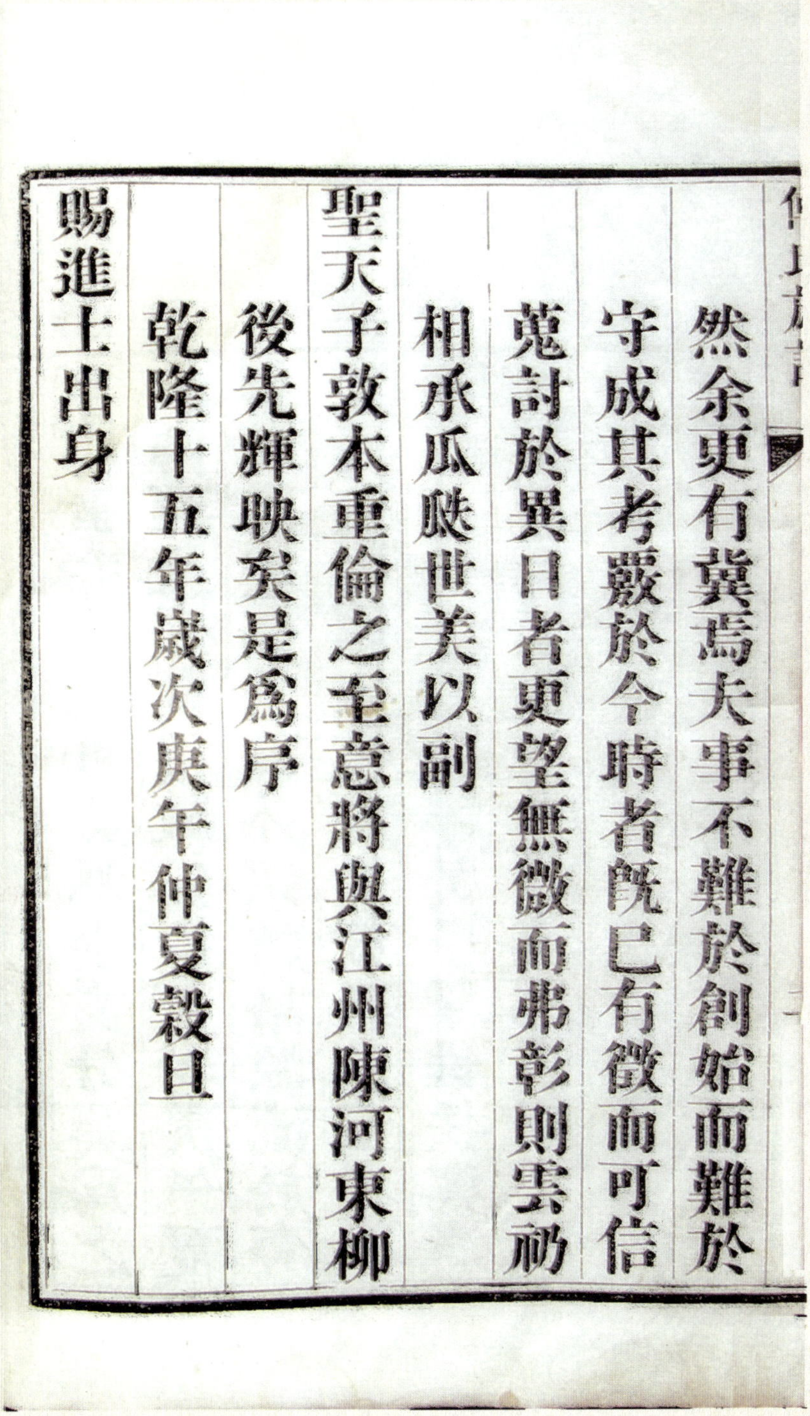
然余更有冀焉夫事不難於創始而難於
守成其考覈於今時者既已有徵而可信
蒐討於異日者更望無微而弗彰則雲礽
相承瓜瓞世美以副
聖天子敦本重倫之至意將與江州陳河東柳
後先輝映矣是爲序
乾隆十五年歲次庚午仲夏穀旦
賜進士出身

8—3　聊城傅氏族谱
道光二十三年（1843）刻本

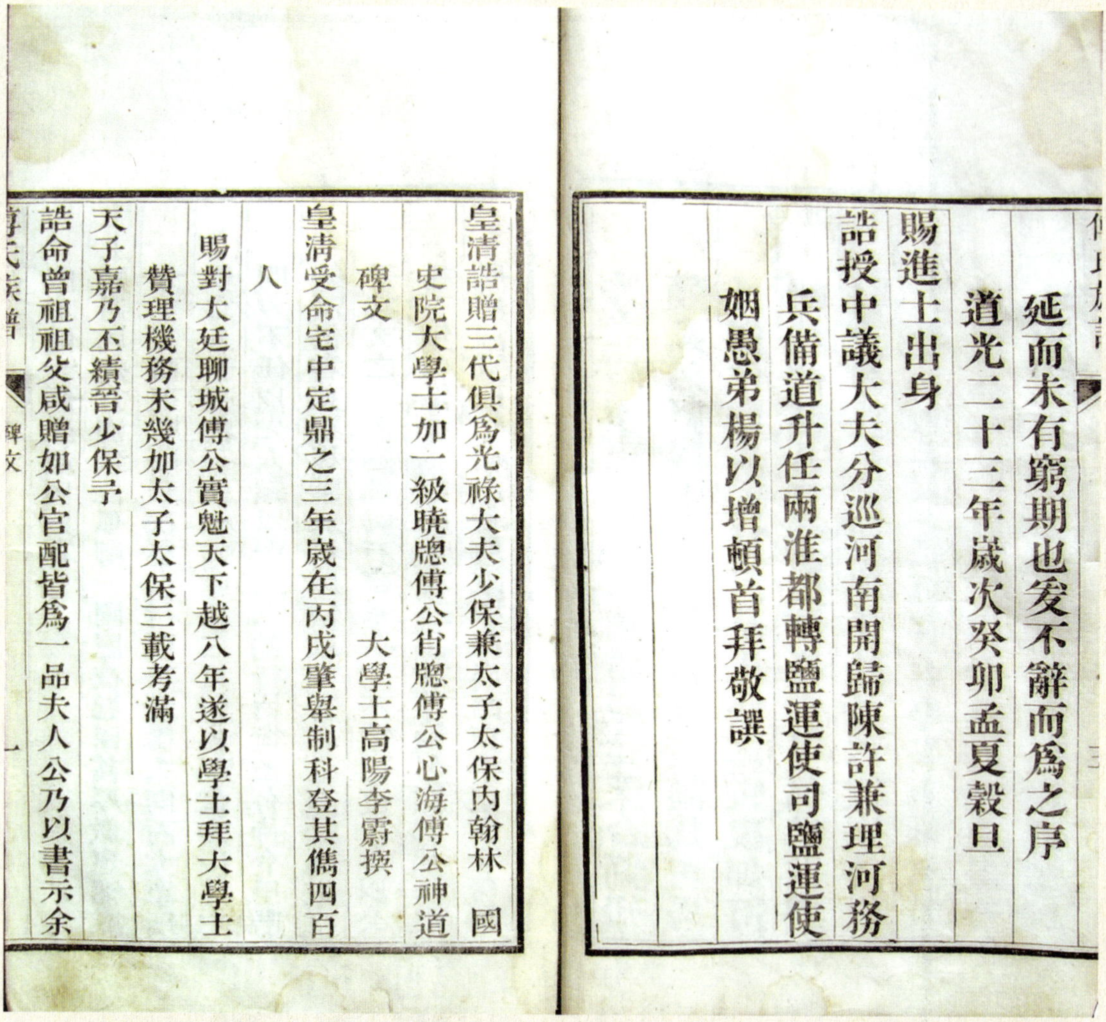
延而未有窮期也爰不辭而爲之序
道光二十三年歲次癸卯孟夏穀旦
賜進士出身
誥授中議大夫分巡河南開歸陳許兼理河務
兵備道升任兩淮都轉鹽運使司鹽運使
姻愚弟楊以增頓首拜敬譔

皇清誥贈三代俱爲光祿大夫少保兼太子太保內翰林 國
史院大學士加一級曉總傅公肖總傅公心海傅公神道
碑文　大學士高陽李霨撰
皇清受命宅中定鼎之三年歲在丙戌肇舉制科登其儁四百
人
賜對大廷聊城傅公實魁天下越八年遂以學士拜大學士
贊理機務未幾加太子太保三載考滿
天子嘉乃丕績晉少保予
誥命曾祖祖父咸贈如公官配皆爲一品夫人公乃以書示余

傅氏族譜　碑文　一

8—4　**聊城傅氏族谱**

道光二十三年（1843）刻本

古籍

1—1 许慎《说文解字》，明毛氏汲古阁刻本

东汉

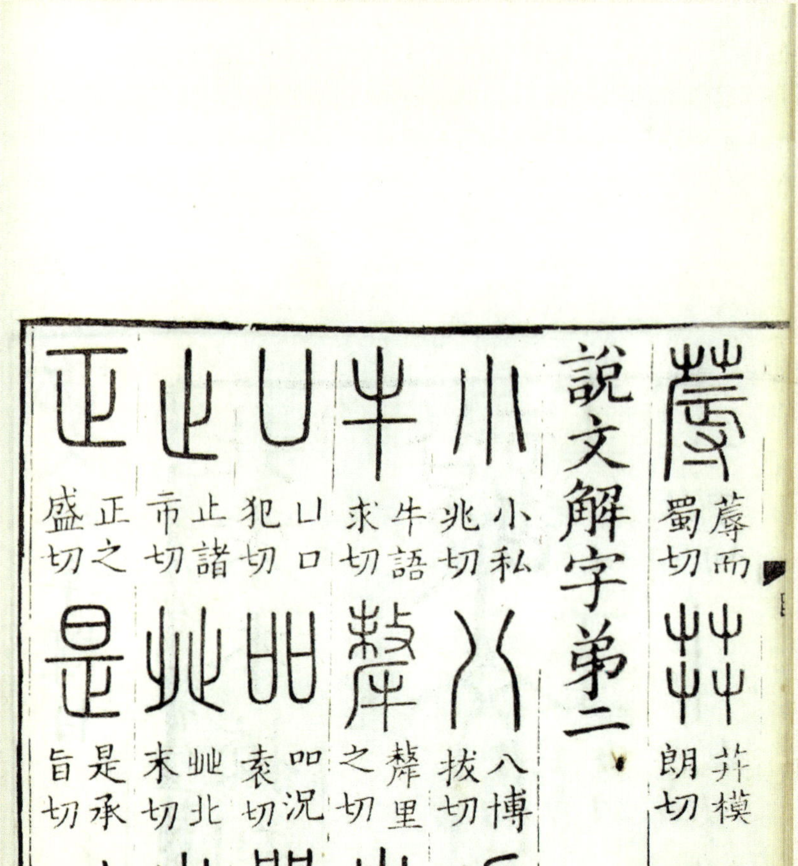

蓐而蜀切 茻模朗切

說文解字弟二

小私兆切 八博拔切 釆蒲莧切 半博幔切

牛語求切 犛里之切 告古奥切 口苦后切

凵口犯切 吅況袁切 哭苦屋切 走子苟切

止諸市切 癶北末切 步薄故切 此雌氏切

正之盛切 是承旨切 辵丑略切 彳丑亦切

1—2 **许慎《说文解字》，明毛氏汲古阁刻本**

东汉

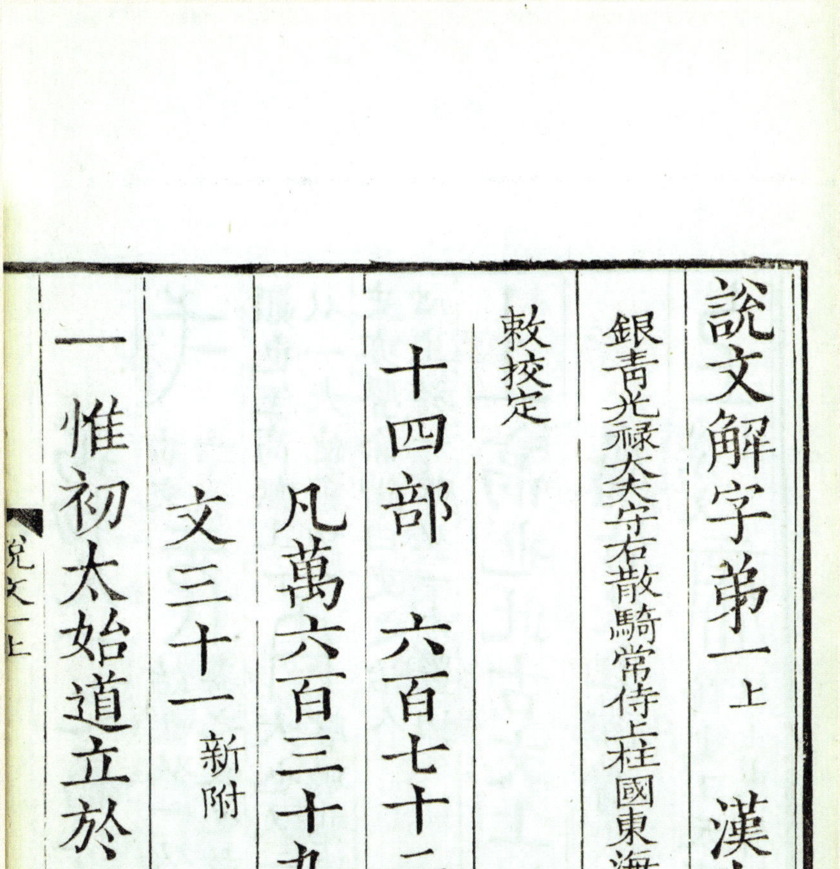

說文解字弟一上　漢太尉祭酒許慎記

銀青光祿大夫守右散騎常侍上柱國東海縣開國子食邑五百戶臣徐鉉等奉

敕校定

十四部　六百七十二文　重八十

凡萬六百三十九字

文三十一　新附

一　惟初太始道立於一造分天地化成

說文一上　一

1—3　许慎《说文解字》，明毛氏汲古阁刻本

东汉

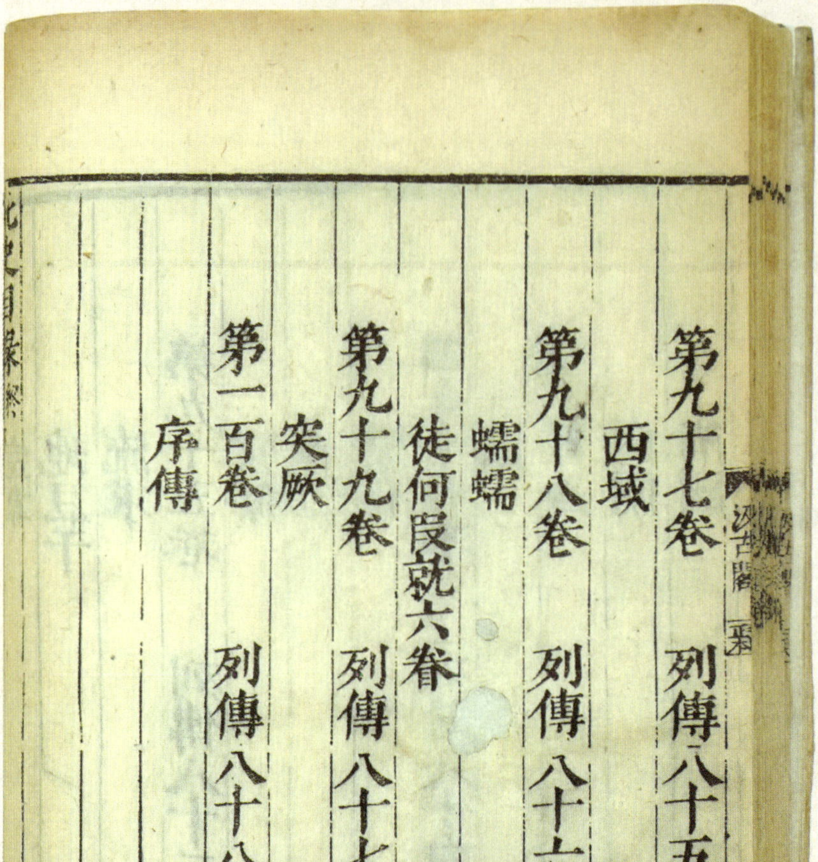

第九十七卷　列傳八十五

西域

第九十八卷　列傳八十六

蠕蠕　匈奴宇文莫槐

徒何段就六眷　高車

第九十九卷　列傳八十七

突厥　鐵勒

第一百卷　列傳八十八

序傳

北史目録終

2—1　李延寿《北史》，明毛氏汲古阁刻本

唐

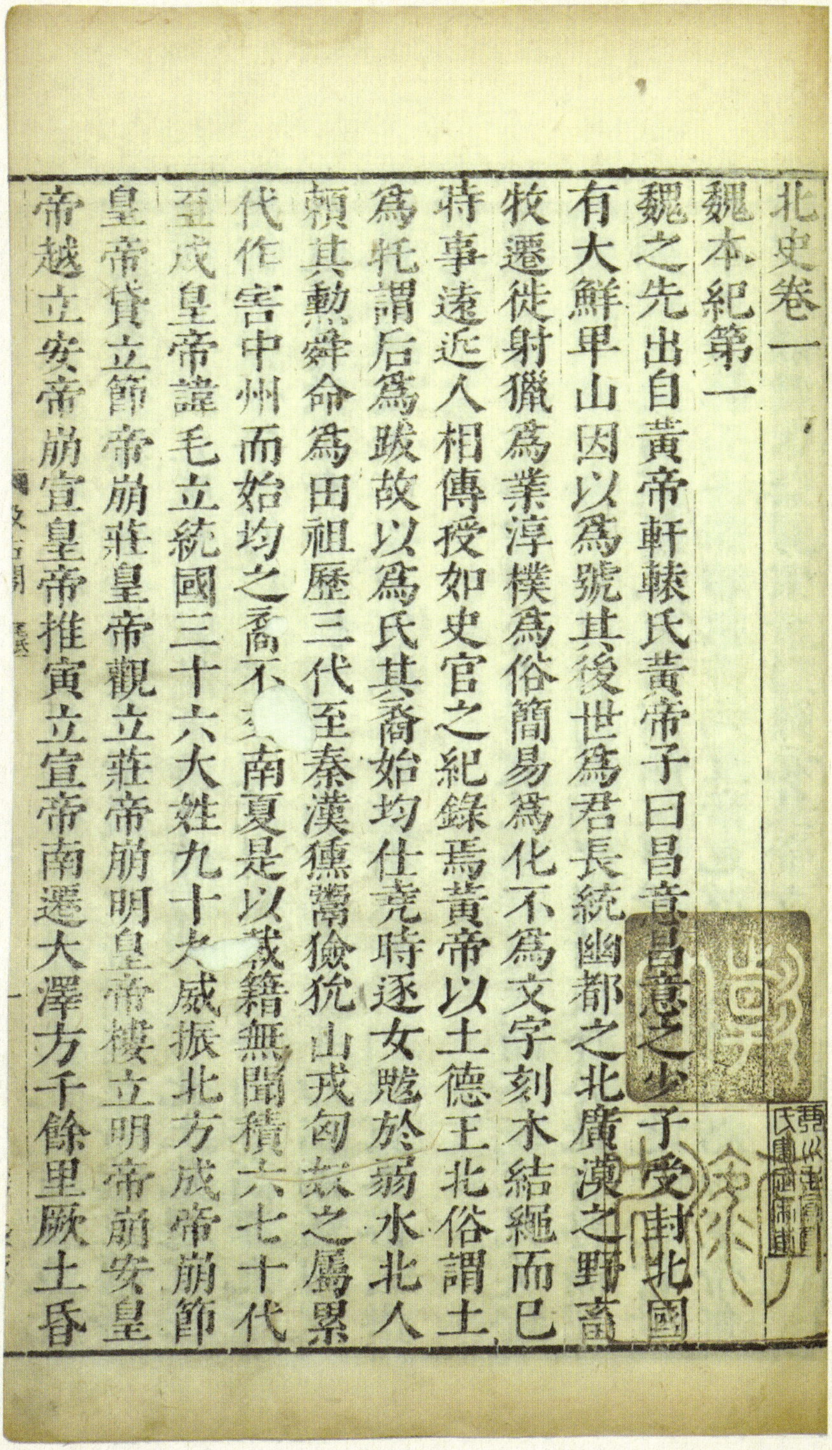

2—2 **李延寿《北史》，明毛氏汲古阁刻本**

唐

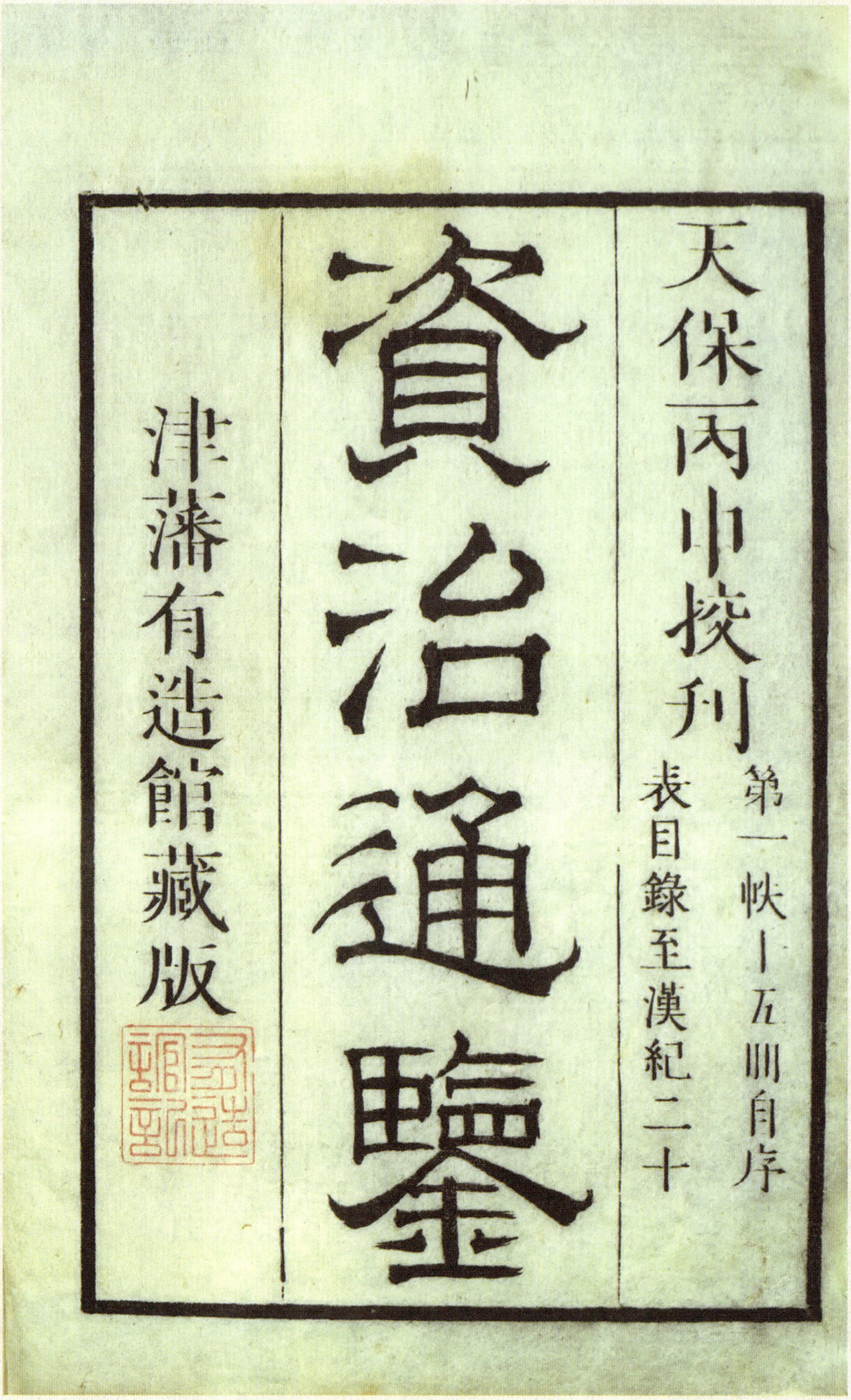

3—1 **司马光《资治通鉴》，日本天保丙申年校刊**

日本嘉永二年（1849）刻本

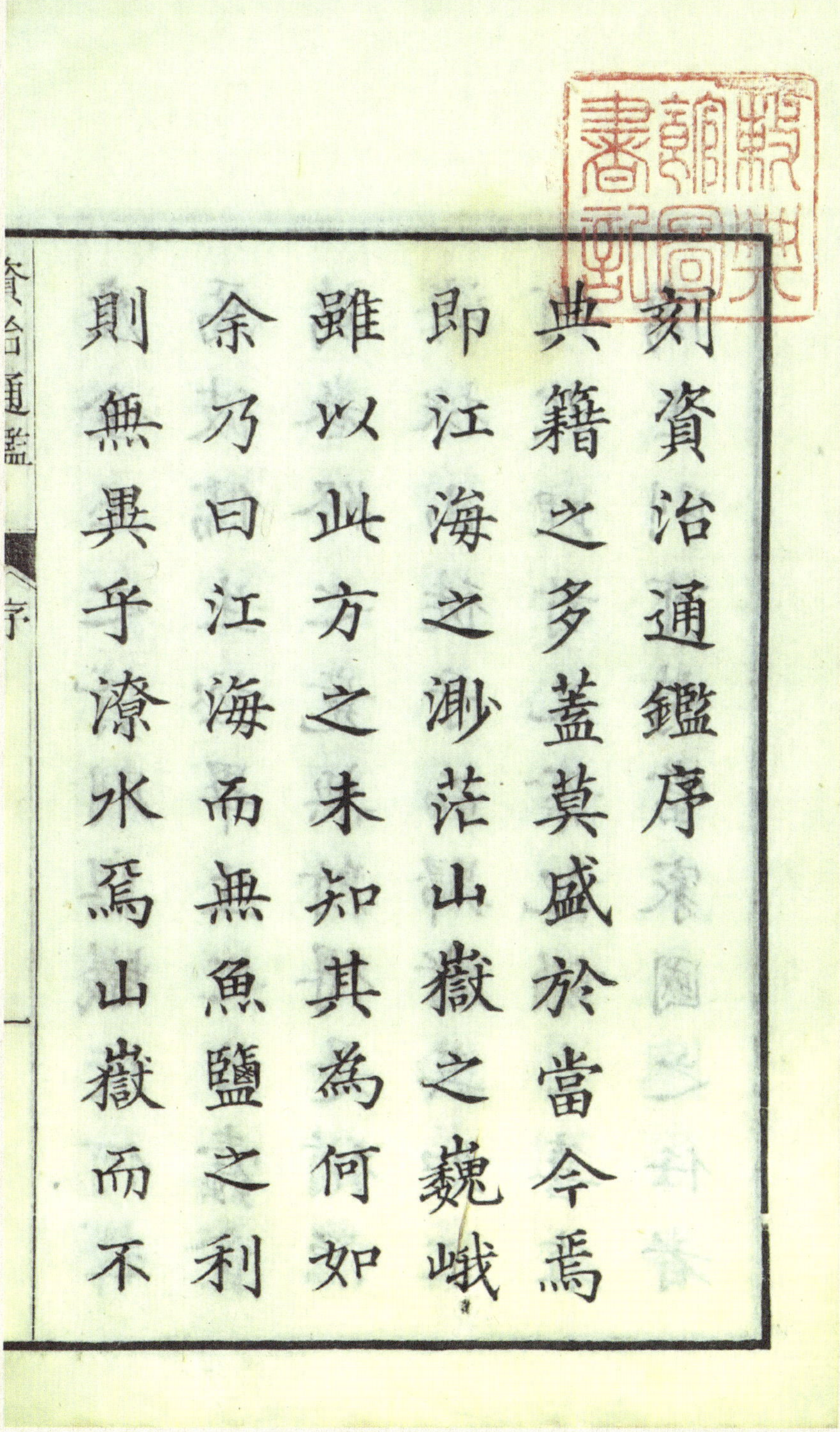

刻資治通鑑序
典籍之多蓋莫盛於當今焉
即江海之渺茫山嶽之巍峨
雖以此方之未知其為何如
余乃曰江海而無魚鹽之利
則無異乎潦水焉山嶽而不

資治通鑑 序 一

3—2 **司马光《资治通鉴》，日本天保丙申年校刊**

日本嘉永二年（1849）刻本

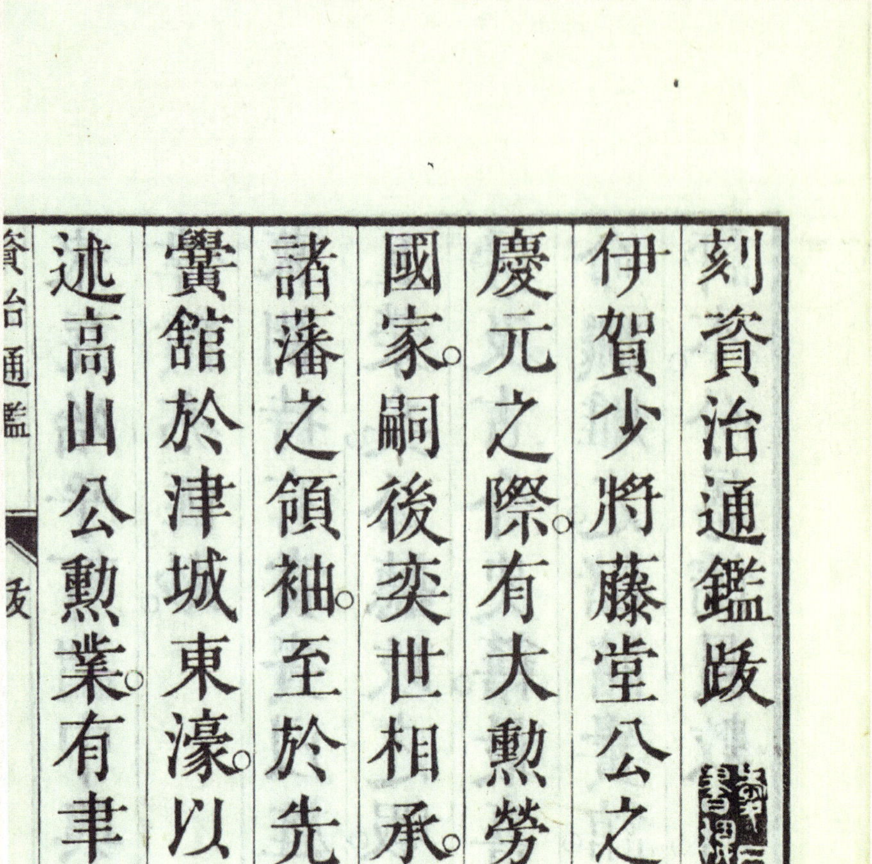

刻資治通鑑跋

伊賀少將藤堂公之太祖高山公。方
慶元之際。有大勲勞於
國家。嗣後奕世相承。享封於大國。爲
諸藩之領袖。至於先侯誠德公。新寘
黌館於津城東濠。以丕揆文教。又手
述高山公勲業。有聿脩錄之著。垂範

資治通鑑　跋　一

3—3　司马光《资治通鉴》，日本天保丙申年校刊

日本嘉永二年（1849）刻本

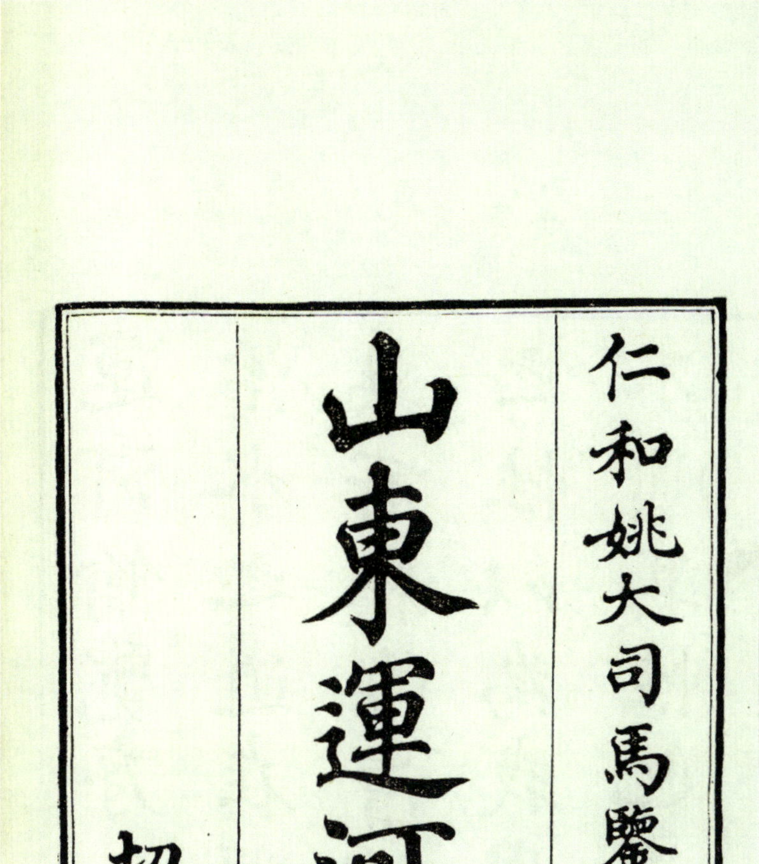

仁和姚大司馬鑒定

山東運河備覽

切問齋藏版

4—1 陆耀《山东运河备览》

乾隆四十年（1775）刻本

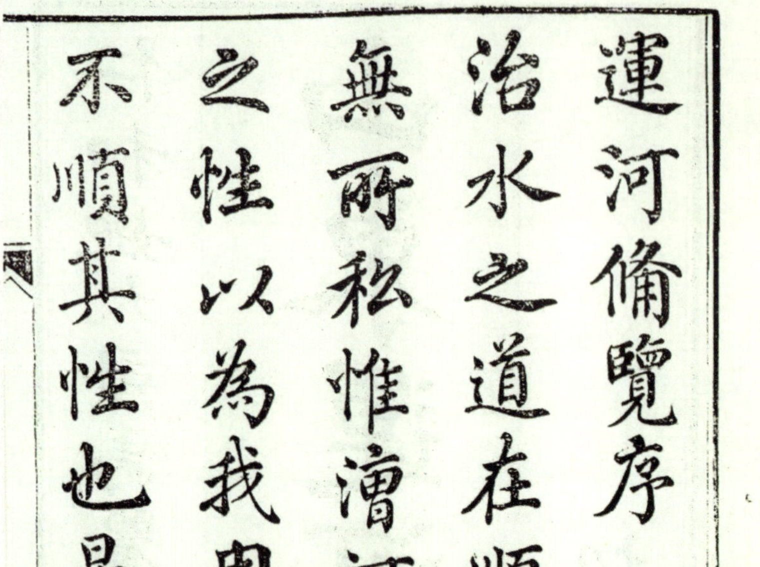

運河備覽序

治水之道在順水之性而
無所私惟漕河則似強水
之性以為我用而實未嘗
不順其性也是故為之閘

4—2 **陆耀《山东运河备览》**
乾隆四十年（1775）刻本

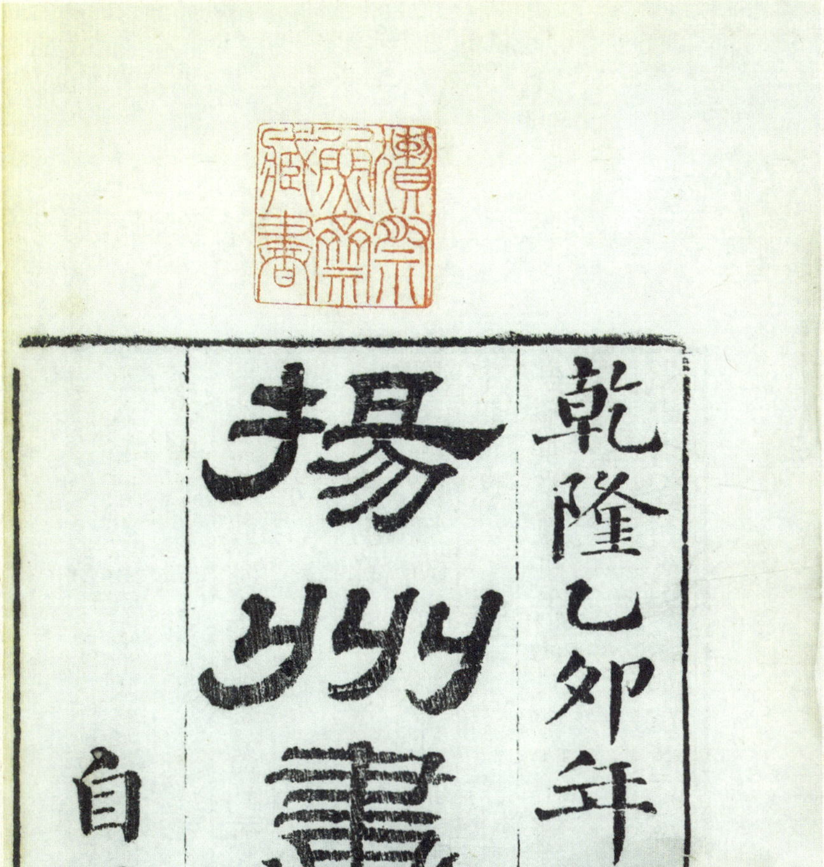

5—1 **李斗《扬州画舫录》**
乾隆六十年（1795）刻本

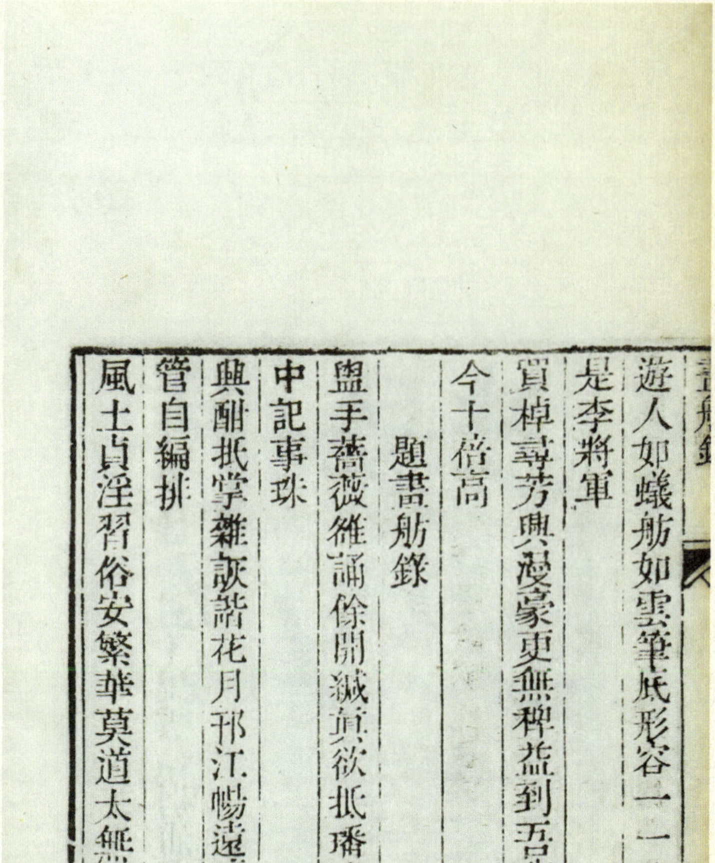
遊人如蟻舫如雲筆底形容一一分不是文章偏入畫君家原
是李將軍
買棹尋芳興漫豪更無稗益到吾曹渡頭舟子樓頭伎聲價從
今十倍高
題畫舫錄　長洲蔣莘于野
盥手薔薇維誦餘開緘算欲抵瑤璵一時佳話流傳遍不愧胸
中記事珠
興酣抵掌雜詼諧花月邗江暢遠懷豪宕襟期消未得好拈斑
管自編排
風土貞淫習俗安繁華莫道太無端儒林軼事昇平景休認無

5—2　李斗《扬州画舫录》

乾隆六十年（1795）刻本

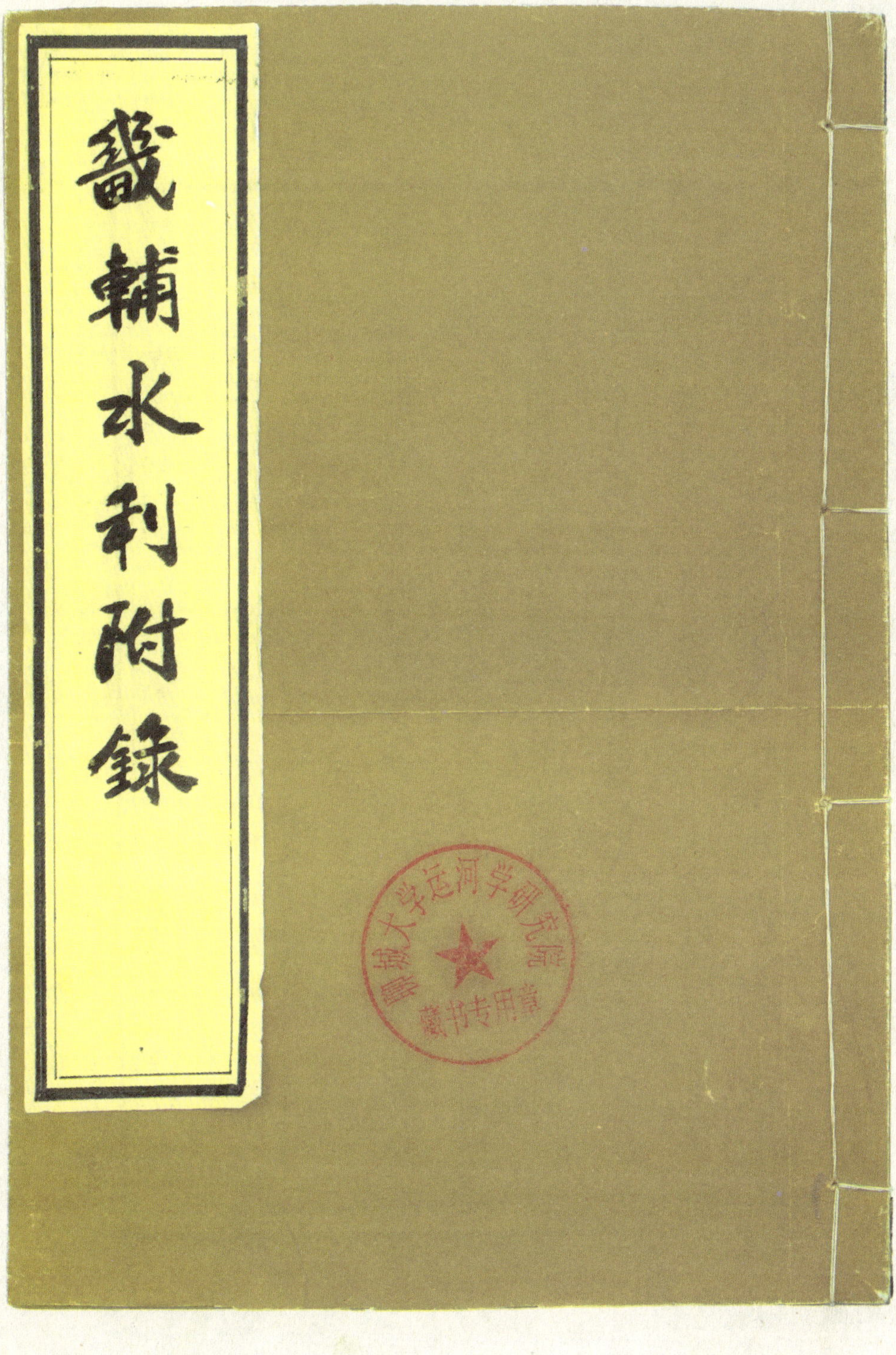

6—1 **潘锡恩辑《畿辅水利附录》**

道光三年（1823）刻本

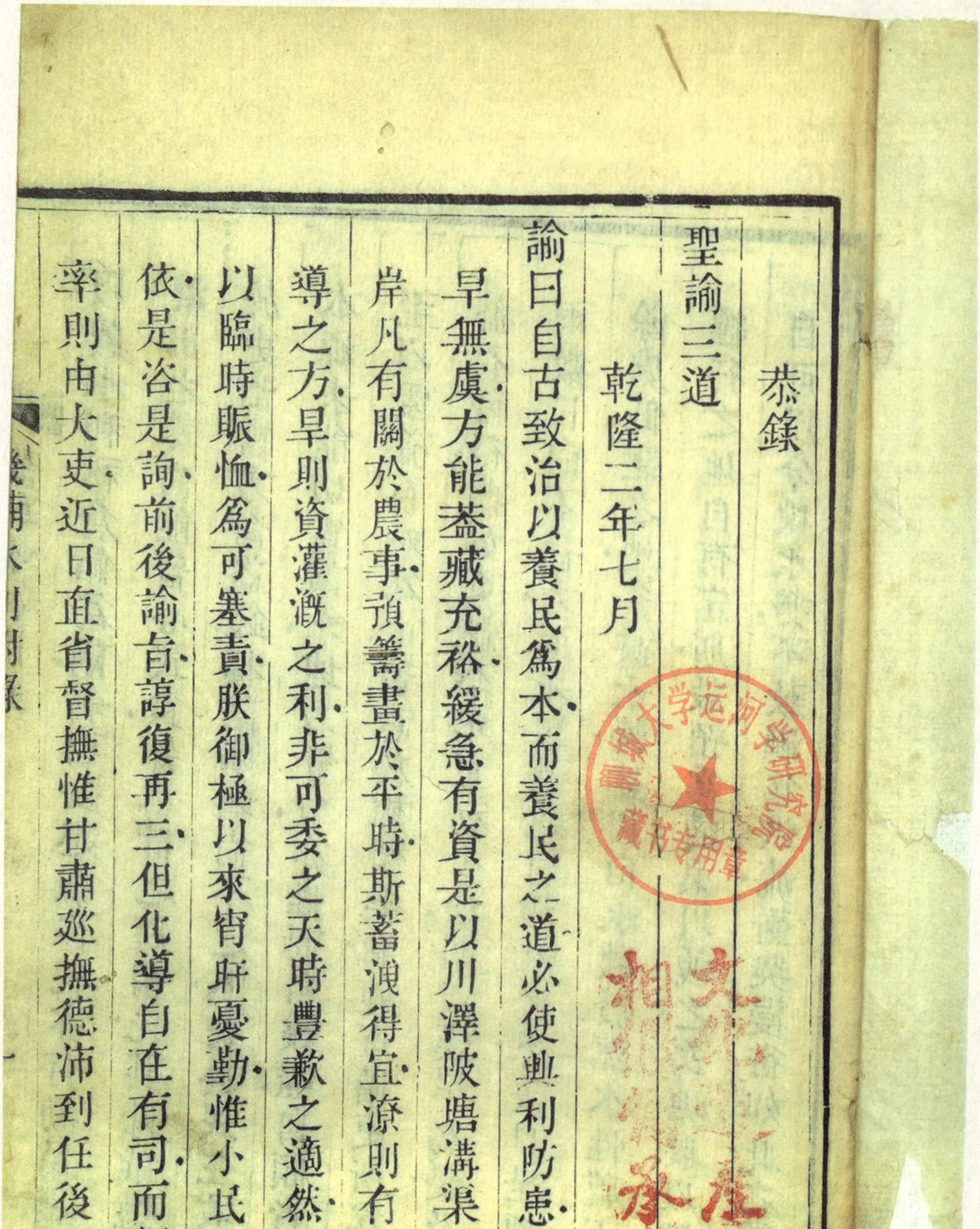
恭錄

聖諭三道

乾隆二年七月

諭曰自古致治以養民爲本而養民之道必使興利防患水旱無虞方能蓄藏充裕緩急有資是以川澤陂塘溝渠隄岸凡有關於農事預籌畫於平時斯蓄洩得宜潦則有疏導之方旱則資灌漑之利非可委之天時豐歉之適然而以臨時賑恤爲可塞責朕御極以來宵旰憂勤惟小民之依是咨是詢前後諭旨諄復再三但化導自在有司而督率則由大吏近日直省督撫惟甘肅巡撫德沛到任後卽

畿輔水利附錄　一

6—2 潘锡恩辑《畿辅水利附录》

道光三年（1823）刻本

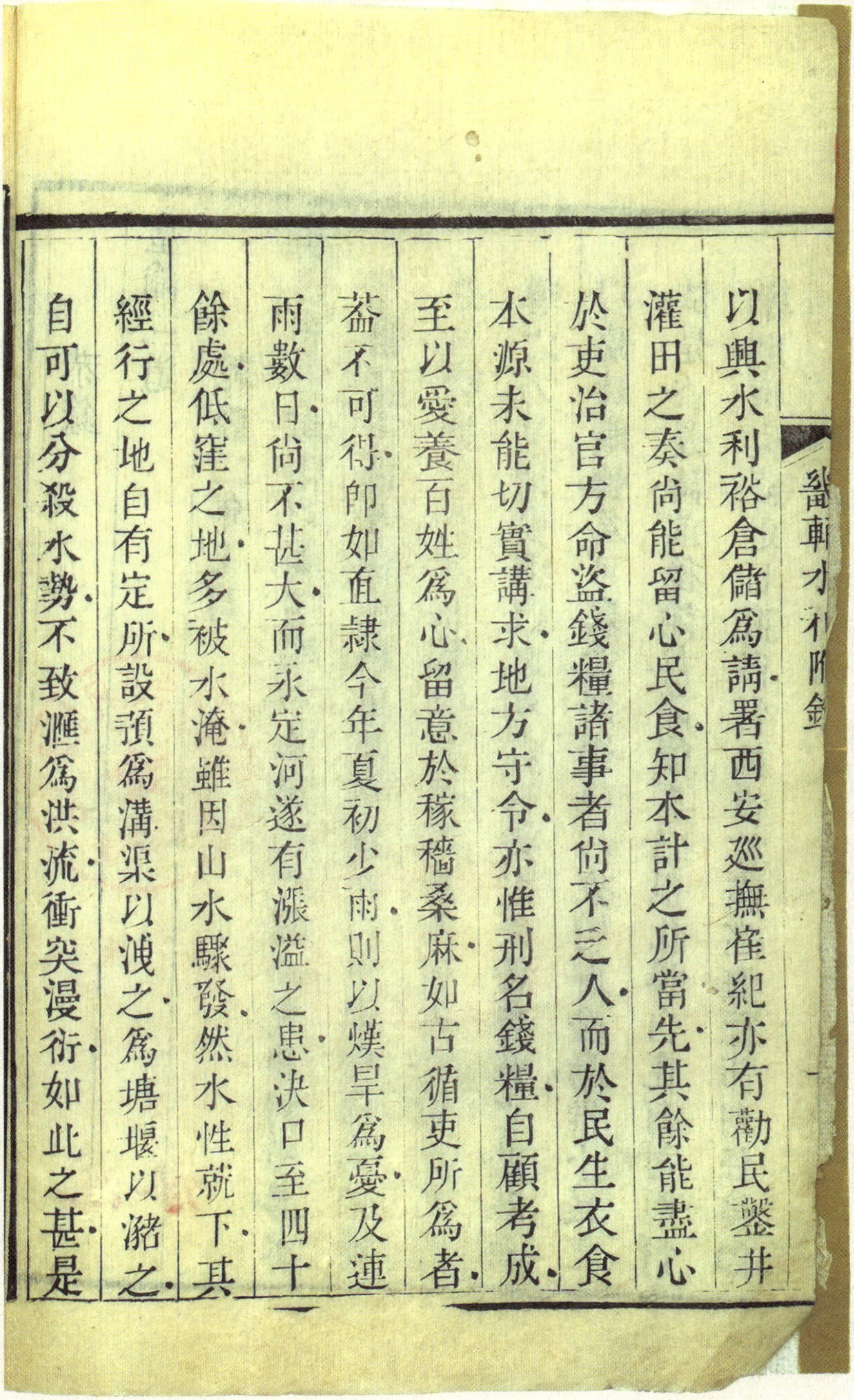

畿輔水利附錄

以興水利裕倉儲爲請署西安巡撫崔紀亦有勸民鑿井灌田之奏尚能留心民食知本計之所當先其餘能盡心於吏治官方命盜錢糧諸事者尚不乏人而於民生衣食本源未能切實講求地方守令亦惟刑名錢糧自顧考成至以愛養百姓爲心留意於稼穡桑麻如古循吏所爲者蓋不可得即如直隸今年夏初少雨則以熯旱爲憂及連雨數日尚不甚大而永定河遂有漲溢之患決口至四十餘處低窪之地多被水淹雖因山水驟發然水性就下其經行之地自有定所設預爲溝渠以洩之爲塘堰以瀦之自可以分殺水勢不致滙爲洪流衝突漫衍如此之甚是

6—3　潘锡恩辑《畿辅水利附录》

道光三年（1823）刻本

7—1 **冯道立《淮扬水利图说》**

道光十九年（1839）刻本

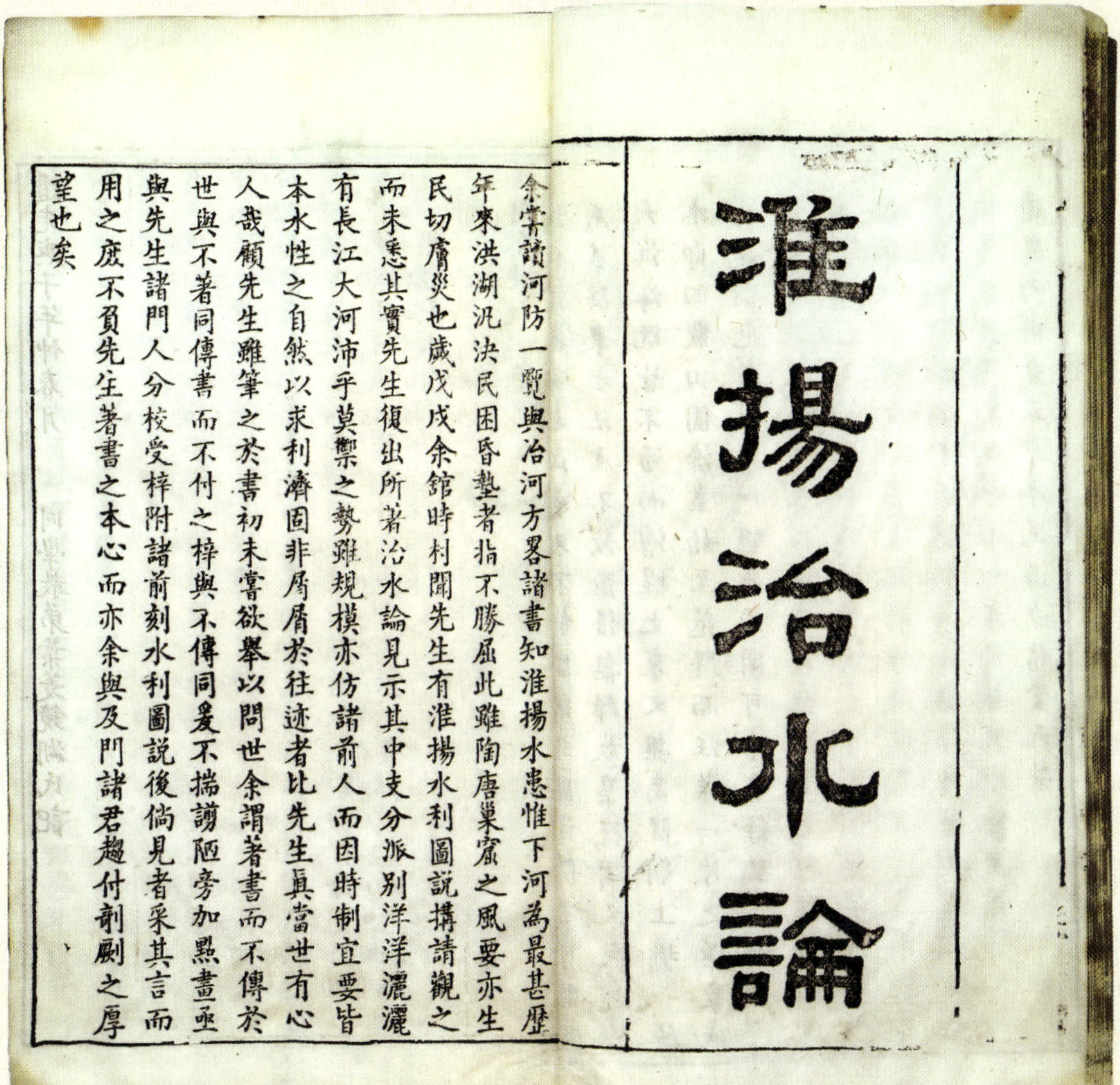

7—2 **冯道立《淮扬水利图说》**

道光十九年（1839）刻本

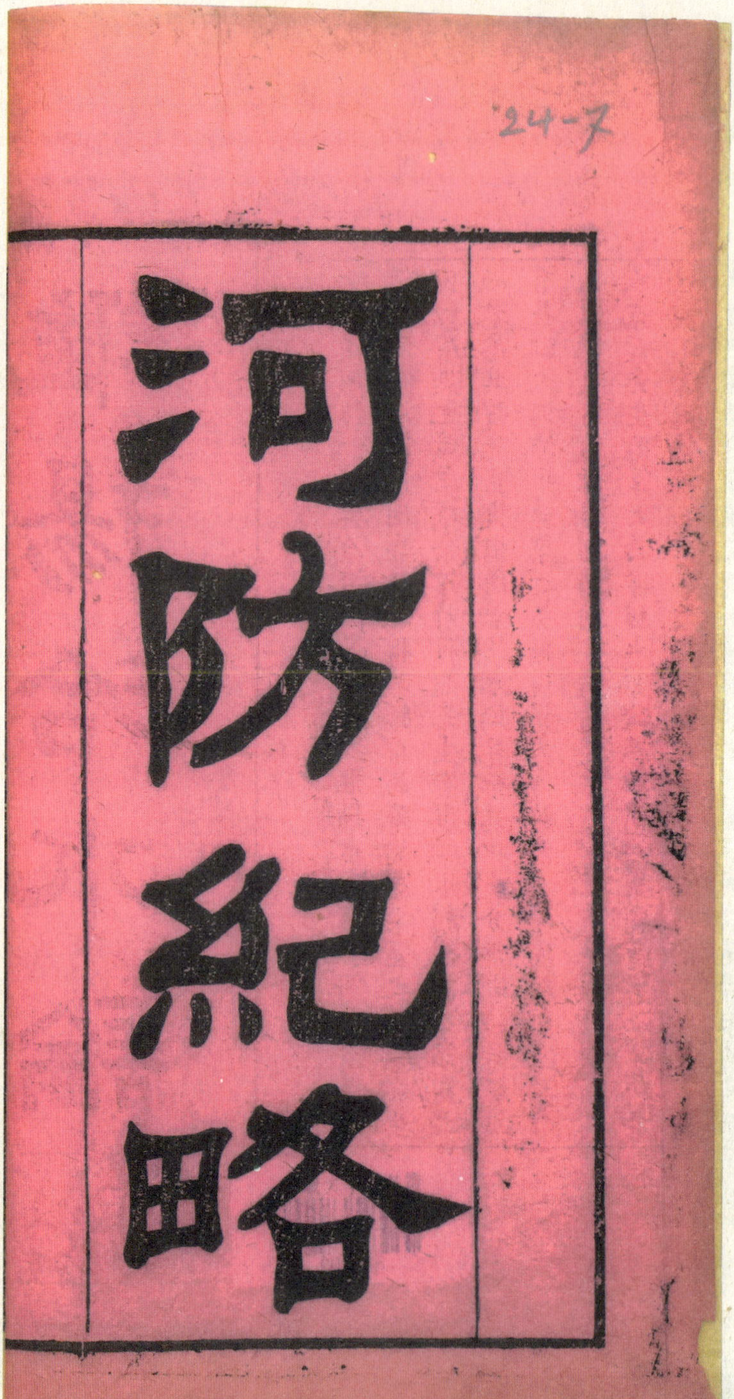

8—1 **孙鼎臣《河防纪略》**

咸丰八年（1858）刻本

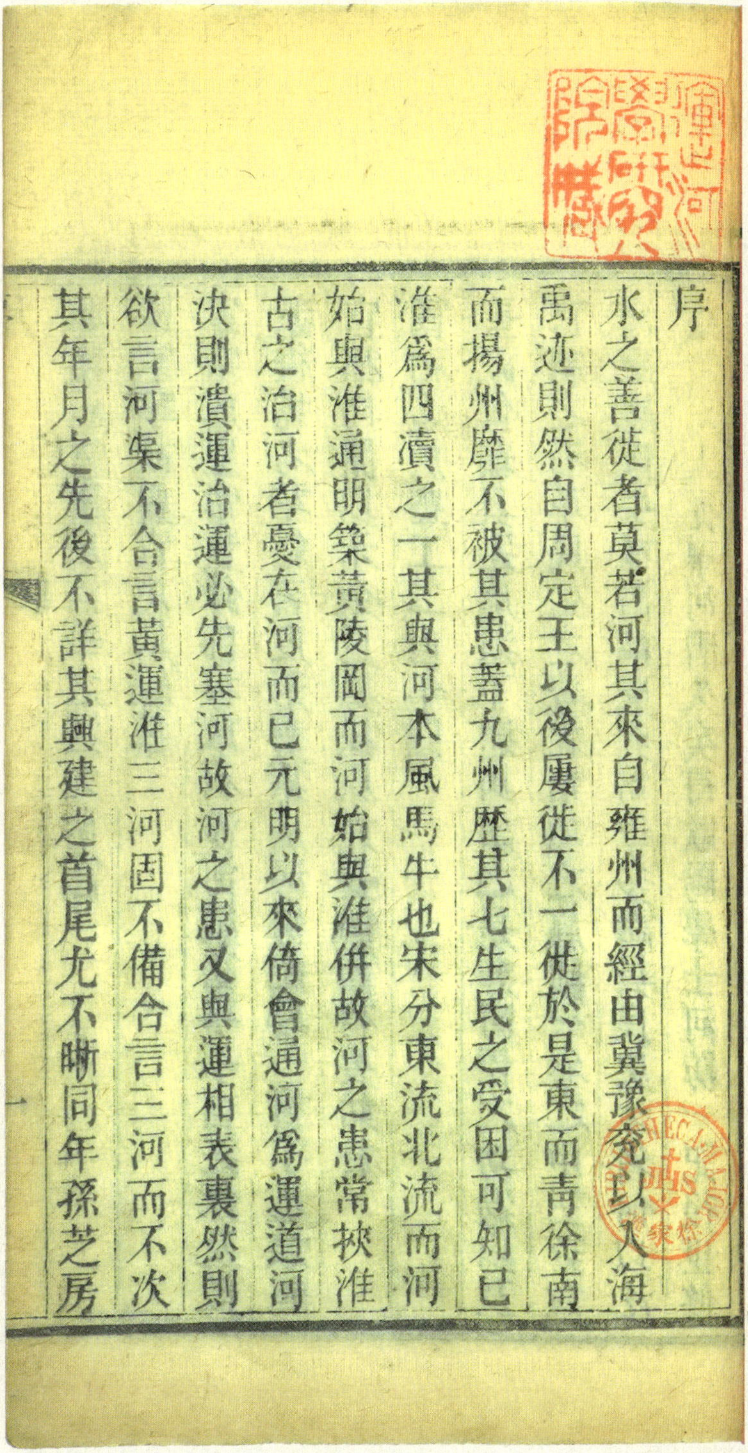
序
水之善徙者莫若河其來自雍州而經由冀豫兖以入海
禹迹則然自周定王以後屢徙不一徙於是東而青徐南
而揚州靡不被其患蓋九州歷其七生民之受困可知已
淮爲四瀆之一其與河本風馬牛也宋分東流北流而河
始與淮通明築黃陵岡而河始與淮併故河之患常挾淮
古之治河者憂在河而已元明以來倚會通河爲運道河
決則潰運治運必先塞河故河之患又與運相表裏然則
欲言河渠不合言黃運淮三河固不備合言三河而不次
其年月之先後不詳其興建之首尾尤不晰同年孫芝房

8—2 **孙鼎臣《河防纪略》**

咸丰八年（1858）刻本

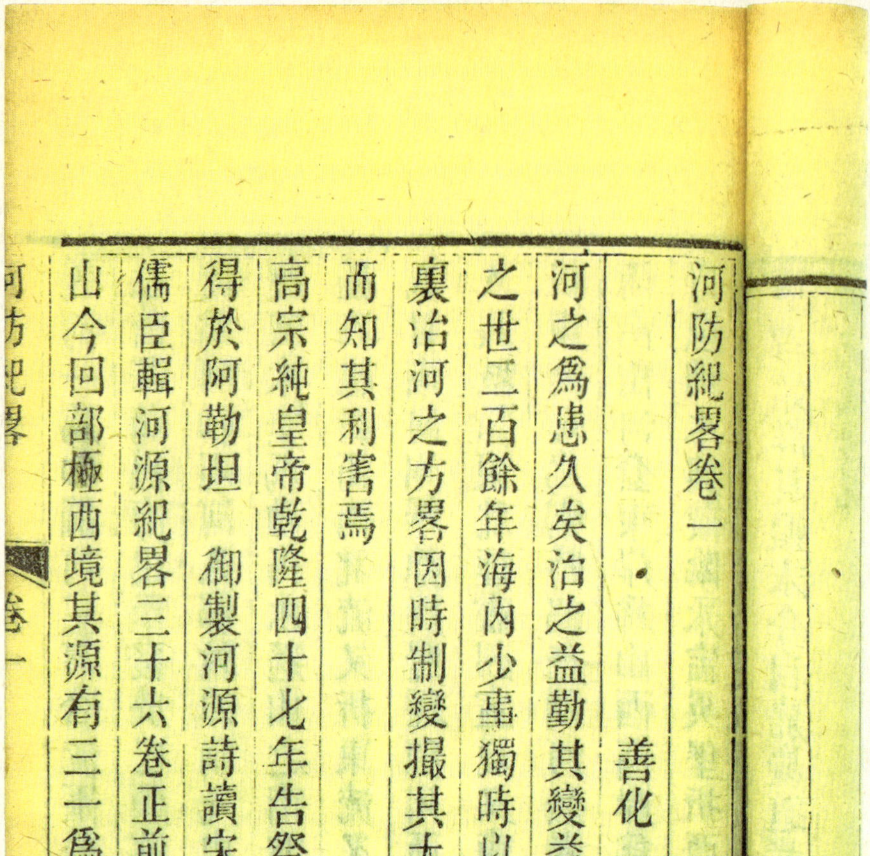

河防紀畧卷一

善化　孫鼎臣　子餘

河之為患久矣治之益勤其變益亟　國初至於　宣宗
之世二百餘年海內少事獨時以河為憂黃淮運相為表
裏治河之方畧因時制變撮其大要列於篇觀者考其時
而知其利害焉
高宗純皇帝乾隆四十七年告祭河神遣使出塞窮河源
得於阿勒坦　御製河源詩讀宋史河渠志文紀其事命
儒臣輯河源紀畧三十六卷正前古之疑誤河源出昆侖
山今回部極西境其源有三一為喀什噶爾河一為葉爾

河防紀畧　卷一　一

8—3　孙鼎臣《河防纪略》

咸丰八年（1858）刻本

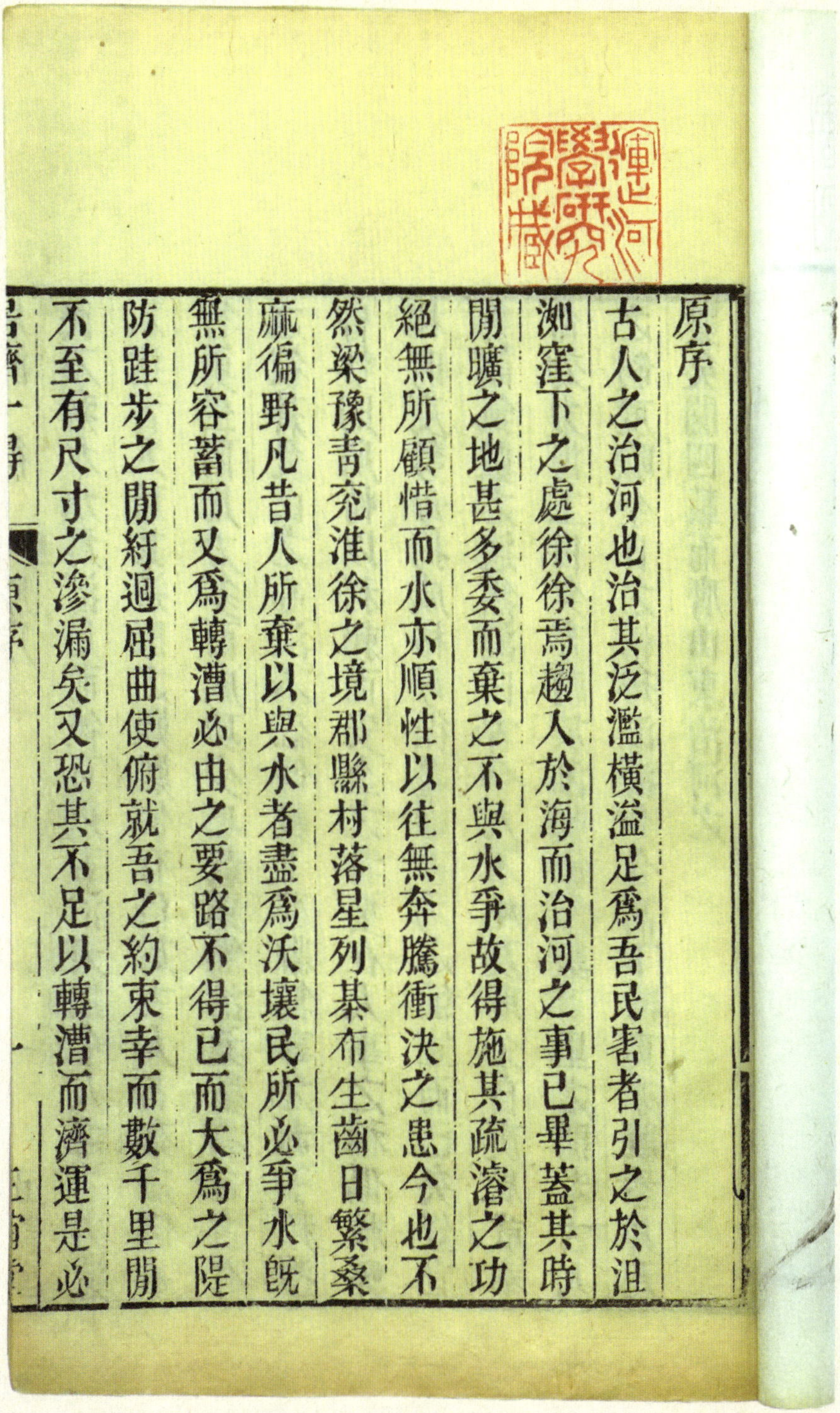
原序

古人之治河也治其泛濫橫溢足爲吾民害者引之於沮洳窪下之處徐徐焉趨入於海而治河之事已畢蓋其時閒曠之地甚多委而棄之不與水爭故得施其疏瀹之功絕無所顧惜而水亦順性以往無奔騰衝決之患今也不然梁豫青兗淮徐之境郡縣村落星列棊布生齒日繁桑麻徧野凡昔人所棄以與水者盡爲沃壤民所必爭水既無所容蓄而又爲轉漕必由之要路不得已而大爲之隄防跬步之閒紆迴屈曲使俯就吾之約束幸而數千里閒不至有尺寸之滲漏矣又恐其不足以轉漕而濟運是必

居濟一得　原序　一

9—1 **张伯行《居济一得》**

同治五年（1866）刻本

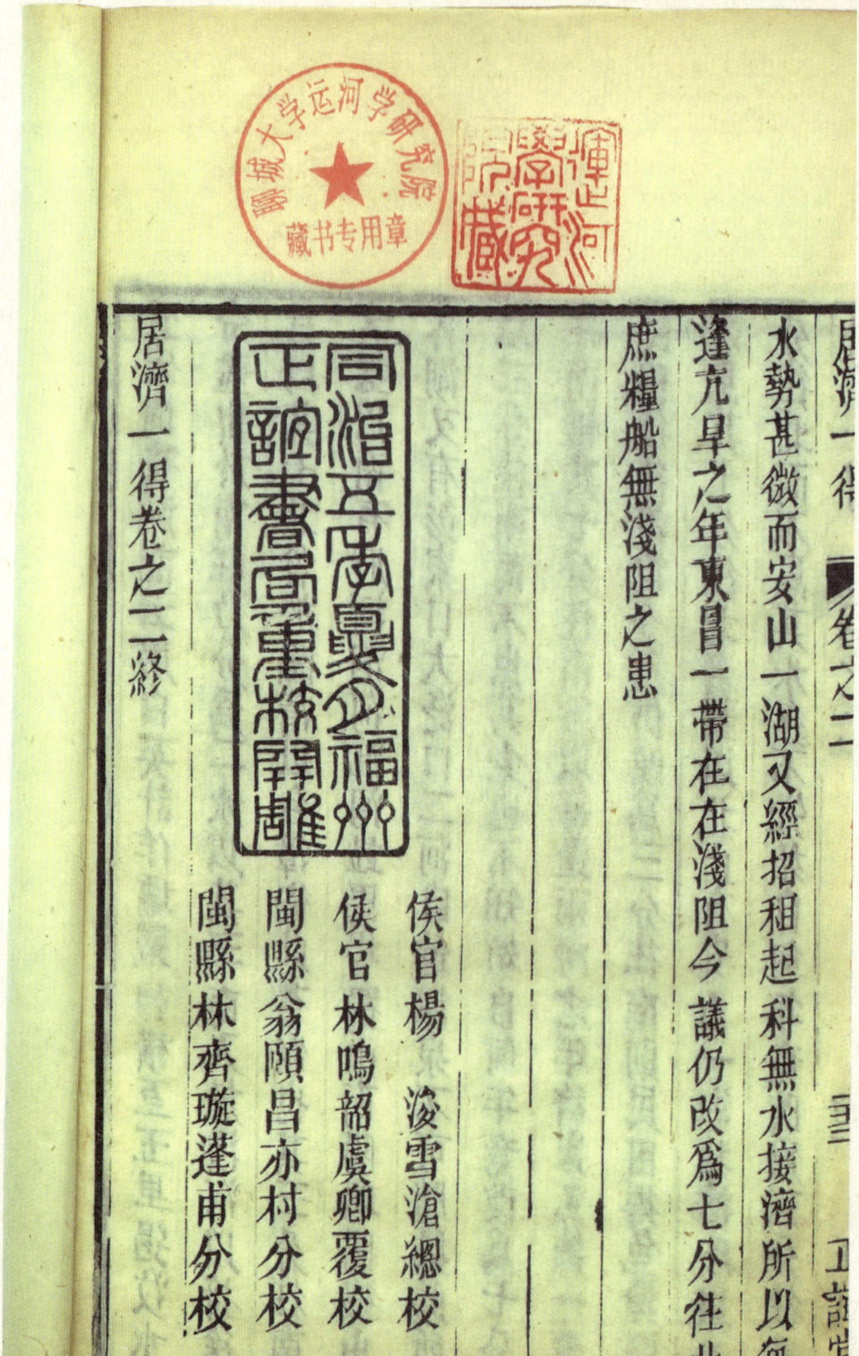

9—2 张伯行《居济一得》

同治五年（1866）刻本

10—1 张仰山辑《临文便览》

同治十三年（1874）刻本

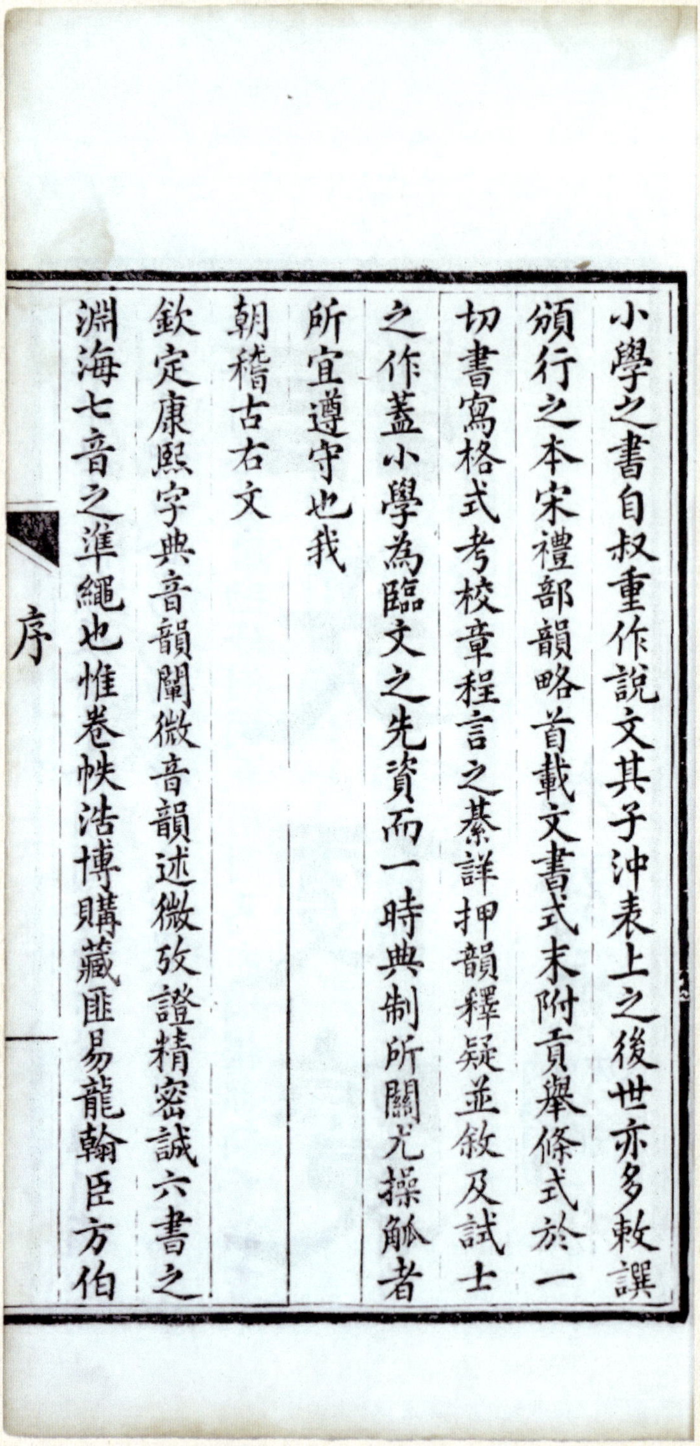

序

小學之書自叔重作說文其子沖表上之後世亦多敕課頒行之本宋禮部韻略首載文書式末附貢舉條式於一切書寫格式考校章程言之綦詳押韻釋疑並敘及試士之作蓋小學為臨文之先資而一時典制所關尤操觚者所宜遵守也我

朝稽古右文

欽定康熙字典音韻闡微音韻述微攷證精密誠六書之淵海七音之準繩也惟卷帙浩博購藏匪易龍翰臣方伯

10—2　张仰山辑《临文便览》

同治十三年（1874）刻本

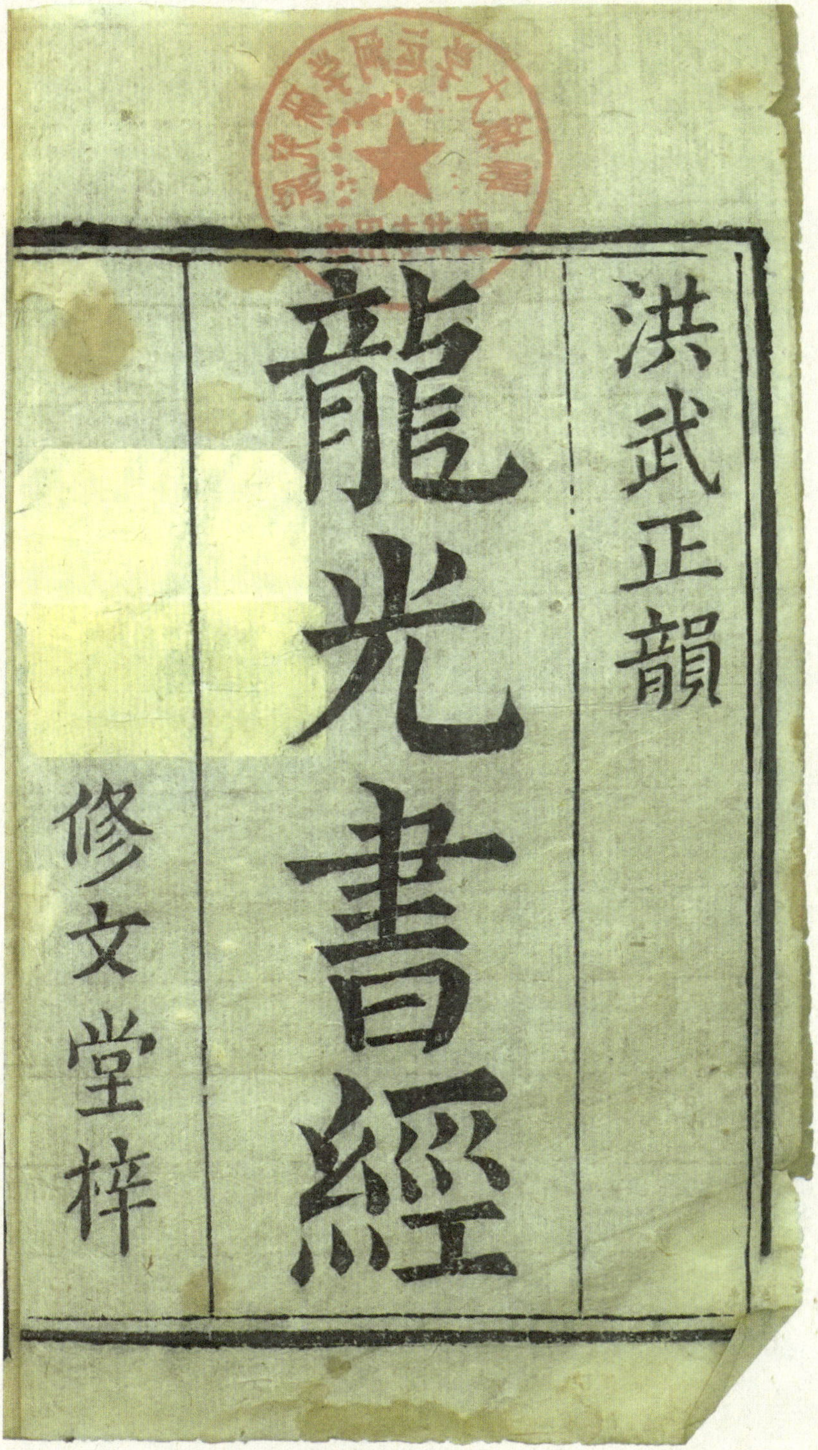

11—1 **蔡沈《龙光书经》**

清修文堂刻本

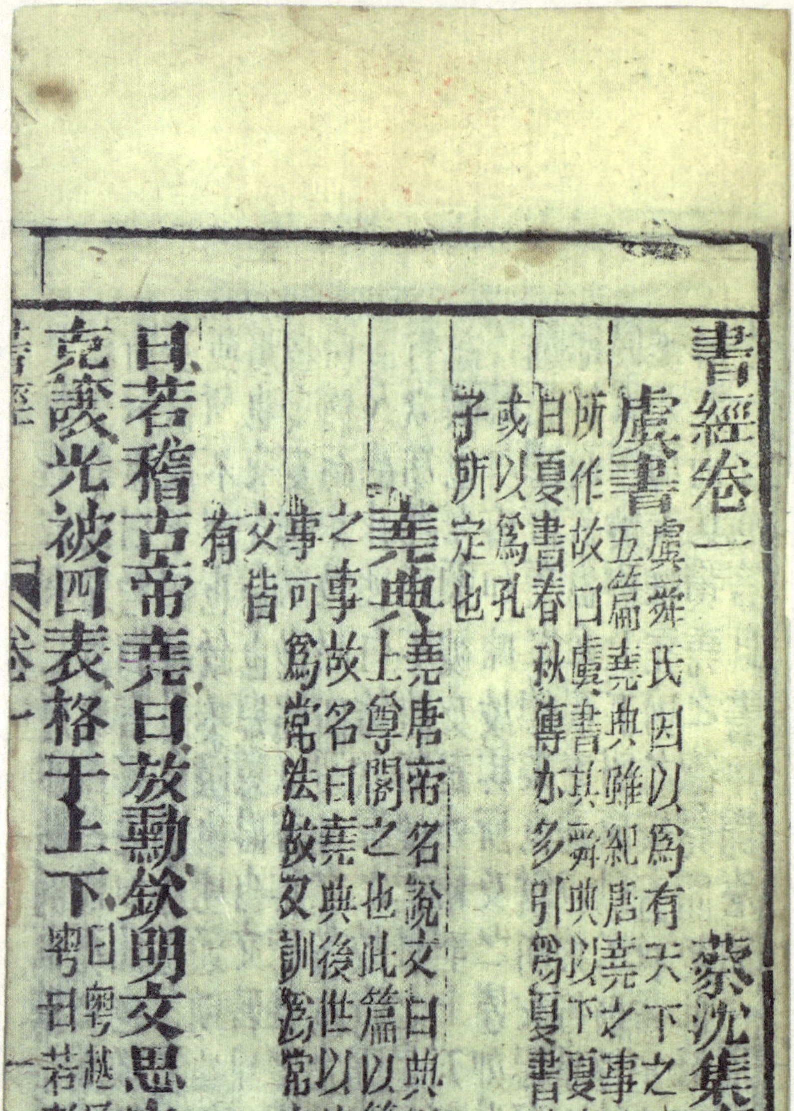
書經卷一　蔡沈集傳

虞書 虞舜氏因以爲有天下之號也書凡五篇堯典雖紀唐堯之事然本虞史所作故曰虞書其舜典以下夏史所作當曰夏書春秋傳亦多引爲夏書此云虞書或以爲孔子所定也

堯典 堯唐帝名說文曰典從册在丌上尊閣之也此篇以簡册載堯之事故名曰堯典後世以其所載之事可爲常法故又訓爲常也今文古文皆有

曰若稽古帝堯曰放勳欽明文思安安允恭克讓光被四表格于上下 曰粵越通古……

書經　卷一

11—2　**蔡沈《龙光书经》**

清修文堂刻本

12—1 周馥《治水述要》

民国十一年（1922）刻本

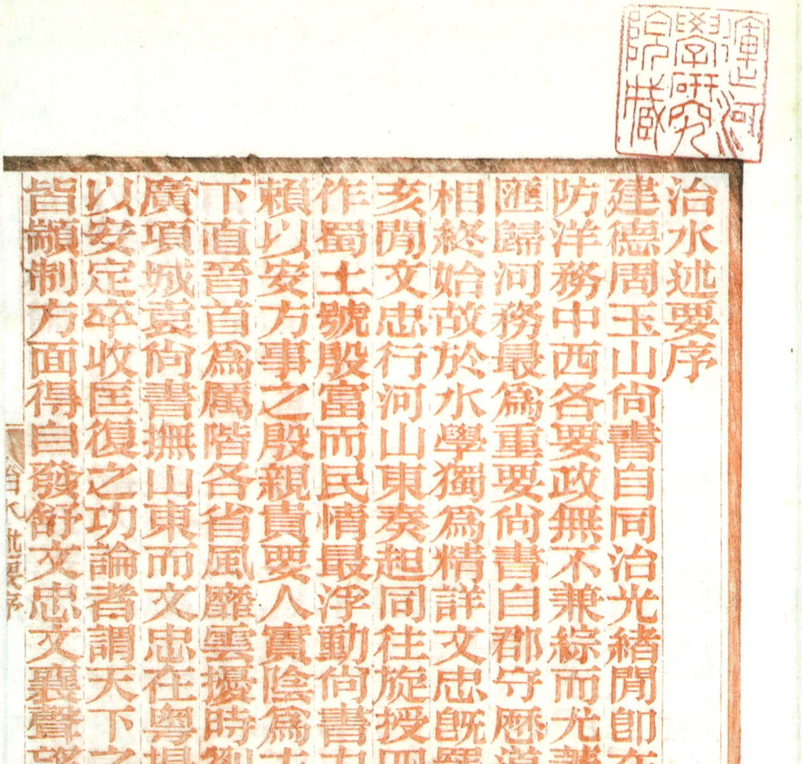

運河學研究院藏

治水述要序

建德周玉山尚書自同治光緒間卽在天津佐李文忠公籌辦海防洋務中西各要政無不兼綜而尤著績於治河津門爲五大河匯歸河務最爲重要尚書自郡守歷道司前後二十餘年與河事相終始故於水學獨爲精詳文忠旣罷鎭尚書亦引疾歸戊戌己亥閒文忠行河山東奏起同往旋授四川布政使庚子義和團亂作蜀土號殷富而民情最浮動尚書力言於督府以身任其事蜀賴以安方事之殷覩貴要人實陰爲主持動矯　詔旨號令天下直晉首爲厲階各省風靡雲擾時劉忠誠督兩江張文襄督湖廣項城袁尚書撫山東而文忠在粵提衡南北力抗內議羣情持以安定卒收匡復之功論者謂天下之不亡實維數公之力齊吳皆領制方面得自發舒文忠文襄聲望冠代巡撫卽不同意亦不

治水述要序　一

12—2 **周馥《治水述要》**

民国十一年（1922）刻本

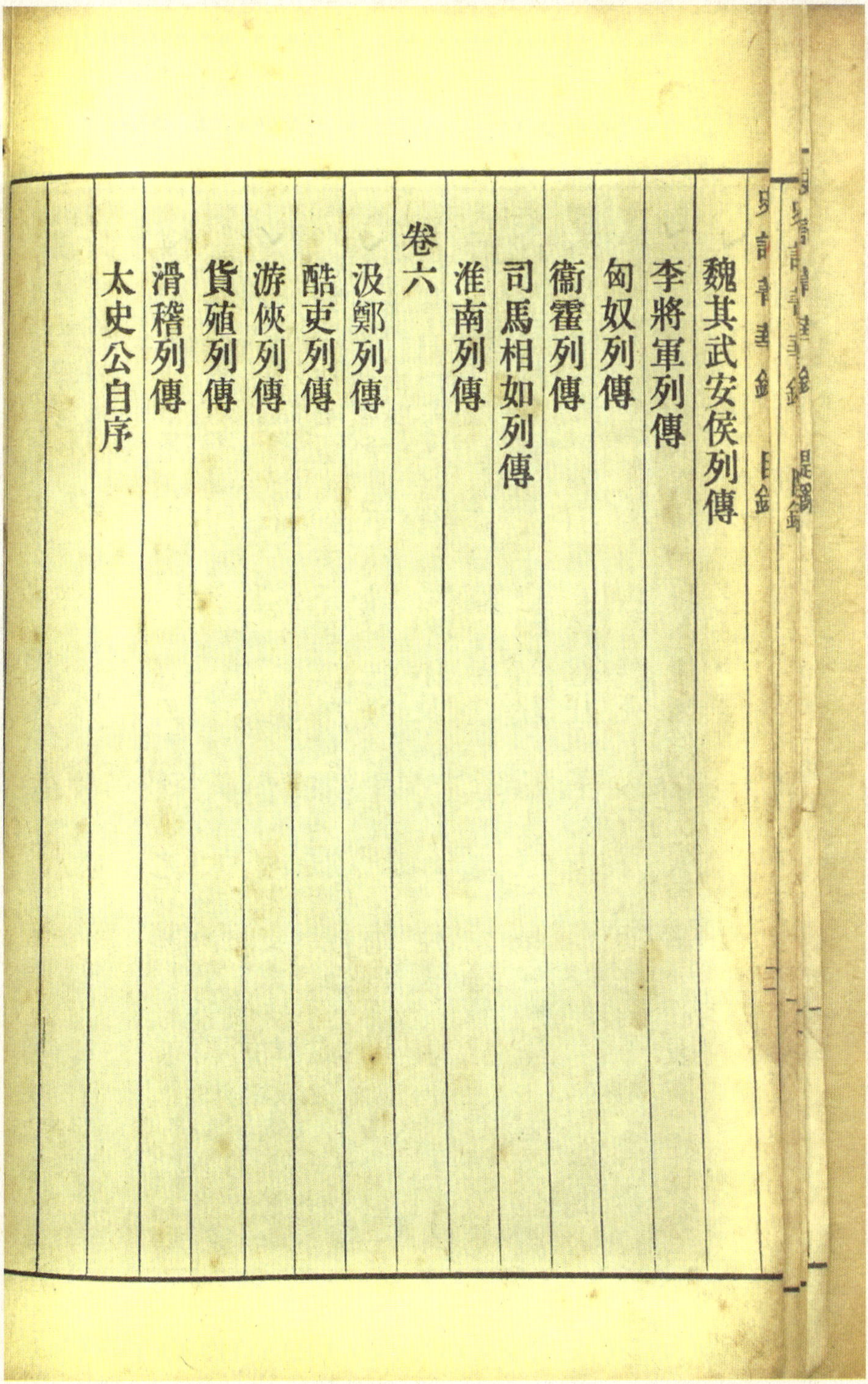

魏其武安侯列傳
李將軍列傳
匈奴列傳
衛霍列傳
司馬相如列傳
淮南列傳
卷六
汲鄭列傳
酷吏列傳
游俠列傳
貨殖列傳
滑稽列傳
太史公自序

13—1 姚祖恩编《史记菁华录》

商务印书馆民国二十七年（1938）铅印本

先儒謂秦時詔令雜以吏牘自是一種文字然讀之下漢詔誥前實另具一段精嚴偉麗光景此其第一令也絕大不擎

先自定議復稱制以可之也稱制可奏始於此實爲娟峭只三十餘字有援引有跌宕有斷制

史記菁華錄卷一

秦始皇本紀

秦初幷天下令丞相御史曰 中略 寡人以眇眇之身興兵誅暴亂 以諫吻作春踊辭氣峻厲 賴宗廟之靈六王咸服其辜 總前六國罪案簡而偉 天下大定今名號不更無以稱成功傳後世其議帝號 言下已前無古人矣諸臣只闡明此意耳 丞相綰御史大夫劫廷尉斯等 秦初 三公之職如此 皆曰昔者五帝地方千里其外侯服夷服諸侯或朝或否天子不能制 看其卽將前令數衍不更益一語 今陛下興義兵誅殘賊平定天下海內爲郡縣法令由一統自上古以來未嘗有五帝所不及 秦人萬古罪案卽萬古公案 臣等謹與博士議曰 有致 古有天皇有地皇有泰皇泰皇最貴 古招可愛此卽封禪書悠謬之說也 臣等昧死上尊號王爲泰皇命爲制令爲詔天子自稱曰朕王曰去泰著皇 古勁之極 采上古帝位號號曰皇帝他如議制曰可 追尊莊襄王爲太上皇 又了一事 制曰朕聞太古有號毋謚 首援太古爲跌波瀾甚壯 中古有號死而以行爲謚如此則子議父臣議君也甚無謂朕弗取焉 斷得妙 自今以來除謚法朕爲始皇帝後世以計數二世三世至千萬世傳之無窮 意極愚而詞極婉 丞相綰等言諸侯初破燕齊荊地遠不爲置王毋以塡之 塡鎮古字通用亦有竟作塡義者更古

史記菁華錄 卷一 秦始皇本紀 一

13—2 **姚祖恩编《史记菁华录》**

商务印书馆民国二十七年（1938）铅印本

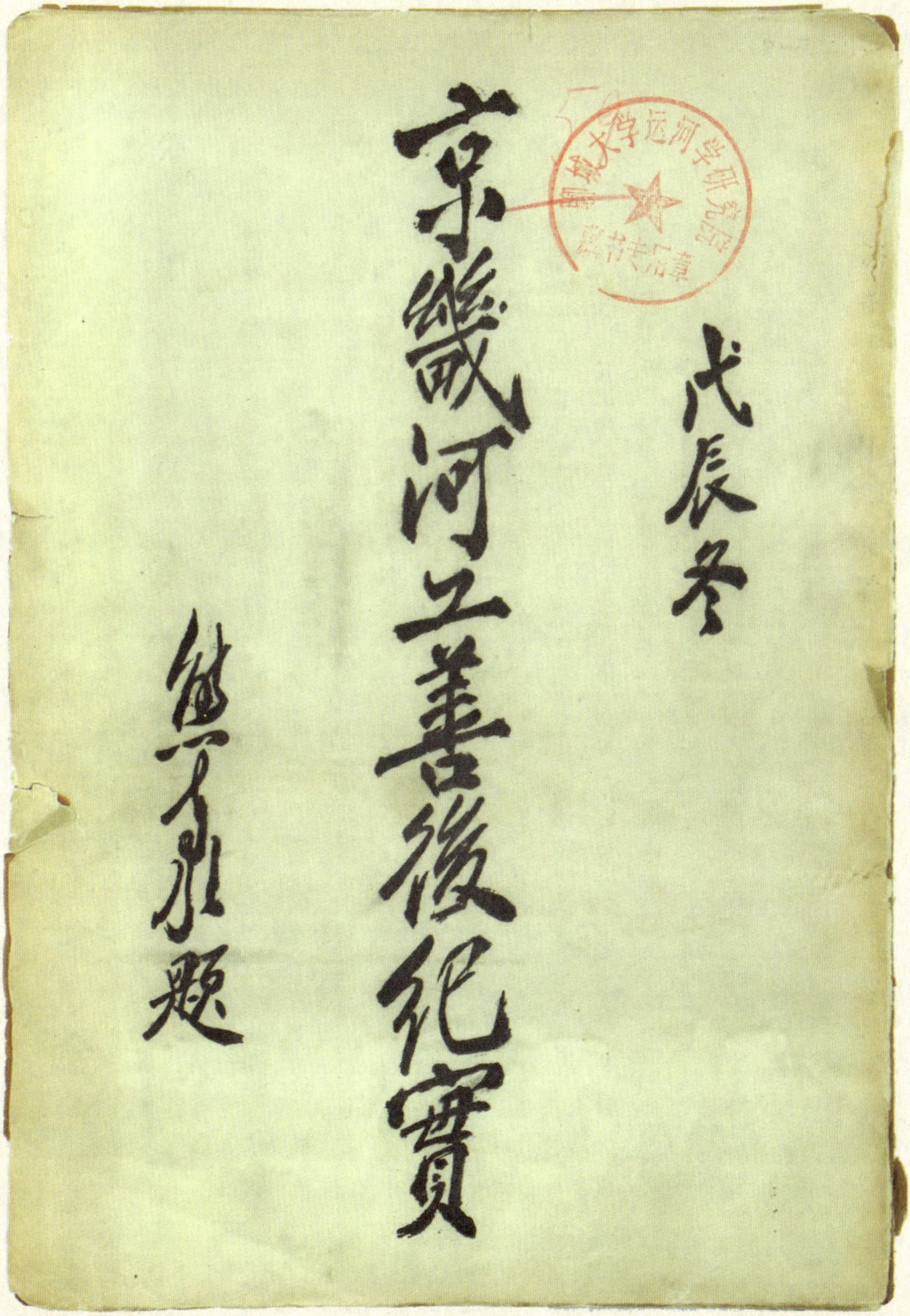

14—1 **熊希龄《京畿河工善后纪实》**

民国十八年（1929）铅印本

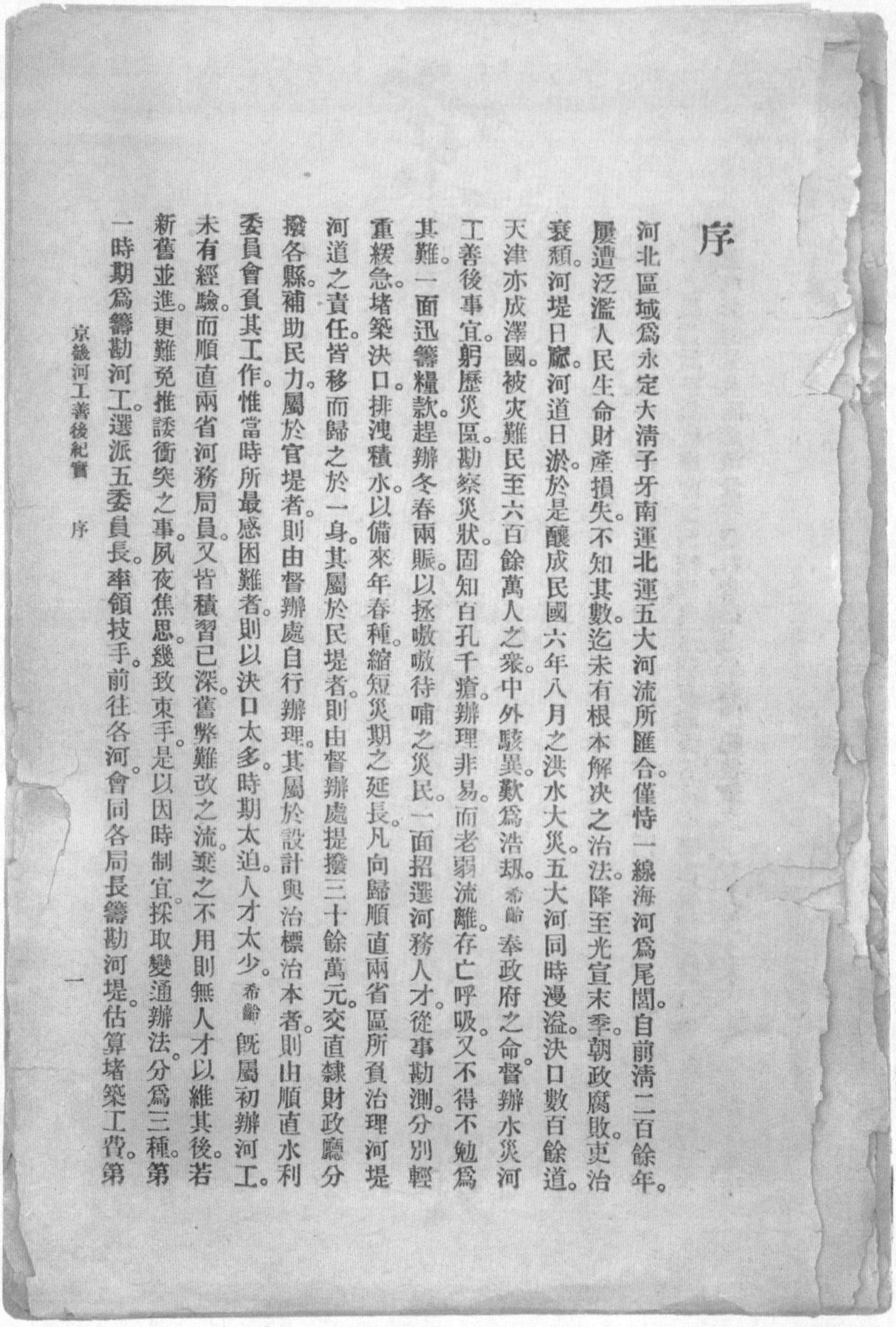

序

河北區域爲永定大淸子牙南運北運五大河流所匯合。僅恃一線海河爲尾閭。自前淸二百餘年。屢遭泛濫。人民生命財產損失。不知其數。迄未有根本解決之治法。降至光宣末季。朝政腐敗。吏治衰頹。河堤日窳。河道日淤。於是釀成民國六年八月之洪水大災。五大河同時漫溢。決口數百餘道。天津亦成澤國。被災難民至六百餘萬人之衆。中外駭異。歎爲浩刧。希齡奉政府之命。督辦水災河工善後事宜。躬歷災區。勘察災狀。固知百孔千瘡。辦理非易。而老弱流離。存亡呼吸。又不得不勉爲其難。一面迅籌糧款。趕辦冬春兩賑。以拯嗷嗷待哺之災民。一面招選河務人才。從事勘測。分別輕重緩急。堵築決口。排洩積水。以備來年春種。縮短災期之延長。凡向歸順直兩省區所負治理河堤河道之責任。皆移而歸之於一身。其屬於民堤者。則由督辦處提撥三十餘萬元。交直隸財政廳分撥各縣。補助民力。屬於官堤者。則由督辦處自行辦理。其屬於設計與治標治本者。則由順直水利委員會負其工作。惟當時所最感困難者。則以決口太多。時期太迫。人才太少。希齡既屬初辦河工。未有經驗。而順直兩省河務局員。又皆積習已深。舊弊難改之流。棄之不用。則無人才以維其後。若新舊並進。更難免推諉衝突之事。夙夜焦思。幾致束手。是以因時制宜。採取變通辦法。分爲三種。第一時期爲籌勘河工。選派五委員長。率領技手。前往各河。會同各局長籌勘河堤。估算堵築工費。第

京畿河工善後紀實　序　一

14—2　熊希龄《京畿河工善后纪实》

民国十八年（1929）铅印本

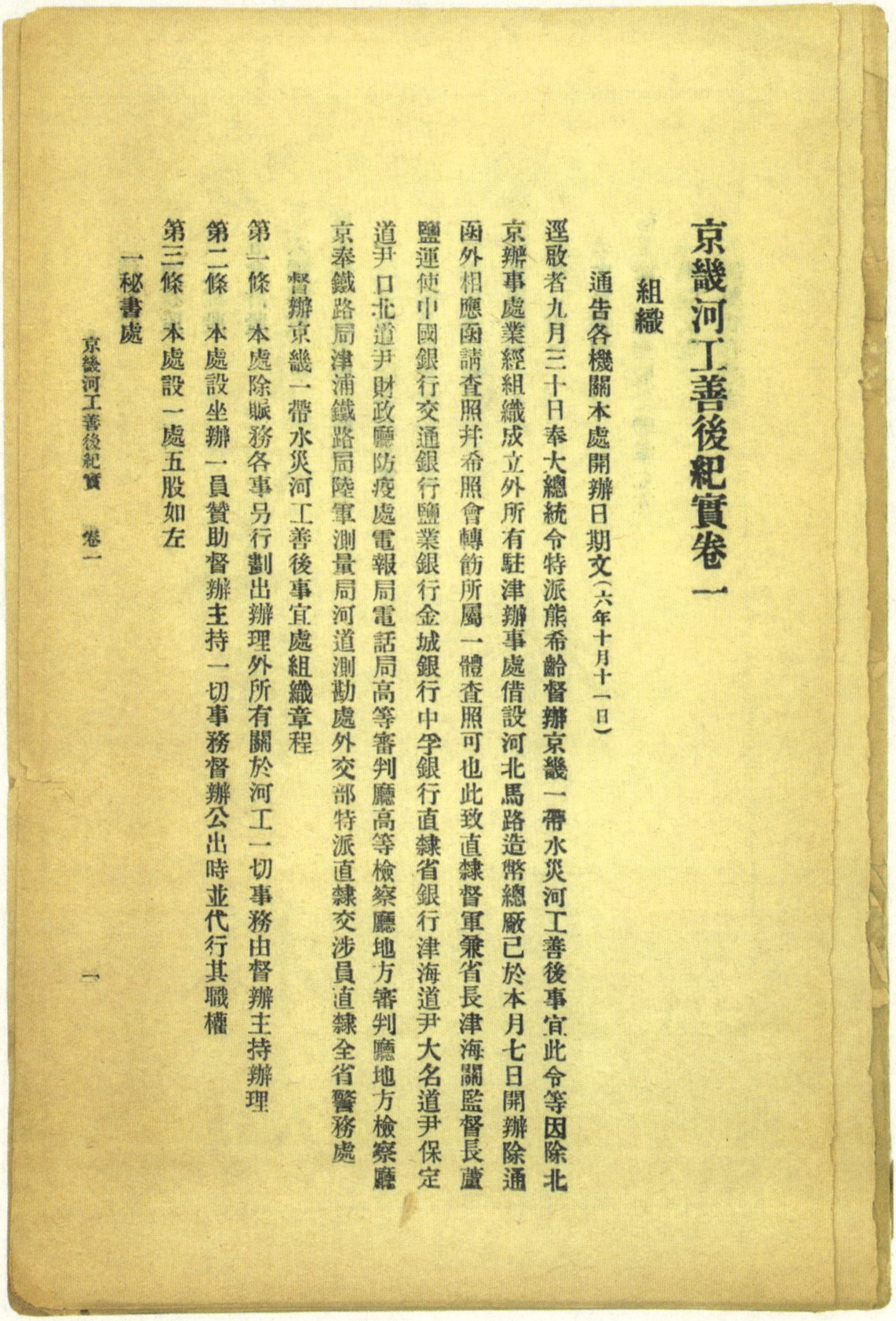

京畿河工善後紀實卷一

組織

通告各機關本處開辦日期文（六年十月十一日）

逕啟者九月三十日奉大總統令特派熊希齡督辦京畿一帶水災河工善後事宜此令等因除北京辦事處業經組織成立外所有駐津辦事處借設河北馬路造幣總廠已於本月七日開辦除通函外相應函請查照并希照會轉飭所屬一體查照可也此致直隸督軍兼省長津海關監督長蘆鹽運使中國銀行交通銀行鹽業銀行金城銀行中孚銀行直隸省銀行津海道尹大名道尹保定道尹口北道尹財政廳防疫處電報局電話局高等審判廳高等檢察廳地方審判廳地方檢察廳京奉鐵路局津浦鐵路局陸軍測量局河道測勘處外交部特派直隸交涉員直隸全省警務處

督辦京畿一帶水災河工善後事宜處組織章程

第一條　本處除賑務各事另行劃出辦理外所有關於河工一切事務由督辦主持辦理

第二條　本處設坐辦一員贊助督辦主持一切事務督辦公出時並代行其職權

第三條　本處設一處五股如左

一秘書處

京畿河工善後紀實　卷一　一

14—3　熊希龄《京畿河工善后纪实》

民国十八年（1929）铅印本

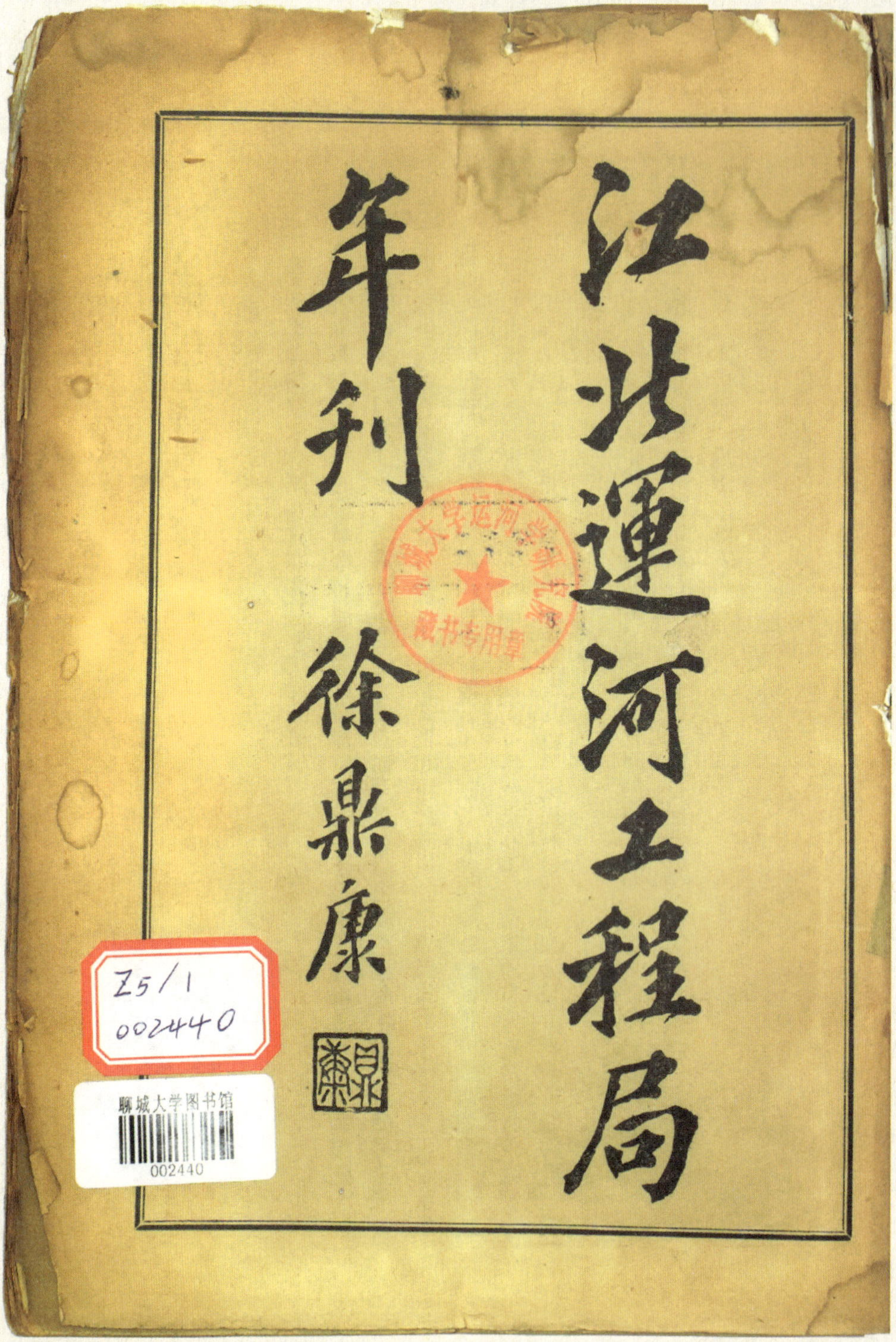

15—1　徐鼎康等《江北运河工程局年刊》

民国二十三年（1933）十月

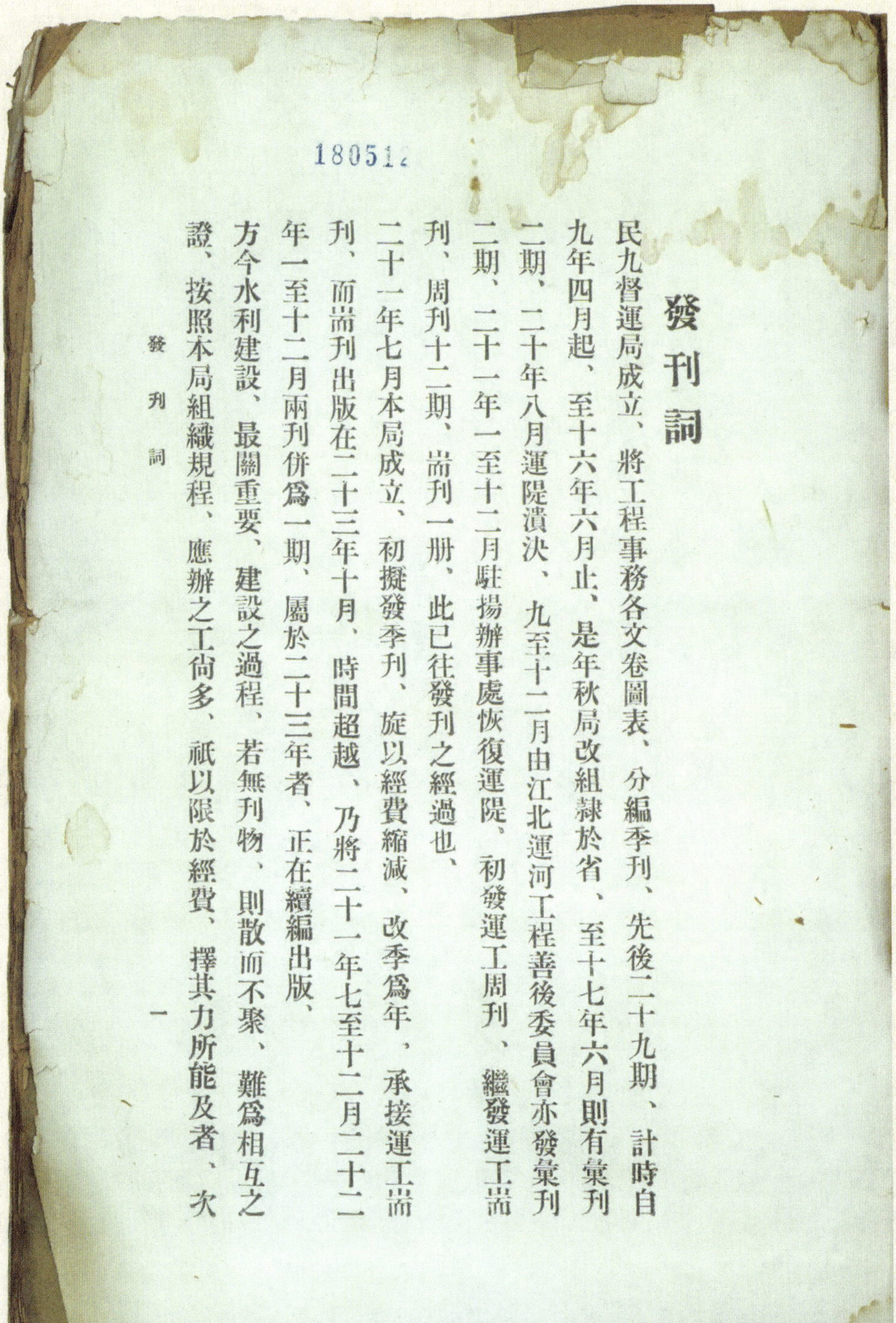

發刊詞

民九督運局成立、將工程事務各文卷圖表、分編季刊、先後二十九期、計時自九年四月起、至十六年六月止、是年秋局改組隸於省、至十七年六月則有彙刊二期、二十年八月運隄潰決、九至十二月由江北運河工程善後委員會亦發彙刊二期、二十一年一至十二月駐揚辦事處恢復運隄、初發運工周刊、繼發運工耑刊、周刊十二期、耑刊一册、此已往發刊之經過也、

二十一年七月本局成立、初擬發季刊、旋以經費縮減、改季爲年、承接運工耑刊、而耑刊出版在二十三年十月、時間超越、乃將二十一年七至十二月二十二年一至十二月兩刊併爲一期、屬於二十三年者、正在續編出版、

方今水利建設、最關重要、建設之過程、若無刊物、則散而不聚、難爲相互之證、按照本局組織規程、應辦之工尙多、祇以限於經費、擇其力所能及者、次

發刊詞　一

15—2　徐鼎康等《江北运河工程局年刊》

民国二十三年（1933）十月

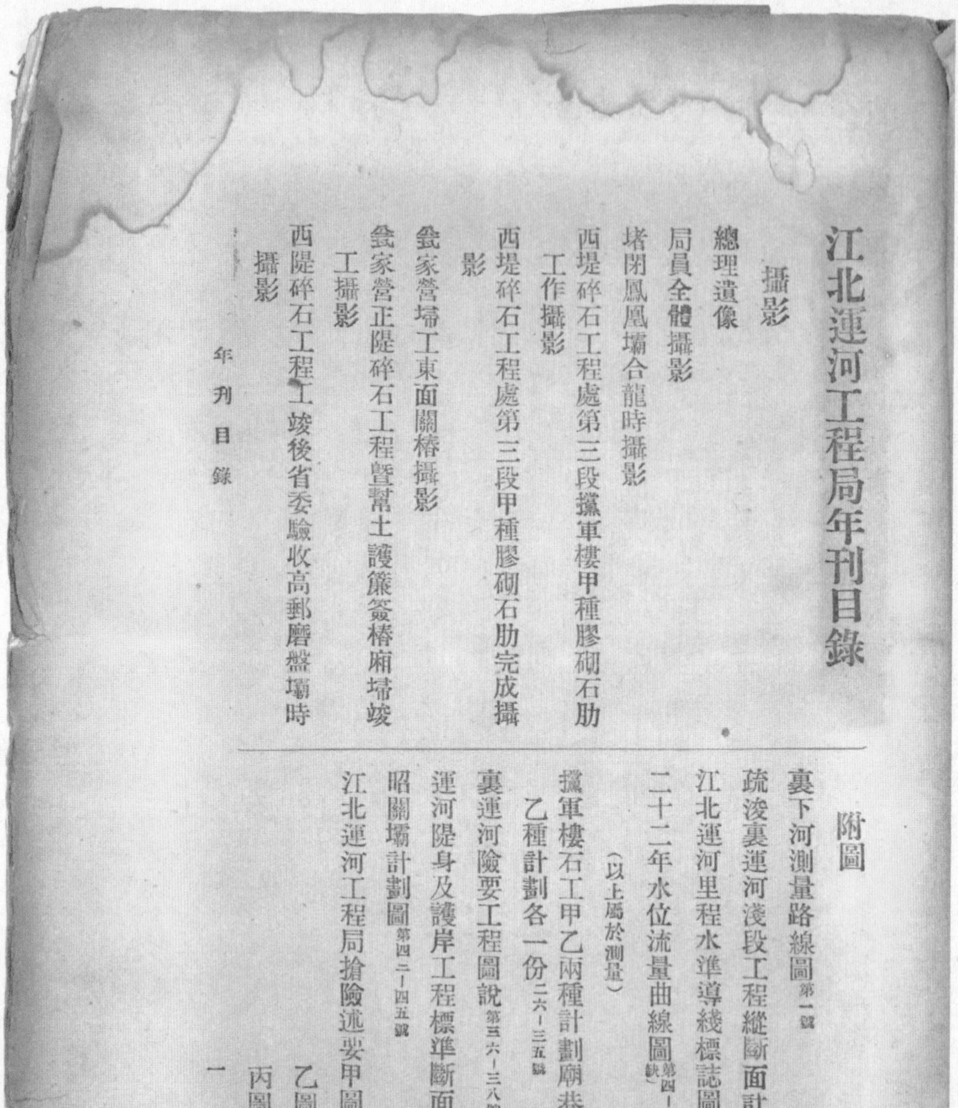

江北運河工程局年刊目錄

攝影

總理遺像

局員全體攝影

堵閉鳳凰壩合龍時攝影

西堤碎石工程處第三段攔軍樓甲種膠砌石肋工作攝影

西堤碎石工程處第三段甲種膠砌石肋完成攝影

瓮家營埽工東面關樁攝影

瓮家營正隄碎石工程暨幫土護簾簽樁廂埽竣工攝影

西隄碎石工程工竣後省委驗收高郵磨盤壩時攝影

附圖

裏下河測量路線圖第一號

疏浚裏運河淺段工程縱斷面計劃圖第二號

江北運河里程水準導綫標誌圖第三號

二十二年水位流量曲線圖第四—二五號（五號至二十四號缺）

（以上屬於測量）

攔軍樓石工甲乙兩種計劃廂巷口七公殿石工乙種計劃各一份二六—三五號

裏運河險要工程圖說第三六—三八號

運河隄身及護岸工程標準斷面圖第三九—四二號

昭關壩計劃圖第四三—四五號

江北運河工程局搶險述要甲圖第四六—四八號

乙圖第四九—五五號

丙圖第五六—五九號

年刊目錄　一

15—3 **徐鼎康等《江北运河工程局年刊》**

民国二十三年（1933）十月

15—4 徐鼎康等《江北运河工程局年刊》

民国二十三年（1933）十月

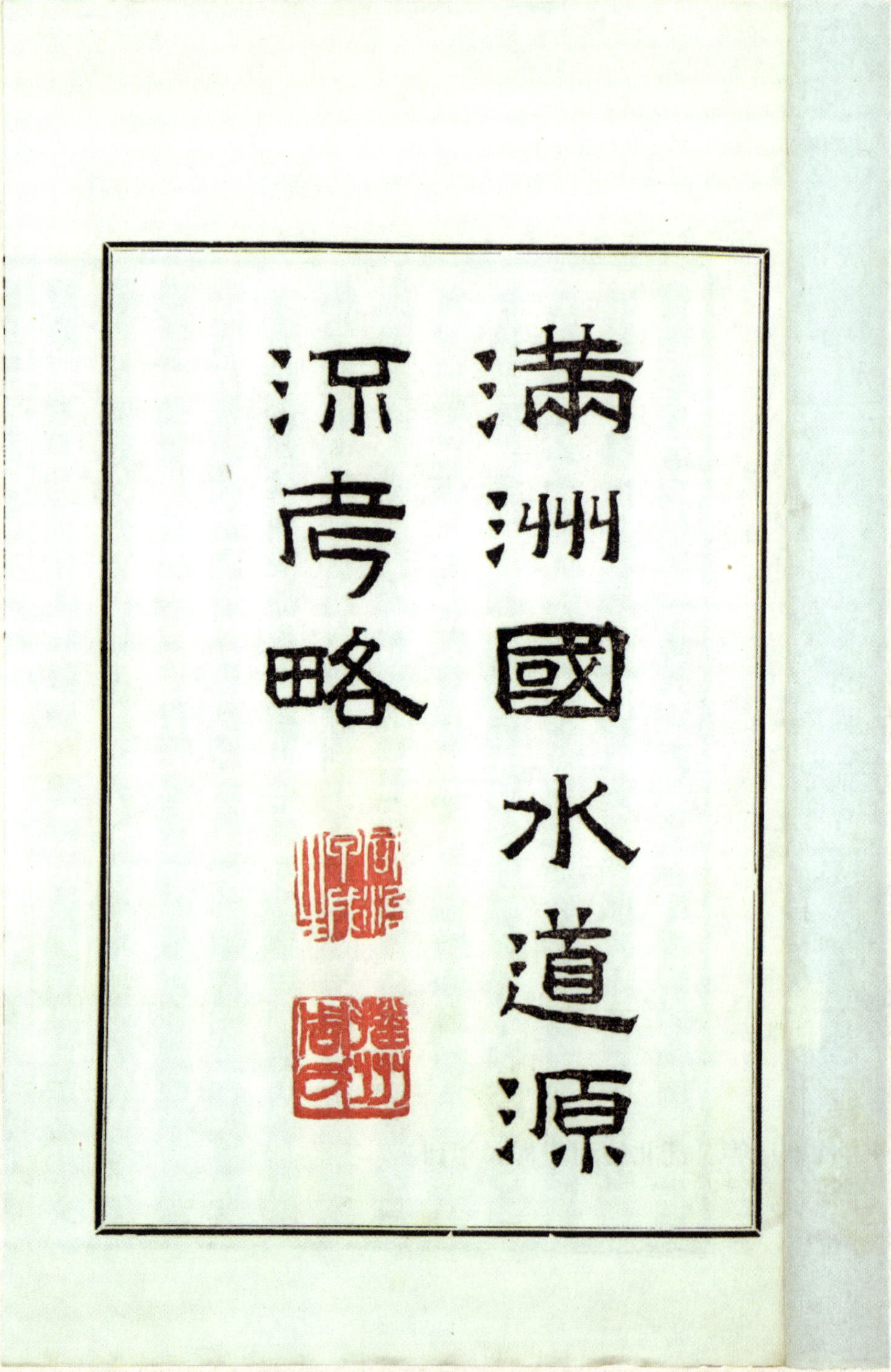

16—1 周沆编《"满洲国"水道源流考略》

东亚印书局民国年间刻印本

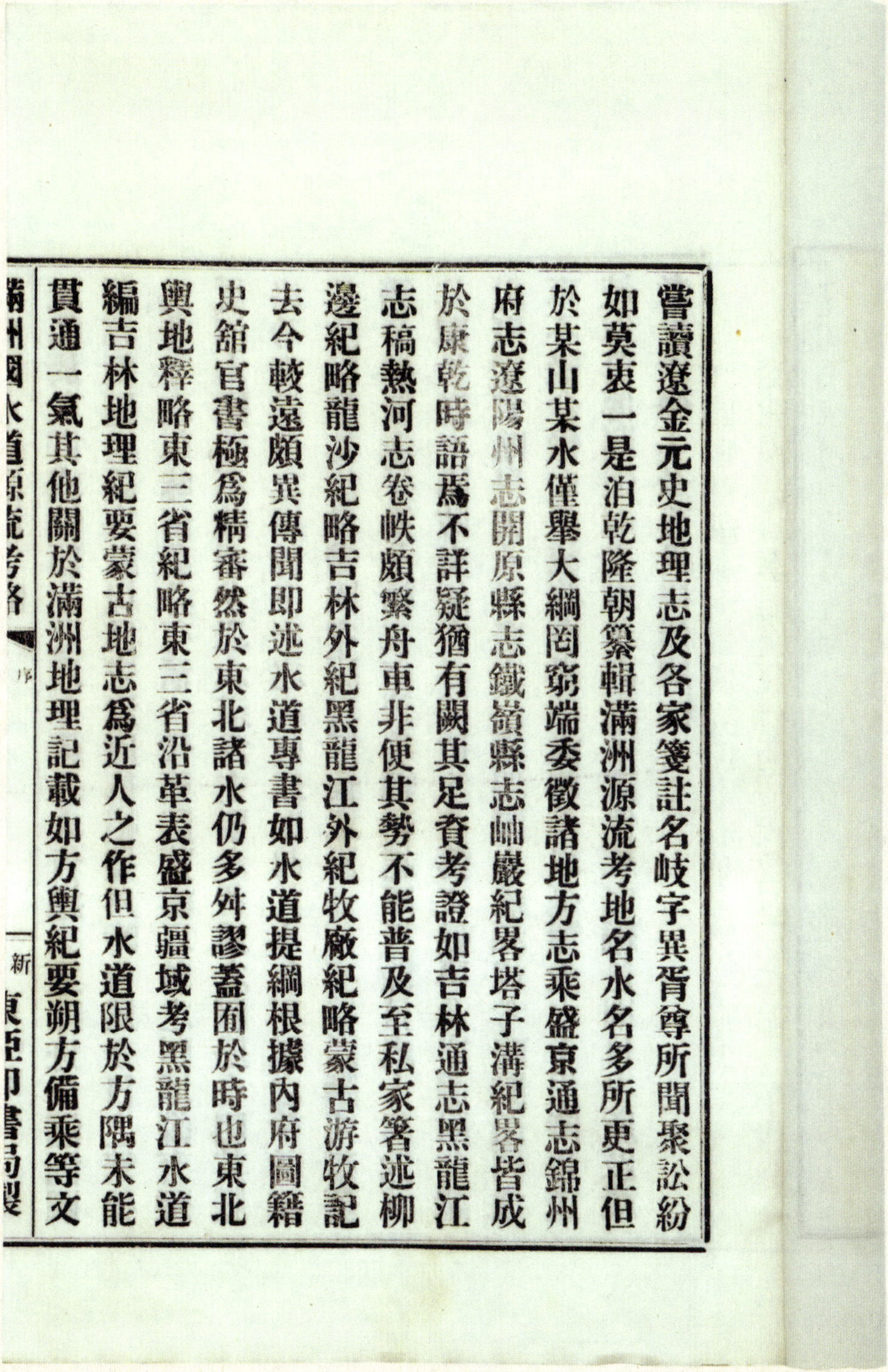
嘗讀遼金元史地理志及各家箋註名岐字異胥尊所聞聚訟紛如莫衷一是洎乾隆朝纂輯滿洲源流考地名水名多所更正但於某山某水僅舉大綱罔窮端委徵諸地方志乘盛京通志錦州府志遼陽州志開原縣志鐵嶺縣志岫巖紀畧塔子溝紀畧皆成於康乾時語焉不詳疑猶有闕其足資考證如吉林通志黑龍江志稿熱河志卷帙頗繁舟車非便其勢不能普及至私家箸述柳邊紀略龍沙紀略吉林外紀黑龍江外紀牧廠紀略蒙古游牧記去今較遠頗異傳聞即述水道專書如水道提綱根據內府圖籍史舘官書極爲精審然於東北諸水仍多舛謬蓋囿於時也東北輿地釋略東三省紀略東三省沿革表盛京疆域考黑龍江水道編吉林地理紀要蒙古地志爲近人之作但水道限於方隅未能貫通一氣其他關於滿洲地理記載如方輿紀要朔方備乘等文

滿洲國水道源流考略　序

新東亞印書局製

16—2 周沆编《“满洲国”水道源流考略》
东亚印书局民国年间刻印本

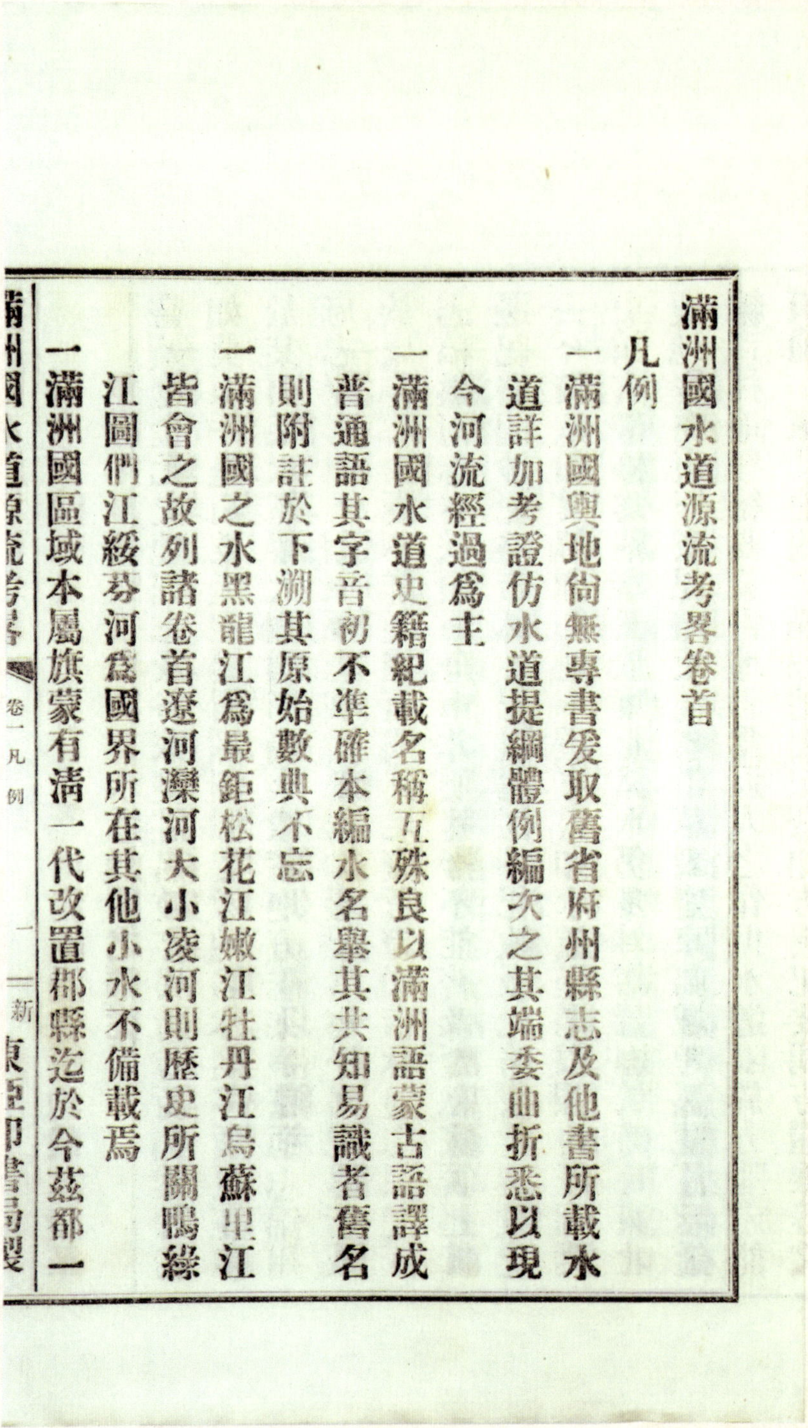

滿洲國水道源流考畧卷首

凡例

一滿洲國輿地尚無專書爰取舊省府州縣志及他書所載水道詳加考證仿水道提綱體例編次之其端委曲折悉以現今河流經過爲主

一滿洲國水道史籍紀載名稱互殊良以滿洲語蒙古語譯成普通語其字音初不準確本編水名舉其共知易識者舊名則附註於下溯其原始數典不忘

一滿洲國之水黑龍江爲最鉅松花江嫩江牡丹江烏蘇里江皆會之故列諸卷首遼河灤河大小凌河則歷史所關鴨綠江圖們江綏芬河爲國界所在其他小水不備載焉

一滿洲國區域本屬旗蒙有清一代改置郡縣迄於今茲郡一

滿洲國水道源流考畧 卷一 凡例 一 新東亞印書局製

16—3 周沆编《“满洲国”水道源流考略》

东亚印书局民国年间刻印本

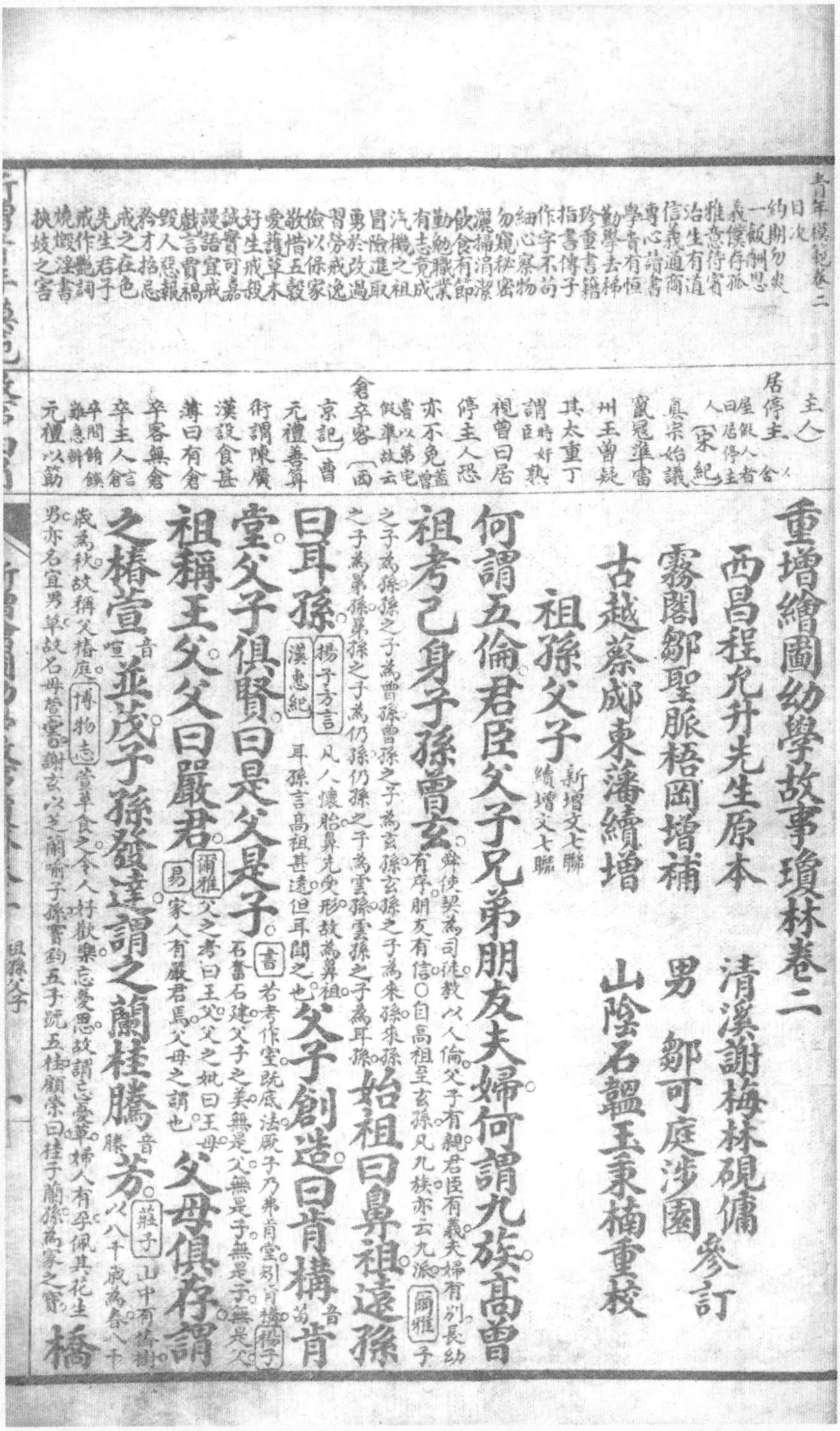
重增繪圖幼學故事瓊林卷二
西昌程允升先生原本　清溪謝梅林硯傭參訂
霧閣鄒聖脈梧岡增補　男　鄒可庭涉園
古越蔡郕東藩續增　山陰石韞玉秉楠重校
祖孫父子　新增文七聯　續增文七聯
何謂五倫君臣父子兄弟朋友夫婦何謂九族高曾祖考己身子孫曾玄。舜使契為司徒教以人倫父子有親君臣有義夫婦有別長幼有序朋友有信○自高祖至玄孫凡九族亦云九派〔爾雅〕子之子為孫孫之子為曾孫曾孫之子為玄孫玄孫之子為來孫來孫之子為晜孫晜孫之子為仍孫仍孫之子為雲孫雲孫之子為耳孫
始祖曰鼻祖遠孫曰耳孫。〔揚子方言〕凡人懷胎鼻先受形故為鼻祖〔漢惠紀〕耳孫言高祖甚遠但耳聞之也
父子創造曰肯構肯堂。〔書〕若考作室既底法厥子乃弗肯堂矧肯構〔揚子〕石奮石建父子之美無是父無是子無是子無是父
父子俱賢曰是父是子。
祖稱王父父曰嚴君。〔爾雅〕父之考曰王父父之妣曰王母〔易〕家人有嚴君焉父母之謂也
父母俱存謂之椿萱並茂子孫發達謂之蘭桂騰芳。〔莊子〕上古有大椿者以八千歲為春八千歲為秋故稱父椿庭〔博物志〕萱草食之令人好歡樂忘憂思故謂忘憂草婦人有孕佩其花生男亦名宜男草故名母萱堂謝玄以芝蘭喻子孫竇鈞五子號五桂顧榮曰桂子蘭孫為家之寶
橋

17—1　程允升《重增绘图幼学故事琼林》
上海会文堂民国年间石印本

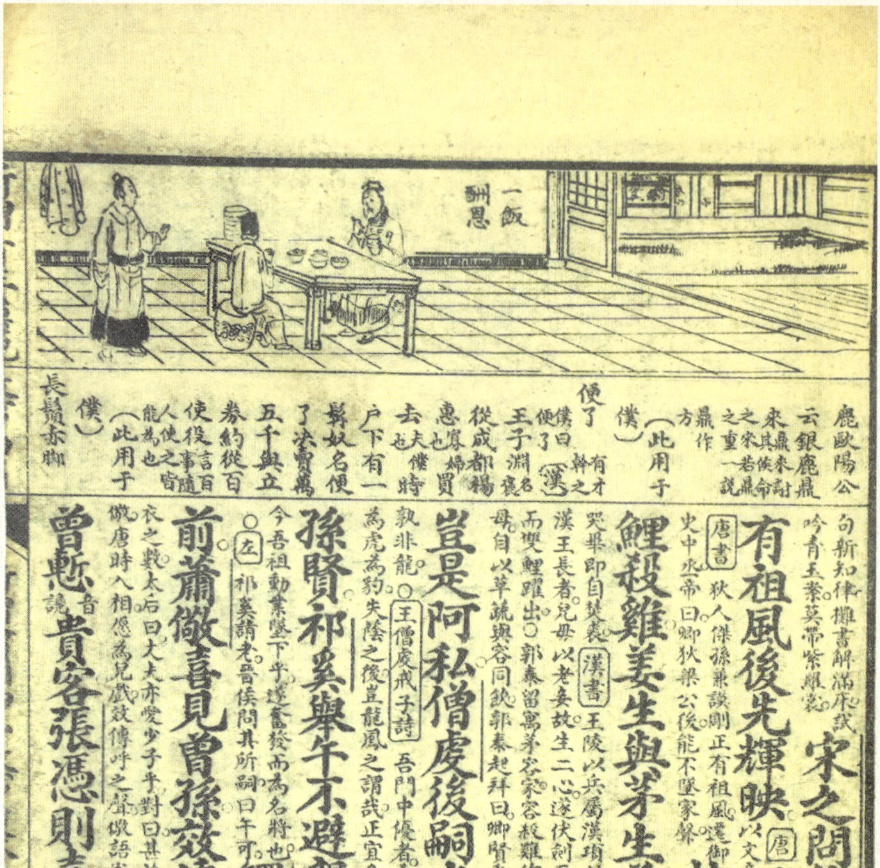

一飯酬恩

鹿歐陽公云銀鹿鼎來（鼎來討其侯命之宋若鼎之重一說鼎作方）（此用于僕）

便了（有才幹之僕曰便了）（漢）王子淵名褒從成都楊惠寡婦買夫去也僕時戶下有一髯奴名便了決賈萬五千與立券約從百使役（言百事隨人使之皆能為也）（此用于僕）

長鬚赤腳

句新知律擲書解滿床試吟青玉案莫帶紫羅囊。

宋之問能分父絕作述重光狄兼謨綽有祖風後先輝映（唐）宋之問父令文富文辭且工書有力絕人世謂之三絕後之問以文章名弟之悌以驍勇聞之遜精隸書草世謂皆得父之一絕。（唐書）狄人傑孫兼謨剛正有祖風遷御史中丞帝曰卿狄梁公後能不墜家聲。

樊褒伏劍羅母與陵母皆賢躍鯉殺雞姜生與茅生並孝（晉書）桓玄既破殷荊州羅企生遂見殺詐問子母母泣曰忠臣也死復何恨桓先曾以羔裘贈羅母母（漢書）王陵以兵屬漢項羽取陵母置軍中欲以招陵陵母私問使者曰願為老妾語陵善事漢王長者兒毋以老妾故生二心遂伏劍而死陵卒從漢○姜詩事母孝母愛飲江水忽舍旁湧出江水而雙鯉躍出○郭泰留寓茅容家容殺雞作饌泰意為已設既而供母自以草蔬與容同飲郭泰起拜曰卿賢乎哉因勸令學卒以成德。

靈運子孫多是鳳豈是阿私僧虔後嗣半為龍原非自侈（蘇東坡答馬忠王詩）靈運子孫多是鳳荀明兄弟孰非龍○（王僧虔戒子詩）吾門中優者為龍劣者為虎為豹失蔭之後豈龍鳳之謂哉正宜各自努力耳。

馬援得璘能耀武畢竟孫賢祁奚舉午不避親皆因子肖（後漢）馬璘馬援之孫嘗讀援傳至大丈夫死於邊以馬革裹尸慨然曰今吾祖勳業墜下乎遂奮發而為名將也○（左）祁奚請老晉侯問其所嗣曰午可。

觸讋（詹入聲）猶憐少子乞清要於君前蕭徽喜見曾孫效傳呼於階下（戰國策）趙左師觸讋見太后曰老臣賤息舒祺最少臣竊憐之願補黑衣之數太后曰丈夫亦愛少子乎對曰甚於婦人○（五代）周蕭愿梁宰相頎之子曾祖徽唐時入相愿為兒戲效傳呼之聲徽語客曰我不以得相所喜所幸壽考又見曾孫。

王霸則曾慙（音讒）貴客張憑則喜說佳兒（逸民傳）王霸少立高節與令狐子伯為友後子伯為楚相令子奉書於霸霸子方

17—2 程允升《重增绘图幼学故事琼林》

上海会文堂民国年间石印本

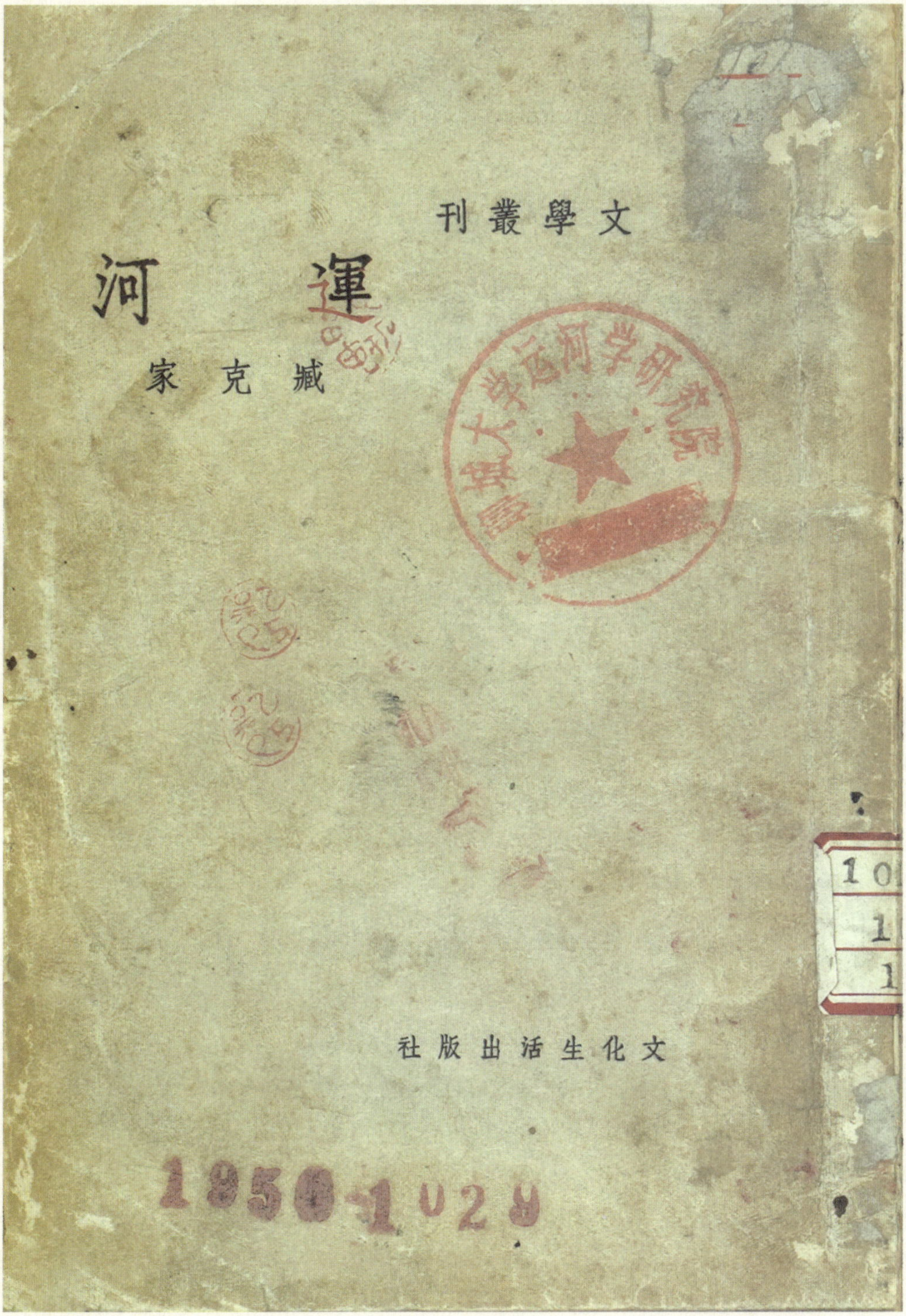

18—1 臧克家《运河》

民国二十五年（1936）文化生活出版社铅印本

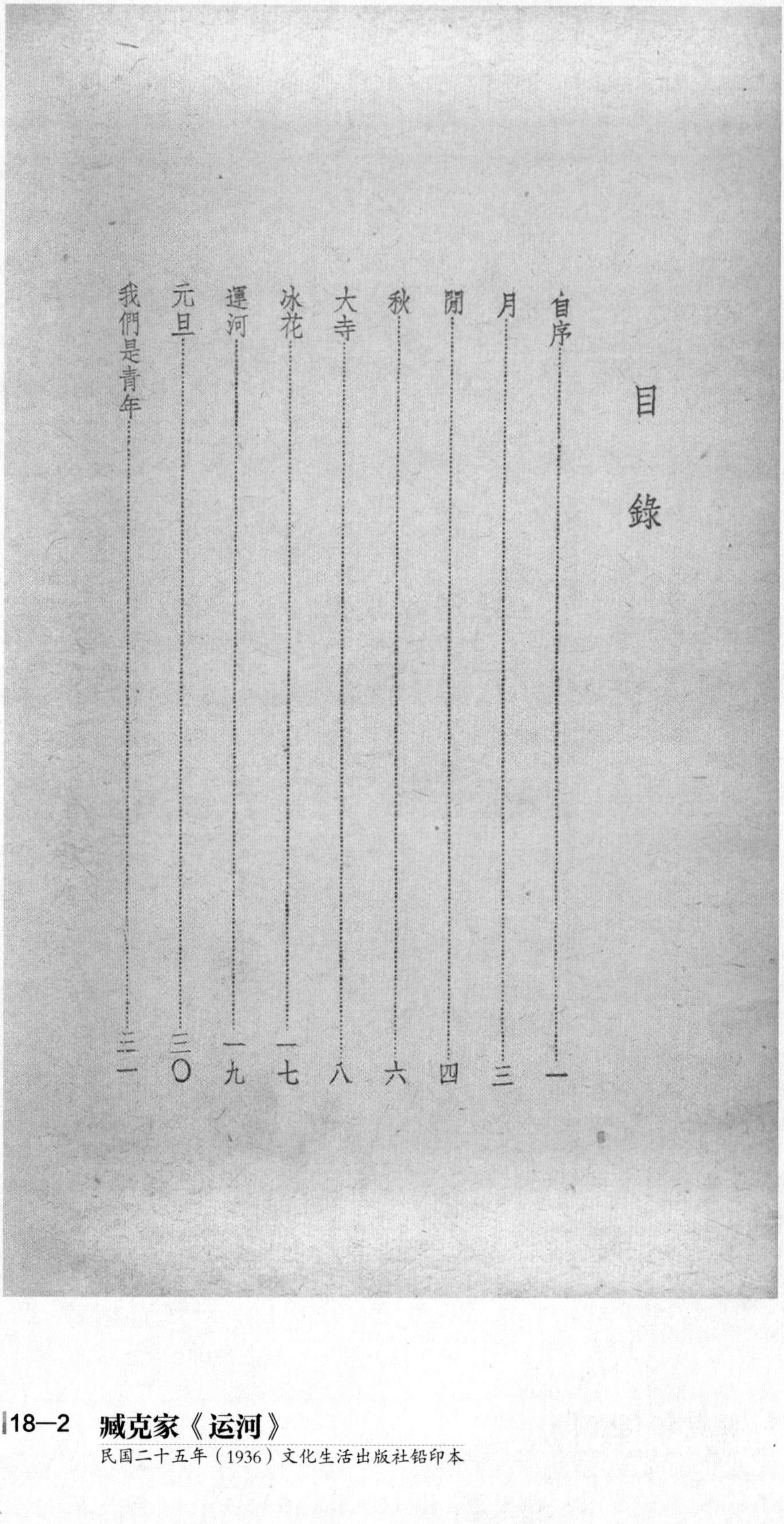

目錄

18—2 臧克家《运河》

民国二十五年（1936）文化生活出版社铅印本

19—1 作者不详《长城与运河》
大东书局，1948 年

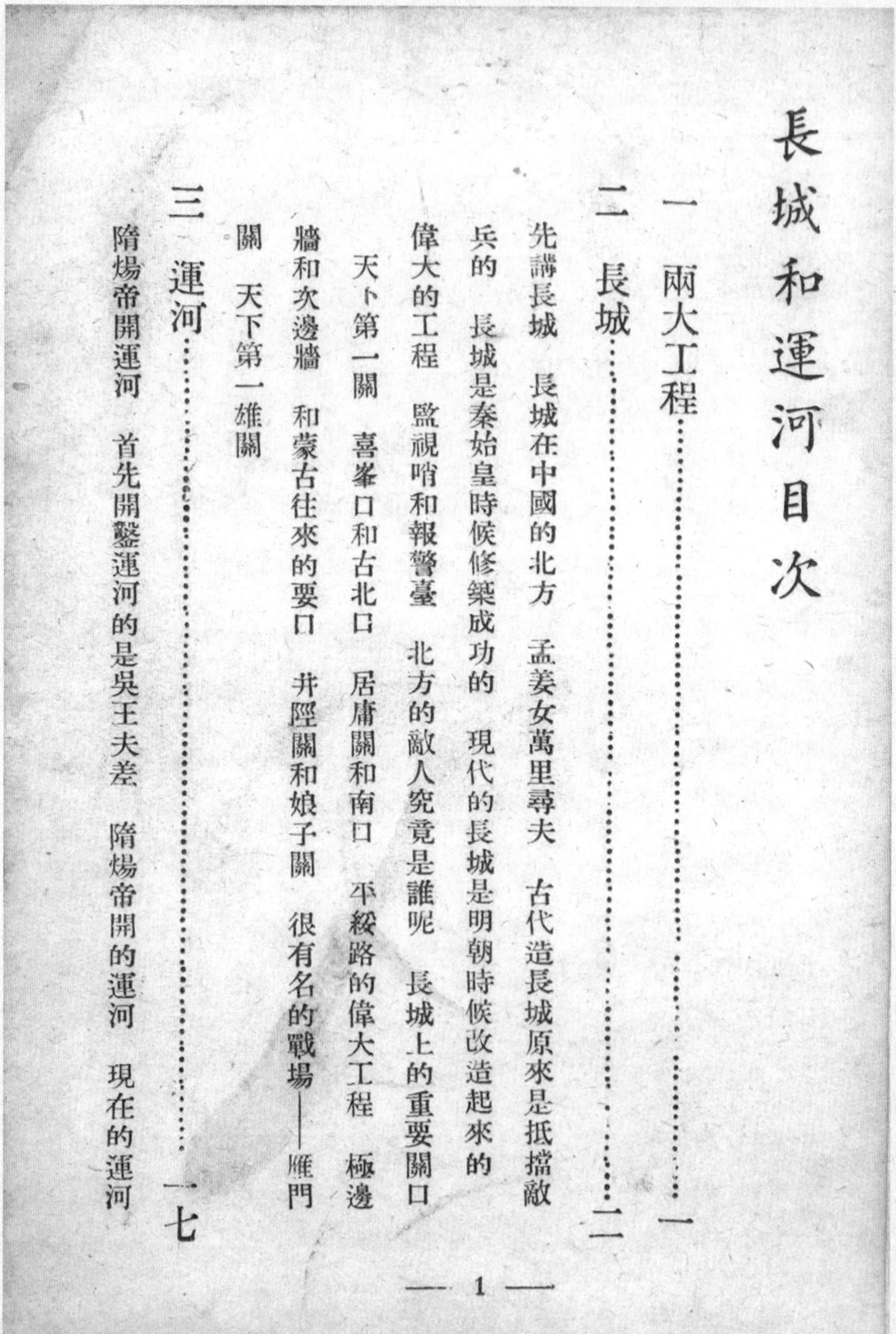

長城和運河目次

— 1 —

19—2 作者不详《长城与运河》

大东书局，1948 年

档案资料

档号 01

志号 4201

类号 K3.0004

类号

案顺号 0200

归档号

山东省打渔张灌区的土壤与地下水

山东省水利科学研究所

中国科学院土壤队

1958.12

1—1　**山东省水利科学研究所、中国科学院土壤队《山东省打渔张灌区的土壤与地下水》**

1958 年

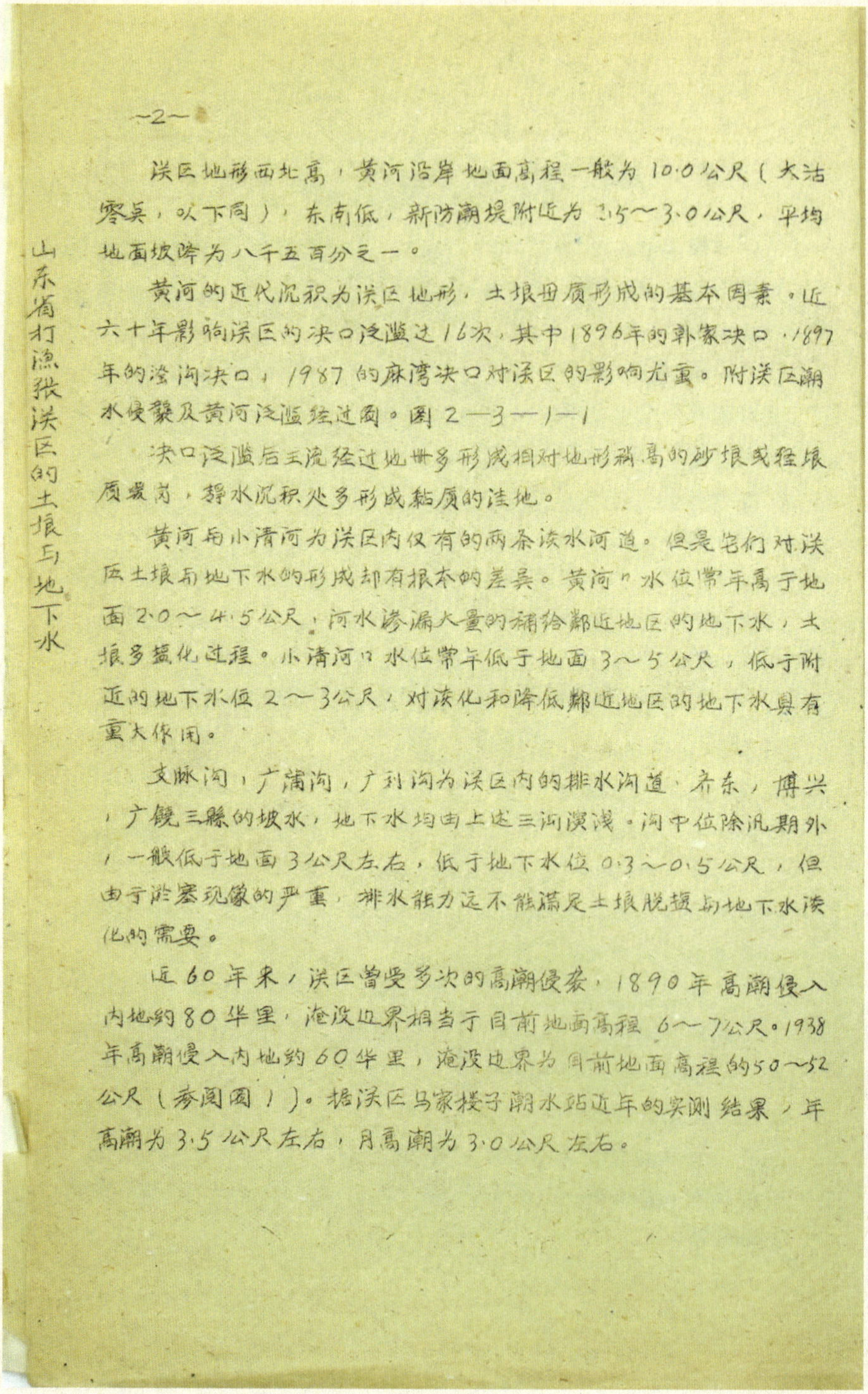

山东省打渔张灌区的土壤与地下水

~2~

灌区地形西北高，黄河沿岸地面高程一般为10.0公尺（大沽零点，以下同），东南低，新防潮堤附近为2.5～3.0公尺，平均地面坡降为八千五百分之一。

黄河的近代沉积为灌区地形，土壤母质形成的基本因素。近六十年影响灌区的决口泛滥达16次，其中1896年的郭家决口，1897年的滋沟决口，1987的麻湾决口对灌区的影响尤重。附灌区潮水侵袭及黄河泛滥经过图。图2—3—1—1

决口泛滥后主流经过地带多形成相对地形稍高的砂壤或轻壤质岗，静水沉积处多形成黏质的洼地。

黄河与小清河为灌区内仅有的两条淡水河道。但是它们对灌区土壤与地下水的形成却有根本的差异。黄河〃水位常年高于地面2.0～4.5公尺，河水渗漏大量的补给邻近地区的地下水，土壤多盐化过程。小清河〃水位常年低于地面3～5公尺，低于附近的地下水位2～3公尺，对淡化和降低邻近地区的地下水具有重大作用。

支脉沟，广蒲沟，广利沟为灌区内的排水沟道，齐东，博兴，广饶三县的坡水，地下水均由上述三沟宣泄。沟中位除汛期外，一般低于地面3公尺左右，低于地下水位0.3～0.5公尺，但由于淤塞现象的严重，排水能力远不能满足土壤脱盐与地下水淡化的需要。

近60年来，灌区曾受多次的高潮侵袭，1890年高潮侵入内地约80华里，淹没边界相当于目前地面高程6～7公尺。1938年高潮侵入内地约60华里，淹没边界为目前地面高程的5.0～5.2公尺（参阅图1）。据灌区马家楼子潮水站近年的实测结果，年高潮为3.5公尺左右，月高潮为3.0公尺左右。

|1—2 **山东省水利科学研究所、中国科学院土壤队《山东省打渔张灌区的土壤与地下水》**

1958年

2—1 《水利水电建设》
1959 年第 18 期

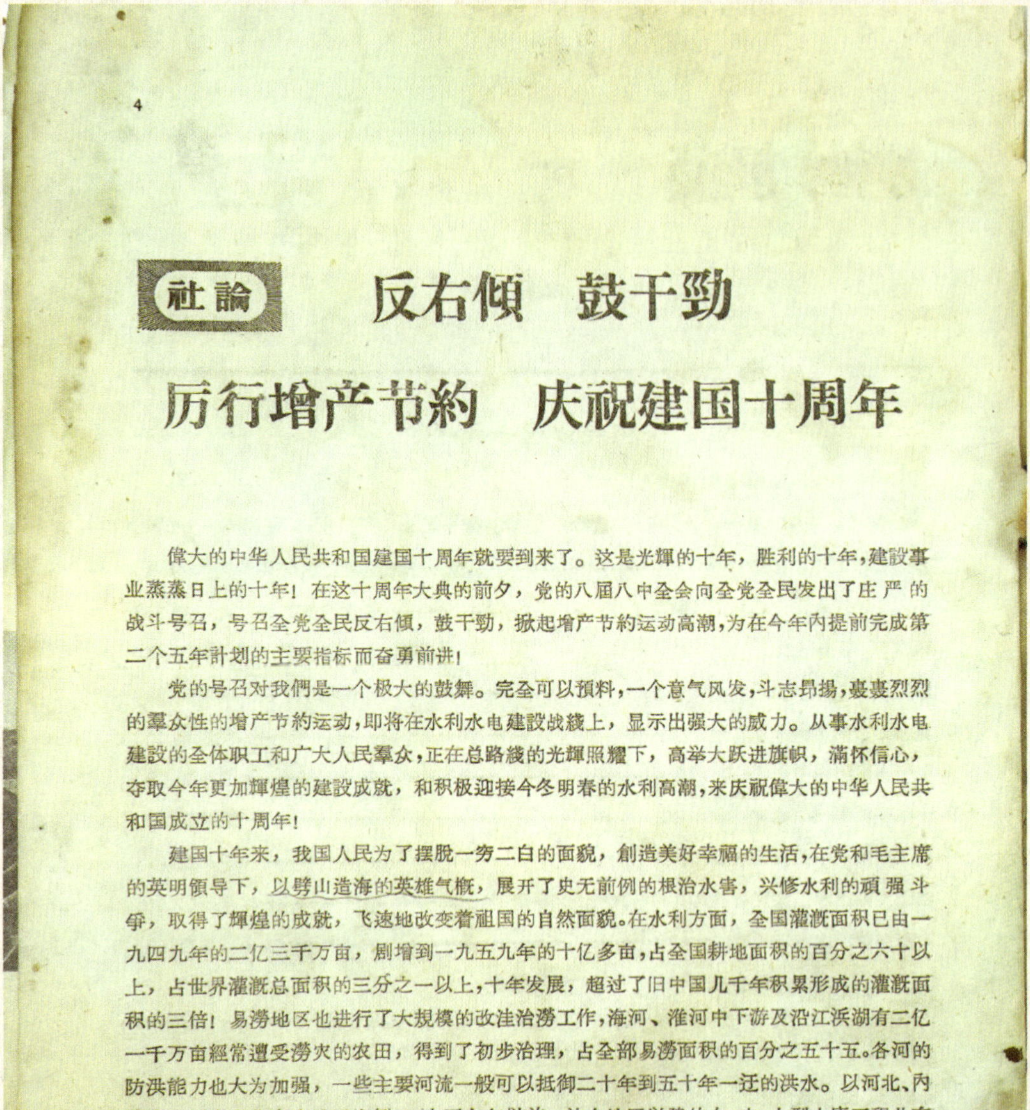

4

社論

反右傾 鼓干勁 厉行增产节約 庆祝建国十周年

偉大的中华人民共和国建国十周年就要到来了。这是光輝的十年，胜利的十年，建設事业蒸蒸日上的十年！在这十周年大典的前夕，党的八屆八中全会向全党全民发出了庄严的战斗号召，号召全党全民反右傾，鼓干勁，掀起增产节約运动高潮，为在今年內提前完成第二个五年計划的主要指标而奋勇前进！

党的号召对我們是一个极大的鼓舞。完全可以預料，一个意气风发，斗志昂揚，轰轰烈烈的羣众性的增产节約运动，即将在水利水电建設战綫上，显示出强大的威力。从事水利水电建設的全体职工和广大人民羣众，正在总路綫的光輝照耀下，高举大跃进旗帜，滿怀信心，夺取今年更加輝煌的建設成就，和积极迎接今冬明春的水利高潮，来庆祝偉大的中华人民共和国成立的十周年！

建国十年来，我国人民为了摆脫一穷二白的面貌，創造美好幸福的生活，在党和毛主席的英明領导下，以劈山造海的英雄气概，展开了史无前例的根治水害，兴修水利的頑强斗爭，取得了輝煌的成就，飞速地改变着祖国的自然面貌。在水利方面，全国灌溉面积已由一九四九年的二亿三千万亩，剧增到一九五九年的十亿多亩，占全国耕地面积的百分之六十以上，占世界灌溉总面积的三分之一以上，十年发展，超过了旧中国几千年积累形成的灌溉面积的三倍！易澇地区也进行了大規模的改洼治澇工作，海河、淮河中下游及沿江浜湖有二亿一千万亩經常遭受澇灾的农田，得到了初步治理，占全部易澇面积的百分之五十五。各河的防洪能力也大为加强，一些主要河流一般可以抵御二十年到五十年一迂的洪水。以河北、內蒙古、辽宁和北京市地区为例，一九五七年以前，这个地区兴建的大、中、小型水庫工程共有四百三十九座；一九五八年大跃进以来，已建成和正在施工的大型水庫工程就有二十一座，小型水庫有一万五千零九十八座。这一万多个大、中、小型工程在今年汛期共拦蓄了一百一十六点九五亿立方米的洪水。根治海河的密云、崗南、黃壁庄、西大洋、王快和横山岭六大工程，一年內就起到拦洪作用，治服了潮白河、滹沱河、大淸河南支和磁河的洪水，这个发展規模和建設速度是史无前例的。現在，我国已成为世界上水利事业最发达的国家之一！

在水电方面，从一九一〇年到中华人民共和国成立以前的四十年間，除一度被日本帝国

2—2 《水利水电建设》

1959年第18期

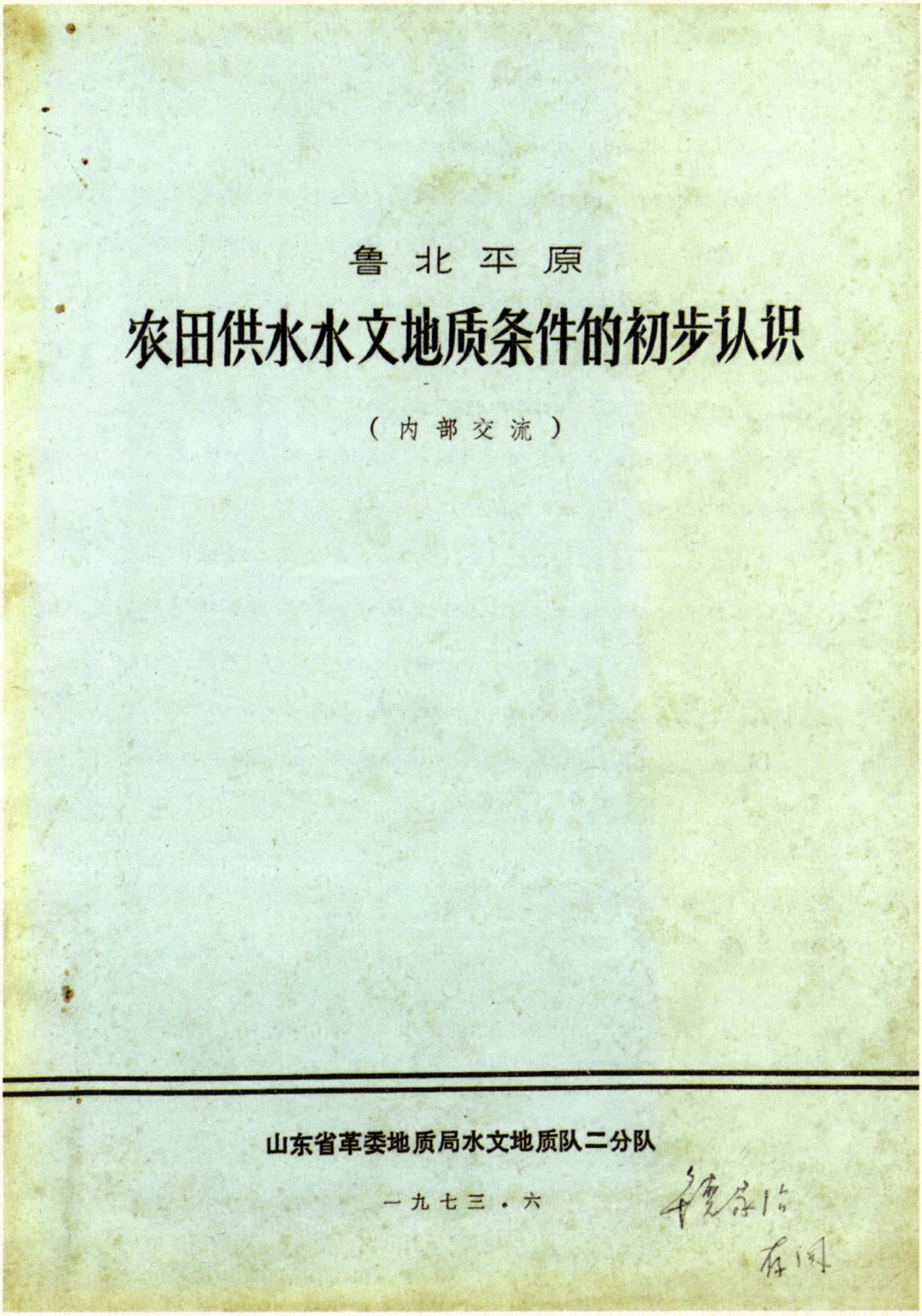

鲁北平原

农田供水水文地质条件的初步认识

（内部交流）

山东省革委地质局水文地质队二分队

一九七三・六

3—1 **山东省革委地质局水文地质队二分队《鲁北平原农田供水水文地质条件的初步认识》**

1973 年

一、区域基本情况和自然地理条件

鲁北平原为华北平原的一部分，主要为黄河下游冲积的产物，大致呈南西—北东条带状，横贯我省北部，东、西分别於鲁西平原和胶莱平原相接，环抱鲁中山区。自南东向北西，横宽80—130公里，自南西向北东延伸350公里至渤海，是我省最大的平原区。由于境内系於黄河下游的冲积平原，地面平坦，除惠民专区无棣县境内有近代火山喷发而形成70—80米高的孤山外，其它全部为第四系所覆盖，地面标高均在50米以下，无棣、利津、广饶、寿光以东以北地区标高不足10米。地势自西南向东北缓慢倾斜，自聊城莘县西南部拔海49米，至津浦铁路为22米，平均坡降为1/6000—1/7000，自津浦铁路向东北至渤海海面平均坡降为1/8000—1/10000，东部潍河、溆河冲积平原，由南向北平均坡降为1/1000—1/3000。参见图1。

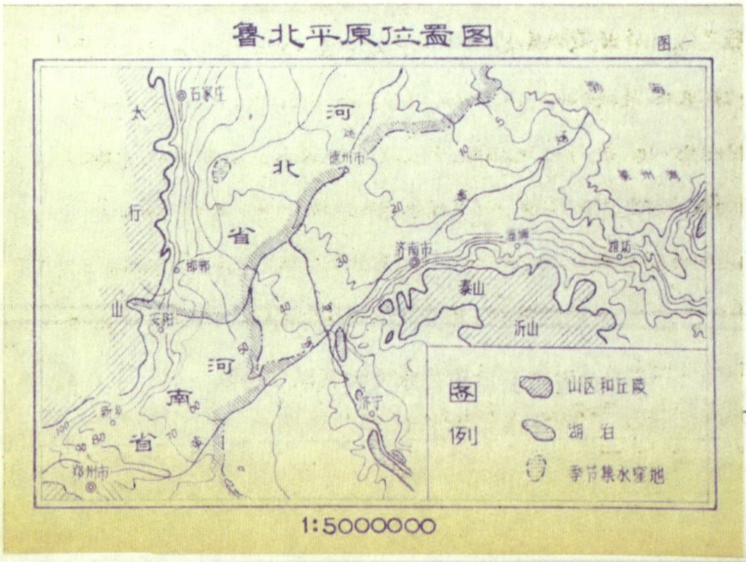

3—2 山东省革委地质局水文地质队二分队《鲁北平原农田供水水文地质条件的初步认识》

1973 年

4 山东省革命委员会水利局《灌区设计和施工》

山东人民出版社，1974年

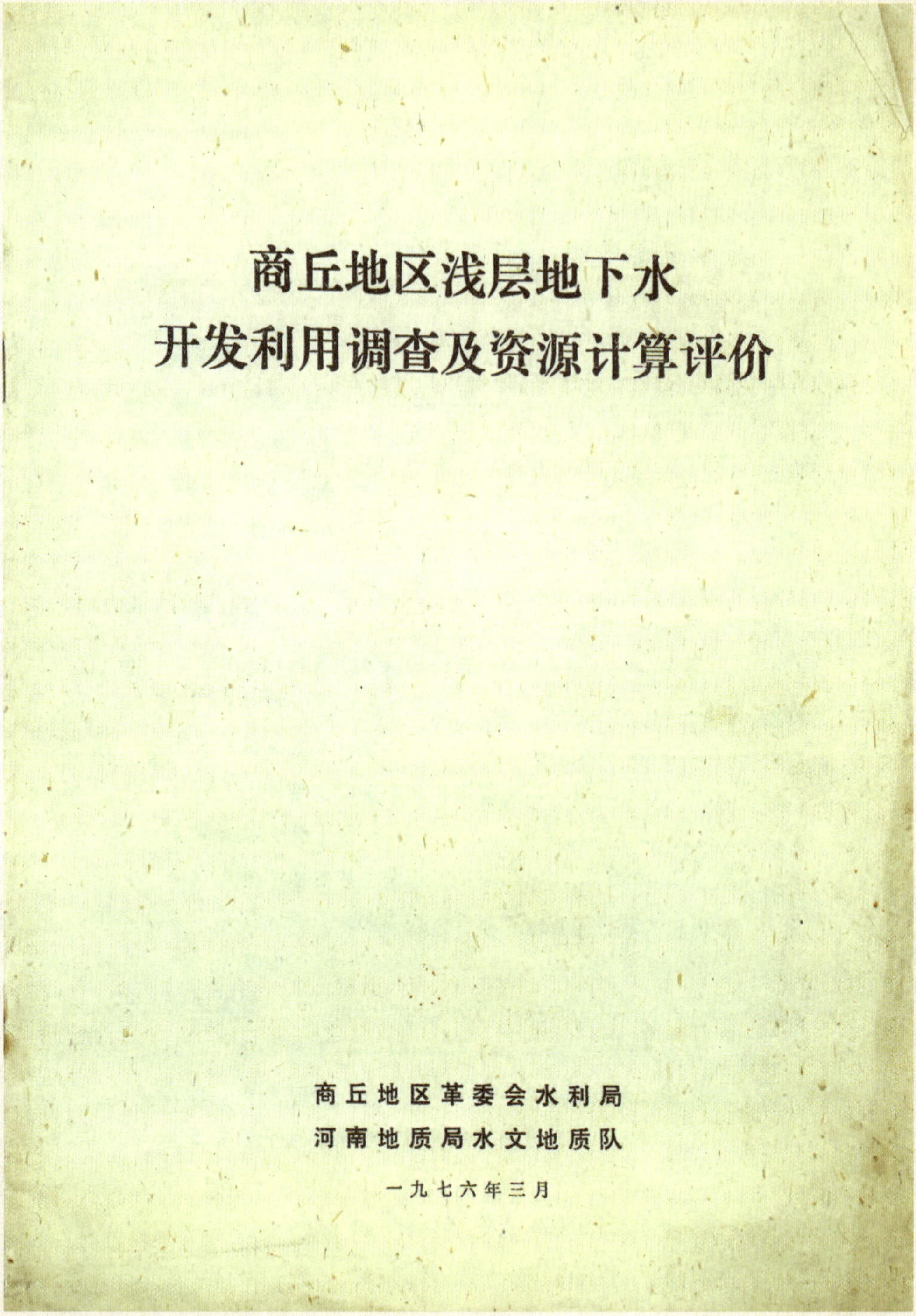
商丘地区浅层地下水
开发利用调查及资源计算评价

商丘地区革委会水利局
河南地质局水文地质队

一九七六年三月

5—1 **商丘地区革委会水利局《商丘地区浅层地下水开发利用调查及资源计算评价》**

1976年

一、调 查 情 况

在毛主席革命路线指引下，商丘地区人民遵照毛主席“**农业学大寨**”、“**水利是农业的命脉**”的教导，认真总结经验，在充分利用地面水的同时．积极打井，开发利用地下水源，井灌面积迅速扩大，战胜干旱，夺取了农业持续增产。

为了澄清地下水开发利用现状，在大量开采地下水后是否够用，地下水动态变化如何以及研究多快好省开采利用地下水的措施。一九七五年十二月，商丘地、县水利局和水文地质队一起，对全区一九七五年度逐井提取的地下水量及开发利用情况进行了调查。各县从十二月下旬开始至二月初先后结束。调查工作以阶级斗争为纲，在各级党委领导下，许多县、社组织了调查队伍，地、县、社、大队层层召开会议，形成了一个专业队伍和群众运动相结合，干部、群众、技术人员“三结合”的地下水开发利用调查的群众运动，调查队伍跑遍全区，逐队逐井调查统计，参加调查人数达五千人，被调查人数达九万人，共调查统计四万八千多眼机井一九七五年的开采量及八百眼机井的地下水位埋深。经过内业整理，编制了地、县“地下水开采现状图”及“地下水开采分区图”，并写了调查报告。通过调查，取得以下成果：

1、基本澄清了现有机井布局、机井密度、地下水位埋深及开采利用情况。

2、利用“允许开采模数法”计算了浅层地下水资源，并进一步作出了评价。

·1·

5—2　商丘地区革委会水利局《商丘地区浅层地下水开发利用调查及资源计算评价》

1976 年

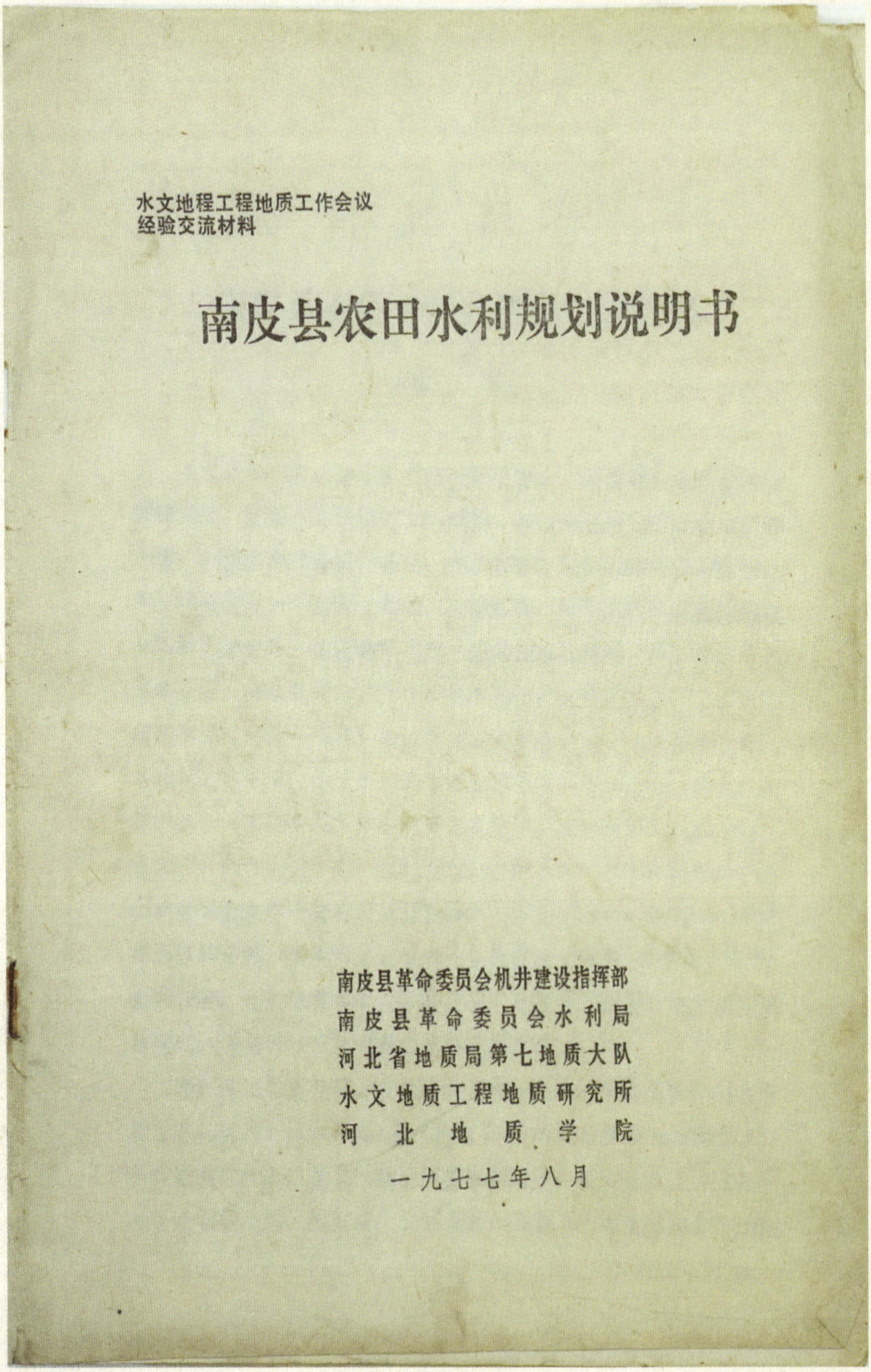

水文地程工程地质工作会议
经验交流材料

南皮县农田水利规划说明书

南皮县革命委员会机井建设指挥部
南皮县革命委员会水利局
河北省地质局第七地质大队
水文地质工程地质研究所
河北地质学院

一九七七年八月

6—1 **南皮县革命委员会机井建设指挥部等《南皮县农田水利规划说明书》**

1977 年

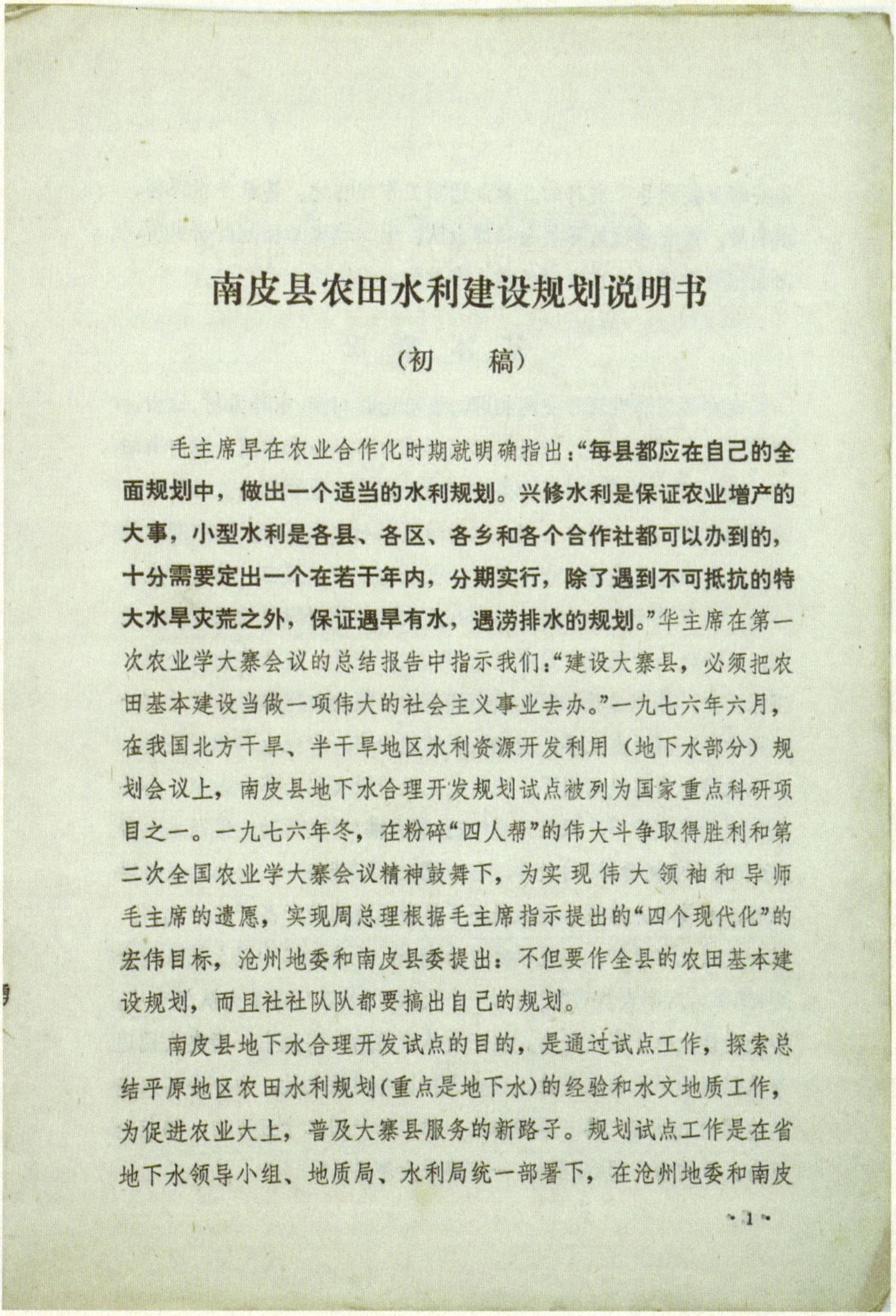

南皮县农田水利建设规划说明书

（初　稿）

毛主席早在农业合作化时期就明确指出：**“每县都应在自己的全面规划中，做出一个适当的水利规划。兴修水利是保证农业增产的大事，小型水利是各县、各区、各乡和各个合作社都可以办到的，十分需要定出一个在若干年内，分期实行，除了遇到不可抵抗的特大水旱灾荒之外，保证遇旱有水，遇涝排水的规划。”**华主席在第一次农业学大寨会议的总结报告中指示我们：“建设大寨县，必须把农田基本建设当做一项伟大的社会主义事业去办。”一九七六年六月，在我国北方干旱、半干旱地区水利资源开发利用（地下水部分）规划会议上，南皮县地下水合理开发规划试点被列为国家重点科研项目之一。一九七六年冬，在粉碎“四人帮”的伟大斗争取得胜利和第二次全国农业学大寨会议精神鼓舞下，为实现伟大领袖和导师毛主席的遗愿，实现周总理根据毛主席指示提出的“四个现代化”的宏伟目标，沧州地委和南皮县委提出：不但要作全县的农田基本建设规划，而且社社队队都要搞出自己的规划。

南皮县地下水合理开发试点的目的，是通过试点工作，探索总结平原地区农田水利规划（重点是地下水）的经验和水文地质工作，为促进农业大上，普及大寨县服务的新路子。规划试点工作是在省地下水领导小组、地质局、水利局统一部署下，在沧州地委和南皮

· 1 ·

6—2　南皮县革命委员会机井建设指挥部等《南皮县农田水利规划说明书》

1977 年

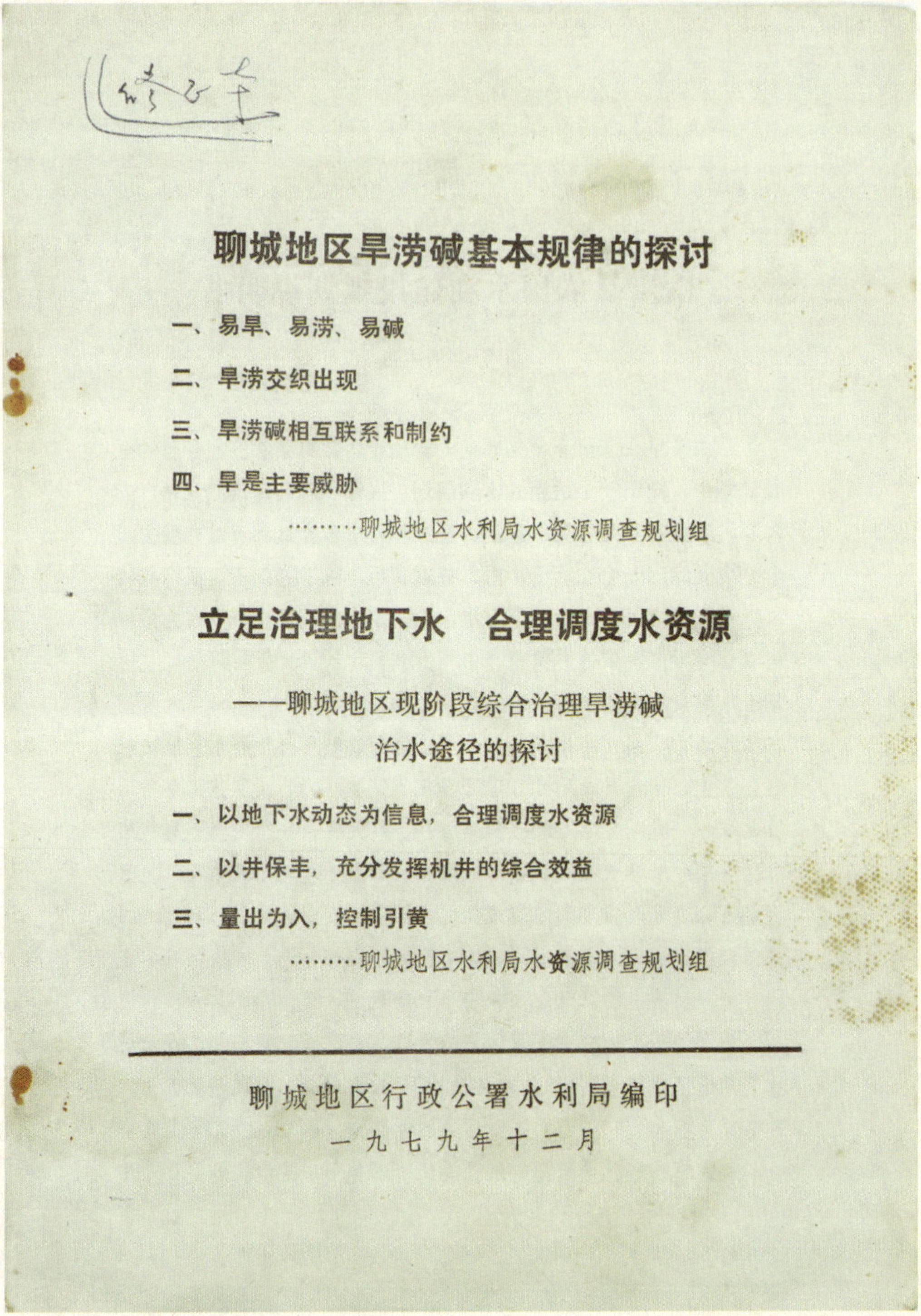

聊城地区旱涝碱基本规律的探讨

一、易旱、易涝、易碱

二、旱涝交织出现

三、旱涝碱相互联系和制约

四、旱是主要威胁

………聊城地区水利局水资源调查规划组

立足治理地下水　合理调度水资源

——聊城地区现阶段综合治理旱涝碱治水途径的探讨

一、以地下水动态为信息，合理调度水资源

二、以井保丰，充分发挥机井的综合效益

三、量出为入，控制引黄

………聊城地区水利局水资源调查规划组

聊城地区行政公署水利局编印

一九七九年十二月

7—1　聊城地区行政公署水利局《聊城地区旱涝碱基本规律的探讨》

1979 年

聊城地区旱涝碱基本规律的探讨

聊城地区水利局水资源调查规划小组

地处鲁西北黄泛平原的聊城地区，属暖温带半干旱季风气候区。因受气候、地形和水文地质等自然因素的综合影响，旱涝碱灾害严重。认真研究和掌握旱涝碱的基本规律，进而采取正确的方法治理，是加快农业发展，实现农业现代化的重要课题之一。

历史资料的分析和长期治水的实践，使我们初步认识到聊城地区旱涝碱的基本规律，归纳起来有四：

一、易旱、易涝、易碱

所以"易"，其主要原因是：

1、降水量少而分布不匀。据一九三一年至一九三七年和一九五三年至一九七八年间33年的资料统计，聊城地区年平均降水量仅607毫米，较我省东部和黄河以南地区少200毫米左右，远不能满足农作物生长的需要，且在时间和地域的分配上又极为不匀。降水量在年内时间的分配上，多集中在汛期七、八、九三个月，多年平均为393毫米，占全年的64.74%。一九三七年汛期降水量最大，为731毫米，占全年的74.06%。在年际分配上，丰枯悬殊，全年降水量最大为987毫米，最小为380毫米，最大为最小的二点六倍，汛期降水量年际之间大小之比为4.4比1。

1

7—2　聊城地区行政公署水利局《聊城地区旱涝碱基本规律的探讨》

1979 年

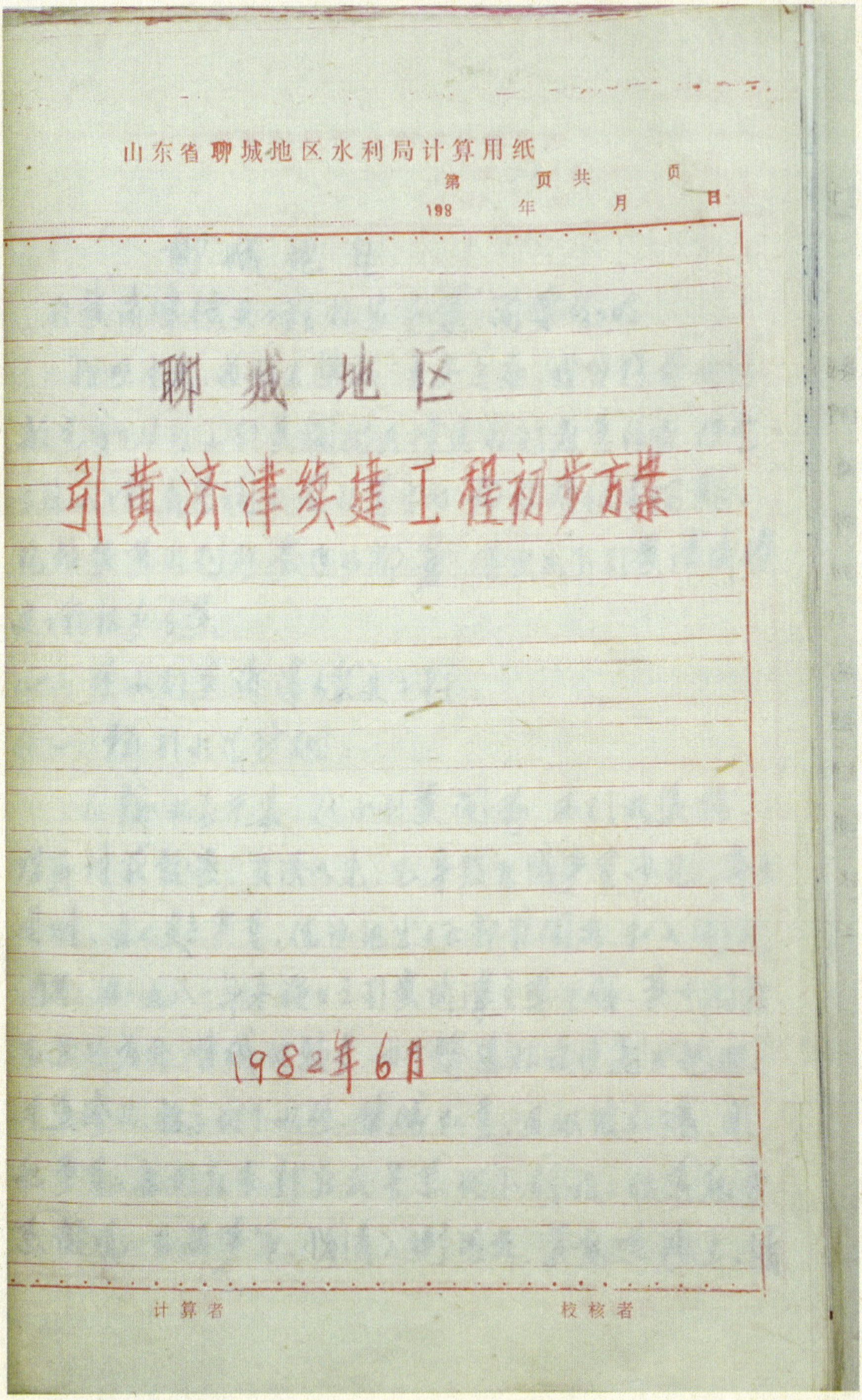
山东省聊城地区水利局计算用纸

第　页共　页

198　年　月　日

聊城地区

引黄济津续建工程初步方案

1982年6月

计算者　　校核者

8—1 **聊城地区引黄济津指挥部工程部《聊城地区引黄济津续建工程初步方案》**

1982 年

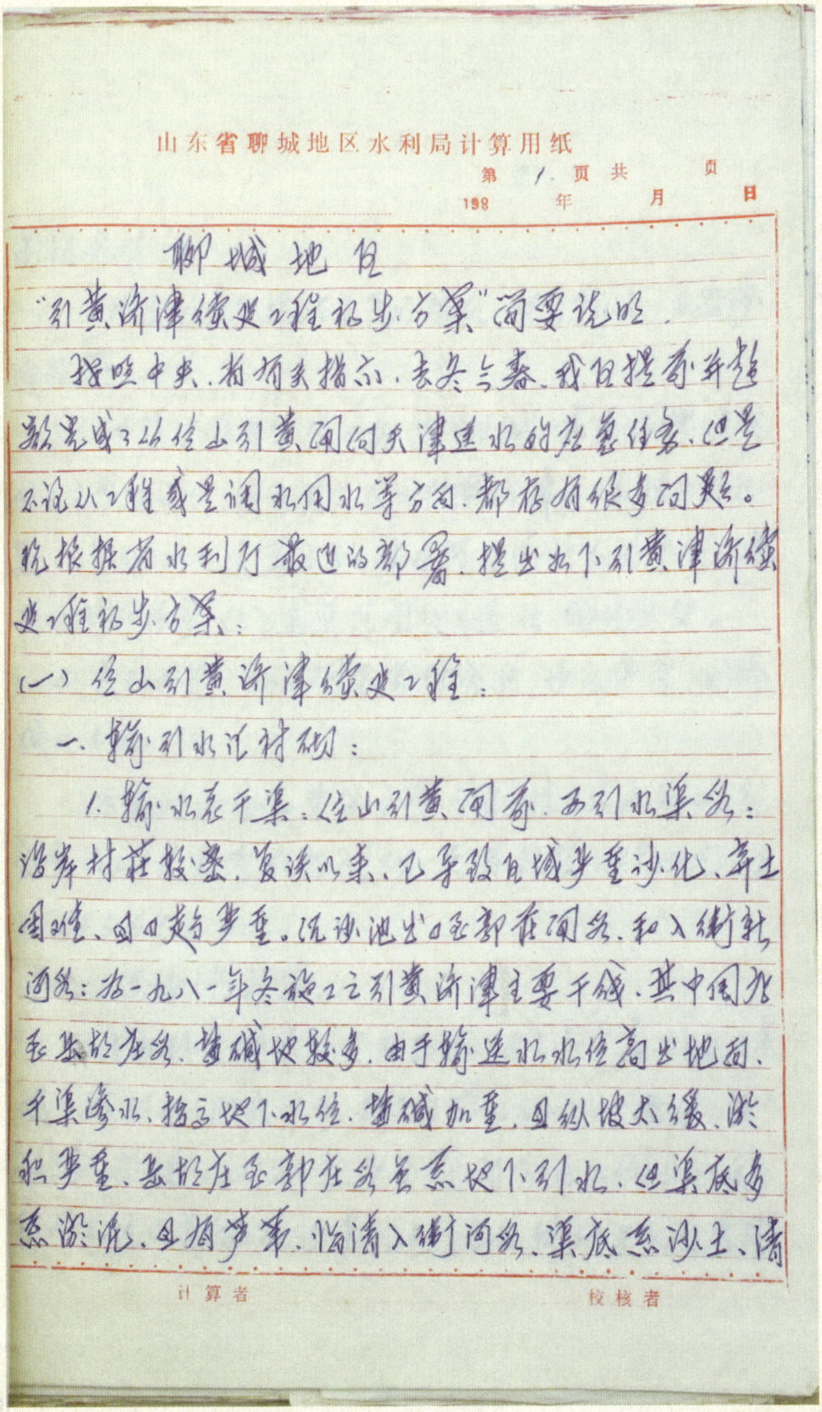
山东省聊城地区水利局计算用纸
第 1 页共 页
198 年 月 日

聊城地区
"引黄济津续建工程初步方案"简要说明
按照中央、省有关指示，去冬今春，我区担负并胜利完成了从位山引黄闸向天津送水的光荣任务，但是不论从工程或是调水用水等方面，都存在很多问题。现根据省水利厅最近的部署，提出如下引黄济津续建工程初步方案：
(一)位山引黄济津续建工程：
一、输引水渠衬砌：
1. 输水总干渠：位山引黄闸至西引水渠段：沿岸村庄较密，交通不便，已有段自然严重沙化、弃土围堤、田口越来越多严重。沉沙池出口至郭庄闸段、和入卫新河段：在一九八一年冬施工之引黄济津主要干线，其中周店至张铺庄段，盐碱地较多，由于输送水水位高出地面，干渠渗水，抬高地下水位，盐碱加重，且纵坡太缓，淤积严重。张铺庄至郭庄段虽系地下引水，但渠底多系淤泥，且有堵塞。临清入卫河段，渠底系沙土、清
计算者 校核者

8—2 聊城地区引黄济津指挥部工程部《聊城地区引黄济津续建工程初步方案》
1982 年

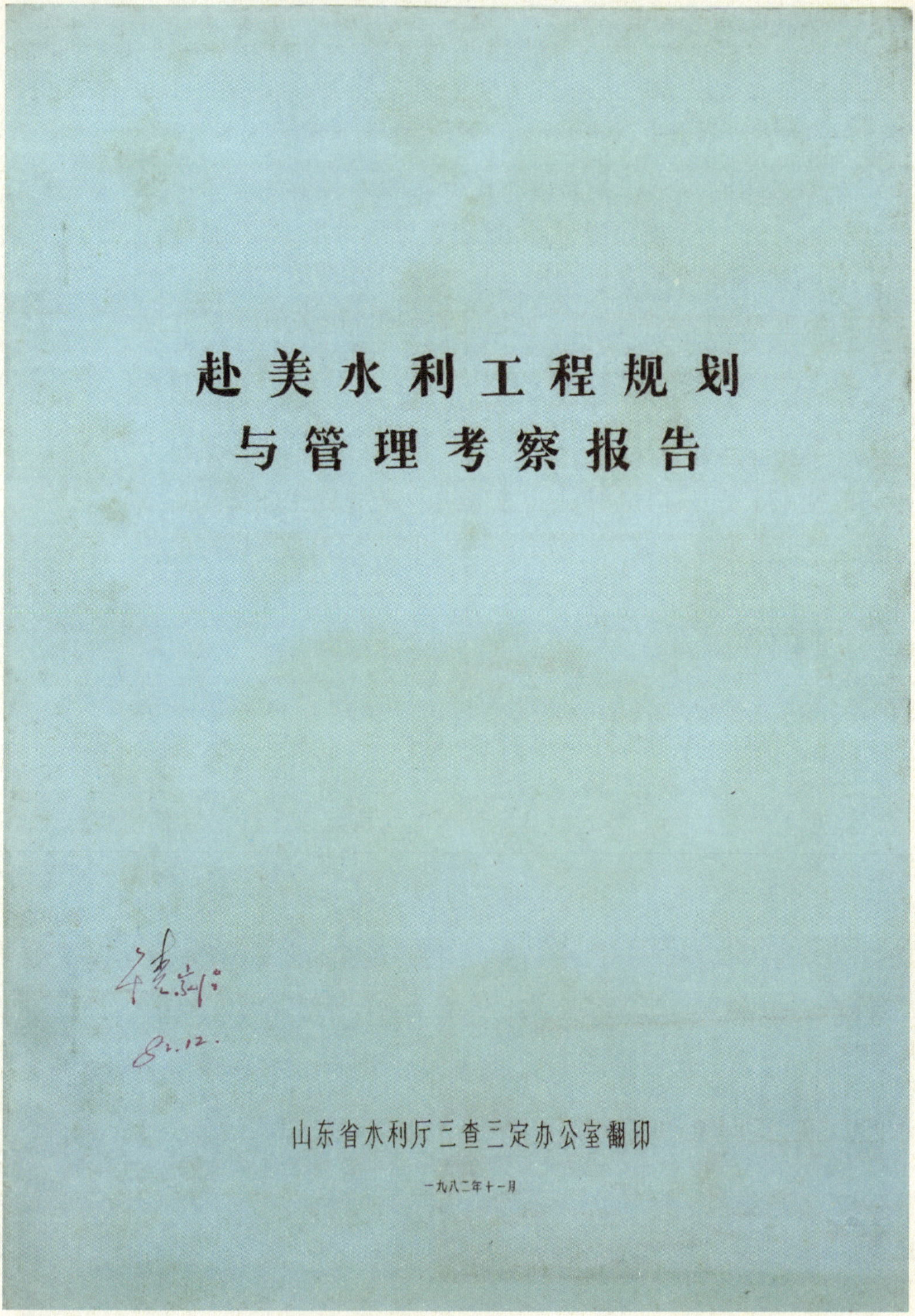

赴美水利工程规划
与管理考察报告

82.12.

山东省水利厅三查三定办公室翻印

一九八二年十一月

9—1 **山东省水利厅《赴美水利工程规划与管理考察报告》**

1982 年

具体运用，提高我国规划和管理的水平。考察组由中国水利经济研究会理事长、原水利部副部长张季农同志率领，成员有水电部规划设计院副总工程师何孝俅，水电部水利管理司副司长柯礼丹，中国水利经济研究会副秘书长李雨普，水电部对外司翻译孙守义等。美方由农业部接待。考察组于七月十四日抵旧金山，十五日到达华盛顿，八月十七日由旧金山回国，历时一个月。

考察组从华盛顿开始由东到西，横穿美国大陆，先后到达印第安那，衣阿华，科罗拉多、亚利桑那、加利福尼亚等五个州，参观了由农业部水保局系统修建的兰河（印州）、小苏河（衣阿华州）、绝克斯菲特溪（科州）、墨斯坦溪（加州）等四个小流域，九个水土保持小区，亚利桑那州罗斯福水保区分洪道；由垦务局修建的盐河工程、帝国河谷（IID）、中央河谷（CVP）工程以及加州调水工程（CSWP）；各类喷灌、滴灌和暗管排水设施；访问了农业部水保局及有关各州的水保局，设在丹佛市的内务部垦务局工程与研究中心，设在萨克利门托市的垦务局中太平洋分区和科州大学，加州大学有关院系。会见美方有关规划、管理运行、经济、水保、环境、野生生物等方面的专家、教授、工程师、科技工作者和农民共八十余人，并与他们就考察组感兴趣的问题进行了有意义的交谈和讨论。考察过程中美方一般都做了较好的准备，提供资料很慷慨，他们一般地采取谁负责那项工作，由谁负责介绍，一边介绍，一边讨论问题，气氛比较活跃。

·2·

9—2 山东省水利厅《赴美水利工程规划与管理考察报告》

1982 年

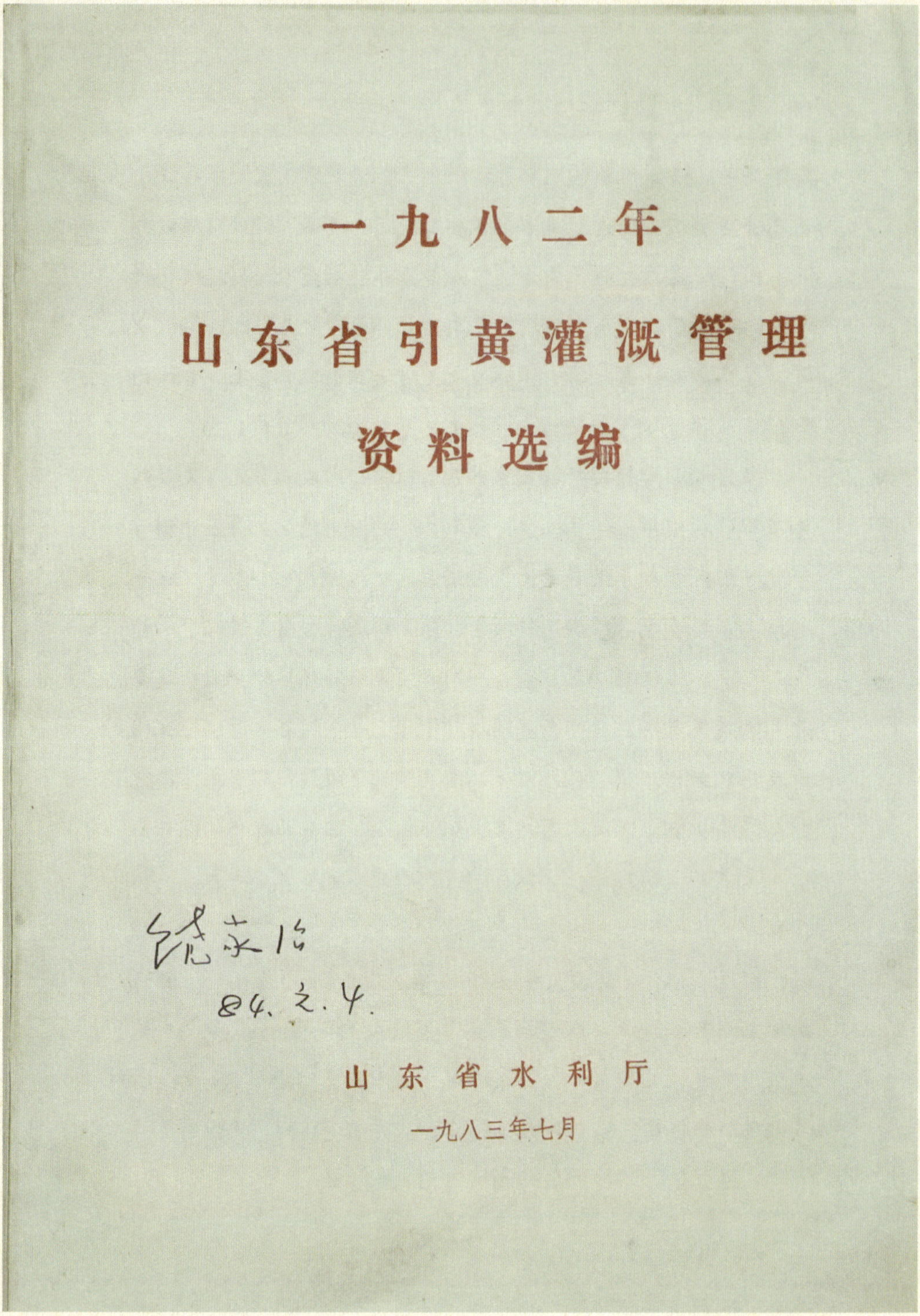

一九八二年

山东省引黄灌溉管理

资料选编

山东省水利厅

一九八三年七月

10—1　山东省水利厅《一九八二年山东省引黄灌溉管理资料选编》

1983 年

一、文件

关于颁发“黄河下游引黄渠首工程水费收交和管理暂行办法”的函

(82)水电水管字第53号

河南、山东省人民政府：

为管好用好引黄渠首工程，促使用水单位科学引用黄河水，根据国务院(82)国函字54号文批复的原水利部“关于涡河淤积和引黄灌溉问题处理意见的报告”中规定：“灌区要按用水量收费，用经济办法促进节约用水。引黄渠首的水费标准由水利部制订”的精神。我部最近研究审定了由黄河水利委员会拟订的“黄河下游引黄渠首工程水费收交和管理暂行办法”，现予颁发，自颁布之日起执行，试行二、三年后，必要时可再行修订。

附件：黄河下游引黄渠首工程水费收交和管理暂行办法。

中华人民共和国水利电力部

一九八二年六月二十六日

附件：

黄河下游引黄渠首工程水费收交和管理暂行办法

一、总则

第一条　为管好用好引黄渠首工程，充分发挥工程效益，并促使用水单位科学地引用黄河水，做到计划用水，节约用水，更好地为工农业生产服务，特制订本办法。

第二条　凡是从黄河引水的工程和黄河河务部门管理的其他堤防上引水渠首工程，无论是否属河务部门管理，均应按照本办法规

1

10—2　山东省水利厅《一九八二年山东省引黄灌溉管理资料选编》

1983年

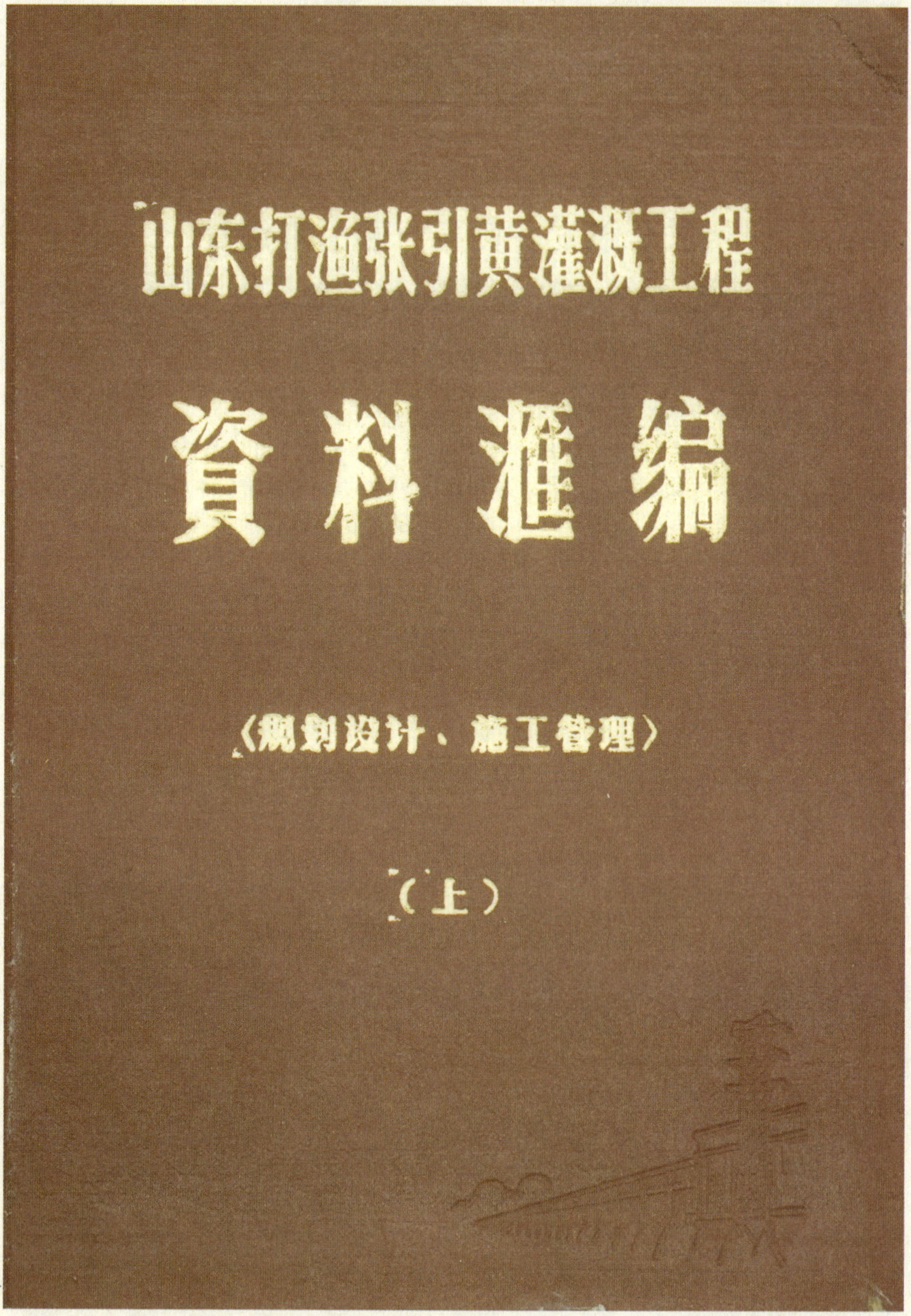

11—1 山东打渔张引黄灌溉管理局《山东打渔张引黄灌溉工程资料汇编（上、下）》

1983 年

第一章 组 织 管 理

第一节 管 理 机 构

灌区的灌溉管理机构是与灌区第一期工程兴修的同时建立起来的，为认真贯彻执行“兴修与管理并重”的方针，使管理机构提前熟悉工程情况，达到“修一处、管一处、用一处”的目的，在1956年9月份，根据当时“山东省灌溉管理机构试行办法”，经山东省人民委员会批准建立了管理机构。为了加强党的领导，成立了党委会，并在党委的统一领导下，建立了共青团委、工会等组织。按行政业务工作的需要，管理局内设办公室及人事、保卫、财务、技术指导、用水调度、业务等科；下设渠首管理所，灌溉农业技术推广站，土壤改良试验站，水文泥沙实验站，地下水观测站。为便于管理，结合渠系范围，在各干渠每15万亩的灌溉面积上设立一灌溉管理所，在管理局的领导下负责灌溉管理工作。管理部门按时制定工作计划，经灌溉管理委员会讨论通过，报上级党委批准贯彻执行，并使灌溉工作与其他中心工作相协调，为取得灌区丰产、增加人民财富、改善人民生活而共同努力。

自1958年大跃进以来，根据管理水平的提高，从全面工作需要出发，按照增产节约的原则，管理部门各业务单位进行了合理的调整。例如，撤销了灌溉农业技术推广站，而与局有关业务部门合并；撤销了地下水位观测站，其业务工作交各管理所办理；管理局内各科和共青团委、工会组织也准备进行适当的调整。现全区灌溉管理人员从原来的260人，已减缩到172人，在现有工程控制面积的265万亩，平均每1.5万亩占有一人。两、三年来，通过实际工作，不但提高了灌溉管理水平，而且为国家培育了一批灌溉管理干部，从人力上有力地支援了新的兄弟灌区的工作开展。

第二节 依靠群众管理灌区

为贯彻民主管理，实行“由群众中来，到群众中去”的工作方法，本灌区建立了以下各种群众性的管理组织：

一、灌区灌溉管理委员会 它是灌区灌溉管理的最高权力组织，由专署、灌区灌溉管理局，有关县、国营农场、重点公社及其他有关部门的负责同志共同组成。负责贯彻党的方针、政策和保证各项决议的执行，审查并通过灌区年和季度灌溉工作总结、计划、决议，以及有关灌溉用水和工程管理养护工作中的重大问题；并督监灌区用水制度和工程管理养护章则规定的执行。

二、所灌溉管理委员会 由灌溉管理所所辖范围内的公社书记或主任、农场场长、生产大队(管理区)主任、热心水利工作的积极分子与灌溉管理所所长等人员组成。主任委员由重点公社负责水利的书记或主任担任，副主任委员由管理所所长和公社副主任担任，负责贯彻执行上级指示和决议，监督用水计划和维修计划的实施，反映群众意见和要求，解决用水纠纷等事项。

三、支渠灌溉管理委员会 由土地多的生产大队(管理区)主任和有关生产队长、斗

467

11—2 山东打渔张引黄灌溉管理局《山东打渔张引黄灌溉工程资料汇编（上、下）》

1983 年

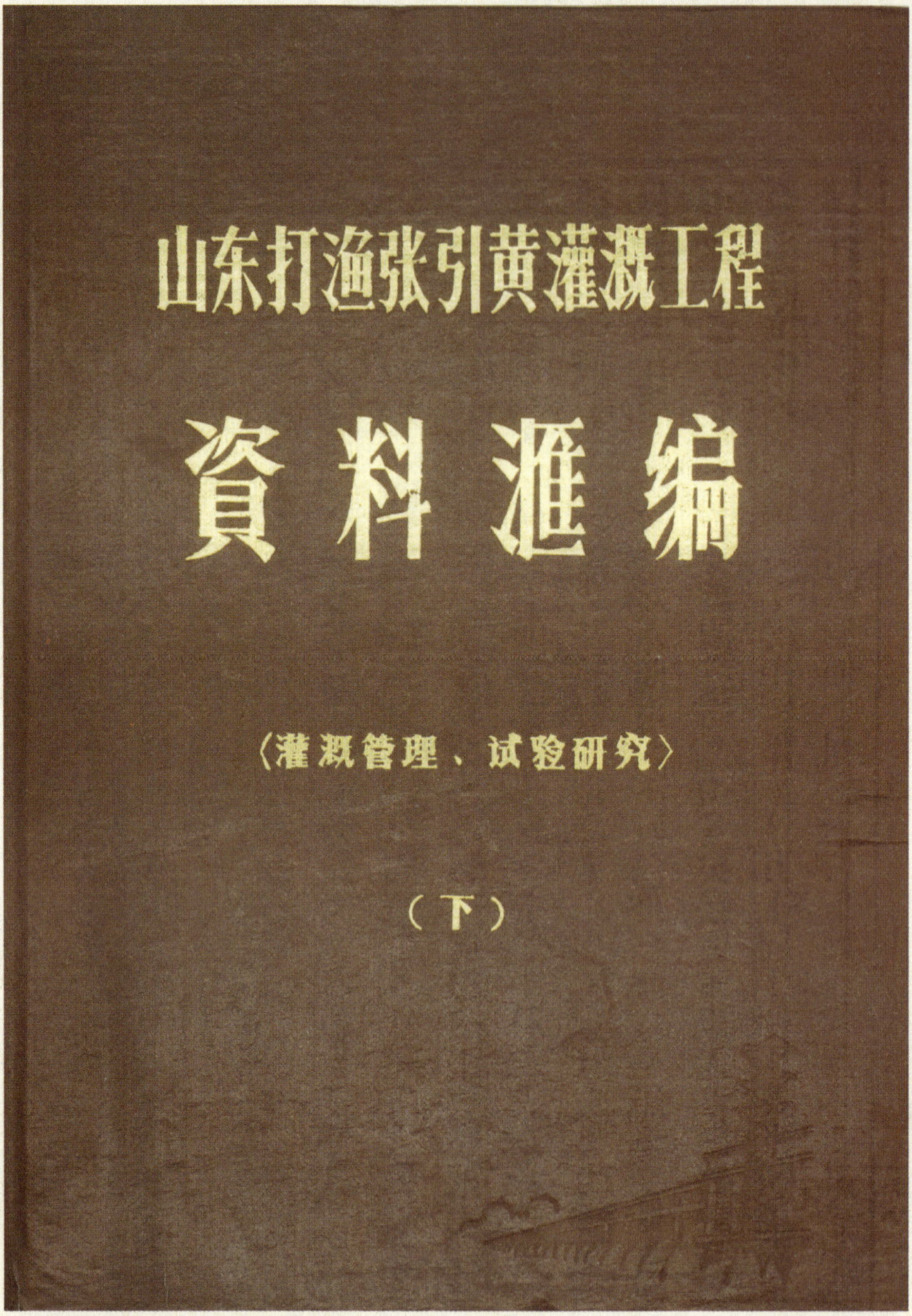

11—3　山东打渔张引黄灌溉管理局《山东打渔张引黄灌溉工程资料汇编（上、下）》

1983 年

11—4

山东打渔张引黄灌溉管理局《山东打渔张引黄灌溉工程资料汇编（上、下）》

1983年

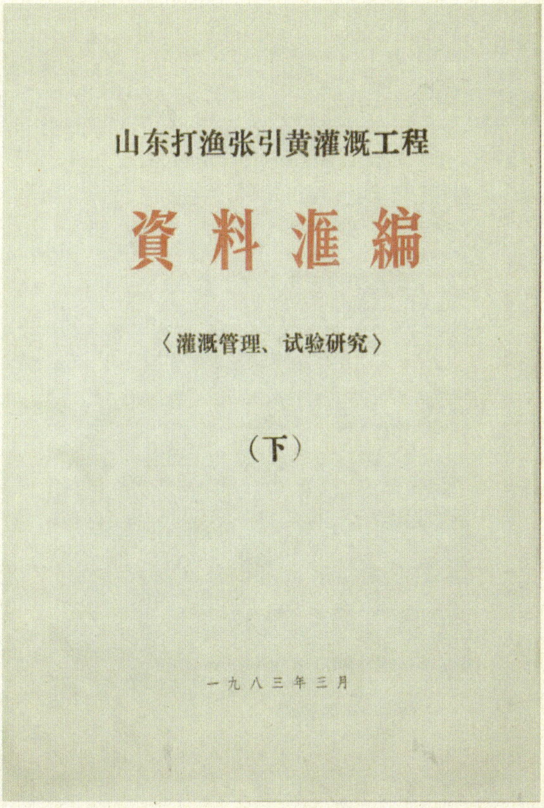

山东打渔张引黄灌溉工程

資料滙編

〈灌溉管理、试验研究〉

（下）

一九八三年三月

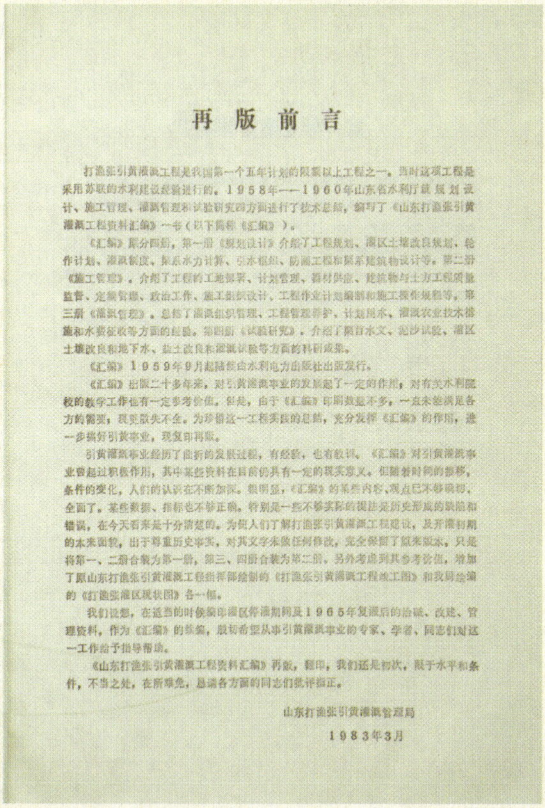

再版前言

打渔张引黄灌溉工程是我国第一个五年计划的限额以上工程之一。当时这项工程是采用苏联的水利建设经验进行的。1958年——1960年山东省水利厅就规划设计、施工管理、灌溉管理和试验研究四方面进行了技术总结，编写了《山东打渔张引黄灌溉工程资料汇编》一书（以下简称《汇编》）。

《汇编》原分四册，第一册《规划设计》介绍了工程规划、灌区土壤改良规划、轮作计划、灌溉制度、渠系水力计算、引水枢纽、防洪工程和渠系建筑物设计等。第二册《施工管理》，介绍了工程的工地部署、计划管理、器材供应、建筑物与土方工程质量监督、定额管理、政治工作、施工组织设计、工程作业计划编制和施工操作规程等。第三册《灌溉管理》，总结了灌溉组织管理、工程管理养护、计划用水、灌溉农业技术措施和水费征收等方面的经验。第四册《试验研究》，介绍了黄河水文、泥沙试验、灌区土壤改良和地下水、盐土改良和灌溉试验等方面的科研成果。

《汇编》1959年9月起陆续由水利电力出版社出版发行。

《汇编》出版二十多年来，对引黄灌溉事业的发展起了一定的作用，对有关水利院校的教学工作也有一定参考价值。但是，由于《汇编》印刷数量不多，一直未能满足各方的需要，现更散失不全。为珍惜这一工程实践的总结，充分发挥《汇编》的作用，进一步搞好引黄事业，现复印再版。

引黄灌溉事业经历了曲折的发展过程，有经验，也有教训。《汇编》对引黄灌溉事业曾起过积极作用，其中某些资料在目前仍具有一定的现实意义。但随着时间的推移，条件的变化，人们的认识在不断加深。很明显，《汇编》的某些内容、观点已不够确切、全面了。某些数据、指标也不够正确。特别是一些不够实际的提法是历史形成的缺陷和错误，在今天看来是十分清楚的。为使人们了解打渔张引黄灌溉工程建设，及开灌初期的本来面貌，出于尊重历史事实，对其文字未做任何修改，完全保留了原来版本。只是将第一、二册合装为第一册，第三、四册合装为第二册。另外考虑到其参考价值，增加了原山东打渔张引黄灌溉工程指挥部绘制的《打渔张引黄灌溉工程竣工图》和我局绘编的《打渔张灌区现状图》各一幅。

我们设想，在适当的时候编印灌区停灌期间及1965年复灌后的治碱、改建、管理资料，作为《汇编》的续编，殷切希望从事引黄灌溉事业的专家、学者、同志们对这一工作给予指导帮助。

《山东打渔张引黄灌溉工程资料汇编》再版，翻印，我们还是初次，限于水平和条件，不当之处，在所难免，恳请各方面的同志们批评指正。

山东打渔张引黄灌溉管理局

1983年3月

11—5

山东打渔张引黄灌溉管理局《山东打渔张引黄灌溉工程资料汇编（上、下）》

1983年

《灌溉管理》目　录

再版前言

打渔张引黄灌溉工程是我国第一个五年计划的限额以上工程之一。当时这项工程是采用苏联的水利建设经验进行的。１９５８年——１９６０年山东省水利厅就规划设计、施工管理、灌溉管理和试验研究四方面进行了技术总结，编写了《山东打渔张引黄灌溉工程资料汇编》一书（以下简称《汇编》）。

《汇编》原分四册，第一册《规划设计》介绍了工程规划、灌区土壤改良规划、轮作计划、灌溉制度、渠系水力计算、引水枢纽、防洪工程和渠系建筑物设计等。第二册《施工管理》。介绍了工程的工地部署、计划管理、器材供应、建筑物与土方工程质量监督、定额管理、政治工作、施工组织设计、工程作业计划编制和施工操作规程等。第三册《灌溉管理》。总结了灌溉组织管理、工程管理养护、计划用水、灌溉农业技术措施和水费征收等方面的经验。第四册《试验研究》。介绍了黄河水文、泥沙试验、灌区土壤改良和地下水、盐土改良和灌溉试验等方面的科研成果。

《汇编》１９５９年９月起陆续由水利电力出版社出版发行。

《汇编》出版二十多年来，对引黄灌溉事业的发展起了一定的作用，对有关水利院校的教学工作也有一定参考价值。但是，由于《汇编》印刷数量不多，一直未能满足各方的需要，现更散失不全。为珍惜这一工程实践的总结，充分发挥《汇编》的作用，进一步搞好引黄事业，现复印再版。

引黄灌溉事业经历了曲折的发展过程，有经验，也有教训。《汇编》对引黄灌溉事业曾起过积极作用，其中某些资料在目前仍具有一定的现实意义。但随着时间的推移，条件的变化，人们的认识在不断加深。很明显，《汇编》的某些内容、观点已不够确切、全面了。某些数据、指标也不够正确。特别是一些不够实际的提法是历史形成的缺陷和错误，在今天看来是十分清楚的。为使人们了解打渔张引黄灌溉工程建设，及开灌初期的本来面貌，出于尊重历史事实，对其文字未做任何修改，完全保留了原来版本。只是将第一、二册合装为第一册，第三、四册合装为第二册。另外考虑到其参考价值，增加了原山东打渔张引黄灌溉工程指挥部绘制的《打渔张引黄灌溉工程竣工图》和我局绘编的《打渔张灌区现状图》各一幅。

我们设想，在适当的时候编印灌区停灌期间及１９６５年复灌后的治碱、改建、管理资料，作为《汇编》的续编，殷切希望从事引黄灌溉事业的专家、学者、同志们对这一工作给予指导帮助。

《山东打渔张引黄灌溉工程资料汇编》再版、翻印，我们还是初次，限于水平和条件，不当之处，在所难免，恳请各方面的同志们批评指正。

山东打渔张引黄灌溉管理局

１９８３年３月

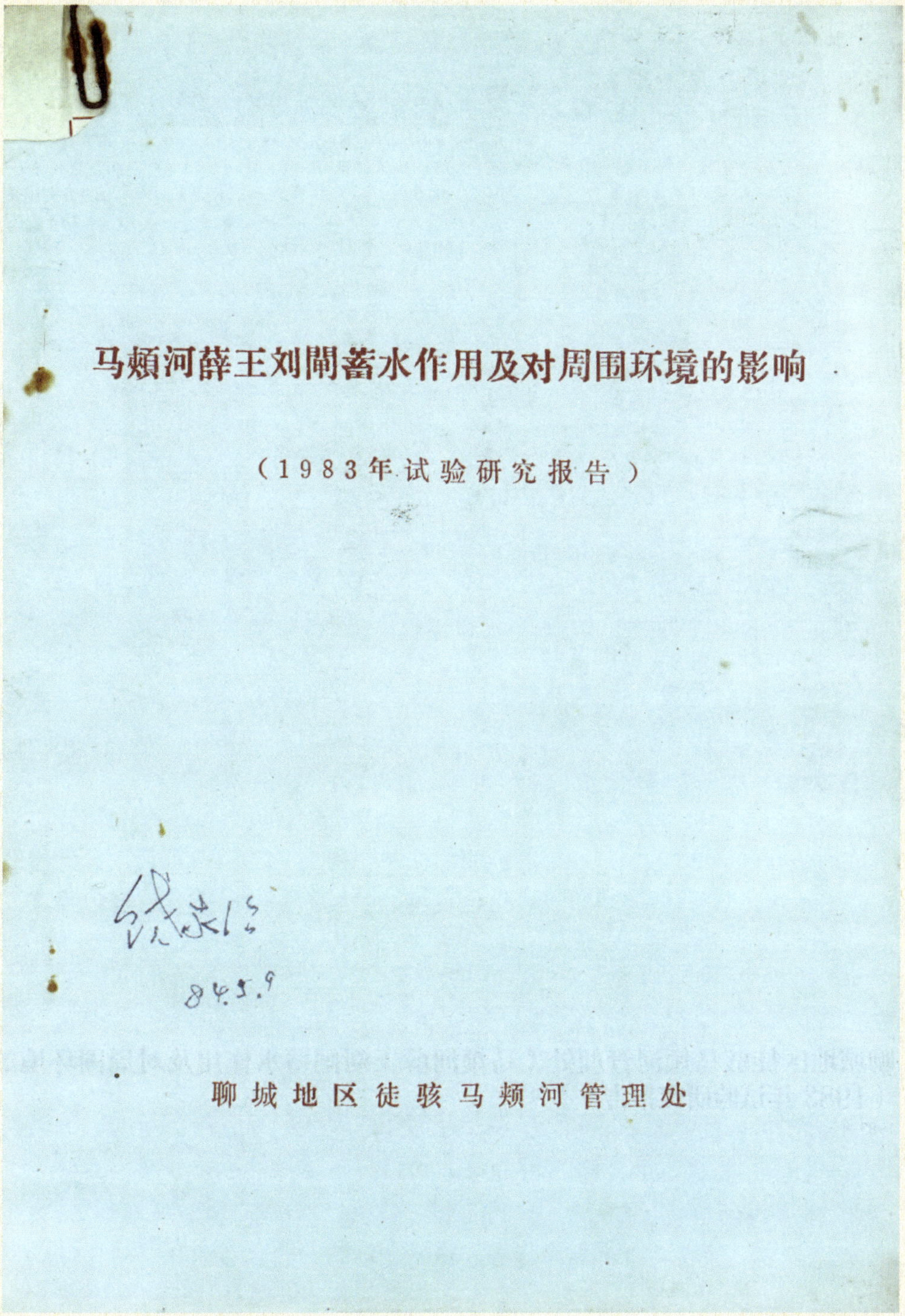

马颊河薛王刘闸蓄水作用及对周围环境的影响

（1983年试验研究报告）

84.5.9

聊城地区徒骇马颊河管理处

12—1　聊城地区徒骇马颊河管理处《马颊河薛王刘闸蓄水作用及对周围环境的影响（1983年试验研究报告）》

1983年

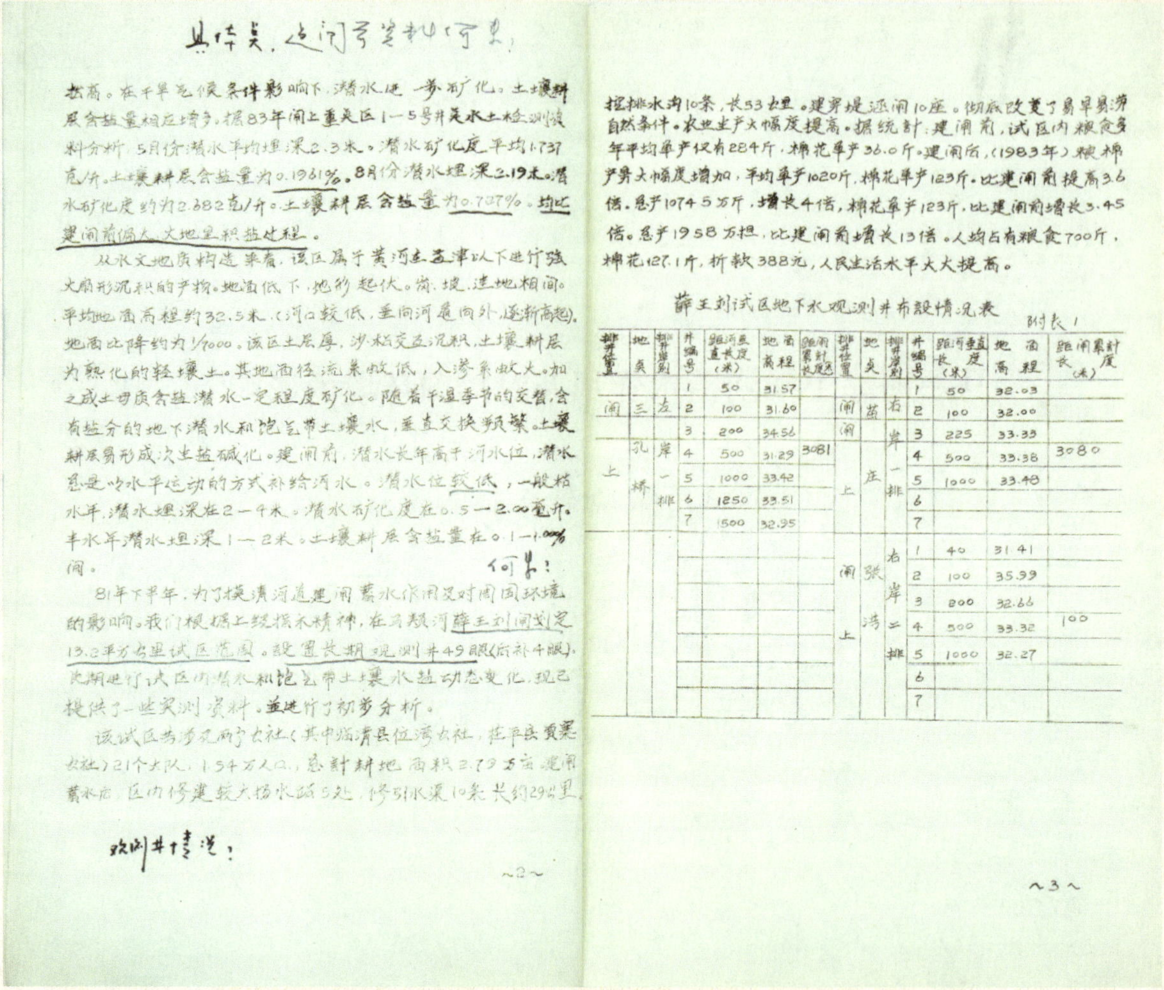
盐高。在干旱气候条件影响下，潜水进一步矿化。土壤耕层含盐量相应增多。据83年闸上重点区1—5号井点水土检测资料分析，5月份潜水平均埋深2.3米。潜水矿化度平均1.737克/升。土壤耕层含盐量为0.1961%。8月份潜水埋深2.19米。潜水矿化度约为2.682克/升。土壤耕层含盐量为0.727%。均比建闸前偏大，大地呈积盐过程。

从水文地质构造来看，该区属于黄河在孟津以下进行强大扇形沉积的产物。地面低下，地形起伏。岗、坡、洼地相间。平均地面高程约32.5米。（河口较低，垂向河道向外，逐渐高起）。地面比降约为1/7000。该区土层厚，沙粘交互沉积，土壤耕层为熟化的轻壤土。其地面径流系数低，入渗系数大。加之成土母质含盐潜水一定程度矿化。随着干湿季节的交替，含有盐分的地下潜水和饱气带土壤水，垂直交换频繁。土壤耕层易形成次生盐碱化。建闸前，潜水长年高于河水位，潜水总是以水平运动的方式补给河水。潜水位较低，一般枯水年，潜水埋深在2—4米。潜水矿化度在0.5—2.00克/升。丰水年潜水埋深1—2米。土壤耕层含盐量在0.1—1.00%间。

81年下半年，为了摸清河道建闸蓄水作用及对周围环境的影响。我们根据上级指示精神，在马颊河薛王刘闸划定13.2平方公里试区范围。设置长期观测井49眼（后补4眼），以期进行试区内潜水和饱气带土壤水盐动态变化，现已提供了一些实测资料。并进行了初步分析。

该试区共涉及两个公社（其中临清县位湾公社，茌平县贾寨公社）21个大队，1.54万人口，总计耕地面积2.79万亩。建闸蓄水后，区内修建较大扬水站5处，修引水渠10条，共约29公里。

~2~

挖排水沟10条，长53公里。建穿堤涵闸10座。彻底改变了易旱易涝自然条件。农业生产大幅度提高。据统计：建闸前，试区内粮食多年平均单产仅有284斤，棉花单产36.0斤。建闸后，（1983年）粮棉产量大幅度增加，平均单产1020斤，棉花单产123斤。比建闸前提高3.6倍。总产1074.5万斤，增长4倍，棉花单产123斤，比建闸前增长3.45倍。总产1958万担，比建闸前增长13倍。人均占有粮食700斤，棉花127.1斤，折款388元，人民生活水平大大提高。

薛王刘试区地下水观测井布设情况表

附表1

排井位置	地点	排井岸别	井编号	距河垂直长度（米）	地面高程	距闸累计长度（米）	排井位置	地点	排井岸别	井编号	距河垂直长度（米）	地面高程	距闸累计长度（米）
			1	50	31.57					1	50	32.03	
闸	三	左	2	100	31.60		闸	茧	右	2	100	32.00	
			3	200	34.56		闸		岸	3	225	33.33	
	孔	岸	4	500	31.29	3081				4	500	33.38	3080
上		一	5	1000	33.42			庄	一	5	1000	33.48	
	桥	排	6	1250	33.51		上		排	6			
			7	1500	32.95					7			
									右	1	40	31.41	
							闸	张		2	100	35.99	
									岸	3	200	32.66	
								湾	二	4	500	33.32	100
							上		排	5	1000	32.27	
										6			
										7			

~3~

12—2 **聊城地区徒骇马颊河管理处《马颊河薛王刘闸蓄水作用及对周围环境的影响（1983年试验研究报告）》**

1983年

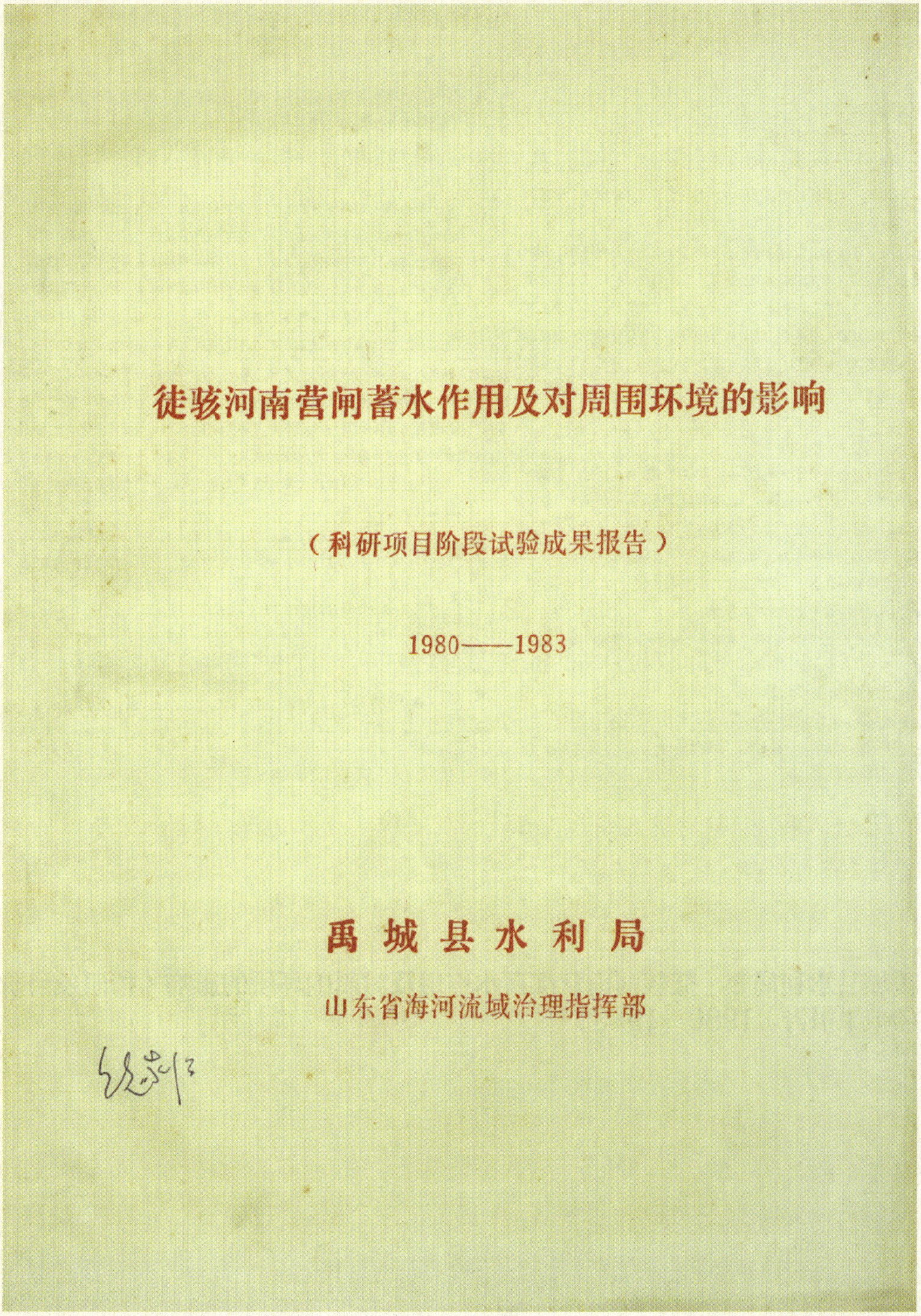

徒骇河南营闸蓄水作用及对周围环境的影响

（科研项目阶段试验成果报告）

1980——1983

禹 城 县 水 利 局

山东省海河流域治理指挥部

13—1 禹城县水利局等《徒骇河南营闸蓄水作用及对周围环境的影响（科研项目阶段试验成果报告）1980—1983》

1983 年

一 、试区概况

㈠试区位置及观测井布设

徒骇河南营闸位于津浦线禹城车站西南4公里。十里望乡南营村南500米处。上游距高唐县刘桥闸31公里。下游距临邑县官家闸27公里。见附图Ⅰ。

从1979年起我们在右岸闸上下游各布设了一排观测井。1982年后又在闸上垂直河道两岸各布设了三排观测井。计37眼。闸下两岸各布设了两排。计25眼。观测井垂直河道距排涝水位线累计距离为20、50、100、200、500、1000米。重点排井闸上延长至1700米。闸下延长至2300米。在闸上下游右岸三排井。距河道20、50米处共设立6眼日观测井。具体情况见附图Ⅱ。

㈡地形地貌及水利设施

南营闸试区面积为32平方公里。徒骇河在区内成S型。区内地貌类型为河滩高地。地形较为平坦。地势由西南向东北微倾斜。左岸高于右岸。地面高程海拔（黄海）21～22·5米。由于历代河流的泛滥。区内有不少冲沟及小片洼地。

闸前左岸有旧徒骇河、苇河故道。右岸有赵牛新河汇入。区内地下水动态不同程度的受上述因素的影响。

区内有两处大扬水站。六处小扬水站及35处活动扬水站。总装机容量为999马力。控制灌溉面积万余亩。共有机井93眼。两岸田间排水工程支沟斗沟基本上配全。

㈢土壤气象、水文地质

试区内土壤质地普遍较为粘重。除石屯乡罗张、祁庄、尚午头三

～2～

个大队的部分耕地为轻壤外。余者皆为中壤。在垂直分布上。95%以上的耕地为厚粘心中壤土体构型。保水保肥能力强。有利于阻止地下水盐分的上升积累。这是闸前土壤未次生盐渍化的重要原因。见附图Ⅲ。

据禹城气象站1951～1980年30年气象资料统计。试区内年平均气温为13·1C°。其中一月份最冷。月平均气温—3C°七月份最热。月平均气温27°C。多年平均降水量为616毫米。最大年降水量为1144·4毫米（1964年）。最小年降水量为239毫米（1968年）。近几年（1981～1983年）降水量偏少。平均450毫米。10月至来年5月总降水量平均93·1毫米。占全年降水量的15%。6～9月份降水量平均443·4毫米。占全年雨量的70%。具有春旱夏涝晚秋又旱的规律。多年平均蒸发量为2268·2毫米（D20蒸发Ⅲ）。月最大蒸发量（6月）为391·6毫米。月最小蒸发量（1月）为57·4毫米。全年除汛期外。其余各月的蒸发量都大于降水量。多年平均各月降水、蒸发、气温详见表1。

表 1

项目＼月份	1	2	3	4	5	6	7	8	9	10	11	12	全年
降水量（毫米）	4.6	7·4	10.5	33	32.3	70.3	195.1	154.4	50.7	32.1	20	5·6	616.0
蒸发量（毫米）	57.4	83.1	175.3	276.3	351.9	391.6	250.3	195.8	170.2	[illegible]	58.1	57.7	2268.1
气温（°C）	—3	0·1	6·8	14.2	20.6	25.7	27	25.9	20.7	14.4	6·2	0·5	13

～3～

13—2 禹城县水利局等《徒骇河南营闸蓄水作用及对周围环境的影响（科研项目阶段试验成果报告）1980—1983》

1983 年

山东省潍坊市

潍河流域地表水资源情况分析

潍坊市水利局　　高维月

一九八四年九月

14—1　潍坊市水利局《山东省潍坊市潍河流域地表水资源情况分析》

1984 年

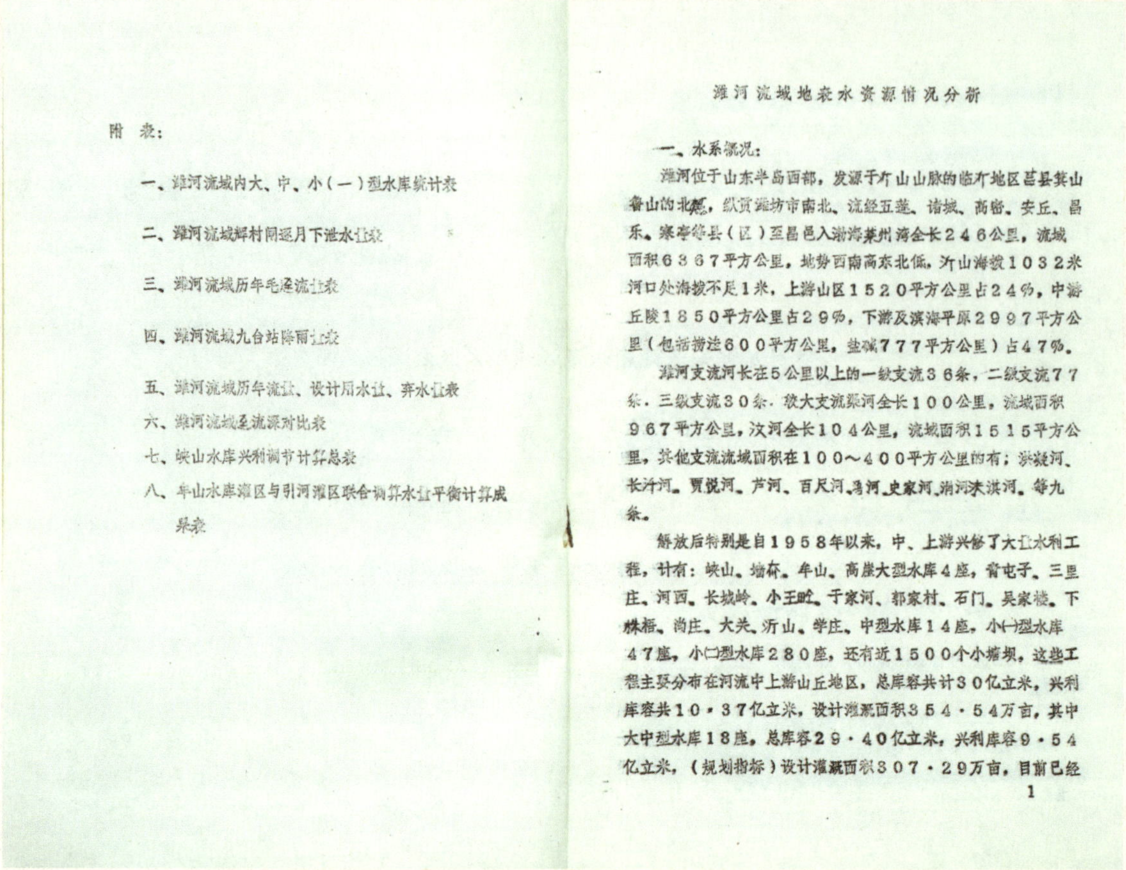

附　表：

一、潍河流域内大、中、小（一）型水库统计表

二、潍河流域辉村闸逐月下泄水量表

三、潍河流域历年毛径流量表

四、潍河流域九台站降雨量表

五、潍河流域历年流量、设计用水量、弃水量表

六、潍河流域径流源对比表

七、峡山水库兴利调节计算总表

八、牟山水库灌区与引河灌区联合调算水量平衡计算成果表

潍河流域地表水资源情况分析

一、水系概况：

潍河位于山东半岛西部，发源于沂山山脉的临沂地区莒县箕山鲁山的北麓，纵贯潍坊市南北、流经五莲、诸城、高密、安丘、昌乐、寒亭等县（区）至昌邑入渤海莱州湾全长２４６公里，流域面积６３６７平方公里，地势西南高东北低，沂山海拔１０３２米河口处海拔不足１米，上游山区１５２０平方公里占２４%，中游丘陵１８５０平方公里占２９%，下游及滨海平原２９９７平方公里（包括涝洼６００平方公里，盐碱７７７平方公里）占４７%。

潍河支流河长在５公里以上的一级支流３６条，二级支流７７条．三级支流３０条．较大支流渠河全长１００公里，流域面积９６７平方公里，汶河全长１０４公里，流域面积１５１５平方公里，其他支流流域面积在１００～４００平方公里的有：洪凝河、长汗河、贾悦河、芦河、百尺河、涓河、史家河、涓河、洪河、等九条。

解放后特别是自１９５８年以来，中、上游兴修了大量水利工程，计有：峡山、墙夼、牟山、高崖大型水库４座，青屯子、三里庄、河西、长城岭、小王岭、于家河、郭家村、石门、吴家楼、下株梧、尚庄、大关、沂山、学庄、中型水库１４座，小(一)型水库４７座，小(二)型水库２８０座，还有近１５００个小塘坝，这些工程主要分布在河流中上游山丘地区，总库容共计３０亿立米，兴利库容共１０・３７亿立米，设计灌溉面积３５４・５４万亩，其中大中型水库１８座，总库容２９・４０亿立米，兴利库容９・５４亿立米，（规划指标）设计灌溉面积３０７・２９万亩，目前已经

1

14—2　潍坊市水利局《山东省潍坊市潍河流域地表水资源情况分析》

1984 年

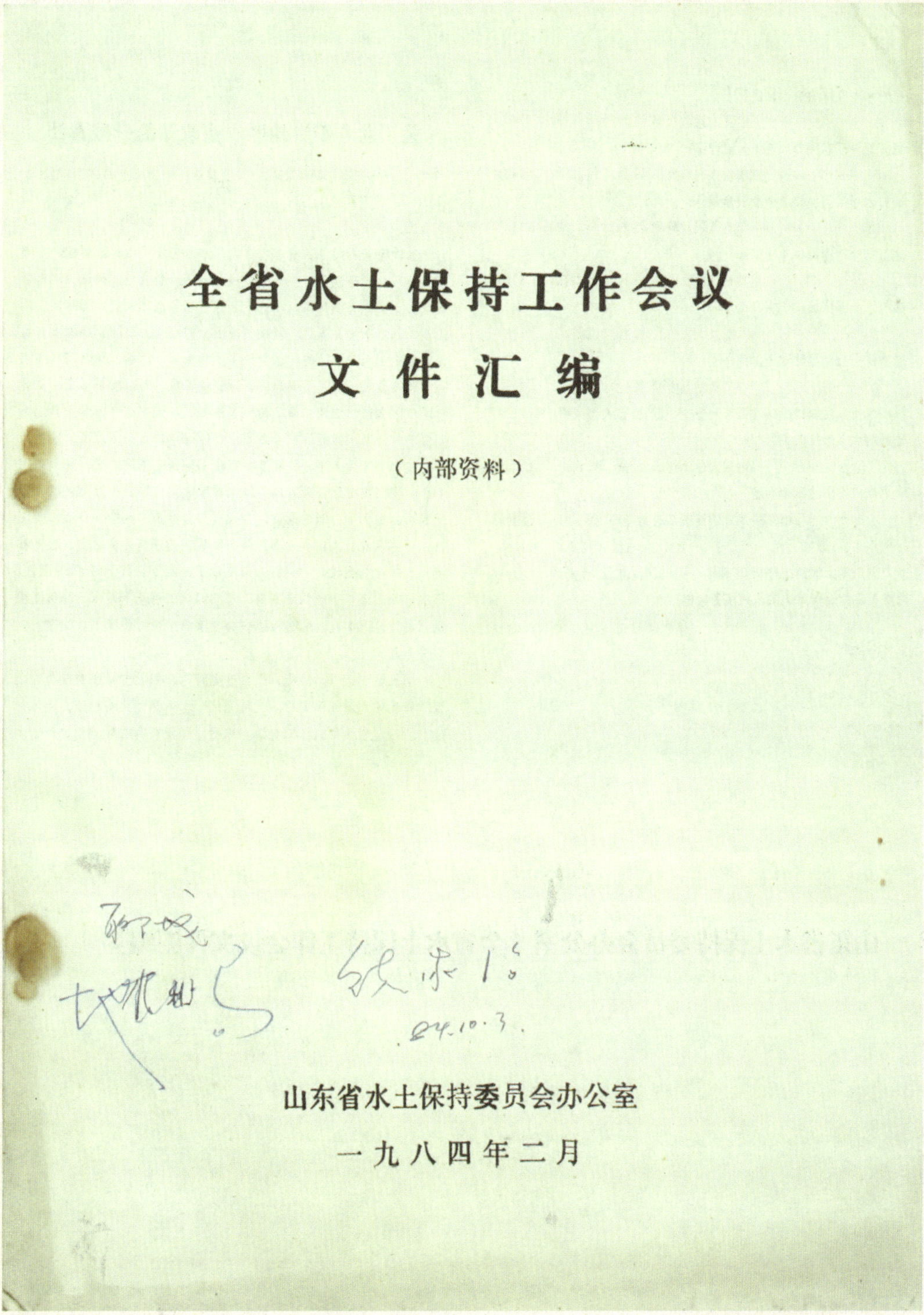

全省水土保持工作会议
文件汇编

（内部资料）

山东省水土保持委员会办公室

一九八四年二月

15—1 山东省水土保持委员会办公室《全省水土保持工作会议文件汇编》
1984 年

关于北方干旱地区农业改革的一些看法

——胡耀邦同志在北方旱地农业工作会议上的讲话

一九八三年八月六日于延安

这次是到青海、甘肃考察之后，路过延安。没有打算在延安考察工作，也没有想到要在你们会议上讲话，解放后，我第一次来延安是一九五六年四月份，在这里开五省青年造林大会。那时延安的山头，基本上是光光的。就是清凉山上有点树，枣园、杨家岭有点树，其他山上和河滩的树很少很少。昨天来一路看，我就同马文瑞同志和地委书记郝延寿同志讲，延安变了样，不但房子多了，工业多了市区人口增加到八万，树也多得多了。延安市连郊区总共三千五百平方公里，即五百三十万亩，已经绿化二百一十万亩，这是很大的成绩。今天上午，我同延安市委书记杨春荣同志说，如果再用十年，你们再绿化一百万亩，绿化面积加到三百一十万亩，就占总面积百分之六十；即使这样，你还有二百万亩，其中一百万亩种庄稼，市郊区农业人口十七万，每人平均耕地还有六亩之多，还不够吗？他后来对我说："一百万亩干不了，八十万亩干得了。"我说，那也好嘛，十年干成八十万亩，总共绿化二百九十万亩，绿化面积达到百分之五十几，那时可以成为全国第一个绿化城市。他说，我们努力办！

明天就要走了，恰巧你们在这里开会，叫北方旱地农业工作会议。我和你们"无缘无故，无冤无仇"，可是"狭路相逢，决不放过"，一定要我讲话。只好讲一点吧。但是有言在先，已经约定，

· 1 ·

· 2 ·

15—2　山东省水土保持委员会办公室《全省水土保持工作会议文件汇编》

1984 年

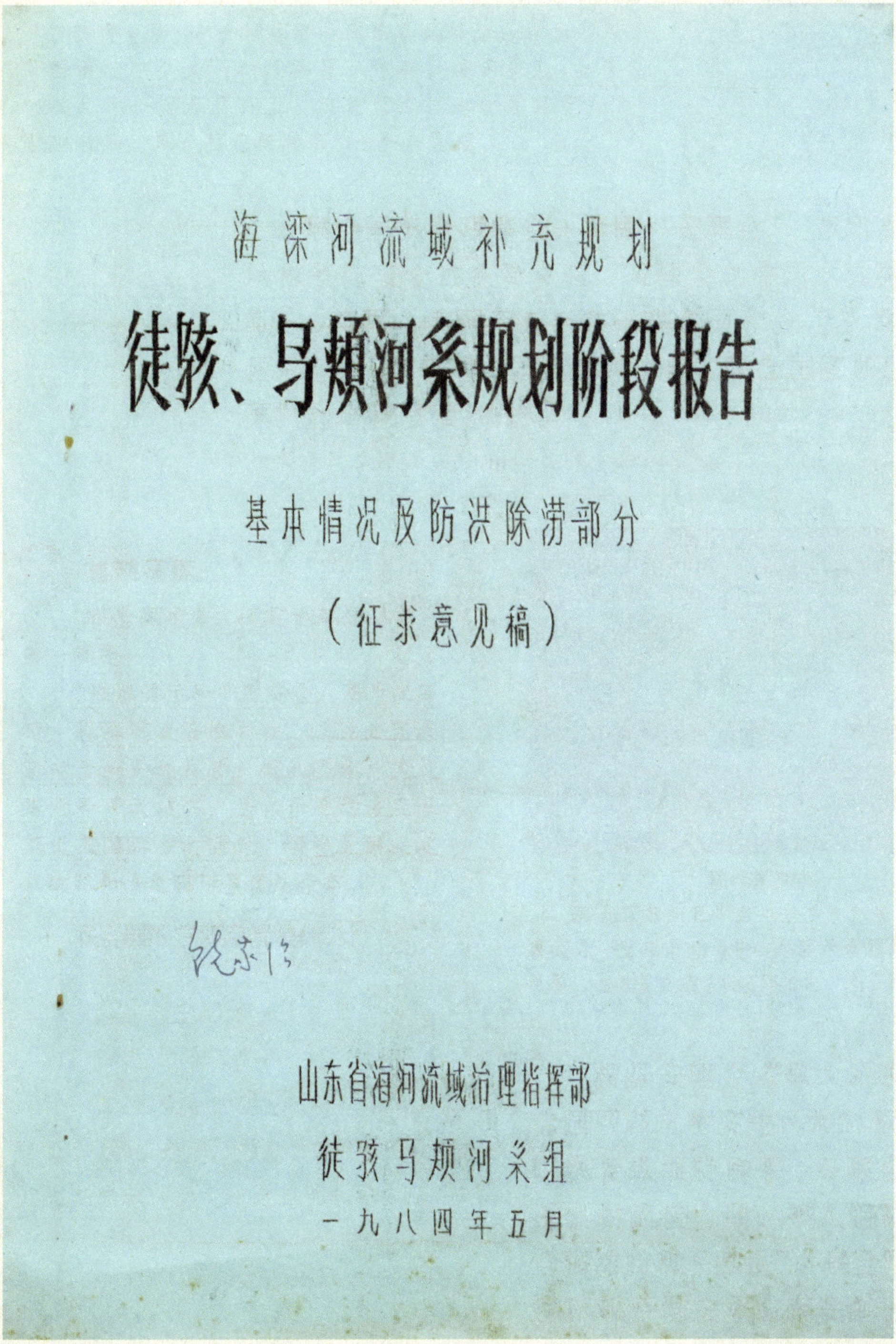

海滦河流域补充规划

徒骇、马颊河系规划阶段报告

基本情况及防洪除涝部分

（征求意见稿）

山东省海河流域治理指挥部

徒骇马颊河系组

一九八四年五月

16—1 山东省海河流域治理指挥部《徒骇、马颊河系规划阶段报告（征求意见稿）》

1984 年

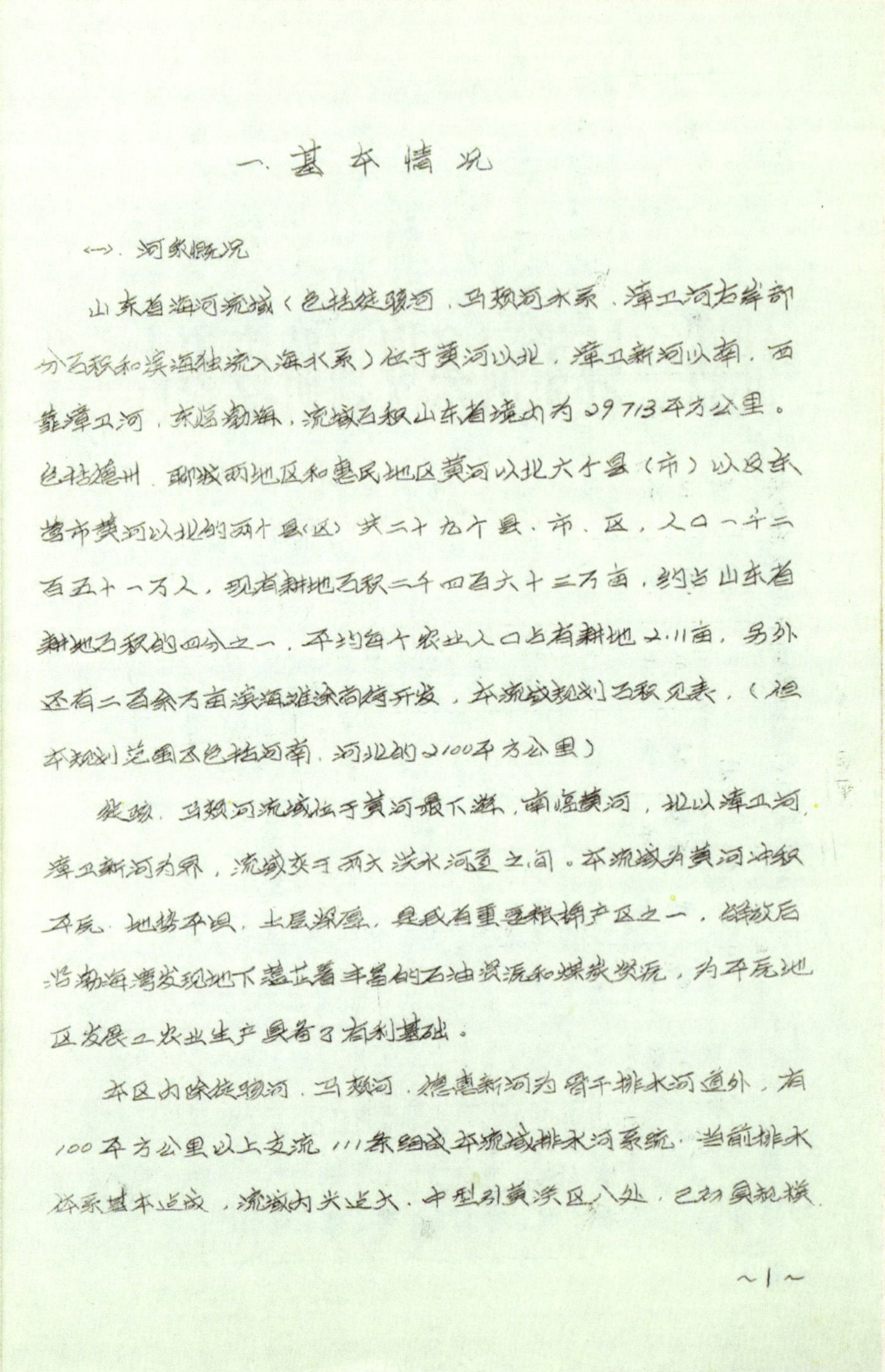

一、基本情况

(一)、河系概况

山东省海河流域（包括徒骇河、马颊河水系、漳卫河右岸部分面积和滨海独流入海水系）位于黄河以北，漳卫新河以南，西靠漳卫河，东临渤海，流域面积山东省境内为29713平方公里。包括德州、聊城两地区和惠民地区黄河以北六个县（市）以及东营市黄河以北的两个县（区）共二十九个县、市、区，人口一千二百五十一万人，现有耕地面积二千四百六十二万亩，约占山东省耕地面积的四分之一，平均每个农业人口占有耕地2.11亩，另外还有二百余万亩滨海滩涂尚待开发，本流域规划面积见表，（但本规划范围不包括河南、河北的2100平方公里）

徒骇、马颊河流域位于黄河最下游，南临黄河，北以漳卫河、漳卫新河为界，流域夹于两大洪水河道之间。本流域为黄河冲积平原，地势平坦，土层深厚，是我省重要粮棉产区之一，解放后沿渤海湾发现地下蕴藏着丰富的石油资源和煤炭资源，为平原地区发展工农业生产具备了有利基础。

本区内除徒骇河、马颊河、德惠新河为骨干排水河道外，有100平方公里以上支流111条组成本流域排水河系统，当前排水体系基本建成，流域内共建大、中型引黄灌区八处，已初具规模

~1~

16—2 山东省海河流域治理指挥部《徒骇、马颊河系规划阶段报告（征求意见稿）》

1984年

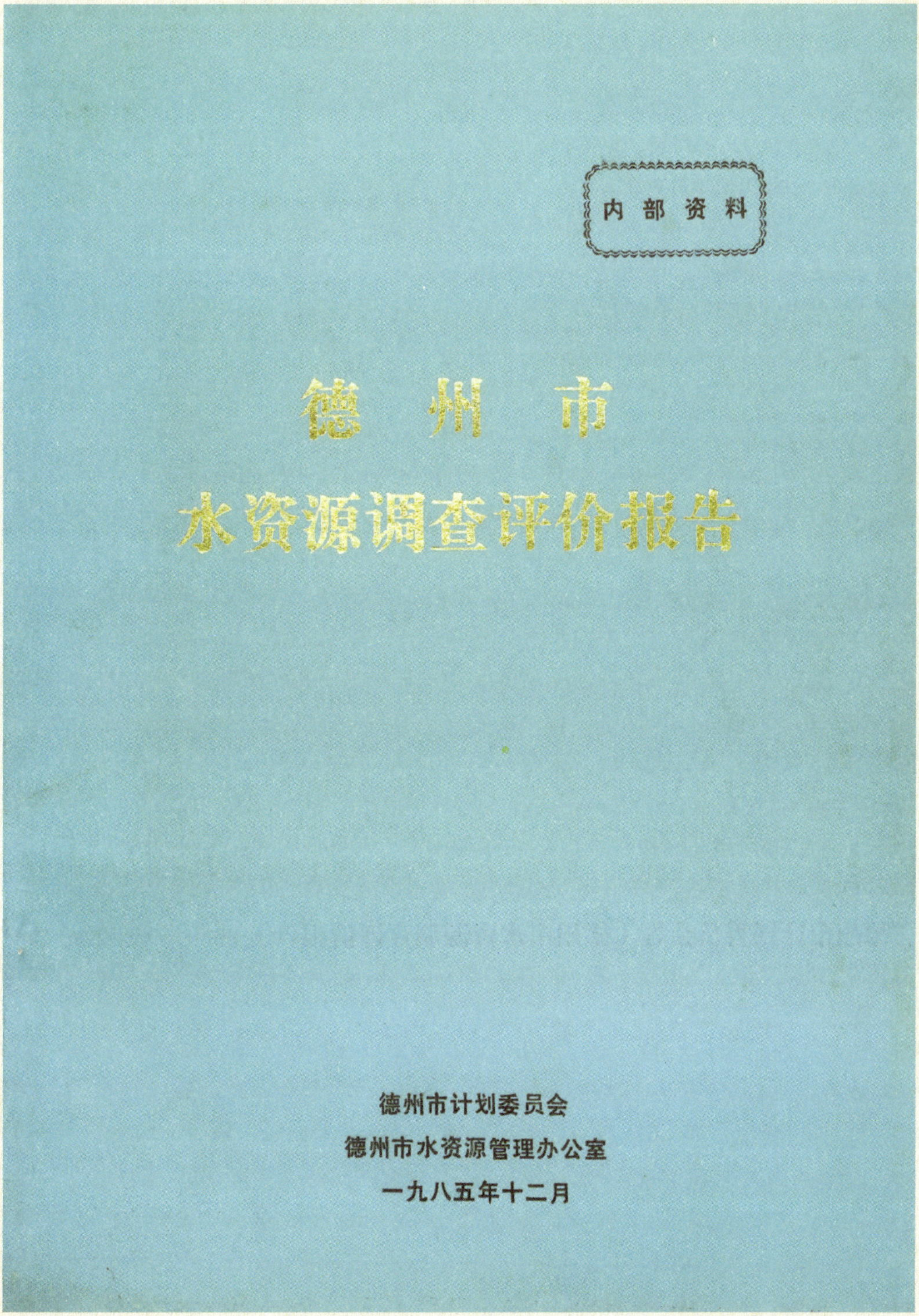

17—1　德州市计划委员会等《德州市水资源调查评价报告》

1985 年

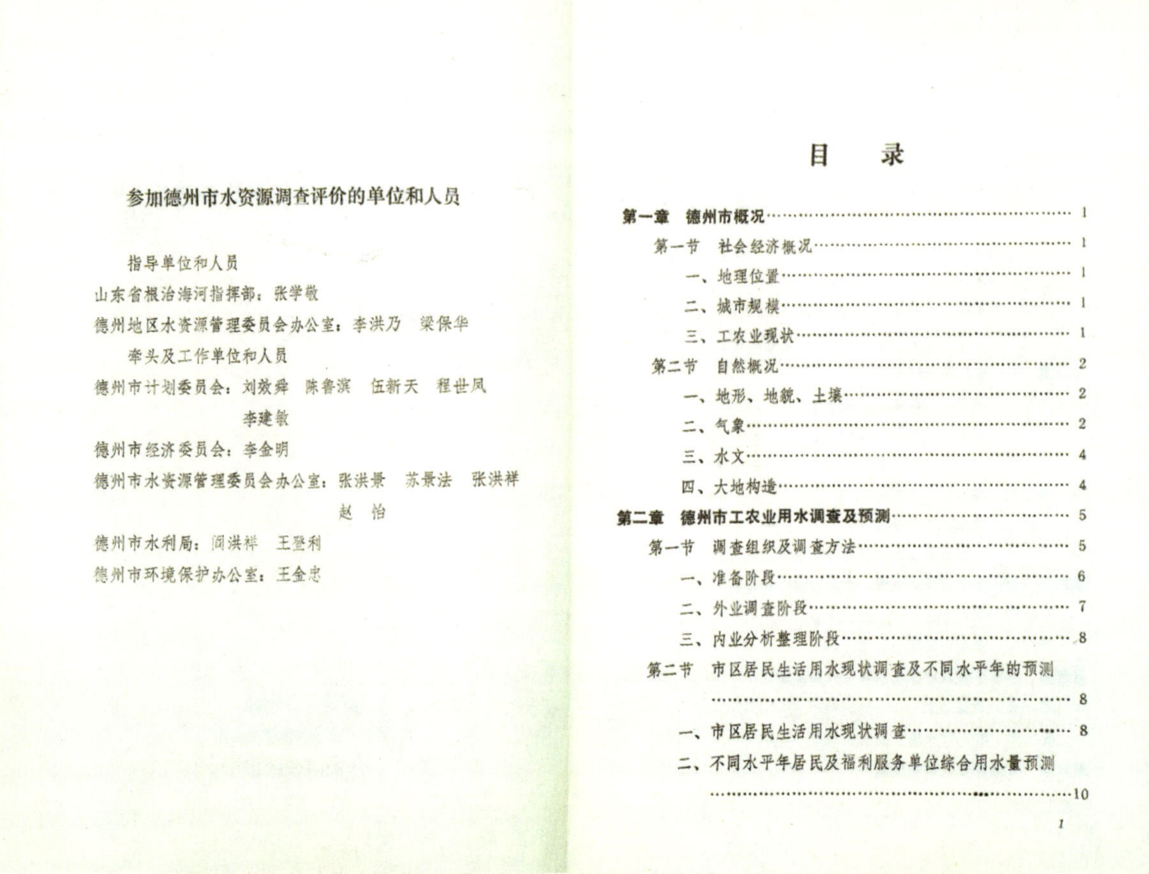

参加德州市水资源调查评价的单位和人员

指导单位和人员

山东省根治海河指挥部：张学敬

德州地区水资源管理委员会办公室：李洪乃　梁保华

牵头及工作单位和人员

德州市计划委员会：刘效舜　陈鲁滨　伍新天　程世凤　李建敏

德州市经济委员会：李金明

德州市水资源管理委员会办公室：张洪景　苏景法　张洪祥　赵　怡

德州市水利局：阎洪祥　王登利

德州市环境保护办公室：王金忠

目　录

1

17—2　**德州市计划委员会等《德州市水资源调查评价报告》**

1985 年

18—1 聊城地区水利勘测设计院《山东省引黄入卫工程新孙庄村建设施工图设计》

1993年3月

目 录

18—2 聊城地区水利勘测设计院《山东省引黄入卫工程新孙庄村建设施工图设计》

1993 年 3 月

聊城大学运河学研究院简介

聊城大学运河学研究院成立于2012年6月，其前身是聊城大学运河文化研究中心，是国内首家以运河及其区域社会为研究对象的院级科研实体单位，拥有山东省社科理论重点研究基地、山东省社科规划重点研究基地“运河文化研究基地”、山东高校“十二五”人文社科研究基地“运河与区域经济社会发展研究中心”和山东省地方史志办公室“山东省地方史志系统运河文化研究基地”，“运河文化学”获评山东省文化艺术科学重点学科。研究院下设“运河史”“运河区域社会经济发展”“运河文化”三个研究中心和三个编辑部（负责编辑《中国大运河蓝皮书》《中国大运河年鉴》与《运河学研究》集刊）。截至2022年8月，研究院共有专职科研人员20人，其中教授5人、副教授9人，讲师6人，拥有博士学位者18人，同时聘请朱士光、李孝聪、赵毅、赵世瑜、马俊亚、孙竞昊、吴滔等运河研究专家为兼职教授；拥有国务院特殊津贴1人、山东省“有突出贡献的中青年专家”2人、山东省政府参事1人；研究领域涵盖历史学、文学、地理学、社会学、人类学、艺术学、民族学、图书馆与情报学等多个学科门类，在中国史和文献学两个方向培养硕士生人才。

在基础研究方面，研究院承担或完成“民间文献与京杭运河区域社会研究”“京杭运河文献整理与研究”“明清运河区域社会变迁”“明清山东运河河工、河政与区域社会研究”“明清时期京杭运河区域社会组织研究”“京杭运河与明清时期区域农业开发”“明清黄运地区的河工建设与生态环境变迁研究”“全新世以来东平湖变迁与黄河洪水关系及动力机制研究”“清代黄运地区河工经费研究”“明清山东黄运地区环境史研究”“明代江南上供物资转运研究”“海源阁藏书研究”等国家级课题25项、省部级课题60余项；出版《中国运河历史文献集成（80册）》《明清山东运河区域社会变迁》《中国运河文献书目提要》《明清京杭运河沿线漕运仓储系统研究》《明清时期山东运河区域民间信仰研究》《逋赋治理与明代江南财赋管理体制的变迁》《山东运河文化遗产保护、传承与利用研究》《清代山东运河河工经费研究》《明清山东运河区域社会生态变迁研究》《海源阁藏书研究》等著作40余部，发表学术论文400余篇，获省级以上科研奖项20余项；建有“运河文物文献展览馆”和“数字运河研究中心”（负责“民间文献整理室”和“大运河文化数据平台”）。《运河学研究》为我国首部专门研究运河的学术性期刊，深获业界好评。其中运河文物文献展览馆是聊城大学运河学研究院建设、管理的特色展览馆。展览馆自建成开放起，坚持突出特色、不断充实、逐步提升的发展思路，先后建成古籍、碑刻、家谱、民俗、运河名家名著、贡砖等展室。自2013年开馆以来，展览馆累积接待全国人大原副委员长何鲁丽、全国政协副主席王家瑞、原外交部长李肇星等国家领导人等专家学者50000余人次，成为展示运河文物文献、宣传普及运河文化的重要平台，入选聊城大学品牌文化驿站。

在服务社会方面，研究院所编《中国大运河蓝皮书》《中国大运河年鉴》影响很大，受到政府及地方重视。研究院同国家民政部合作横向课题“运河地名文化数据库”和“地名·运河丛书”；参与国家发改委《大运河国家文化公园建设保护规划》的论证和评审；受山东省发改委委托编制完成《山东省大运河国家文化公园建设保护规划方案（送审稿）》；成功获批山东社科智库沙龙重大调研咨询项目，结项报告《山东省大运河国家文化公园建设存在问题与对策建议》（《山东社科成果专报》2020年第18期）获原山东省省委书记刘家义肯定性批示，并转省文旅厅等部门调研落实；《写好“千年运河”的齐鲁新篇章》在《大众日报》（理论版）发表，并在学习强国平台上予以推介。同江苏凤凰出版集团合作横向课题《中国运河志》，承担其中《文献》《人物》《大事记》三卷五册的编纂，于2019年出版；受山东省委党史研究院（省史志研究院）委托编纂《京杭大运河山东段志》，于2021年在中华书局出版；同山东运河经济文化研究中心合作编写《山东运河文化丛书》，承担其中八本论著，已在济南出版社出版；承担的聊城中国运河文化博物馆改造提升展览大纲设计工作顺利结项；受聊城市文旅局委托编制《聊城市大运河国家文化公园建设保护规划方案》《聊城市大运河国家文化公园样板工程规划与建设方案》。研究院还与地方市委宣传部、统战部、民政局、文史委等部门合作开展运河文化研究；同地方政府共建“岳镇海渎文化研究中心”“南旺研究所”等。研究院致力于服务社会，充分发挥智库功能，为各级政府提供智力支持与决策服务。

丁延峰　王玉朋

2024年7月